中國

Ein Buch der Partner GEO
und Frederking & Thaler

Die Deutsche Bibliothek –
CIP-Einheitsaufnahme
Ein Titeldatensatz für diese Publikation ist
bei der Deutschen Bibliothek erhältlich

Rechte der Originalausgabe:
Originaitel »La Cina rivelata –
L'occidente incontra l'Impero celeste«
Copyright © 2003 White Star S.r.l.,
Vercelli, Italy
Projektbetreuung: Valeria Manferto
De Fabianis, Laura Accomazzo
Gestaltung: Patrizia Balocco Lovisetti
Redaktion: Federica Romagnoli

Rechte der deutschen Ausgabe:
© 2003 Frederking & Thaler Verlag GmbH,
München
www.frederking-thaler.de
Alle Rechte vorbehalten

Übersetzung aus dem Italienischen von:
Marion Pausch, Cornelia Panzacchi
Redaktion, Herstellung und Satz:
Ewald Tange für bookwise
Medienproduktion GmbH, München
Schutzumschlaggestaltung:
Petra Dorkenwald, München

Printed in Italy by
Canale & C., Turin

ISBN 3-89405-475-1

1

*Pagodendächer, Männer, Frauen, Greise und
Kinder in langen, bunten Seidengewändern:
So wie auf diesem Bild aus An authentic
account of an embassy from the King
of Great Britain to the Emperor of
China von 1795 stellten sich die Europäer
im 18. Jahrhundert die Chinesen vor.*

3–6

*1842, nach dem ersten Opiumkrieg, war
Hongkong Großbritannien zugefallen. Die
Stadt mit dem wunderbaren Hafen stieg zum
wichtigsten Handelsstützpunkt der Briten in
China auf und galt zugleich als Symbol der
Machtpolitik, mit der die Europäer China im
Zeitalter des Imperialismus überzogen.*

7

*Die prächtigen Zeremonien, die die Audienzen
des Kaisers in der Verbotenen Stadt begleiteten,
beeindruckten vor allem die ersten europäischen
Reisenden. Diese Zeichnung stammt aus der
Description géographique, historique,
chronologique et politique de la Chine
von Jean-Baptiste Du Halde (1735).*

INHALT

EINFÜHRUNG

Im September des Jahres 1763 saßen in Sachsens Hauptstadt Dresden, wo man erstmals das gut gehütete Geheimnis der chinesischen Porzellanherstellung gelüftet hatte, zwei Herren an einem Kaffeehaustisch. Der eine hieß Giacomo Casanova und plante gemeinsam mit dem anderen, Ange Goudar, 1765 in Köln ein sechsbändiges Werk unter dem Titel *L'Espion Chinois, ou l'envoyé secret de la Cour de Pékin pour examiner l'état présent de l'Europe* (Der chinesische Spion oder was der Geheimgesandte aus Peking über den gegenwärtigen Zustand Europas berichtet) herauszugeben. Die Autoren, die sich als Mandarine Sin-ho-ei und Cham-pi-pi vorstellten, schrieben fingierte Spionageberichte nieder, scheinbar heimlich an das Himmlische Kaiserreich geschickt, um den Sohn des Himmels über die Sitten und Gebräuche der europäischen Fürsten und Völker zu unterrichten. Damit gelang ihnen eine doppelte Parodie: Zum einen nahmen sie nach dem Vorbild von Montesquieus *Lettres persanes* – der berühmtesten Kompilation von »Briefen«, die angeblich aus Marokko, Grönland oder anderen entlegenen Gegenden der Erde stammten – die europäische Gesellschaft aufs Korn, zum anderen verfassten sie eine Satire auf die *Lettres édifiantes*, mit denen die Jesuiten in leuchtenden Farben die Christianisierung Chinas sowie die Vorzüge und Nachteile des Reichs der Mitte geschildert hatten. Die beiden falschen Pekinger Agenten argumentierten mit der Respektlosigkeit und Boshaftigkeit von Ungläubigen und erkannten vielleicht intuitiv mit der Weisheit der Zyniker, dass ihre im Zerrspiegel der Ironie verfasste Darstellung Europas durchaus eher der Realität entsprach als das beschönigende Bild, das die Missionare der Gesellschaft Jesu von China entworfen hatten.

Die im vorliegenden Band erzählte Geschichte der Entdeckung Chinas durch die Europäer, die sich über viele Jahrhunderte hinzog, war in der Tat eine Kette von Versehen und Missverständnissen, der Kommunikationsprobleme und der positiven wie negativen Übertreibungen.

Beide Seiten blieben einander völlig fremd. Zwar wurden die Jesuiten einige Jahrhunderte lang wohlwollend am kaiserlichen Hof aufgenommen, doch ungeachtet aller frommen Bemühungen gelang es ihnen letztlich nie, den Chinesen begreiflich zu machen, dass ihre Heimat – jenes Europa, das im Vergleich zum Himmlischen Kaiserreich eher wie ein winziger Fleck auf der Landkarte wirkte – tatsächlich existierte und sich auch noch in mehrere rivalisierende Reiche gliederte. Noch Mitte des 18. Jahrhunderts taten die bedeutendsten chinesischen Enzyklopädien die auf Chinesisch verfassten Geografiekompendien der Jesuiten als Fantastereien und Legenden von Barbaren ab – jenen Barbaren, die mit beharrlichem Starrsinn von Zeit zu Zeit Botschafter nach Peking schickten, um den Chinesen Dinge zu verkaufen, die diese nicht benötigten. Dieselben Missionare, die China nicht von der Existenz Europas überzeugen konnten, präsentierten das Reich der Mitte dort umgekehrt als großes heiteres, von Philosophen bevölkertes Staatswesen, das von gebildeten Beamten regiert wurde.

Daneben kannte man vor allem die Geschichten, die Marco Polo in seinem *Buch der Wunder* (wegen der fiktional wirkenden Schilderungen auch als *Romanze vom Großkhan* bekannt) über China hinterlassen hatte. Aus diesen beiden Quellen speiste sich das Chinabild der Europäer, das im 18. Jahrhundert in der so genannten Chinamode zum Ausdruck kam. Die Chinoiserie beherrschte Königshöfe und Fürstenhäuser von Palermo bis Stockholm: Überall stieß man auf Lackmöbel und Porzellan, allerorten zierten *papier peints* mit grünen Wiesen, Reisfeldern und Pagoden, Flüssen mit eleganten Dschunken, Bambushainen und Trauerweiden die Wände. Still und zufrieden lächelnde Bauern zogen dort ihre Pflüge über die Äcker dieses irdischen Paradieses, die Mädchen füllten Porzellankrüge mit Quellwasser, und Mandarine, die sich mit Fächern aus Papier träge Luft zufächelten, wurden in Sänften vorbeigetragen, während aus einer Höhle ein Drache auf farbige Schmetterlinge und turmhohe Chrysanthemen blickte. Wenn der Herrscher dieser glücklichen Untertanen in Seidengewändern nicht gerade weise Gesetze erließ, schrieb er schwermütige Gedichte nieder, und die Beamten des klugen Kaisers, der stets an Buddha erinnerte, wurden ebenfalls nach ihrem poetischen Talent ausgewählt.

Doch das in Büchern und auf Bildern so begehrenswerte China, das Luxusgüter wie Jade und Porzellan, Seide, Tee und Ingwer in Hülle und Fülle hervorbrachte, wies die freundschaftlich ausgestreckte Hand des Westens zurück. Offenbar verspürten die Chinesen kein Bedürfnis, die Barbaren näher kennen zu lernen, und bald schlugen auch die Reiseberichte, vor allem jene der Botschafter, die unverrichteter Dinge heimkehren mussten, einen anderen Ton an. Anfang des 19. Jahrhunderts verwandelte sich Schwärmerei allmählich in Geringschätzung, und das Himmlische Kaiserreich schien der Kultur des weißen Mannes mit einem Mal unterlegen zu sein. Zwar beherrschte Europa den Rest der Welt nur dank seiner technischen Errungenschaften, doch die Chinesen galten nun als ungebildet, schwächlich, dekadent und abergläubisch – weil sie sich weigerten, ihre Häfen den Wohltaten der Moderne zu öffnen.

Jetzt zwangen die Europäer das Reich der Mitte mit Gewalt, den freien Verkauf von Opium und die Tätigkeit der Missionare in entlegenen Provinzen zu akzeptieren. Sie schnitten sich riesige Gebiete aus dem Kaiserreich heraus und demütigten die Chinesen mit imperialistischer Arroganz, während man sich gleichzeitig auf die Schulter klopfte, weil man die Welt vor der Gelben Gefahr gerettet hatte. Die Geschichte der Entdeckung Chinas durch die Europäer ist zwiespältig, weil sie Hand in Hand mit der Auflösung des großen Reiches ging. Aber es ist auch überaus lehrreich und spannend, nachzuvollziehen, mit welcher Faszination und welchem Unbehagen frühe Reisende, Kaufleute, Missionare und Diplomaten China erlebten.

9 und 10/11
Die illustrierten Bände, die im 18. Jahrhundert in Europa über China erschienen, veranschaulichten auf prachtvollen Bildern die Eleganz der chinesischen Kleidung. Mandarine, Hofdamen, Soldaten, Bonzen, aber auch einfache Leute trugen seidene Gewänder.

Gianni Guadalupi

CHINA

EINE ENTDECKUNGSREISE
VOM ALTERTUM BIS INS 20. JAHRHUNDERT

PROJEKTBETREUUNG
Valeria Manferto De Fabianis
Laura Accomazzo

GESTALTUNG
Patrizia Balocco Lovisetti

AUS DEM ITALIENISCHEN ÜBERSETZT VON
Marion Pausch und Cornelia Panzacchi

GEO

FREDERKING & THALER

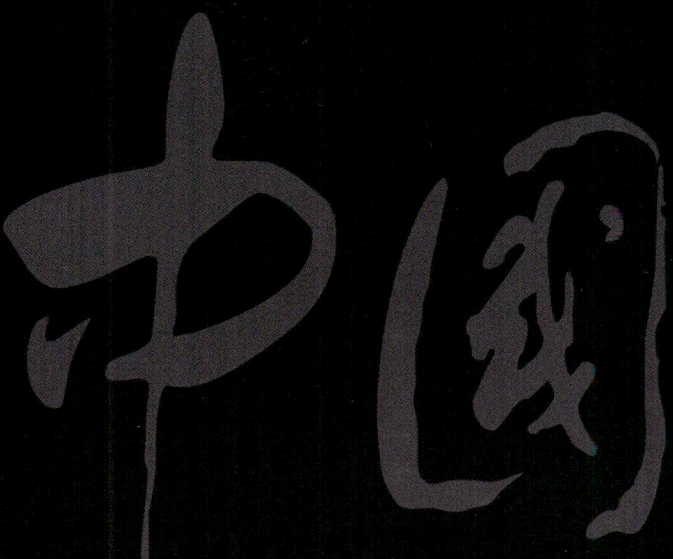

DAMES   CHINOISES   DAMES   CHINOISES

EMPEREUR   DE LA CHINE   MANDARINS   DE LETTRES
en habit ordinaire   *en habit de ceremonie.*   *en habit d'esté*   *en habit d'hyver*

DAME TARTARE FILLE DE MENAGE BONZESSE VILLAGEOISE

MANDARINS DE GUERRE BONZE VILLAGEOIS
Chinois. Tartare.

DAS LAND DER SERER

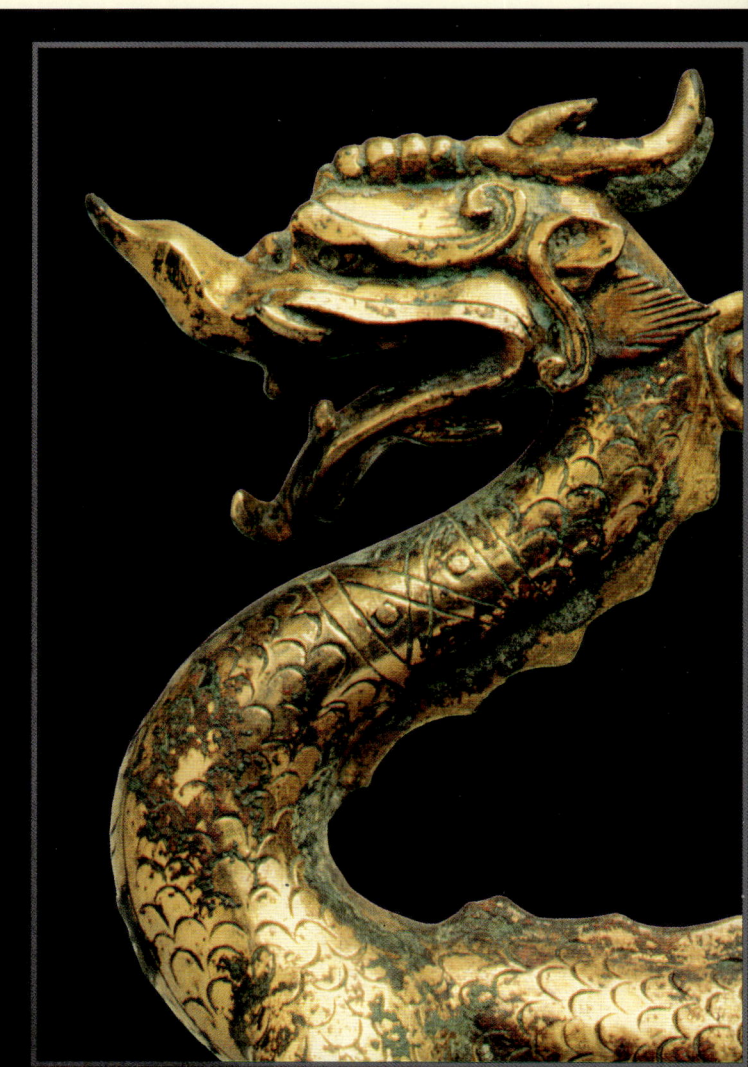

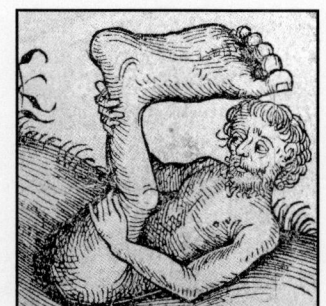

A n einem schönen Tag im Jahre 445 v. Chr. legte ein Schiff an der steinernen

Hafenmauer von Piräus an. Wenige Kilometer landeinwärts befand sich

Athen, mit rund 100 000 Einwohnern damals die größte griechische Stadt,

die unter der Herrschaft von Perikles auf dem Höhepunkt ihrer ökonomi-

schen und militärischen Macht stand. An Bord befand sich ein eleganter

Fremder mit grau meliertem Haar, der aus der hellenischen Kolonie Hali-

karnassos in Kleinasien stammte und soeben von einer Reise zurückkehrte, die

fast die gesamte damals bekannte Welt umschloss: Herodot, der auch als

»Vater der Geschichtsschreibung« gilt, hatte Ägypten und Persien, Libyen,

das Schwarze Meer, Sizilien und Italien besucht und alles aufgeschrieben, was

er selbst gesehen oder von anderen gehört hatte. Nun kam er in die Kulturmet-

ropole Griechenlands, um seinen Forschungsbericht, jene *Histories Apodeixis,*

12
*Der Drache, in der euro-
päischen Mythologie ein
monströses, schreckliches
Symbol des Bösen, gilt im
Fernen Osten als mächtige
und Glück bringende Ge-
stalt, die sich unsichtbar
machen und gewaltige
Entfernungen überwinden
kann. Im alten China
war der Drache zugleich
das Wahrzeichen des
Kaisers und seiner herr-
schaftlichen Autorität.*

13
*In der Antike und im
Mittelalter war es üblich,
sich entlegene Regionen als
mit Fabelwesen bevölkert
vorzustellen. Dieser
Einfüßer etwa ist in
Hartmann Schedels 1493
in Nürnberg gedruckter
Weltchronik zu sehen.
Die chinesischen Gelehrten
wiederum siedelten Unge-
heuer aller Art im Fernen
Westen an.*

auf die unser Wort »historisch« zurückgeht, der Öffentlichkeit vorzustellen. Er bat die Stadtoberen um die Erlaubnis, seine Texte auf der Agora, dem Marktplatz, vorzutragen. Herodots klare Prosaausführungen, die von den Persischen Kriegen und von den unterschiedlichsten Ländern erzählten, feierte einen solchen Erfolg, dass man ihm dafür 60 000 Drachmen zahlte (von einer einzigen Drachme konnte zu jener Zeit eine ganze Familie bequem einen Tag leben). Die Zuschauer lauschten gerne den Schilderungen der Siege Athens über das mächtige persische Reich, vor allem aber faszinierte sie, was der weit gereiste Herodot von fernen Ländern zu berichten wusste.

Als besonders aufregend empfand man die Passagen über die entlegenen Regionen Nord- und Ostasiens. Herodot sprach von den Weiten, die jenseits des Landes der Skythen und jener Berge lagen, welche wir heute als Ural bezeichnen. In diesen kargen und steinigen Gegenden lebten Völker, die umso märchenhafter erschienen, je weiter sie entfernt waren. Da gab es etwa das Volk der Argippaier, bei denen Männer wie Frauen von Geburt an kahl waren und sich ausschließlich von den Früchten eines nur bohnengroßen Baumes ernährten. Auf der anderen Seite eines Gebirgszugs, den noch nie ein Mensch überquert hatte, sollten gar Wesen mit Ziegenfüßen hausen, andere dagegen verschliefen sechs Monate des Jahres. Außerdem gab es das Volk der Issedonen, die ihre Verstorbenen ehrten, indem sie sie bei blutigen Leichenbanketten komplett verspeisten. Auch einäugige Arimasper vermutete man dort und Greifen – Vogelmenschen, die mit ihren tödlichen Klauen das Gold verteidigten, das im Überfluss vorhanden war. Die Luft, so behaupteten die Skythen, sei dort immer voller Federn, so dass man kaum die Hand vor Augen sehen konnte. Der kluge Herodot jedoch schloss messerscharf und richtig, es müsse sich um dichten Schnee handeln, der im sibirischen Winter durch die Luft wirbelte.

Etwas glaubhaftere Informationen hatte der Autor von Kaufleuten aus den griechischen Kolonien am Schwarzen Meer bekommen. Sie hatten ihm von einem Handelsweg erzählt, der sich bis zur zentralasiatischen Hochebene ziehen sollte. »Weiter im Osten ist das Land wüst, und niemand weiß Näheres über seine Beschaffenheit zu sagen«, bemerkte Herodot. Der am weitesten gereiste Grieche des 5. Jahrhunderts wusste somit noch nicht um die Existenz Chinas, doch natürlich hatten auch die Chinesen zu jener Zeit keinerlei Kenntnisse vom fernen Westen.

Das *Shanhaijing* oder der *Klassiker der Berge und Meere*, eine Sammlung verschiedener Schriften, die zwischen dem 5. und 1. Jahrhundert v. Chr. zusammengefasst wurden, siedelte in den entlegenen Gegenden noch viel geheimnisvollere Fabelwesen an als Herodot: »In den südwestlichen Gebieten lebt ein Volk mit riesigen gefiederten Flügeln, die von den Schultern abgehen. Nicht fern von diesen Vogelmenschen befinden sich die Storchmenschen. Sie haben das Gesicht eines Menschen, jedoch einen Vogelschnabel und große Flügel, und sie ernähren sich von Fischen, die sie mit dem Schnabel fangen. Zu diesen seltsamen Völkern gehören auch die Abissalier, die Menschengesichter und Fischleiber besitzen. In den Regionen, die auf der anderen Seite des Meeres gen Westen liegen, gibt es das Reich der Tricephalen, in dem Wesen mit drei Köpfen und einem Körper hausen, und das der Dreikörper, in dem die Leute drei Leiber, aber nur einen Kopf besitzen. Reist man von dort aus nach Norden, so gelangt man ins Reich der Dämonen: Seine Bewohner sehen schrecklich aus, sie besitzen Menschenköpfe, jedoch nur ein Auge, und an ihrem Nacken beginnt ein Schlangenkörper. Die Bewohner von Xiayang sind Menschenwesen, doch bedeckt schwarzer Flaum ihre Körper, ihre Fersen zeigen in die falsche Richtung, und sie tragen Gewänder aus Blättern. Wenn sie Chinesen begegnen, beginnen sie fürchterlich zu lachen. Man erzählt auch, dass sie Menschenfresser seien.«

Nicht ohne eine gewisse Logik endete die bekannte Welt, ganz gleich, ob man sie von Osten oder von Westen aus betrachtete, an den Pforten eines riesigen Tores. Gleichwohl

14 links
Alexander der Große, der mit seinem Heer bis nach Indien
gezogen war, war im Mittelalter der Held vieler Legenden —
und zwar sowohl in Europa als auch in der muslimischen
Welt. Weil er sich unerschrocken ins Unbekannte vorgewagt
hatte, galt er als Symbol für einen unstillbaren Wissensdurst,
als jemand, der das Unmögliche möglich gemacht hatte.

14 rechts und 15
Im Herzen Zentralasiens, unweit des so genannten Steinernen
Tores, trafen die Karawanen der Kaufleute zusammen. Sie
kamen aus allen vier Himmelsrichtungen, um seltene Waren
und Kostbarkeiten wie Seide zu tauschen. Durch diesen Stoff
machte China im Abendland erstmals von sich reden. Die
Güter hatten sehr weite Wege auf Kamelen zurückgelegt (hier
ein Keramikkamel aus dem 8. Jahrhundert, Tang-Dynastie,
das man in einem Grab in Huangling bei Xi'an fand.

fanden auf beiden Seiten kühne Abenteurer den Mut, in unbekannte Weiten aufzubrechen und sich allen natürlichen und mythologischen Barrieren entgegenzustellen. Schon ein Jahrhundert nach Herodot – zu jener Zeit also, als Alexander der Große das persische Reich eroberte und sich auf seinem Weg nach Indien großspurig zum König Asiens proklamierte – stand der bereits von den Griechen als Seidenstraße bezeichnete Handelsweg offen. Ausgehend von einem unbekannten Land, das im äußersten Osten des Erdkreises lag, zogen Karawanen bis ins Herz der asiatischen Hochebene. Mit sich führten sie einen überaus zarten Stoff, den die Götter selbst gewebt zu haben schienen, so weich und angenehm fühlte er sich an. *Sera* – Seide – tauften ihn die Griechen, und als »Land der Serer« bezeichneten sie dessen Ursprungsort. In den Abhandlungen der antiken Geografen heißt der Platz, an dem der Austausch von Handelsgütern stattfand, Lithinos Pyrgos, Steinernes Tor. Modernen Forschern zufolge war damit das heutige Taxkorgan am Fuß des gewaltigen Pamirgebirges gemeint. Auf dem dortigen Markt begegneten sich drei Welten: Alljährlich trafen Karawanen aus dem Orient, aus dem Okzident und aus dem Süden ein. Jede hatte unsagbare Mühen und Gefahren auf sich genommen, doch die Gewinne waren offenbar so groß, dass sich das Risiko dieser Odyssee zu Lande lohnte. Die Kaufleute der griechisch-römischen Welt brachen von Tyros, der berühmten phönizischen Hafenstadt im Süden des Libanons, auf,

durchquerten Syrien und Persien, wandten sich dann nach Nordosten und zogen schließlich durch die schreckliche Wüste Karakum, nachdem sie in Antiochia Margiana, einem Ort unweit der heutigen Stadt Mary in Turkmenistan, gerastet hatten. Schließlich galt es, das Pamirgebirge auf einer der beiden Routen, die im Norden und im Süden am Rande des »Dachs der Welt« entlangführten, zu umgehen. Die beiden Wege trafen in Kashgar in der heutigen Provinz Xinjiang wieder aufeinander, das Steinerne Tor lag etwas weiter südlich davon.

Vom Karakorum-Massiv stiegen derweil indische Kaufleute herab; sie kamen in der Regel von Leh im Kaschmirgebirge und mussten auf ihrem Weg bis zu 6000 Meter hohe Pässe auf unwegsamen Bergpfaden überwinden. Am bequemsten hatten es die Chinesen, die von der »Sera Metropolis« (vielleicht das heutige Xi'an) loszogen und die Wüste Takla Makan im Norden oder Süden umgingen.

Hatten die verwegenen Händler die Lagerplätze am Steinernen Tor endlich erreicht, konnten sie die Früchte ihrer Mühen ernten. Die Inder boten Pfeffer, Nelken, Ebenholz, Weihrauch und Hörner von Rhinozerossen zum Verkauf an. Aus dem Mittelmeerraum trafen Schildkrötenpanzer, rosafarbene Korallen, Wollstoffe und der begehrte goldene Bernstein der Ostsee ein. Die Chinesen brachten vor allem Pelze, kostbares Sandelholz, Moschus und das Öl eines Lacksumach genannten Baumes, mit dem man glänzenden Lack herstellen konnte; daneben Nadeln und

reinen Stahl, den Plinius d. Ä. »serisches Eisen« nannte. Und natürlich gab es auch Seide, die jedoch nur in sehr begrenzter Menge als Stoffballen in den Handel gelangte, da man sie lieber aufgewickelt als Garn oder in Strängen verkaufte. Die griechisch-römischen Kaufleute transportierten die Rohseide nach Tyros und Antiochia, wo sie zu Stoff verarbeitet wurde.

Niemand im Abendland wusste eine Erklärung für den Ursprung des wundersamen Fadens. Vergil hielt ihn für eine Art Schimmel, der sich auf Blättern oder der Rinde seltener fernöstlicher Bäume bilde, und dieser Hypothese schlossen sich viele antike Autoren an. Der griechische Historiker Pausanias, der im 2. Jahrhundert n. Chr. lebte, kam immerhin auf die Idee, ein Insekt könne den Faden gesponnen haben, »eine Art Spinne mit acht Beinen, die vier Jahre lang mit grünem Bambus gefüttert wird; dann umwickelt sie ihre Beine mit einem langen, fortlaufenden Faden und stirbt in dieser Umhüllung. Wenn sie tot ist, kann man aus ihrem Körperinneren eine große Menge des Fadens gewinnen.« Einer Legende zufolge wurde das Geheimnis der Seide erst im 6. Jahrhundert gelüftet, als zwei Mönche, die Kaiser Justinian in den Fernen Osten entsandt hatte, von ihrer langen Reise einige Eier der Seidenraupe mitbrachten, die sie in ihren hohlen Wanderstäben verborgen hatten.

Der mühselige Weg durch das Herz des Kontinents, über hohe Bergpässe und durch endlose Wüsten, stellte nicht die einzige Verbindung zwischen Europa und China dar. Ein

17

Trotz der eingeschränkten geografischen Kenntnisse gab es Handelskontakte zwischen dem Mittelmeerraum und dem Fernen Osten. Zwischen dem ptolemäischen und später römischen Ägypten und China existierte eine Seeroute, auf der Lastschiffe verkehrten. Die Darstellung oben stammt aus einem Grab in Ostia (Museo Nazionale, Neapel), das Mosaik unten aus Hadrumetum bei Sousse in Tunesien.

Seeweg führte bereits zur Zeit der Ptolemäer, jener makedonischen Dynastie, die nach dem Tod Alexanders des Großen über das Land der Pharaonen herrschte, von Ägypten nach Indien. Der griechische Geograf Strabo (um 63 bis ca. 24 v. Chr.) berichtete, dass alljährlich 120 Schiffe von der ägyptischen Küste am Roten Meer ablegten, um den indischen Subkontinent anzusteuern. Sie brachen entweder von Berenike aus auf, wo es nach Strabo zwar gefährliche Untiefen, dafür aber ausgezeichnete Herbergen gab, oder aber von Myos Hormos (Al-Quseir), das nur sechs bis sieben Tagesreisen von Koptos am Nilufer entfernt lag, wobei man wegen der großen Hitze meist nachts unterwegs war.

Die ptolemäischen Schiffe (und später die römischen, denn der Handel bestand bis zum Fall des Römischen Reiches fort) fuhren vorzugsweise den indischen Hafen Minnagara an der Mündung des Indus an oder sie segelten nach Barygaza, weiter im Süden des Subkontinents. Einige wagten sich bis nach Sri Lanka vor und folgten dann der Koromandelküste bis zum Gangesdelta. Vielleicht gelang es manchen sogar, die Malakkahalbinsel, die in der Antike Chersonesus Aureus hieß, zu umfahren und ins Magnus Sinus, das Südchinesische Meer, vorzustoßen. In Cochinchina, im Gebiet von Ho-Chi-Minh-Stadt (Saigon), entdeckte man jedenfalls Objekte römischen Ursprungs,

zum Beispiel Münzen mit Darstellungen der Kaiser Antoninus Pius und Mark Aurel. Auf Letzteren beziehen sich auch die chinesischen Annalen der Han-Dynastie, wollte er doch offenbar einen Botschafter an den Hof des Himmlischen Kaisers entsenden. In diesem Bericht heißt es: »Die Bewohner von Da Qin [dem Römischen Reich] prägen Münzen aus Gold und Silber. Sie treiben Seehandel mit Anxi [Persien] und Tianzhu [Indien] und verzehnfachen dabei ihren Gewinn. Sie sind ehrlich bei ihren Geschäften und geben niemals zwei verschiedene Preise an. (…) Ihre Könige möchten Gesandte nach China entsenden, doch die Anxi wollen das Handelsmonopol für chinesische Seide behalten und verbieten ihnen daher, mit uns Kontakt aufzunehmen. So waren die Verhältnisse bis zum 9. Jahr der Yanxi-Periode [158–167 n. Chr.], während der Herrschaft von Kaiser Huandi, als der König von Da Qin, Andun [Mark Aurel], einen Botschafter entsandte, der über die Grenze von Rinan [Annam] kam und Elfenbein, Rhinozeroshörner und Muschelschalen als Geschenke mitbrachte.« Recht armselige Gaben, befand der Schreiber, und aus genau diesem Grund (aber auch, weil in den römischen Quellen nichts davon erwähnt ist) glauben die meisten Historiker auch nicht, dass es sich tatsächlich um einen Gesandten handelte, sondern eher um listige Kaufleute, die sich als

Botschafter des römischen Kaisers ausgaben, um sich dadurch Vorteile zu verschaffen.

Obwohl die Handelsverbindungen also über mehrere Jahrhunderte hinweg Bestand hatten, wusste man im Abendland weiterhin nahezu nichts über den Fernen Osten. Im 2. Jahrhundert n. Chr. ging der Astronom, Mathematiker und Geograf Claudius Ptolemäus in seiner *Geographia* daran, auf der Grundlage der Werke, die sich in der Bibliothek von Alexandria befanden, die Welt nach dem Wissensstand seiner Zeit zu kartieren. Bis zur Renaissance glaubten Entdecker und Seefahrer an die *Geographia* wie an die Bibel. Ptolemäus unterteilte darin das Land Thina oder Sina in das althergebrachte Serica im Norden und ein neues Sinae im Süden. Ein ähnlicher Fehler unterlief Jahrhunderte später übrigens auch chinesischen Geografen, als sie England nicht als Teil von Großbritannien zu erkennen vermochten.

Einig waren sich die antiken Autoren jedenfalls darüber, dass die Chinesen ein schönes Leben führten: »Ihr Klima ist angenehm und gesund, der Himmel klar und der Wind sanft und freundlich«, meinte etwa Ammianus Marcellinus; und Pomponius Mela pries ihren Gerechtigkeitssinn, während Epiphanius zu berichten wusste, dass sie sich Zöpfe flochten, um den Frauen zu gefallen, und dass diese im Gegenzug ihr eigenes Haar abschnitten, Männerkleider trugen und die Feldarbeit erledigten.

PILGER UND KAUFLEUTE

F ür das Fortschreiten der Wissenschaften und insbesondere der Geografie brachte die im Frühmittelalter erstarkende Macht der katholischen Kirche eher Nachteile. Das Weltbild der griechisch-römischen Kosmografen wurde so zurechtgestutzt, dass es zu den christlichen Lehren passte, zugleich fügte man nun den Karten imaginäre Orte hinzu, die in der Bibel eine wichtige Rolle spielten – etwa das Land Magog oder das irdische Paradies. Diese Regionen lagen nach Auffassung der Kirche irgendwo zwischen Ostafrika und den asiatischen Weiten, doch war ihre Existenz im Volksglauben bald so fest verankert, dass selbst Christoph Kolumbus nach seiner letzten Reise meinte, er habe sie fast erreicht. Auf der Bibel fußte auch die Beschreibung des Universums von Cosmas, einem aus Alexandria stammenden Reisenden, der die Meere zwischen Arabien und Sri Lanka bereist hatte und deshalb den Beinamen Indicopleustes, der »Indienfahrer«, erhielt. Als alter Mann zog er sich ins Kloster zurück und verfasste dort um das Jahr 530

18 und 19
Auf dem Gemälde auf Papier links, das aus Dunhuang in Gansu stammt und heute im Pariser Musée Guimet hängt, begleitet ein ge-zähmter, sprungbereiter Tiger mit wildem Blick einen chinesischen Pilger, der, beladen mit kostbaren Handschriften, vom Besuch der heiligen buddhistischen Stätten nach Hause zu-rückkehrt. In seiner Hei-mat, die sich erst kurz zuvor dem neuen Glauben zugewandt hatte, wartete vermutlich eine Frau auf den Heimkehrer – oben rechts eine Darstellung aus dem Grab des Li Xian in Shaanxi, Tang-Dynastie (618–907).

unter anderem eine »christliche Topografie«. In diesem Zusammenhang stellte er die Behauptung auf, die Erde sei eine rechteckige Scheibe, umschlossen von hohen Mauern, die sich nach oben hin zum Firmament vereinten. Am Nordpol würde sich ein gewaltiges Gebirge erheben, um das Sonne, Mond und Sterne kreisten, und zu Sonnenfinsternissen oder Neumond käme es immer dann, wenn die Gestirne hinter dem höchsten Berggipfel verschwänden. Angesichts dieser abenteuerlichen Thesen lässt sich der Verlust der astronomischen Tafeln, die Cosmas anfertigte, vermutlich verschmerzen. Was jedoch die Topografie anbetrifft, so äußerte sich der Autor durchaus zu jenen Ländern auf der angeblich flachen Erdscheibe, die er als Kaufmann besucht hatte, und erzählte auch vom Handel mit dem weit entfernten Ziniza (China), dessen Zentrum die große Insel Lanka (heute Sri Lanka) bilden sollte. In dem asiatischen Handelszentrum kamen nach Aussage von Cosmas Schiffe aus aller Welt an, aus Äthiopien, Indien und Persien. Die Chinesen brachten »Seide, Aloe, Nelken und andere Güter«, diese wurde verladen und nahmen dann ihren Weg »über die Malabarküste, wo Pfeffer wächst, nach Kalliana, das Sesamöl, Kupfer und Stoff exportiert, nach Sindhu [an der Indusmündung], Persien, Arabien und Adulis [Aksum] am Roten Meer«.

Nicht nur Güter, auch Kultureinflüsse gelangten von Osten nach Westen. Durch die Handelskontakte mit den Chinesen erfuhr man von einer in Indien entstandenen Religion, dem Buddhismus, der sich von dort aus über zwei Hauptrouten nach China ausgebreitet hatte, nämlich über die Karawanenstraßen Zentralasiens, deren Ableger nach Kaschmir hineinreichten, und über den Seeweg. Genau wie die christlichen Pilger, die nach Jerusalem zogen, verspürten auch die Anhänger des Buddhismus bald den Wunsch, jene Orte aufzusuchen, an denen sich Buddha aufgehalten hatte.

Faxian, der 399 von der Stadt Chang'an (Xi'an) aufbrach und 414 zurückkehrte, verfasste als erster Mönch einen Reisebericht. Er durchquerte die heutige Provinz Xinjiang (Xinjiang Weiwuer Zizhiqu) und die Berge des Himalaya, stieg nach Kaschmir und ins Industal hinab und folgte dann dem Lauf des Ganges bis zur Hafenstadt Tamralipti (Tamluk) in Bengalen. Von dort aus reiste er im Jahre 411 mit dem Schiff bis zur heiligen Insel Lanka, »auf der früher keine Menschen, sondern nur Dämonen und Drachen gehaust hatten; doch wurde einer von ihnen, der Schrecklichste von allen, von Buddha gezähmt, als er ebendort ankam. Allein mit Hilfe seiner spirituellen Kraft hinterließ er seinen Fußabdruck auf dem Felsgestein eines Berggipfels.«

Glücklich, auf der heiligen Insel gelandet zu sein, verweilte Faxian über zwei Jahre, studierte heilige Texte und fertigte Abschriften an, die er mit in seine Heimat nahm. Diese Manuskripte sollten ihm das Leben retten, denn auf der Heimreise geriet das Schiff mit seinen 200 Passagieren in einen heftigen Sturm. Gerade als es zu sinken drohte, sprang Faxian mutig an Deck, presste seine kostbaren Schriften an sich und rief Buddha um Hilfe an, worauf der Sturm sich augenblicklich legte. Im nächsten Hafen wurde das Schiff überholt, und nach drei weiteren Monaten traf der Mönch im Dezember 413 auf der Insel Java ein, nachdem er ein weiteres gefährliches Meer mit »Wellen, so hoch wie Pagoden«, und riesigen Seeungeheuern, die das Schiff zu verschlingen drohten, durchquert hatte. Auf dem letzten Abschnitt seiner Reise, die von Java nach Kanton führte, ließ Buddha einen weiteren Sturm verstummen und stärkte aufs Neue den Glauben des mutigen Faxian.

Die launenhaften südlichen Gewässer umschlossen zahlreiche Inseln und seltsame, häufig Furcht erregende Länder. Viele chinesische Texte berichten vom Reich Luocha: Dessen Bewohner seien »sehr hässlich und beklagenswert. Sie haben rotblondes, zerzaustes Haar, schwarze Haut, spitze Raubtierzähne und Pranken mit Klauen. Um die Hauptstadt zieht sich eine Mauer, schwarz wie Tinte. (...) Der oberste Hofkämmerer dieses Reiches hat die Ohren am Hinterkopf, eine Nase mit drei Nasenlöchern und Augenbrauen, die sich gleich einem Zelt über die Augen spannen.« Doch »je niedriger der Rang der Würdenträger bei Hofe ist, umso gewöhnlicher sehen sie aus«.

Auch in weniger seltsamen Regionen wie Siam oder Annam stießen die chinesischen Gesandten und Reisenden auf allerlei Merkwürdigkeiten. So nahmen die Siamesen auf Riesenschildkröten Platz und ließen sich von ihnen tragen, um sie anschließend zu verspeisen. Die stürmischen und grausamen Bewohner von Annam machten mit Piken und Stöcken Jagd auf Elefanten. Am geheimnisvollsten war jedoch der Ozean selbst. Viele Reisende berichteten von riesigen Schwärmen Fliegender Fische und von mysteriösen Phänomenen: Nachts, manchmal aber auch am hellen Tag, »wechselte das Wasser urplötzlich die Farbe, und es schien, als würden unzählige Fackeln entzündet. Dann tauchten die unglaublichsten Wesen auf, dazu Türme und Pavillons, und man hörte Gelächter, Stimmengewirr und das Klingen von Münzen.«

Trotz dieser Erzählungen verkehrten immer mehr Schiffe zwischen China und Indien. Xuanzang (602–664), der wohl berühmteste buddhistische Pilger, nahm zwar noch den Landweg über Zentralasien, um die Hauptschauplätze seines Glaubens aufzusuchen, doch ein anderer Mönch, Yijing, begab sich 671 bereits an Bord eines vermutlich persischen Schiffes. Getragen vom Wintermonsun verließ das Gefährt Kanton, geriet in den unvermeidlichen Sturm, erreichte Sumatra und die Malakkahalbinsel und legte dann zu Handelszwecken auf den Nikobaren an. »Kaum erblickten die Eingeborenen das Schiff«, berichtet Yijing, »da warfen sie sich auch schon ins Wasser, andere sprangen in ihre Einbäume und ruderten auf uns zu. Sie kamen, um mit Kokosnüssen, Bananen und Bambusgegenständen zu handeln, die sie gegen Eisen

20

Die Anhänger des Buddhismus unternahmen lange Reisen in den Himalaya und zu den Meeren des Ostens, um den Spuren des Meisters zu folgen und seine Heimat kennen zu lernen. Auf diesem Fresko aus der Tang-Dynastie bringen gläubige Buddhisten kostbare Reliquien mit nach Hause.

21

Auf dieser Seidenmalerei aus den Mogao-Grotten in Dunhuang in Gansu (heute Musée Guimet, Paris) ist ein Pilger zu sehen – gebeugt von der Last kostbarer Handschriften, die er auf seinem Weg gesammelt hat.

eintauschen wollten. Für einen kleinen Eisen-barren erhielt man bis zu zehn Kokosnüsse. Die Männer waren nackt, die Frauen trugen einen Rock aus Blättern. Zum Spaß gab man ihnen Kleider, doch wurden diese entsetzt ab-gelehnt. Man sagte mir, es sei sehr gefährlich, den Tauschhandel zu verweigern, denn wenn sie in Zorn geraten wären, hätten sie das Schiff mit ihren vergifteten Pfeilen angreifen können, von denen ein jeder tödlich war.«

In Tamralipti begab sich Yijing an Land, um die großen buddhistischen Klöster aufzu-suchen, 685 machte er sich auf den Heimweg, für den er vier weitere Jahre benötigte.

Im darauf folgenden Jahrhundert verfasste der Geograf Jia Dan (730–805) ein Hand-buch über den Seeweg zwischen Kanton und dem Persischen Golf. Zu jener Zeit hatte sich Kanton zum wichtigsten Ha-fen Südchinas entwickelt und wurde von malaiischen, indonesischen, in-dischen, persischen und arabischen Kaufleuten angesteuert. Letztere ka-men in so großer Zahl, dass sie bald ein eigenes Viertel bewohnten. Einer von ihnen mit Namen Süleyman hinterließ einen Bericht über seine Reisen, der als früheste Beschreibung Chinas gilt. Sein Text steckt, genau wie die chinesischen Überlieferungen, voller Erzählungen von Wundern und Abenteuern. Im Jahre 851 durchquerte Süleyman von Basra aus den Indischen Ozean. Hier tummelten sich angeblich zahlreiche Fische mit kleinen Segeln auf dem Rücken und solche mit Menschen-gesichtern, die über das Wasser flogen, auch wuchs auf dem Grund Bernstein wie eine Pflanze. Aus weißen Wolken trat zuweilen eine lange, dünne Zunge hervor, welche die Wasseroberfläche in Bewegung versetzte und Schiffe zum Kentern brach-te. Auch gab es Inseln, auf denen Frauen

herrschten, oder solche, auf denen man statt mit Münzen mit Muscheln handelte, und an-dere, auf denen die Berge aus reinem Silber bestanden oder man Fremde »fast roh« ver-zehrte, nachdem man sie mit dem Kopf nach unten aufgehängt hatte. Auf wieder anderen erstarrten die Krebse zu Stein, wenn sie das Wasser verließen und den Strand berührten. Aus solcherlei Seemannsgarn, das in den Spe-lunken der Hafenstadt Basra, dem Ausgangs-punkt des Seeweges nach Indien, allabendlich gesponnen wurde, entstanden vermutlich die Erzählungen von Sindbad dem Seefahrer. In *Tausendundeiner Nacht* begegnet er genau in diesen Breiten dem Vogel Roch, dessen Ei so groß ist wie die Kuppel einer Moschee, und auch die wilden Affenherden, die ganze Schiffe mit sich in den Urwald tragen, waren in den südli-chen Gewässern angeblich zu finden.

Doch nachdem Süleyman das Labyrinth der Inseln mit seinen Ungeheuern und Er-scheinungen heil überwunden hatte, erreichte er schließlich China, das heißt die Hafenstadt Khanfu, die einige Wissenschaftler mit Kanton, andere dagegen mit Hangzhou gleichsetzen. Ausführlich berichtete er über Sitten des Lan-des: Die Chinesen, so erklärte er, große wie kleine, trügen seidene Gewänder und würden im Winter bis zu fünf Hosen übereinander anziehen. Die Frauen liefen ohne Kopfbede-ckung herum und schmückten sich das Haar mit einer unglaublichen Zahl von Kämmen. Jeder, Arm wie Reich, lerne zu schreiben und zu zeichnen. In jeder bedeutenden Stadt regie-re ein Eunuch und ein Gouverneur.

Am meisten verwunderte sich der Kauf-mann allerdings über die Rechtschaffenheit der Chinesen, bestehe doch die Hauptaufgabe der Beamten darin, für Gerechtigkeit zu sorgen: »In jeder Stadt gibt es einen so genannten *dara*. Das ist eine Glocke, die über dem Kopf des Gouverneurs angebracht und mit einem Seil verbunden wurde, das bis auf die Straße hi-

Das elegante China der Tang-Dynastie beeindruckte mit seiner Pracht die arabischen Reisenden, die in den südlichen Häfen vor Anker gingen. Besonders die Frauen versetzten die Araber durch die außergewöhnliche Pracht ihrer farbigen Seidengewänder in Erstaunen (farbige Terrakotta-Statuette, Musée Guimet, Paris).

Die Kenntnisse der arabischen Geografen reichten nicht viel weiter als die des Ptolemäus. Diese Miniaturkarte aus dem 12. Jahrhundert, die den Bericht von al-Idrisi zierte, zeigt den Fernen Osten (wegen der Ausrichtung der Karte unten links) verkleinert und dicht an Indien gedrängt, während Afrika nach Osten verschoben ist.

nausreicht. Jedermann kann die Glocke sofort bedienen. Sobald einer nur ganz wenig an der Schnur zieht, fängt die Glocke an zu schlagen. Jeder, dem ein Unrecht geschehen ist, zieht daran, und sogleich läutet die Glocke über dem Kopf des Gouverneurs, der den Beschwerdeträger sofort empfängt.«

Auch der chinesische »Sultan« habe ausschließlich das Wohl seiner Untertanen im Sinn: »In China stehen zehn Arm lange Steine mit einer Inschrift, welche verschiedene Krankheiten und deren Heilmittel nennt. Wer nicht genug Geld besitzt, um sich Medizin zu kaufen, erhält diese aus öffentlichen Mitteln. Es gibt keinerlei Steuer auf Grundbesitz, aber eine Kopfsteuer, die sich nach dem Vermögen und dem Besitz eines jeden bemisst. Die Namen aller neu geborenen Knaben werden in den Registern des Sultans verzeichnet. Sobald ein junger Mann 18 Jahre alt ist, muss er Steuern bezahlen, allen, die älter als 80 sind, werden sie erlassen. Sie bekommen eine Pension aus öffentlichen Mitteln, und man sagt hier: Wir haben eine Pension von dir erhalten, als du jung warst, nun, da du selbst alt bist, ist es nur recht und billig, dass wir sie dir zurückzahlen.«

Von dem Wissen aus erster Hand, das die muslimischen Kaufleute in China erwarben, fand nur sehr wenig Eingang in die Werke der großen arabischen Geografen des Mittelalters. Die meisten wiederholten lediglich, was bereits Strabo und Ptolemäus über Ostasien geschrieben hatten. Am besten informiert zeigte sich al-Masudi, der in seinem Buch *Morudi-al-dzeheb* aus dem Jahr 943 die Aufzeichnungen von Süleyman aufgriff. Er erzählte auch von einem anderen arabischen Kaufmann, Ibn Vahab, der Ende des 9. Jahrhunderts angeblich in der Hauptstadt Chang'an, der ptolemäischen Sera Metropolis, vom Kaiser höchstpersönlich empfangen wurde.

Ein Jahrhundert später, im Jahre 1075, verschwand China wieder von der Bildfläche: Auf der Karte von Abu Isak, die sogar Turkestan und Tibet aufführt, ist das Land nicht mehr verzeichnet. Die Kosmografen des Mittelalters, ganz gleich, ob es sich um Christen oder Muslime handelte, blieben in aller Regel in ihren Studierstuben und wiederholten gebetsmühlenartig, was die antiken Gelehrten Jahrhunderte vor ihnen festgeschrieben hatten.

1130 wurde der Normanne Roger II. in der Kathedrale von Palermo zum König von Sizilien gekrönt. Er umgab sich mit einem prächtigen Hofstaat, zu dem auch viele arabische Gelehrte gehörten. 1139 beauftragte der Herrscher sie damit, eine möglichst genaue Weltkarte anzufertigen, auf der Länder, Meere, Städte, Flüsse, Berge und Straßen verzeichnet sein sollten. 15 Jahre vergingen bis zur Fertigstellung der *Daira*, einer riesigen runden Tafel aus massivem Silber, die etwa 150 Kilo wog. Mit der Graviernadel hatte man alle Einzelheiten der damals bekannten Welt in die Platte geritzt. Leider ist das Meisterwerk verschollen, und es existieren nur noch einige wenige, stark verkleinerte Stiche auf Handschriften sowie mit dem *Rogerbuch* das Traktat, das die Tafel erläutern sollte. Es stammt von Abu Abdallah Mohammed al-Idrisi, einem der Gelehrten, die das Original mitgestaltet hatten, und enthält Berichte über seine Reisen sowie Erzählungen von Personen, die von Sizilien ausgesandt wurden, um neue geografische Informationen zu sammeln. Al-Idrisi wurde um das Jahr 1100 in Tétouan in Marokko geboren,

studierte in Córdoba und bereiste anschließend Europa und den Nahen Osten. In seiner Abhandlung nennt er China Beladad Sin, doch ansonsten fallen die Information eher spärlich aus: Al-Idrisi wurde wohl nicht das Glück zuteil, einem heimgekehrten Sindbad zu begegnen, der ihn über das ferne Land hätte aufklären können, mit dem seine Glaubensbrüder seit langer Zeit regen Handel trieben.

Einen dieser abenteuerlustigen Seefahrer lernte hingegen der große jüdische Reisende Benjamin von Tudela kennen. Er brach um das Jahr 1170 von seiner spanischen Heimat Navarra auf, besuchte zahlreiche jüdische Gemeinden im Mittelmeerraum und im Nahen Osten und gelangte bis nach Mesopotamien. Dort hörte er vom Land Sin, das im äußersten Osten der Welt inmitten des Niqpa-Meeres liegen sollte, »wo der Stern Orion am Himmel steht und unablässig heftige Sturmwinde toben. Manchmal gelingt es dem Steuermann nicht, das Schiff zu lenken, weil ein heftiger Wind es ins Niqpa-Meer treibt, wo es sich nicht mehr von der Stelle bewegt. Dort bleibt die Mannschaft, bis der Proviant erschöpft ist und alle sterben. Auf diese Weise gehen viele Schiffe verloren. Doch einige haben einen Weg entdeckt, um von diesem unseligen Ort zu entkommen: Die Seeleute rüsten sich mit Ochsenfellen aus, und wenn der schreckliche Wind zu blasen beginnt, der sie auf das Niqpa-Meer zutreibt, hüllen sie sich in die Felle, durch die kein Wind dringt, und werfen sich, mit Messern bewaffnet, ins Meer. Dort erspäht sie ein riesiger Vogel, der Greif, verwechselt den Seemann mit einem Beutetier, packt ihn und trägt ihn ans Festland, wo er ihn in einem Gebirge oder Tal absetzt, um ihn zu verschlingen. Dieser jedoch tötet ihn sogleich mit seinem Messer, streift das Ochsenfell ab und marschiert, bis er zu einem bewohnten Ort gelangt. Auf diese Weise konnten sich viele retten.«

NEUGIERIGE ZÖLLNER UND SESSHAFTE REISENDE

24 und 25
Die chinesischen Dschunken (hier ein Aquarell aus dem 18. Jahrhundert, das eine Nachbildung zeigt) waren im Mittelalter die größten und sichersten Schiffe der Welt. Sie transportierten riesige Warenmengen und Hunderte von Passagieren bis nach Indien, zum Persischen Golf und nach Ostafrika. Zahlreiche auf den Rumpf aufgemalte, an Bug und Heck befestigte und auf die Segel und Fahnen gewebte Drachen sollten Schutz vor Seenot, Stürmen und unliebsamen Begegnungen mit Piraten bieten. Sie waren ähnlich gestaltet wie der oben abgebildete Keramikdrache aus dem Pekinger Beihai-Park.

Vielleicht wurden die gleichen arabischen Seeleute, die Benjamin von Tudela in Basra vor den Gefahren des Niqpa-Meeres gewarnt hatten, auch von jenem chinesischen Zollbeamten konsultiert, der im Jahre 1178 unter dem Titel *Lingwai daida* eine Art Fragebogen zu den Gebieten jenseits der chinesischen Grenze veröffentlichte. In diesem Werk trug Zhou Qufei, ein Assistent des Präfekten von Guilin, all das zusammen, was er von den Kaufleuten aller Hautfarben und Kulturen über weit entfernte Länder in Erfahrung bringen konnte. Natürlich fand auf diese Weise auch Seemannsgarn Eingang, und es entstand eine abenteuerliche Mischung aus Fakten und Fiktion: »Jenseits von Sumatra dehnt sich das Südliche Meer aus, in dem man allenthalben auf Inseln stößt. Hinter Java erstreckt sich das Östliche Meer. Hier endet der Ozean, indem er abrupt in die Tiefe stürzt. Dahinter liegen nur noch das Reich der

26

Die Chinesen benutzten als Erste einen Kompass, der zunächst in der Geomantie (der Kunst, unterirdische Energieströme zu orten und aus ihnen zu weissagen) und später – um das Jahr 1000 – in der Navigation Verwendung fand. In Europa kam der Kompass erst drei Jahrhunderte später auf.

Frauen und ein Strudel, der all das Wasser verschlingt und aus dem kein Seemann wiederkehrt. (...) Jenseits des Arabischen Meeres liegen unendlich weite Gebiete, die man nicht alle aufzählen kann. Das letzte Reich heißt hier Mulanpi [Nordafrika]. Dahinter wohnt die Sonne, wenn sie untergegangen ist, weiter weiß man darüber nichts. (...) Inmitten des Östlichen Meeres befindet sich eine Sandbank, umgeben von Felsen, die sich Meile um Meile ausdehnen. In ihrer Nähe liegt der Ort Weilu, ein riesiges Loch, in welches das Wasser hin zu den Neuen Welten stürzt. Einst wurde eine Dschunke von einem mächtigen Wind in diese Richtung getrieben und näherte sich dem Abgrund. Man hörte ein Brausen, sah aber kein Land. Zum Glück kam ein starker Gegenwind auf, der das Schiff von dem Schlund wegtrieb, so dass die Seeleute gerettet wurden.«

In anderen Fällen scheint Zhou Qufei nicht wirklich verstanden zu haben, was man ihm erzählt hatte: »Weit von China entfernt liegt die Stadt Majia [Mekka], in der der Buddha Maxiawu [Mohammed] geboren wurde. Er wird in einem Tempel verehrt, dessen Wände aus Edelsteinen bestehen. Zu seinem Todestag kommt eine riesige Menschenmenge aus allen arabischen Ländern an diesen Ort, um Gaben darzubringen. Das Grab Maxiawus befindet sich ganz in der Nähe; Tag und Nacht hindert ein helles Leuchten jeden daran, sich zu nähern, und wer es dennoch versucht, verliert

sein Augenlicht.« Auch liefert der Zollbeamte eine lebendige Beschreibung des Lebens an Bord der großen chinesischen Dschunken, die in jenem für China goldenen Zeitalter über die Meere fuhren: »Die Schiffe, welche die südlichen Meere durchqueren, sind so groß wie Paläste, und wenn sie ihre Segel setzen, wirken diese wie riesige Wolken. Ein solches Schiff trägt Hunderte von Seeleuten und kann Proviant für mindestens ein Jahr aufnehmen. An Bord werden Schweine gezüchtet, und man keltert Wein. Jene, die ein solches Schiff besteigen, lernen keine fremden Länder, Berge und Flüsse kennen, sondern erfahren nur das, was ihnen der Kapitän während der Reise erzählt. Eine kleine Dschunke kann von der Route abkommen oder von einem Sturm überrascht und abgetrieben werden, sie kann an Klippen zerschellen oder auf Grund laufen. Eine große Dschunke mit schwerer Last braucht die stürmische See nicht zu fürchten, doch kann sie bei Windstille und in seichten Gewässern in Gefahr geraten.«

Ein anderer Autor, Zhu Yu, hatte bereits 70 Jahre vor Zhou Qufei ein Werk verfasst, in dem er sich noch ausführlicher mit den größten und sichersten Schiffen der damaligen Welt befasste: »Die größten Dschunken nehmen Hunderte von Seeleuten an Bord. Erst wenn ein Schiff voll beladen ist und so viele Seeleute an Bord sind, dass man sich auf ein Meer voller Gefahren wagen kann, sticht der Kapitän in See. In anderen Ländern herrscht eine große Nachfrage nach Waren aller Art aus China, deshalb empfiehlt es sich, große Schiffe zu beladen. Wenn auf einem Schiff mehrere Kaufleute reisen, so verfügt jeder über sein eigenes Lager und lässt seine Waren nicht aus den Augen. Die Matrosen fürchten Wind und Wellen nicht, doch haben sie Angst, auf

Grund zu laufen, denn dann bekommen sie das Schiff nicht mehr flott. Wenn ein Schiff Schäden aufweist, die nicht von innen behoben werden können, befiehlt der Kapitän fremden Sklaven [möglicherweise schwarze Sklaven, die mit arabischen Kaufleuten nach Ostasien kamen], ins Wasser zu springen und die Reparaturen durchzuführen. Diese Sklaven können sehr gut tauchen und müssen die Augen unter Wasser nicht schließen. Der Kapitän kennt die Beschaffenheit der Küste sehr genau, tagsüber richtet er sich nach der Sonne, nachts nach den Sternen. An Bord essen die Matrosen Fische, die sie mit Angelruten fangen, an die sie ein Huhn als Köder binden. Wenn ein Fisch angebissen hat, ziehen sie ihn an Bord, und wenn er essbar ist, verzehren sie ihn. Ist er ungenießbar, schneiden sie ihn auf, um zu sehen, ob sich in dessen Magen essbare Fische befinden. Wird jemand krank, fürchtet er sich davor, an Bord zu sterben, denn dann würde man seinen Leichnam auf ein Floß legen und aufs Meer hinaus treiben lassen. Möchte einer auf dem Grund des Ozeans bestattet werden, so wird sein Körper mit Gewichten beschwert und ins Wasser geworfen. Wenn die Matrosen auf hoher See plötzlich Inseln mit verbrannter Vegetation sehen, so ist klar, dass es sich nicht um Land handelt, sondern um die große Seeschlange, vor der man so schnell wie möglich fliehen muss. Die Matrosen scheren sich dann die Haare und verbrennen Fischschuppen, nur auf diese Weise verschwindet das Ungeheuer.«

Ungeachtet aller Monster befuhren die chinesischen Dschunken nicht nur die Gewässer rund um China, sondern segelten bis zu den Küsten Indiens, zum Persischen Golf und nach Afrika. Über die Seewege sowie die Produkte, die nach China importiert wurden, gibt ein Dokument Auskunft, das von Zhao Rukua, dem Außenhandelsinspekteur der Provinz Fujian, verfasst wurde. In seinem zwischen 1225 und 1258 erschienenen Werk *Zhufanzhi* (Beschreibung der Barbarenländer) finden sich nicht nur praktische Hinweise, sondern auch alles, was Seeleute, die aus fernen Ländern heimkehrten, über die seltsamen Sitten und

27

Im Landesinneren verkehrten Schiffe auch auf künstlich angelegten Kanälen wie dem großen Kaiserkanal, der das Land in eine Nord- und eine Südhälfte teilte. Auf dieser Seidenmalerei (heute Bibliothèque Nationale, Paris) aus dem 18. Jahrhundert sieht man das Schiff des Kaisers Yangdi (604–617) aus der Sui-Dynastie.

Gebräuche der fremden Völker erzählten. Dort heißt es zum Beispiel: »Sanfoqi [Palembang auf der Insel Sumatra] erreicht man mit Hilfe des Wintermonsuns mit dem Schiff in einem Monat. Die Leute dort leben in kleinen Dörfern oder auf Flößen mit Schilfdächern. Der Herrscher und seine Familie residieren in einer einzeln stehenden Zitadelle, und das Volk bringt dem König großen Respekt entgegen. Wenn er stirbt, folgen ihm die Diener in den Tod, indem sie sich in den Scheiterhaufen stürzen, auf dem der Leichnam verbrennt. Der Monarch darf kein Getreide essen, denn dann würde die Ernte schlecht ausfallen; er ernährt sich stattdessen von Palmmehl. Einer anderen Tradition zufolge darf er nur in Rosenwasser baden; die Leute glauben nämlich, dass Überschwemmungen das Land heimsuchen würden, wenn er fließendes Wasser benutzt. Der König erbt von seinem Vorgänger einen Kopfschmuck aus massivem Gold mit Edelsteinbesatz, die nur er im Stande ist zu tragen. Wenn der Herrscher gestorben ist, versammeln sich seine Söhne im Palast, und derjenige, der es schafft, die schwere Krone zu stemmen, wird zum neuen König bestimmt.«

Auch aus Afrika gab es allerlei Merkwürdiges zu berichten: »Im Land Bipaluo [an der somalischen Küste] lebt das über zwei Meter große Kranich-Kamel. Es kann fliegen, allerdings nur dicht über dem Boden. Auch gibt es dort ein anderes wildes Tier, eine Art Kreuzung aus einem Kamel und einem Ochsen, jedoch von gelber Farbe. Seine Beine sind unterschiedlich lang. Der Kopf ist höher als der Körper und nach hinten gedreht. Bei den Bewohnern von Zhongli [ebenfalls in Somalia] kursieren viele Legenden. Zum Beispiel glauben die Leute an die Existenz von Zauberern, die sich in Vögel, Raubtiere oder Meeresungeheuer verwandeln können. Mit solcherlei Behauptungen halten die Hexer die Menschen in

Angst und Schrecken. Wenn einer mit ausländischen Kaufleuten in Streit gerät, suchen die Eingeborenen die Zauberer oder eine Hexe auf, und diese belegen das fremde Schiff mit einem bösen Zauber, so dass es erst in See stechen kann, wenn der Streit geschlichtet ist. Wenn jemand stirbt, besuchen die Verwandten aus anderen Dörfern die Familie des Toten und fragen nach den Gründen für dessen Ableben. Dabei tragen sie Schwerter und Dolche, denn wenn ihr Verwandter ermordet wurde, haben sie das Recht, ihn zu rächen. Wenn er eines natürlichen Todes gestorben ist, legen sie die Waffen ab und beweinen ihn. Jedes Jahr stranden riesige Fische am Ufer und sterben, sie sind mindestens 20 Meter lang und größer als ein Schiff. Sie sind nicht essbar, doch die Eingeborenen nutzen ihr Fett als Brennstoff für Lampen oder mischen es mit Tonerde und versiegeln damit ihre Boote. Die ärmsten Familien nutzen die Gerippe dieser Fische als Stützen für ihre Behausungen.«

»In Ägypten, unweit der Stadt Kairo«, schreibt der Autor weiter, »steigt alle zwei bis drei Jahre ein Greis aus dem Fluss und setzt sich auf einen Felsen inmitten der Fluten. Er hat einen langen, wallenden Bart und dichtes schwarzes Haar und zeigt nur seinen Oberkörper. Er lässt das Wasser durch seine Finger rinnen und benetzt sein Gesicht damit. Dann nähern sich ihm die Einheimischen und fragen, was das nächste Jahr bringen wird. Der Alte antwortet nicht, doch wenn er lächelt, wird es ein gutes Jahr ohne Nöte geben, bleibt er jedoch ernst, muss man mit Seuchen und Katastrophen rechnen. Nach einiger Zeit taucht der Greis dann wieder ins Wasser hinab.«

Zhao Rukua, der in seiner Fantasie alle Weltmeere bereiste, während er bequem in seiner Schreibstube saß, kannte zum Beispiel auch Sizilien: »Sijialiye ist eine Insel mitten im Meer. In diesem Land erhebt sich ein Berg

[der Ätna] mit einem tiefen Krater. Von weitem sieht man daraus morgens Rauch und nachts Flammen aufsteigen, und wer sich dem Berg nähert, hört auch das Grollen des Feuers. Manchmal laden die Einheimischen schwere Steine auf ihre Schultern und werfen sie von oben in den Krater, wenig später fliegen aus dem Loch bimssteinartige Brocken in allen Größen, so als seien sie explodiert. Alle fünf Jahre schleudert der Krater Feuer und Steine aus seinem Schlund, die sich dann bis zur Küste hinunterwälzen. Die Bäume verbrennen dabei nicht, aber die Steine entlang dieser Feuerstraße zerfallen zu Asche.«

Den zweiten Teil seines Werkes widmete der Inspekteur schließlich den Exportgütern Chinas, deren Vorzüge und verblüffende Eigenschaften er detailliert beschrieb: »Der so genannte *shanhu* [Korallenbaum] wächst mitten im Meer. Er gedeiht nur in den tieferen Gewässern. Zunächst ist er weiß, nach einem Jahr wird er gelb, und seine bis dahin rund einen Meter langen Äste verzweigen sich. Er wird mit Hilfe von Haken geangelt, die erfahrene Taucher an seinen Wurzeln befestigen, um den Baum auszureißen. Am Ufer deckt man ihn sogleich ab und lässt ihn trocknen, wobei er seine endgültige rote Farbe annimmt. Je größer der Baum ist, umso höher sein Wert, doch wenn man ihn nicht zur rechten Zeit erntet, zerstören ihn die Würmer. Amber dagegen ist nichts anderes als der Speichel eines Drachen. Schläft der Drache an einem Riff ein, läuft Speichel aus seinem Maul, verfestigt sich und wird von Fischern gesammelt. Will man die Herkunft von Amber prüfen, so braucht man ihn nur mit Weihrauch zu mischen und zu verbrennen. Bei echtem Amber steigt sogleich eine blaue Rauchsäule auf, so dicht, dass man sie mit einem Messer durchschneiden könnte. Dies liegt daran, dass Drachen Dämpfe ausstoßen, aus denen die Wolken entstehen.«

28
Die Dschunken glichen häufig luxuriösen, reich verzierten Palästen und waren für Vergnügungsfahrten auf Meeren und Flüssen gedacht. Diese Darstellung stammt aus einer Schriftrolle des Prosagedichts Die Nymphe des Flusses Luo, *das Fürst Cao Zhi im Jahre 222 verfasste (Freer Gallery of Art, Washington).*

29
Legenden und Sagen bevölkerten die chinesischen Meere und Flüsse mit Drachen und anderen Fabelwesen. Einige sind auf dieser Schriftrolle (eine von acht erhaltenen) mit dem Gedicht Die Nymphe des Flusses Luo *zu sehen, die sich im Britischen Museum in London befindet und wohl aus der Späteren Jin-Dynastie (936-947) stammt.*

MISSION ZUM GROSSKHAN

I m Sommer 1223 tauchte ein geisterhafter Zug verängstigter Flüchtlinge vor

den Stadtmauern von Theodosia auf, der wichtigsten genuesischen Kolonie

auf der Krim. Sie suchten Schutz vor den grausamsten Invasoren, die die Step-

pe je heimgesucht hatten, vor einer ungezählten Menge von Reitern, die jeden

töteten, der ihnen in die Quere kam, und alles zerstörten, was auf ihrem Weg

30
In den ersten Jahrzehnten des 13. Jahrhunderts veränderte sich die politische Landschaft Asiens durch das unerwartete Auftauchen von Dschingis Khan, der die Mongolenstämme geeint hatte und mit ihnen auszog, die Welt zu erobern. Die persische Miniatur aus dem 14. Jahrhundert zeigt Dschingis Khan auf seinem Thron.

31
Die kaiserlichen Truppen der Chinesen versuchten vergeblich, den Einfall der Mongolen abzuwehren. Die chinesische Kavallerie umfasste Reiter wie den hier abgebildeten. 1290 malte Qian Xuan, ein Beamter, der sich ins Privatleben zurückgezogen hatte, um den neuen Herren nicht dienen zu müssen, dieses Bild.

lag. »Die Erde hallte wider und dröhnte, so viele waren es, und selbst die

wilden Tiere hielten inne und bestaunten verwundert die Zahl und den Lärm

dieser Streitmacht«, schrieb ein Chronist. Es waren die entfesselten Mongo-

lenhorden des Dschingis Khan, die aus den Weiten der asiatischen Steppe aus-

brachen, um die Welt zu erobern. Die Fliehenden konnten sich gerade noch in

die Stadt retten, als auch schon das Donnern der Pferdehufe die Luft erfüllte.

In Theodosia blieb kein Stein auf dem anderen, und als die Genueser

50 Jahre später zurückkehrten, um am gleichen Ort die Kolonie Kaffa zu

gründen, errichteten sie die ersten Bauten, wie ein Augenzeuge schrieb, »inmitten von Wüste«.

Nachdem sie die Ländereien der russischen Fürsten zerstört und Persien erobert hatten, drangen die wilden Horden im Jahre 1241 nach Polen und Schlesien vor, überwanden die Karpaten, durchquerten das ungarische Reich und kehrten, mit Kriegsbeute beladen, in die Steppe zurück. Ganz Westeuropa wurde von Panik erfasst, zumal die Priester die mongoli-schen Reiter als Truppen des Teufels geißelten. »Dies sind keine menschlichen Wesen«, schrieb der Chronist Matthäus von Paris, »sie gleichen Raubtieren und sollten sich Ungeheuer und nicht Menschen nennen, es dürstet sie nach Blut, und sie trinken es, sie suchen und ver-schlingen das Fleisch von Hunden und von Menschen. Sie kennen keinerlei Gesetz.«

Das Gerücht vom Kannibalismus der neuen Hunnen verbreitete sich wie ein Lauffeuer, und ihre Gefährlichkeit nahm in den Zeugnis-sen der Entflohenen geradezu apokalyptische Ausmaße an. Im Jahr des Einfalls nach Ungarn verfasste der Mönch Hyon von Narbonne ei-nen Brief an den Erzbischof von Bordeaux, in dem er weitergab, was ein unbekannter Eng-länder, der in mongolische Gefangenschaft ge-raten war, ihm berichtet hatte: »Die Herrscher dieser Tataren aßen Leichen wie Brot und lie-ßen nichts als Knochen für die Geier übrig. Alte und hässliche Frauen gab man den Krie-gern, damit sie sie verschlängen. Die hübschen Frauen verzehrten sie nicht, töteten sie aber trotz ihrer Schreie, indem sie jene immer wie-der vergewaltigten. Sie vergingen sich an den Jungfrauen, bis diese ihre Seele aushauchten, dann schnitten sie ihnen die Brüste ab, hoben sie für die Oberen als besonderen Leckerbissen auf und hielten mit den Resten ein Festmahl.«

Es gab allerdings auch weniger schaurige Berichte. Ein geheimnisvoller »russischer Erz-bischof« namens Peter wusste von den Wilden zu erzählen, »dass sie sich vornahmen, die ge-samte Welt zu unterwerfen, und behaupteten, eine göttliche Macht habe ihnen offenbart, dass sie hierzu die Erde 39 Jahre lang verwüs-ten müssten«. Auch wollte er entdeckt haben, dass sie Himmel und Erde Früchte opferten, den Neumond feierten, allmorgendlich beteten und an einen einzigen Gott glaubten. Der Mo-notheismus der Barbaren ließ einen Missions-versuch als verheißungsvolles Unternehmen erscheinen, vielleicht konnte man ja die wilden Horden eines Tages zum wahren Glauben be-kehren. Tatsächlich drangen sie auch gar nicht weiter nach Europa vor, sondern wandten sich den muslimischen Gebieten zu, was sie aus christlicher Sicht in den Stand von Verbünde-ten gegen die Ungläubigen erhob.

Im Jahre 1245 berief Papst Innozenz IV. in Lyon ein Konzil ein, setzte »die Grausam-keit der Tataren« auf die Tagesordnung und beschloss außerdem bereits im Vorfeld, Mis-sionare zum König dieser grimmigen Horden zu entsenden. Die päpstliche Kanzlei verfasste zwei Briefe, einen an den Mongolenherrscher, der aufgefordert wurde, die blutigen Feldzüge gegen rechtgläubige Christen einzustellen und sich zum wahren Glauben zu bekehren, und einen an die Kirchenführer im Orient, die er-sucht wurden, sich mit Rom zu vereinen. Diese Botschaft erging nicht nur an wohl bekannte Gemeinschaften wie die Armenier und Kopten, sondern auch an unbekannte Brüder im Glau-ben, kursierten doch seit längerem Gerüchte von einem großen und mächtigen christlichen Reich im unbekannten Herzen Asiens.

1145, hundert Jahre zuvor, hatte man den Bischof und Geschichtsschreiber Otto von Freising zu einer Konferenz mit Eugenius III. an den päpstlichen Hof in Viterbo gerufen. Während seines Aufenthalts lernte er den Bi-schof von Antiochia kennen, der soeben aus Syrien eingetroffen war. Dieser erzählte Otto,

cralıma

carena

egito

egituz

tebas

nubia

libia

pentapfs

Prefte juã

merelurgıt

Rey de ethiopia

ethiopia

babilona

$\mathfrak{ZENIE}$

Rıo axebatab y gran

Rey ethiopıan

ethiopia austral

golfo perfıco

Calka $\mathfrak{f}$

Juxa $\mathfrak{P}$

Arabıa Metruj Regnasaba

golfo arabico tubro

Ethıopıa prıma super egıtuz

min las de or

Rey farazeno

dass einige Jahre zuvor ein Priesterkönig namens Johannes, der über ein christliches Volk regierte, persische Muslime in einer großen Schlacht besiegt und die Stadt Ekbatana erobert haben sollte. Der mächtige Herrscher, um den sich bald zahlreiche Legenden rankten, war möglicherweise identisch mit dem obersten Gebieter der Kara-Kitai, eines türkischen Volks, das sich zu Beginn des 12. Jahrhunderts im nördlichen Tianshan-Gebirge ansiedelte. Die Kara-Kitai waren teils Buddhisten, teils nestorianische Christen – das heißt Anhänger der Lehren von Nestorius, des Patriarchen von Konstantinopel, den das Konzil von Ephesos 431 zum Häretiker erklärt hatte. Nestorius hatte seinerzeit die These vertreten, Christus verfüge über zwei Naturen, eine göttliche und eine menschliche, die strikt voneinander zu trennen seien. Die von der katholischen Kirche verfolgten Nestorianer flohen immer weiter nach Osten und bildeten schließlich blühende Gemeinden in Persien, Indien und sogar China, wobei sie viele benachbarte Völker bekehrten, darunter auch die Kara-Kitai.

Ihr Khan Yelü Dashi, der zwischen 1125 und 1144 über ein mächtiges Reich herrschte, war vermutlich tatsächlich Nestorianer. Nach seinem Tod zerbrach das kurzlebige Imperium, doch die Legende vom Priesterkönig Johannes lebte noch lange fort. Bereits 1165 erhielt sie neue Nahrung, als ein mysteriöser Brief aus den unendlichen Weiten auftauchte, unterzeichnet vom Priesterkönig und gerichtet an den Papst, Kaiser Friedrich Barbarossa und den byzantinischen Kaiser, Manuel I. Mit einer gewissen Arroganz wandte sich der Herrscher an die weltlichen und geistlichen Oberhäupter: »Wenn du, Manuel, meine Macht und Überlegenheit kennen lernen möchtest, wenn du wissen willst, wo sich mein Reich befindet, musst du zunächst anerkennen, dass ich, der Priesterkönig Johannes, der König der Könige bin und reicher, mächtiger und befehlsgewaltiger als alle übrigen Herrscher der Welt. 72 Könige sind mir untertan.« Dann fuhr er fort, die Wunder seines Landes zu beschreiben, die riesigen Mengen an Gold und Edelsteinen, die Pracht der Paläste, die Fruchtbarkeit der Felder. In seinem Reich, so der König, gebe es keine Kriege und keine Armut, denn dort sei

privater Besitz unbekannt. Schließlich betonte er noch, dass er selbst sich ungeachtet allen Reichtums und aller Macht als einfachen Priester ansehe, der einzig und allein danach trachte, seinen Untertanen Frieden und Wohlstand zu bescheren.

Vermutlich stammte der Brief, der in alle europäischen Sprachen übersetzt wurde und die Fantasie der Mächtigen und Gelehrten beflügelte, aus der Feder eines Kritikers der bestehenden Verhältnisse. Niemand weiß, ob Friedrich Barbarossa und Manuel I. ihn ernst nahmen, doch Papst Alexander III. beschloss,

dem mysteriösen Verfasser zu antworten und betraute seinen Leibarzt, Meister Philippus, mit der Mission, den asiatischen Priesterkönig ausfindig zu machen. Philippus brach im Jahre 1177 auf und kehrte nie zurück.

Noch Innozenz IV. glaubte im Jahre 1245 fest an die Existenz des Priesterkönigs und hoffte, ihn mit Hilfe von Gesandten aufzuspüren. Er wählte vertrauenswürdige Dominikaner- und Franziskanermönche, denn Mitglieder dieser Orden hatten bereits erfolgreich wichtige diplomatische Missionen zu muslimischen Herrschern unternommen. Im Frühjahr 1245 machten sich zwei Franziskaner und zwei Dominikaner mit gleich lautenden Anweisungen auf den Weg: Sie sollten die am nächsten gelegenen Einheiten der Tataren aufsuchen, deren Oberhaupt die Botschaft überbringen und versuchen, Kontakt mit den in jenen Regionen lebenden Christen aufzunehmen, falls es dort überhaupt noch welche gab.

Als Erster brach der französische Franziskanerpater Andreas von Longjumeau auf, der Arabisch und Chaldäisch (Syrisch und Persisch) sprach. Er erreichte die letzten Bastionen des Königreichs Jerusalem in Palästina, benötigte dann aber mehrere Jahre, um sich einen Weg durch die arabischen Fürstentümer zu bahnen. Die Muslime waren natürlich von der Aufnahme diplomatischer Beziehungen zwischen Christen und Mongolen – ihren beiden Feinden – keineswegs begeistert und behinderten seine Unternehmung nach Kräften. Schließlich gelangte der Pater nach Täbris in Persien, und hier endete seine Reise.

Im März 1245 machte sich ein weiterer Dominikaner, der Italiener Ezzelino, auf den Weg. Er wählte eine andere Route und schloss sich unterwegs vier anderen Mönchen an, zu denen der Franzose Simon de Saint-Quentin gehörte. Nach vielen Schwierigkeiten erreichte Ezzelino im östlichen Transkaukasien nördlich des Flusses Araks tatsächlich das Lager eines Mongolenführers namens Baiju. Die Adresse war durchaus richtig, doch die Begegnung verlief alles andere als glücklich. Ezzelino besaß offenbar wenig diplomatisches Geschick und war wohl auch nicht besonders intelligent. Er beging einen Fauxpas nach dem anderen. Zunächst trat er dem mächtigen Mongolenfürsten ohne Gastgeschenk gegenüber, verweigerte jede Ehrbekundung und betonte stattdessen, er sei ein Gesandter des Stellvertreters Gottes auf Erden. Dann forderte er die Barbaren auf, unverzüglich ihre Gräueltaten einzustellen. Wie zu erwarten, legte man ihn in Ketten und verurteilte ihn zum Tode, dem er nur entrinnen konnte, weil ein milde gestimmter Mongole an die Immunität von Gesandten erinnerte, seien diese auch noch so verrückt.

Simon de Saint-Quentin, der Ezzelino begleitet hatte, hielt klugerweise den Mund und lernte aus den Fehlern seines Reisegefährten. Er bemerkte, dass muslimische Delegationen in Baijus Lager ein und aus gingen; sie kamen aus Karakorum, der weit entfernten Hauptstadt der mongolischen Eroberer. Warum sollte er sich ihnen nicht anschließen und direkt zum obersten »Tatarenkönig« reisen, der doch weit mehr Macht besaß als Baiju? Ezzelino hingegen pochte auf die päpstlichen Instruktionen und

---

34 und 35

Auf der Suche nach Verbündeten im Kampf gegen die Mongolen setzten die Europäer auf den Priesterkönig Johannes. Dieser mythische Herrscher sollte über ein christliches Reich in Zentralasien oder Abessinien regieren. Auf dem linken Bild, einem Detail aus einer Weltkarte, die Juan de la Cosa im 16. Jahrhundert anfertigte (Museo Navale, Genua), sieht man den Priesterkönig im Ornat neben dem Lauf des Blauen Nils. Rechts ein Detail aus der Portolankarte (16. Jh.) von Diego Homem (British Library, London), das Johannes auf seinem Thron unweit des Horns von Afrika zeigt.

weigerte sich, noch einen Schritt weiterzugehen. Die Dominikaner kehrten zurück und überließen es ihren Rivalen, den Franziskanern, die erste Mission zum Großkhan durchzuführen.

Von der ersten Gruppe, die unter der Leitung von Lorenz von Portugal stand und in den Weiten der Steppe verschwand, wissen wir nur wenig. Etwa einen Monat später, am 16. April 1245, brach von Lyon aus Johannes von Plano Carpini auf. Er stammte aus einem kleinen Dorf bei Perugia, hatte zu den ersten Anhängern des hl. Franz von Assisi gehört und später nördlich der Alpen das Evangelium gepredigt. 1235 hatte Papst Gregor IX. ihn als Botschafter zum König von Tunesien entsandt. Da Johannes Nord- und Osteuropa gut kannte, wählte er diese Route, um zum Großkhan zu gelangen. Zum Zeitpunkt seiner Reise war er bereits 63 Jahre alt und wohlbeleibt, weshalb er sich nur auf dem Rücken eines Maultiers fortbewegte. Doch er kannte keine Furcht und war von tiefem Glaubenseifer beseelt. Mit von der Partie waren sein Weggefährte, Stephan von Böhmen, und einige Diener. In Breslau schloss sich ihnen ein weiterer Bruder an, Benedikt von Polen, der die Gruppe

als Dolmetscher begleitete. Sie durchquerten Polen und kamen nach Kiew, wo die christlichen Kirchenfürsten sie ehrerbietig empfingen, hatten sie doch selbst durchaus ein Interesse am Gelingen der Mission. Die Russen statteten die Mönche mit kostbaren Pelzen aus, die sie den Mongolenherrschern als Geschenke darbringen sollten, und gaben ihnen wertvolle Hinweise – unter anderem den, besser nicht auf ihren bisherigen Pferden zu den Tataren zu reisen, da diese nicht gewohnt seien, unter dem Schnee nach Gras zu suchen, und bald hungers gestorben wären.

Als die Mönche den ersten Vorposten der Tataren am Dnjepr erreichten, führte man sie in die Jurte des Anführers der 60000 vor Ort stationierten Männer. Dort mussten sie dreimal die Knie beugen und darauf achten, dass sie nicht mit dem Fuß die Schwelle berührten, denn für dieses Vergehen hätte man sie mit dem Tode bestraft. Mit gebeugten Knien brachten sie ihr Anliegen vor und wurden daraufhin eingeladen, ihre Reise zum Lager von Batu, einem Prinzen von königlichem Geblüt, fortzusetzen. Hierfür stellte man ihnen Pferde und eine kleine Eskorte zur Verfügung.

Tagelang zog die Gruppe über verschneite Ebenen und zugefrorene Flüsse, bis sie das große Lager erreichte. Bevor man ihnen Audienz gewährte, mussten die Fremdlinge ganz nahe an zwei großen Lagerfeuern vorbeigehen, die sie von möglichen bösen Absichten reinigen sollten. Batu, der »recht prächtig« lebte, saß mit einer seiner Frauen auf einem erhöhten Thron, im Kreise von Brüdern und Söhnen. Die Unterredung fand in einem großen Zelt statt, das einst dem König von Ungarn gehört hatte und als Kriegsbeute ins Reich der Tataren gelangt war. Batu lauschte der Übersetzung des päpstlichen Schreibens und beschloss dann, dass es den Gesandten gestattet sei, ihre Reise bis zur noch viele Tagesmärsche entfernten Residenz des Großkhans fortzusetzen.

»Unter vielen Tränen, wussten wir doch nicht, ob wir in den Tod oder ins Leben gingen«, und von den Strapazen der Reise sowie der eintönigen Kost aus gekochter Hirse so geschwächt, dass sie sich kaum im Sattel halten konnten, brachen die Mönche in die unendlichen einsamen und verschneiten Weiten Innerasiens auf. Immer wieder kamen sie an Hügeln aus Schädeln oder Menschenknochen

36

Auf dieser Miniatur aus dem 16. Jahrhundert sammeln Franziskanerpater in einem Wald neben einer Strohhütte Heilkräuter. Als erste Botschafter der Christenheit wagten sie sich bis zu den Mongolenfürsten vor und mussten dafür den gesamten asiatischen Kontinent durchqueren.

37 oben

Johannes von Plano Carpini, hier auf einem Holzschnitt, der einem alten chinesischen Dokument beigefügt war, reiste im Alter von 63 Jahren erstmals in die Mongolei. Er wurde 1182 in Italien unweit des Trasimenischen Sees geboren, verfügte über reichhaltige Erfahrungen als Missionar und galt als »freundlicher, geistreicher, gelehrter, redegewandter Mann, der viele Fähigkeiten besaß«.

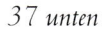

37 unten

In seinem Reisebericht erzählt Johannes von Plano Carpini auch von Gestalten, die bereits die Vorstellungswelt der klassischen Antike geprägt hatten, etwa Menschen mit Hundeköpfen (hier eine Handschrift aus dem 13. Jahrhundert, heute Bibliothèque Nationale, Paris).

vorbei, die von der Grausamkeit der Tataren zeugten. Sie reisten von April bis Juli ohne Rast und häufig ohne zu essen »in scharfem Ritt« bis zum Lager von Prinz Güyük – nicht weit vor den Toren von Karakorum gelegen. Dort hatten sie die einzigartige Gelegenheit, an einer der prachtvollsten Zeremonien der Mongolen teilzunehmen, denn just in jenen Tagen wurde Güyük, ein Enkel Dschingis Khans, offiziell zum Großkhan erkoren.

Man errichtete ein gewaltiges Zelt, das 2000 Menschen Platz bot und von einer Palisade aus bemaltem Holz umschlossen war. Die tatarischen Edelleute, ein jeder mit vielköpfigem Gefolge, hatten ihre Lager ringsum aufgeschlagen und vertrieben sich die Zeit damit, über die Ebene zu galoppieren. Am ersten Tag legten alle weiße Gewänder an, am zweiten, als Güyük das Zelt bezog, trugen sie rote Kleider, am dritten violette und am vierten karmesinrote. Schließlich versammelten sich die Adligen in dem Zelt, während das Volk sich außerhalb der Einfriedung drängte und *kumyz*, Stutenmilch, in großen Mengen trank. Die Franziskaner durften das Innere der Palisade betreten, wo sich auch der russische Herzog Jaroslaw von Suzdal, mehrere Führer »der Kitan und der Solanga«, zwei Söhne des georgischen Königs, der Botschafter des Kalifen von Bagdad »und mehr als zehn weitere Sultane der Sarazenen« aufhielten. Über 4000 Gesandte waren anwesend, einige überbrachten Gaben und Tributzahlungen von benachbarten Ländern, andere boten ihre Unterwerfung an, wieder andere vertraten die Regierungen der entlegensten Provinzen des riesigen Reiches, das inzwischen beinahe die Hälfte Asiens umfasste.

Die gesamte Menge blieb einen Monat vor Ort, dann begaben alle sich in eine schöne, nur wenige Kilometer entfernte Ebene, wo man ein weiteres riesiges Zelt, die so genannte goldene *orda*, errichtete. Dessen Stützpfähle waren mit goldenen Platten überzogen und mit Nägeln aus Gold befestigt. Eines Morgens wandten sich alle Richtung Süden, und einige warfen

sich zu Boden wobei sie zu beten schienen. Dann kehrten die Fürsten in das Zelt zurück, und Güyük bestieg den kaiserlichen Thron, während die Menge niederkniete.

Nach einem Festessen mit gebratenem Fleisch und Suppe, das mehrere Tage dauerte, empfing der neue Herrscher endlich die ausländischen Gesandten, deren Gaben – Seide, Atlas, Purpur, Samt, golddurchwirkte Gürtel, kostbare Pelze, Kamele, Pferde, mit Rüstungen beladene Maultiere und Karren voller Seidengewänder, Silber und Gold – sich vor dem Zelt stapelten. Die Mönche, die sämtliche Gastgeschenke unterwegs losgeworden waren, durften endlich vortreten, nachdem man sie gewissenhaft durchsucht hatte. Aus dem ernsthaften, würdevollen Auftreten Güyüks schloss Bruder Johannes etwas vorschnell, dieser müsse im Grunde seines Herzens ein Christ sein.

Tatsächlich gehörten zu seinem Hofstaat zahlreiche nestorianische Christen, die auch die Erlaubnis hatten, Gottesdienste abzuhalten. Die päpstlichen Gesandten überbrachten ihre Botschaft, die den Kaiser aufforderte, sich zu bekehren, und erhielten ein Antwortschreiben an den Papst, das mit einer Lektion in Sachen Toleranz und einer deutlichen Drohung endete: »Ihr, Bewohner des Westens, glaubt, dass Ihr, die Ihr Euch Christen nennt, als Einzige Gott anbetet, und sprecht allen anderen ihren Glauben ab. Wie aber wollt Ihr wissen, wer seiner Gnade würdig ist? Wir verehren Gott und werden dank seiner Macht die gesamte Erde von Ost bis West zerstören.«

Mit diesem wenig überzeugenden Ergebnis begaben sich die Brüder auf die lange Heimreise durch den strengen sibirischen Winter, doch stattete man sie zuvor mit angemessener Kleidung und Pelzen aus. Am 9. Juni 1247 erreichten sie abermals Kiew, wo man sie empfing, »als wenn wir von den Toten auferstanden wären«. Der Bericht, den Johannes von Plano Carpini über seine Reise verfasste, enthält eine Fülle von Informationen, nicht nur über die Mongolen, sondern über alle von ihnen unterworfenen asiatischen Völker, darunter auch die Kitan und andere Bewohner Nordchinas, die Dschingis Khan im Jahre 1215 besiegt hatte. »Die Kitan ... sind Heiden, die eine besondere Schrift verwenden. Sie nennen ein neues und altes Testament ihr Eigen sowie Bücher über das Leben der Väter und Eremiten. Sie haben Häuser, die wie Kirchen gebaut sind, in denen sie zu festgelegten Zeiten beten. (...) Sie verehren einen Gott, ehren den Herrn Jesus Christus und glauben an ein ewiges Leben und sind doch nicht getauft. Sie respektieren und ehren unsere Heilige Schrift, lieben die Christen und geben viele Almosen. Sie sind gütige Menschen und scheinen recht menschenfreundlich.«

In der Darstellung des Mönches mischen sich Informationen über den Buddhismus mit solchen über die Nestorianer, so dass das Bild eines heidnischen, aber für das Christentum aufgeschlossenen Chinas entstand. Auch gab Carpini allerlei Merkwürdiges wieder, das ihm unterwegs zu Ohren gekommen war. So sollte der Priesterkönig Johannes eine tödliche Streitmacht aus kupfernen Menschenfiguren besitzen, die er auf Pferde setzte. In ihren Leibern brannte Feuer, das durch Blasebälge entfacht wurde und die Feinde in die Luft sprengte. Noch fantastischer als diese Flammenwerfer mutet die Erzählung von dem Volk an, bei dem die Frauen menschliche Gestalt hätten, die Männer hingegen Hunden glichen, oder die Geschichte von Menschen eines Landes im Fernen Osten, die angeblich unter der Erde lebten, weil sie den Lärm nicht ertrugen, den die Sonne beim

Aufgehen verursachte. Carpini hatte auch Kunde von Menschen mit Hundegesichtern, die am Nordmeer lebten und immer zwei Wörter wie Menschen aussprachen, das dritte Wort jedoch bellten. Und da gab es die Zyklopeden, denen ein einziger Arm mitten aus der Brust wuchs und die auch nur ein Bein besaßen, weshalb sie stets zu zweit Pfeile abschossen. Dafür »rannten sie so schnell, dass Pferde ihnen nicht folgen konnten. Sie liefen nämlich, indem sie auf jenem einen Bein hüpften, und wenn sie bei dieser Gangart müde wurden, bewegten sie sich über Hand und Fuß im Kreis rollend vorwärts.« Diese Informationen hatten dem Mönch russische Priester mitgegeben, die schworen, die Wahrheit zu sagen.

Güyük hatte die Franziskaner wohlwollend aufgenommen, und offensichtlich duldeten die mongolischen Großfürsten unterschiedliche Glaubensauffassungen in ihrem Hofstaat. Da zudem die Nestorianer erzählt hatten, dass viele Menschen sich zu ihrer Form des Christentums bekehrt hatten, schöpften die abendländischen Christen alsbald neue Hoffnung. Immer wieder war zu hören, Prinz Sartaq, ein Sohn von Batu, der die nördlich des Kaspischen Meers stationierten Tataren befehligte, habe sich taufen lassen.

Gerade als die Gerüchte 1248 ihren Höhepunkt erreichten, war der französische König Ludwig IX. von Zypern aus zu einen neuerlichen Kreuzzug ins Heilige Land aufgebrochen. Am 20. Dezember suchte eine Delegation des Prinzen Sartaq, angeführt von einem gewissen Sabaldin Mufat David, den französischen Herrscher auf. Der Dominikanermönch Andreas von Longjumeau hatte Sabaldin kennen gelernt, als er einige Jahre zuvor nach Täbris gereist war. Andreas, der zum Gefolge des französischen Königs gehörte, erkannte Sabaldin und bürgte für ihn, doch war dies kaum noch nötig, so erfreulich war die Botschaft, die die Gesandten den Kreuzrittern überbrachten. In einem Brief ermunterte nämlich Sartaq den französischen König, »den Verteidiger des Apostolischen Stuhles, das Schwert der Welt,

den Sohn des Gesetzes und des Evangeliums«, er möge mit ihm ein Bündnis schließen, damit das Christentum über den Islam triumphiere und die Welt endlich im Glauben vereint sei. Mündlich fügte Sabaldin Mufat David noch Erstaunlicheres hinzu: Bereits drei Jahre zuvor habe der Großkhan der Mongolen sich gemeinsam mit seinen wichtigsten »Baronen« zum Christentum bekehrt und Sartaq mit einem mächtigen Heer nach Persien geschickt, damit dieser Bagdad, Sitz des Kalifen und Hauptstadt der Ungläubigen, einnehme.

Ludwig zeigte sich von diesen Neuigkeiten so erfreut, dass er anordnete, die Botschafter angemessen aufzunehmen, und sie einlud, mit ihm gemeinsam an der Weihnachtsmesse zu partizipieren. Dann ließ er ein Kirchenzelt für den frisch bekehrten Großkhan fertigen, in dem der Herrscher der Nomaden auf seinen

Reisen beten konnte. Es bestand ganz aus Samt und »anderen Stoffen, auf die man kunstvoll mit der Nadel eine Darstellung des Leidensweges Christi gestickt hatte«. Außerdem wurden wertvolle Sakralobjekte zusammengestellt, etwa ein wunderschönes Reliquiar, das einen Splitter des Kreuzes Christi enthielt. Ausgestattet mit solcherlei kostbaren Gaben sowie mit Briefen an den Großkhan und an Sartaq, in denen die Heilige Katholische Kirche »ihre Freude kundtut, sie als teure und geliebte Söhne willkommen zu heißen«, machten sich die Gesandten in Begleitung von Bruder Andreas auf den Rückweg. Leider schweigen sich die Chroniken über das weitere Schicksal der Delegation aus. Die letzte und einzige Spur findet sich in einer Zeile des Reiseberichts, den Wilhelm von Rubruk verfasste. Dieser nämlich ließ König Ludwig IX. wissen, dass Sabaldin ihn schändlich getäuscht habe. Die wertvolle tragbare Kirche mit allem, was dazugehörte, endete vermutlich in Einzelteilen in irgendeinem orientalischen Basar, während die falschen Botschafter ihren Gegenwert verprassten, und der arme Bruder Andreas verbrachte seine letzten Jahre möglicherweise schamvoll in der Zelle eines entlegenen Klosters, wenn ihm nicht Schlimmeres widerfuhr.

Wilhelm von Rubruk war ein flämischer Franziskanerpater, den König Ludwig IX.

38
Nach einer schier unendlichen Reise erreichten Johannes von Plano Carpini und seine Gefährten das Lager von Großkhan Güyük. In einem riesigen, von einer bemalten Palisade umschlossenen Zelt, das 2000 Menschen Platz bot, wohnten sie der Inthronisierung des Herrschers bei. Die Darstellung stammt aus dem 17. Jahrhundert.

39
Der französische König Ludwig IX. entsandte 1253 den flämischen Franziskanerpater Wilhelm von Rubruk (unten) nach Asien. Er landete auf der Krim und erreichte nach zweimonatigem Marsch das Lager des Mongolenfürsten Sartaq (oben), der sich angeblich zum Christentum bekehrt hatte. Das Bild aus dem 17. Jahrhundert zeigt eine Gruppe mongolischer Jurten.

ungeachtet seines Misserfolgs an die Spitze einer weiteren Delegation zum mongolischen Kaiser stellte. Der Herrscher gab ihm und seinen Begleitern, zwei Dominikanerbrüdern, zwar Geld, aber keine Geschenke mit auf den Weg; mittlerweile zweifelte er wohl doch ein wenig an der Bekehrung der asiatischen Wilden.

1253 überquerten die drei Mönche das Schwarze Meer, gingen auf der Krim an Land und schlugen sich bis zu den Vorposten der Tataren durch. Dort empfing man sie misstrauisch, stattete sie aber dennoch mit Pferden und Wagen aus und führte sie zum Lager von Scatatai, einem der vier Söhne des verstorbenen Dschingis Khan. Von der mobilen Zeltstadt und den unzähligen Viehherden, die ringsherum weideten, zeigte sich Wilhelm tief beeindruckt; doch der Mongolenfürst selbst überzeugte ihn weniger: Ein kleines Männlein saß auf einem Bett und klimperte auf einer Zither herum. Auch seine Gemahlin war nicht gerade eine Schönheit: »Von ihr glaubte ich tatsächlich, dass sie sich die Nase zwischen den Augen abgeschnitten hätte, um ein ganz plattes Gesicht zu haben.« Von Gastfreundschaft keine Spur: »Wären nicht unser Zwieback und Gottes Gnade gewesen, so hätten wir sicher verhungern müssen.« Vielleicht waren die Mönche aber auch einfach das karge Leben der Tataren nicht gewohnt.

Scatatai ließ die Gesandten zum Lager von Sartaq bringen. »So brachen wir direkt nach Norden auf, und es wollte mir scheinen, als hätten wir eine Pforte der Hölle durchschritten.« Die Begleiter halfen den Reisenden nicht, sondern ver-

suchten, sie bei jeder Gelegenheit zu bestehlen. Schließlich erreichten diese nach zweimonatiger Wanderung, drei Tagesmärsche von der Wolga entfernt, ihr Ziel. Sartaq führte ein wesentlich luxuriöseres Leben als Scatatai. Er verfügte über sechs Frauen, jede von ihnen residierte in einer großen Jurte und hatte rund 200 mit Gepäck beladene Wagen. »Auf einem kreisförmigen Rahmen errichten sie aus Weidenflechtwerk ihre Jurte und bedecken sie mit Filz. Diese Jurten, die sie, wenn sie weiterziehen, auf Karren hieven, haben bisweilen eine Breite von 30 Fuß. Ich habe einmal die Breite zwischen den Räderspuren eines Ochsenwagens mit 20 Fuß gemessen, und, als das Zelt dann auf dem Wagen stand, ragte es auf beiden Seiten noch fünf Fuß über die Räder hinaus. Vor einem Wagen zählte ich 22 Ochsen, die ein solches Zelt zogen, elf in einer Reihe nebeneinander in der Wagenbreite und noch einmal elf davor. Die Wagenachse besaß die Größe eines Schiffsmastes. (...) Wenn sie die Jurten von den Wagen holen, stellen sie den Eingang stets in Richtung Süden auf.«

Nach einem ersten informellen Treffen mit Sartaq, der sie bat, ihn zu segnen, erhielten

die Mönche die Anweisung, ihren Ornat anzulegen. »Gekleidet mit den kostbarsten Gewändern, trug ich vor der Brust ein prachtvolles Kissen. Darauf lag die Bibel, die mir der König von Frankreich mitgegeben hat, und der wunderschöne Psalter, den ich von Ihrer Majestät der Königin erhalten habe und der mit ganz herrlichen Bildern geschmückt war. Mein Begleiter nahm das Messbuch und das Kreuz, während der Messdiener, mit dem Chorhemd angetan, das Weihrauchfass trug.« Die kleine Prozession begab sich in das Zelt von Sartaq und stimmte das Salve Regina an. Nachdem die Anwesenden das seltsame Schauspiel lange genug betrachtet, die Bibel durchgeblättert und den Weihrauchkessel geschwenkt hatten, durften die Mönche abtreten und kehrten in ihr Zelt zurück. Sartaq befahl ihnen sodann, sich zu seinem Vater Batu Khan zu begeben – angeblich, weil er ohne dessen Einverständnis keine Entscheidung treffen wollte, vielleicht aber auch, um ihm den Anblick des eigentümlichen Spektakels nicht vorzuenthalten.

Zaghaft erkundigte sich Wilhelm nach der viel beschworenen Bekehrung Sartaqs, doch schnitt man ihm kurzerhand das Wort ab und bedeutete ihm, der Fürst sei keinesfalls Christ, sondern Mongole, eine Auskunft, die die Brüder alles andere als befriedigte. In Batus Lager hielten sie die gleiche Zeremonie ab, erregten abermals Staunen und Heiterkeit, dann wurden sie erneut auf den Weg geschickt – dieses Mal nach Karakorum, an den Hof des Großkhans Möngke. An den Ostertagen des Jahres 1254 trafen die Mönche völlig erschöpft dort ein.

Auch von der Hauptstadt des Mongolen-
reichs zeigte sich Wilhelm wenig beeindruckt:
»Was die Stadt Karakorum betrifft, so mögt
Ihr wissen, dass sie, vom Palast des Khans
abgesehen, noch nicht einmal so stattlich wie
der Marktflecken St. Denis ist. Und das Kloster St. Denis ist wohl zehnmal wertvoller als
dieser Palast. Es gibt zwei Stadtviertel: zum
einen das der Sarazenen, wo die Märkte stattfinden und viele Kaufleute der Nähe des
Hofes wegen zusammenkommen. Hier halten
sich auch die vielen Gesandten fremder Länder auf. Und dann gibt noch es das Viertel
der Cathay, die in der Hauptsache Handwerker sind. Außerhalb dieser Viertel liegen die
großen Anwesen, die den bei Hof angestellten
Sekretären gehören. Es gibt in Karakorum
zwölf heidnische Tempel, zwei Moscheen und
eine christliche Kirche in den Außenbezirken.
Vier Tore führen in die Stadt, um die sich eine
Ziegelmauer zieht.«

Wilhelm hatte über Cathay allerdings
auch Dinge zu berichten, die nicht weniger
unglaubwürdig erschienen als jene Geschichten,
die sein Vorgänger Johannes von Plano Carpini mitgebracht hatte: »Einmal saß ich mit
einem Priester aus Cathay zusammen. Weil er
mit einem Tuch aus schönster roter Farbe be-
kleidet war, erkundigte ich mich, woher diese
Farbe stamme. Er erzählte mir, dass es in den
östlichen Regionen von Cathay sehr hohe Felsen gebe. Auf ihnen würden gewisse Lebewesen hausen, die zwar auf den ersten Blick eine
menschliche Gestalt besäßen, nur könnten sie
die Knie nicht anwinkeln, sondern würden sich
– ich weiß nicht, wie – hüpfend fortbewegen.
Sie seien nur eine Elle groß und am ganzen
Körper mit Haaren bedeckt und würden
in unzugänglichen Höhlen hausen. Die Leute,
die auf diese Kreaturen Jagd machen wollen,

nehmen ein stark berauschendes Getränk mit
sich, legen in den Felsen becherförmige Gruben an und füllen sie mit diesem Gebräu. (...)
Nun verstecken sich die Jäger. Jene seltsamen
Lebewesen kommen aus ihren Höhlen, kosten
das Getränk und schreien: ›dschin dschin!‹
In großer Anzahl kommen sie nun zusammen,
nehmen das Getränk zu sich, werden berauscht
und schlafen an Ort und Stelle ein. Jetzt kommen die Jäger herbei, fesseln die Schlafenden
an Händen und Füßen und öffnen ihnen eine
Ader am Hals. Sie zapfen ihnen drei oder vier
Tropfen Blut ab und lassen sie dann wieder
laufen. Dieses Blut sei, so erzählte mir der
Priester, äußerst kostbar zum Färben der Pur-
purtücher.« Derselbe chinesische Informant
erzählte angeblich auch von einer Provinz jenseits von Cathay, in der jeder Mensch, sobald
er sie betrete, für immer dasselbe Alter behal-
te. »Aber ich kann diese Dinge nicht glauben«,
fügte Wilhelm Rubruk in einem Anflug von
Skepsis rasch hinzu.

Da der Kaiser nicht in der Stadt weilte,
suchten die Gesandten ihn in einem Lager in
den Bergen auf, einige Tagesmärsche von Karakorum entfernt. Dort wollten sie, wie es ihre
Ordensregel gebot, barfüßig vor den Herrscher treten und zogen sich dabei Erfrierun-
gen zu. Die Höflinge reichten den Mönchen
Schuhe und Pelze, und nachdem diese die Gaben entgegen ihren Prinzipien akzeptiert hatten, führte man sie endlich zum Kaiser, einem
45-jährigen, plattnasigen Mann, der während
der gesamten Audienz mit seinen Jagdfalken
spielte. Als die Mönche aufgefordert wurden,
ihr Anliegen vorzubringen, bemerkte Wilhelm,
dass der Übersetzer sturzbetrunken war und
keinen einzigen Satz zu Ende brachte. Auch
der Großkhan selbst schien nicht mehr so
recht wahrzunehmen, was rings um ihn herum

geschah. Wilhelm zog es vor zu schweigen und
erhielt wenig später die Erlaubnis, sich mit
seinen Begleitern zurückzuziehen.

In den folgenden Tagen beobachteten die
Mönche das Leben am Hof und entdeckten
französische, deutsche und andere europäische
Gefangene, die alle möglichen Tätigkeiten verrichteten, Waffen herstellten und in Bergwerken
Erz abbauten. Sie schienen mit ihrer Existenz
sehr zufrieden zu sein. Auch gab es Kaufleute
und Handwerker, etwa den Goldschmied
Guillaume Boucher aus Paris, der für das Zelt
des Großkhans einen großen Silberbaum hergestellt hatte. Am Fuß des Baums befanden
sich vier silberne Löwen, die Milch spien, und
aus vier Zweigen des Baumes flossen Wein,
Stutenmilch, Met und Reiswein. Rund um
dieses Meisterwerk feierte Möngke zweimal
pro Jahr ein – wie Wilhelm ziemlich sarkas-
tisch formulierte – was chtes Saufgelage.

Mehrmals sprachen die Mönche mit dem
Herrscher, der nie zu verstehen schien, warum
sie überhaupt gekommen waren, und ihnen
vollkommen gleichgültig begegnete. Dann
kehrten sie, mit einer höflichen Botschaft an
den französischen König ausgestattet, über
den Kaukasus, Anatolien und das Mittelmeer
in ihre Heimat zurück.

MESSER MILIONE

In den Lagern der Mongolenführer hatten Johannes von Plano Carpini und Wilhelm von Rubruk zahlreiche Kaufleute aller Länder und Glaubensrichtungen angetroffen. Wilhelm berichtet von Franzosen und Deutschen, die mehr oder weniger freiwillig in Karakorum und anderen Teilen der Mongolei lebten. Gleichwohl war bis dahin vermutlich noch kein Europäer bis nach China gelangt, und die Nachrichten über dieses Land entsprangen, wie wir gesehen haben, eher der Fantasie als der Realität. Wenig später jedoch sollte das Abendland auf einen Schlag von der Existenz eines riesigen und mächtigen Reiches erfahren, das viele zunächst für die Erfindung eines Hochstaplers oder Verrückten hielten. Sechs Jahre nach der Rückkehr von Wilhelm Rubruk waren die beiden Brüder Niccolò und Maffeo Polo in Konstantinopel dank guter Geschäfte zu bescheidenem Reichtum gelangt, als sie beschlossen, ihr Glück im Osten zu versuchen. Mit ihrem Vermögen erwarben sie Edelsteine,

42 und 43
Nach den schrecklichen Jahren der Plünderung und Eroberung zog mit der »Pax Mongolica« eine Friedenszeit herauf, die eine Wiederaufnahme des Handels zwischen Orient und Okzident ermöglichte. Karawanen wie diese, die eine katalanische Karte aus dem 13. Jahrhundert ziert (Bibliothèque Nationale, Paris), durchzogen regelmäßig die Weiten Asiens. Auch die Gebrüder Polo machten sich auf den Weg und nahmen 1271 den jungen Marco mit – hier als reifer Mann auf einem Bild dargestellt, das im Palazzo Doria-Tursi in Genua hängt.

da diese sich leicht transportieren ließen und hohen Wert besaßen. Die Brüder planten, sie den Mongolenführern anzubieten, die in den Steppen an der Wolga lagerten. Sie überquerten das Schwarze Meer und landeten auf der Krim, die kostbaren Steine sorgsam in den Kleidern verborgen. Dort kauften sie Pferde und machten sich auf den Weg durch Wälder und Salzseen bis zur Stadt Bolgar, die an der Wolga unweit der heutigen Stadt Kasan lag. Dem dort ansässigen Khan Berke schenkten sie alles, was sie an Edelsteinen bei sich trugen. »Berke nahm sie gerne an, sie gefielen ihm außerordentlich, und als Gegengeschenk gab er ihnen das Doppelte an Wert.« Wie es bei den Mongolen Sitte war, wurde jeder kühne Handel als Austausch von Geschenken gestaltet.

Nun aber wendete sich das Glück; unter den Tataren brach ein Krieg um die Nachfolge des Großkhans Möngke aus, der die Straßen nach Süden unsicher machte und die Heimreise der Brüder verhinderte. Da der direkte Weg zur Krim versperrt war, beschlossen sie, den Umweg östlich des Kaspischen Meeres auf sich zu nehmen, um über persische Karawanenstraßen zum Mittelmeer zu gelangen. Irgendwann im Lauf des Jahres 1264 trafen sie in Buchara ein, einer großen muslimischen Stadt in Zentralasien, die sich schleppend von den Verwüstungen erholte, die Dschingis Khans Horden 40 Jahre zuvor angerichtet hatten.

Um die Mauern der Stadt zu erklimmen, hatten die Mongolen Tausende von Gefangenen bei lebendigem Leib in die Gräben geworfen, und nach der Eroberung hatten sie die Einwohner von Buchara gehäutet, um ihre Köcher mit Menschenhaut zu schmücken. Nun, ein halbes Jahrhundert nach diesen Gräueln, galt Buchara zwar wieder als bedeutende Handelsstadt, war aber dennoch nur ein müder Abglanz jener reichen Metropole, die in der islamischen Welt einst als Paradies auf Erden gegolten hatte.

Es erwies sich als großer Vorteil, dass die beiden Venezianer unterwegs nicht nur Persisch, die wichtigste Verkehrssprache in diesem Teil Asiens, sondern auch Mongolisch erlernt hatten. In Buchara begegneten sie einem Boten, den Hulagu, der Herrscher über Persien, seinem Bruder Khubilai im weit entfernten Cathay sandte. Dieser zeigte sich überrascht, in Buchara zwei »Lateiner« anzutreffen, und schlug ihnen vor, sie an den Hof des Großkhans zu begleiten, der noch niemals einen Europäer gesehen habe und dies unbedingt nachholen wolle. Der Gesandte versprach den Brüdern eine sichere und angenehme Reise und machte ihnen Hoffnungen auf weitere einträgliche Geschäfte. Maffeo und Niccolò stimmten zu, bekam ihr Umweg auf diese Weise doch einen neuen Sinn. Außerdem lockte sie vermutlich die Aussicht, als erste Kaufleute das vermeintlich unerreichbare Cathay kennen zu lernen.

Nachdem sie ganz Asien durchquert hatten, wurden die beiden Brüder – niemand weiß, wann und wo dies geschah – tatsächlich dem Khan vorgestellt, doch scheint es, als habe der Herrscher sie in aller Freundlichkeit und mit großen Ehren empfangen. Er erkundigte sich nach Königen, Prinzen und anderen Fürsten und »fragte die Polo aus über den Papst, über die Lehren der Römischen Kirche und über die Sitten und Lebensgewohnheiten der Lateiner«. Schließlich beschloss er, eine Gesandtschaft zum Papst zu schicken, und bat die Brüder, zusammen mit einem seiner »Barone« die Leitung der Mission zu übernehmen. Er beabsichtigte, den Papst zu ersuchen, hundert gelehrte Männer an seinen Hof zu entsenden, damit sie dort die Tataren im christlichen Glauben unterwiesen, und forderte die Brüder auf, ihm Öl von der Lampe zu bringen, die am Heiligen Grab in Jerusalem brannte.

Anfang des Jahres 1269 – acht Jahre nach ihrem Aufbruch aus Konstantinopel – sahen Maffeo und Niccolò Polo von den Zinnen der kleinarmenischen Hafenstadt Laias endlich das Mittelmeer wieder. Der chinesische Gesandte, der sie begleitet hatte, war unterwegs erkrankt und zurückgeblieben. Außerdem gab es zu jener Zeit keinen Papst: Clemens IV. war im November 1268 gestorben, und es sollten über drei Jahre vergehen, bis man einen Nachfolger wählte. Die beiden Reisenden be-

Chi apres commence le liure de marc pule des meruailles ainsi la grant et dim
de la mauour et mmour. Et des diuerses regions du monde

Pur sauoir la puire verite de diuerses regions du mon
de. Si prenes ce liure cy et le fautes lire. si y trouues les
grandismes merueilles qui y sont escriptes. De la grãt
armenie. et de perse. et des tartars. et dinde et de main
tes autres prouinces. si comme nre liure comptera p
ordres apertamient. de quoy messire marc pol. sages et
nobles ancions de uenisse raconte pour ce que il le

schlossen deshalb, sich nicht direkt nach Rom zu begeben, sondern zunächst das heimatliche Venedig anzusteuern. Dort erfuhr Niccolò, dass seine Frau, die er schwanger zurückgelassen hatte, bei der Geburt des Sohnes gestorben war. Dieser hieß Marco, war mittlerweile 14 Jahre alt und lauschte gebannt den Erzählungen des Vaters und des Onkels.

Die Polo-Brüder blieben bis zum Frühjahr 1271 in Venedig. Dann hatten sie es satt, auf die Einsetzung eines neuen Papstes zu warten, und stachen erneut in See, diesmal in Begleitung von Marco. In Akkon, der letzten Bastion des Königreichs Jerusalem, das die Christen in der Folge des Ersten Kreuzzugs gegründet hatten, trafen sie den päpstlichen Legaten Tedaldo Visconti und berichteten ihm von dem Auftrag des Großkhans und von ihren Schwierigkeiten, ihn auszuführen. Mit Erlaubnis des kirchlichen Würdenträgers reisten sie nach Jerusalem und besorgten dort das heilige Lampenöl. Anschließend kehrten sie nach Laias zurück und begannen Vorbereitungen für eine zweite Reise nach Cathay zu treffen.

In Laias erreichte sie die überraschende Nachricht, dass das Konklave sich nach monatelangen Beratungen endlich auf einen Papst geeinigt hatte, und, erstaunlicher noch, ausgerechnet Tedaldo Visconti gewählt hatte, der als Gregor X. den päpstlichen Thron bestieg. Der neue Heilige Vater, der in Akkon von seiner Ernennung erfahren hatte, bestellte die Brüder dorthin zurück, um ihnen eine Botschaft für Khubilai mit auf den Weg zu geben. Danach begab er sich nach Rom, wo er erst einmal zum Priester und Bischof geweiht werden

musste, ehe er sein Amt antreten konnte. Die einhundert vom Khan erbetenen Gelehrten vermochte er jedoch nicht aufzubringen und entsandte stattdessen zwei Predigermönche, Niccolò von Vicenza und Wilhelm von Tripolis, zu den drei Venezianern nach Laias. Dort war gerade ein Krieg ausgebrochen: Der Mameluckensultan Baibars war mit seinen Reitern nach Kleinarmenien eingedrungen und verbreitete dort Angst und Schrecken. Voller Panik brachen die beiden Mönche die Reise, die doch gerade erst begonnen hatte, ab. Sie händigten den Polo-Brüdern die Botschaft und die Gaben des Papstes aus und suchten schleunigst beim Großmeister der Tempelherren Schutz.

Die Venezianer, die schon weit größere Gefahren überstanden hatten, waren vermutlich eher froh darüber, die Reise ohne die furchtsamen Pater fortführen zu können. Anfang des Jahres 1272 befanden sie sich bereits auf dem Weg zum Berg Ararat, auf dessen Gipfel einst die Arche Noah gestrandet sein soll. In der Nähe sah Marco zum ersten Mal Quellen jenes geheimnisvollen, leicht entzündlichen Öls, das man später als schwarzes Gold bezeichnen sollte. Daraufhin zogen die drei nach Mosul, wo sie Seide und Gold einkauften, und weiter nach Bagdad, der Hauptstadt des Herrschers über die Sarazenen. In Basra bestiegen sie ein Schiff, das sie durch den Persischen Golf nach Hormus brachte, denn hier liefen die mit Gewürzen, wohlriechenden Hölzern, Schmuck, Stoff und Elfenbein beladenen Dschunken aus Indien an.

Zunächst wollten die drei Männer eines dieser Schiffe besteigen, doch dann beschlos-

sen sie, den Landweg zu nehmen, durchquerten die Salzwüste nördlich von Kerman und gelangten nach Badakhshan. Dort besorgten sie sich Pferde, die angeblich von Bukephalos, dem berühmten Ross Alexanders des Großen, abstammten. Unterwegs kamen sie an Rubin- und Lapislazuliminen vorbei und blieben dort ein volles Jahr, da Marco auf Grund des ungünstigen Klimas erkrankt war. Er nutzte die Zeit allerdings, um die Region zu erkunden und Sprachen zu lernen. Schließlich gelangten die Reisenden auf das Pamir-Plateau, wo sie riesige Herden von Pamir-Wildschafen erblickten. Dann ging es weiter über Kashgar (Kashi), Jarkand (Shache) und Khotan zur Stadt Lop – Gegenden, die erst in der zweiten Hälfte des 19. Jahrhunderts wieder von Europäern betreten werden sollten.

In Khotan beluden sie Esel und Kamele und machten sich auf den Weg durch die schreckliche Takla-Makan-Wüste. 30 Tage dauerte der Ritt, auf dem die Reisenden von Stimmen geplagt wurden, die ihre Namen riefen, Luftspiegelungen begegneten, die sie vom Weg abzubringen drohten, Geräusche von Trommeln und Posaunen und das Rasseln von Waffen unsichtbarer Geisterarmeen vernahmen. Heil und unversehrt kamen sie schließlich in Tangut an den Ausläufern der mongolischen Steppe an. Eine Abordnung des Großkhans reiste ihnen entgegen, und nach dreieinhalb Jahren erreichten sie im Mai 1275 endlich ihr Ziel.

Khubilai empfing die drei Reisenden in seiner Sommerresidenz in Kaipingfu, in der Gegend von Doloon-Nuur, die Marco in seiner Reisebeschreibung Clemeinfu nennt. Dort

46
Kaum hatte das Konklave, das seit mehreren Monaten in Viterbo tagte, Gregor X. zum Papst gewählt, da empfing dieser in Akkon die Gebrüder Polo und gab ihnen Geschenke und Botschaften für Khubilai Khan mit auf den Weg. Da er nicht im Stande war, dem Khan die gewünschten hundert Gelehrten zu schicken, entsandte er stattdessen zwei Dominikanerbrüder nach Asien.

47 oben
Die Polo-Brüder brachen 1271 nicht zu zweit, sondern zu dritt auf: In Venedig hatte Niccolò Polo einen halbwüchsigen Sohn hinterlassen, dessen Mutter 14 Jahre zuvor bei der Geburt gestorben war. Diesen nahm er nun mit sich. Das Trio verabschiedete sich auf diesem Bild von einer Stadt, die in der Vorstellung des Künstlers nicht an der Lagune, sondern inmitten von grünen Auen lag.

47 unten
In Laias im Königreich Kleinarmenien geriet die Reisegruppe in Kriegswirren, und die beiden Dominikanerbrüder verzichteten lieber auf die Weiterfahrt nach Anatolien und Mesopotamien. Sie vertrauten den Venezianern die Briefe des neu gewählten Papstes und die Geschenke für den Großkhan an — hier symbolhaft durch einen Geldbeutel dargestellt.

48 oben

Nach dreieinhalbjähriger Reise sahen die Polo schließlich
Khubilai in seiner Sommerresidenz in Kaipingfu wieder.
Das Meer, das im Hintergrund der Miniatur zu sehen
ist, war von diesem Ort in Wirklichkeit weit entfernt.
Nachdem die Brüder ihre diplomatischen Pflichten erfüllt
hatten, stellten sie dem Khan den jungen Marco vor,
der dem Herrscher sofort sympathisch war.

48 unten

1292 bat der Großkhan die Polo, Prinzessin Himmelblau
nach Persien zu begleiten, wo sie Arghun Khan heiraten
sollte. Als die Reisenden eintrafen, war der Herrscher
gestorben, und das Mädchen ehelichte dessen Sohn, Gazan
Khan (persische Miniatur aus dem 14. Jahrhundert).

49

Von Marco Polo blieb kein zeitgenössisches Porträt erhalten.
Dieses Aquarell von Grevenbroeck (1731–1807) aus
dem 18. Jahrhundert zeigt ihn in Tatarenkleidern. Das
Bild befindet sich heute im Museo Correr im Venedig.

residierte der Kaiser jedes Jahr drei Monate lang in einem riesigen Bambuspalast: »Das Innere ist vollständig vergoldet und geschmückt mit wunderbar gearbeiteten Tier- und Vogelmotiven. Das Dach ist ebenfalls aus Bambus und solchermaßen gut abgedichtet, dass es schneesicher ist.« Rund um den Palast zog sich eine 26 Kilometer lange Mauer, sie schloss einen Park ein, in dem Hirsche, Damwild und Rehe frei umherliefen. Wann immer der Herrscher dazu aufgelegt war, ging er mit seinen Falken oder dem abgerichteten Leoparden, der vor ihm auf dem Pferd lag, auf die Jagd.

Der Khan freute sich sehr, die Venezianer wieder zu sehen, und nahm die Gaben und das Schreiben des Papstes geneigt entgegen. Das Ausbleiben der hundert Gelehrten schien ihn nicht sonderlich zu stören. Dann erkundigte er sich, wer denn der Jüngling an der Seite der Brüder sei. »Es ist Marco, mein Sohn und Euer Diener«, antwortete Niccolò Polo. »Er sei willkommen«, erwiderte der Großkhan, und nahm Marco in sein Gefolge auf. Damit begann der Dienst des jungen Mannes am kaiserlichen Hof und ein Verhältnis, das 17 Jahre dauern und sich zu beiderseitiger Zufriedenheit entwickeln sollte. Marco wurde vor allem wegen seiner guten Beobachtungsgabe geschätzt, aber auch, weil er großes Talent im Erzählen besaß. Er bekleidete keinen festen Posten in der Beamtenhierarchie, reiste aber im Auftrag des Khans durch Cathay (Nordchina) und Mangi, den südlich des Gelben Flusses gelegenen Teil Chinas, den Khubilai in jener Zeit endgültig befriedete.

Im Rahmen seiner Missionen lernte Marco die entlegensten Gebiete kennen, von Shanxi bis Yunnan, von den Grenzen Tibets bis nach Nordbirma. Er hörte von Cipangu (Japan), den Ryukyu-Inseln und zahlreichen anderen Orten, von denen niemand in Europa wusste. Drei Jahre lang war er Gouverneur der großen Stadt Yangzhou, deren Gerichtsbezirk weitere 24 Städte umfasste. Zur gleichen Zeit bereisten auch Marcos Vater und sein Onkel das riesige Land, trieben Handel und häuften Reichtümer an, die sie mit in ihre Heimat nehmen wollten. Wiederholt gaben sie ihren Wissensschatz an

den Khan weiter und entwarfen etwa Kriegsmaschinen zur Belagerung aufständischer Städte. Doch nachdem sie viele Jahre in China verbracht hatten, verspürten sie Heimweh nach Venedig und fürchteten wohl auch, nach dem Tod des mittlerweile greisen Khans könnten sich die Höflinge an den Fremden für die Gunstbeweise rächen, die der Kaiser ihnen stets hatte zuteil werden lassen. Der Großkhan jedoch hing an den Fremden, er schätzte ihre Dienste und mochte sie nicht ziehen lassen. Glücklicherweise bot ihnen das Schicksal bald darauf eine günstige Gelegenheit.

Im Jahre 1286 starb im ebenfalls von den Mongolen beherrschten Persien die dortige Königin Bolgana, die Lieblingsfrau von Khan Arghun, einem Großneffen von Khubilai. Um den letzten Wunsch seiner Gemahlin zu erfüllen, schickte Arghun Gesandte an den Hof des Großonkels und bat ihn um eine Gemahlin aus dem gleichen Stamm, dem Bolgana angehört hatte. Khubilai wählte die wunderhübsche Cocacin, eine 17-jährige Prinzessin, deren Name »Himmelblau« bedeutete.

Wie viele Jahre zuvor die Familie Polo waren auch die persischen Botschafter auf dem Landweg nach China gelangt, doch war ihnen

dieser Weg nun verschlossen, da mittlerweile in einigen Gegenden Krieg herrschte. Gerade zu jener Zeit kehrte Marco von einer Reise zurück, die ihn per Schiff an der chinesischen Küste entlanggeführt hatte, und berichtete, wie einfach und bequem man die Strecke auf dem Wasser zurücklegen konnte. Die Gesandten baten daraufhin Khubilai, ihnen die drei Venezianer als Begleiter zur Seite zu stellen. Anfang 1292 verließen 14 große Dschunken die Hafenstadt Zayton (Quanzhou). An Bord befanden sich die drei persischen Botschafter, die Familie Polo und die Prinzessin mit einem riesigen Gefolge, das ihrem Rang entsprach.

Diesmal gestaltete sich die Reise jedoch äußerst schwierig, mit unvorhergesehenen, längeren Aufenthalten auf Sumatra, Sri Lanka und in Südindien: Es dauerte zwei volle Jahre, bis die Schiffe an der Küste Persiens anlandeten. Zwei der Gesandten, nahezu die gesamte 600-köpfige Besatzung und alle Hofdamen waren unterwegs gestorben. Marco nennt keine Gründe für die Katastrophe, doch vermutlich waren Monsunstürme, Piratenüberfälle und Seuchen daran schuld. Auch der Bräutigam, Arghun, war nicht mehr am Leben, und sein Sohn – ein Kind, das von einem Regenten vertreten wurde – hatte den Thron bestiegen. Immerhin wurde die Frage beantwortet, was mit Prinzessin Himmelblau geschehen sollte – man entschied, sie dem Thronerben zur Frau zu geben. Angesichts der Mühen, die die junge Frau gemeinsam mit den Polos durchgestanden hatte, brach sie bei deren Abschied in Tränen aus. In Persien ereilte die drei Venezianer dann eine weitere traurige Nachricht: Khubilai war im Alter von 80 Jahren gestorben.

Über Täbris, Trapezunt (Trabzon) und Konstantinopel kehrten die Weltreisenden nach Venedig zurück, wo sie Ende 1295 eintrafen. Angeblich erkannte sie bei ihrer Ankunft keiner mehr, ähnlich wie es Odysseus ergangen war, als er nach 20 Jahren in Ithaka eintraf. Um Verwandte und Freunde von ihrer Identität zu überzeugen, gaben die Polos ein riesiges Festessen und trugen mit jedem Gang immer prachtvollere oder ausgefallenere Gewänder und präsentierten ihre Schätze – Rubine,

Saphire, Karfunkel und Diamanten. Die Anwesenden trauten ihren Augen kaum, als sie diese Reichtümer erblickten. Daneben gab es viele erstaunliche Dinge zu bewundern: weiche Yakfelle oder Samen einer Färberpflanze (vielleicht Indigo), die Marco aus Sumatra mitgebracht hatte, die aber leider nicht gedieh.

Und schließlich erzählten sie von ihren Abenteuern und stellten ihre auf dieser einzigartigen Unternehmung gewonnenen Erkenntnisse gerne jedem zur Verfügung. Marco Polos ursprünglicher Reisebericht sollte genau diesem Zweck dienen, er war als praktischer Leitfaden

»Milione« bezog sich im Übrigen auf den Beinamen Marco Polos, den er von den Zuhörern erhielt, die in Scharen zu ihm strömten, um seinen lebendigen Erzählungen über die zahlreichen Wunder Asiens zu lauschen. Immer wieder fiel dabei die Zahl »Million«: Millionen Reiter besaß Khubilai, Millionen von Dschunken verkehrten auf den Meeren und Flüssen des Reiches, das Millionen von Städten umfasste, die wiederum Millionen und Abermillionen an Tribut entrichteten.

Einige Jahre später sollte Marco seinen Bericht vor einem ganz anderen Publikum

einen Gefangenen kennen, der dort schon schmachtete, seit die Genueser 1284 die Flotte von Pisa geschlagen hatten. Auch damals wurden sehr viele Gefangene gemacht, so dass das geflügelte Wort »Wer Pisa sehen will, muss nach Genua fahren« entstand. Dieser Pisaner hieß Rusticiano bzw. Rustichello und hielt sich mit Hilfe von Feder und Tintenfass über Wasser: Er schrieb die Rittergeschichten der Artussage nieder, die sich zu jener Zeit besonderer Beliebtheit erfreuten, und zwar in der damals weit verbreiteten Verkehrssprache Französisch. Um die Zeit totzuschlagen,

für Händler gedacht, die sich über weit entfernte Orte und die dortigen Warenströme informieren wollten. Eine Inventurliste der Besitztümer des Dogen Marin Faliero von 1351 führt ein »von Marco Polo geschriebenes« Buch mit dem Titel *De locis mirabilibus Tartarorum* (Von den erstaunlichen Ländereien der Tataren) auf. Leider ging die Schrift verloren, doch vermutlich bildete sie den Kern jenes Werks, das die mittelalterlichen europäischen Leser unter dem Titel *Il Milione* kennen lernten.

wiederholen. 1298, drei Jahre nach seiner Rückkehr, schiffte er sich auf einer Galeere der Kriegsflotte ein, die in den Kampf gegen die Genueser, die Erzfeinde der Venezianer, zog, waren diese doch mit ihren Schiffen ins Adriatische Meer vorgestoßen. Unweit der dalmatischen Insel Korčula gerieten die Venezianer in einen Hinterhalt, wobei sie 68 Galeeren verloren. 7000 Gefangene brachten die siegreichen Genueser in ihre Heimatstadt, darunter auch Marco. Im Kerker lernte er

erzählte Marco Polo seinen Leidensgenossen (und später vermehrt auch genuesischen Edelleuten, die sich eigens zu diesem Zweck ins Gefängnis begaben) seine Erlebnisse. Rustichello erkannte rasch, dass diese Geschichten – ganz gleich, ob sie nun den Tatsachen entsprachen oder nicht – in schriftlicher Form einen Bestseller ergeben würden. So erzählte Marco, und Rustichello schrieb alles in elegantem höfischem Französisch nieder. Das Ergebnis dieser Koproduktion war das *Livre des Merveilles*

50

1298, drei Jahre nach seiner Rückkehr befehligte Marco Polo eine venezianische Galeere, die gegen Genua in den Krieg zog und an der Schlacht von Korčula teilnahm.

Er wurde als Gefangener nach Genua gebracht, wo er im Kerker Rustichello von Pisa kennen lernte. Der verfasste das Buch Il Milione, das Marcos Abenteuer erzählt.

bzw. kürzer *Il Milione*. Das Buch wurde auch als *Romanze vom Großkhan* bekannt, was darauf hindeutet, dass man es eher als Fiktion denn als Reisebericht verstand. Etwa 150 handschriftliche Exemplare blieben in Bibliotheken und Archiven erhalten, man kann also davon ausgehen, dass das Buch stark verbreitet war.

Schon nach einem Jahr kam Marco frei und kehrte nach Venedig zurück, wo seine Frau Donata ihm drei Töchter, Fantina, Bellela und Moreta, gebar, aber keinen Sohn, der zu weiteren Abenteuern hätte aufbrechen können. 1324 verschied Marco, von seinen Mitbürgern hoch geehrt. Es heißt, Freunde hätten ihn auf dem Sterbebett bedrängt, sein Gewissen zu erleichtern und zuzugeben, dass er seine Geschichten frei erfunden habe. Darauf habe Marco geantwortet, er habe noch nicht einmal die Hälfte dessen berichtet, was ihm widerfahren sei.

Natürlich ist es aus heutiger Sicht nachvollziehbar, dass das Asien – und insbesondere das Reich des Großkhans –, wie es im *Milione* beschrieben wird, als Produkt der Fantasie oder zumindest als romanhafte Übertreibung aufgenommen wurde. Alles an Cathay wirkt merkwürdig und übertrieben, vor allem die Schilderungen der Hauptstadt Camblau oder Canbalic (Khanbalik, »die Stadt des Khans«, bzw. das heutige Peking). Sie umfasste laut Marco Polo zwölf Tore und genauso viele dicht besiedelte Vororte. Eine Volkszählung aus dem Jahr 1270 kam auf 1,2 Millionen Einwohner. Um diese Zeit war Venedig mit 100 000 Einwohnern nach Neapel und Paris die drittgrößte europäische Stadt. In jedem Vorort gab es große Karawansereien für die Kaufleute aus dem Orient, die zahlreich aus allen Teilen Chinas und aus Indien eintrafen und kostbare Güter wie Edelsteine, Gold, Silber, Perlen und Gewürze mit sich führten. Täglich kamen in der Stadt über 1000 Wagen mit Seide an. Und alle diese Waren wurden nicht mit Münzen aus Gold oder Silber, sondern mit Blättern aus Bast von Maulbeerbäumen bezahlt, die, je nach Wert, mit verschiedenen Siegelzeichen versehen waren.

Überall auf den Straßen patrouillierten berittene Wachen; 1000 von ihnen hüteten jedes Tor. Wenn es dunkel wurde, ertönte eine riesige Glocke, und beim dritten Schlag musste sich ein jeder in sein Haus zurückziehen, nur

Ärzte und Hebammen durften nachts unterwegs sein. Die Astrologen des Kaisers – allein in Khanbalik waren es über 5000 – hatten diesem geraten, seinen Untertanen nicht zu trauen und straffe Sicherheitsmaßnahmen zu ergreifen. Er glaubte fest an ihre Weissagungen, versorgte sie mit Lebensmitteln und Kleidung, und sie prophezeiten Hungersnöte, Seuchen und Erdbeben. Sie überredeten den Großkhan, neben der Stadt eine weitere zu bauen, in der sich, umschlossen von einem dreifachen Mauerring, die kaiserliche Residenz erhob. Innerhalb der Einfriedung lagen inmitten eines weitläufigen Parks voller Wild die Palastanlagen, die sich über eine Quadratmeile ausdehnten. Die

Mauern waren aus Marmor, die Dächer leuchteten in allen Farben, in Rot und Grün, in Blau und Gelb. Vergoldete Drachen, Statuen von Kriegern, Vögeln und Raubtieren sowie Bilder von Schlachten zierten die Räume.

»In nördlicher Richtung, etwa einen Bogenschuss weit vom Palast entfernt, hat der Khan einen Hügel aufschütten lassen, der ist gut hundert Schritte hoch, und sein Umgang misst mehr als tausend Schritte. Die ganze Anhöhe ist mit Bäumen bepflanzt, die jahraus, jahrein ihr grünes Laub bewahren. Wenn der Khan vernimmt, irgendwo wachse ein schöner Baum,

dann befiehlt er, ihn samt Wurzeln und Erde auszugraben und von Elefanten zu diesem Hügel tragen zu lassen. Wie groß der Baum auch sei, er wird so oder so verpflanzt. Auf diese Weise kommt der Khan in den Besitz der prächtigsten Bäume der Welt.«

10 000 Pferde standen in seinen Ställen, darunter Stuten »ohne den geringsten Farbfleck, sie sind weiß wie Schnee«. Auch besaß er Tausende von Konkubinen, die zumeist aus der Tatarenprovinz Ungur stammten, weil deren Frauen als besonders attraktiv galten. Alle zwei Jahre schwärmten kaiserliche Boten aus, um 400 bis 500 Mädchen auszusuchen. Der Kaiser hatte vier legitime Ehefrauen, jede von ihnen durfte sich Kaiserin nennen und verfügte über einen eigenen Hofstaat mit über 10 000 Pagen und Hofdamen.

Marco Polo begeisterte sich für die Hauptstadt, mehr noch faszinierten ihn aber das Hinterland, seine Bevölkerung und seine Handelsgüter. Wiederholt reiste er im Auftrag des Khans durch das erst kurz zuvor eroberte Land. Besonders gefiel ihm das asiatische Venedig, die große Stadt Quinsai (Hangzhou). 12 000 steinerne Brücken sollte es in dieser Metropole Südchinas geben, denn die Stadt war im Wasser gebaut und von Wasser umgeben. Auf den zehn Märkten gab es nahezu alles, von Rehen über Enten bis hin zu Hirschen, Süßwasser- und Meeresfischen.

Offenbar spielte die käufliche Liebe in dieser Stadt eine wichtige Rolle, denn »die Fremden, die sich einmal mit einer Konkubine vergnügt haben, sind völlig außer sich und so eingenommen von deren süßem Wesen, dass sie sie nie mehr vergessen. Wenn sie nach Hause zurückgekehrt sind, berichten sie, dass sie in Quinsai, der Himmelsstadt, gewesen sind, und haben nichts anderes im Sinn, als dorthin zurückzukehren.« In diesem Kontext merkte Marco Polo an, dass die Mongolen das Song-Reich ohne größere Mühen erobern konnten, da die Einwohner ganz dem Luxus zugetan waren und sich wenig um die Kriegsführung scherten. Offenbar hatte der Venezianer die Überreste des kaiserlichen Palastes besichtigt, die hohen, kilometerlangen Mauern und die großen Gebäude bestaunt, die von goldenen und blauen Säulen getragen wurden, und die Darstellungen der Großtaten früherer

51

Auf einer Weltkarte, die Bruder Maurus Camaldolensis 1459 in seinem Kloster auf Burano zeichnete, wirkt Marco Polos Khanbalik, das heutige Peking, mit seinen

gotischen Türmchen und den prächtigen Zelten besonders märchenhaft. Nachdem die Mongolen China unterworfen hatten, begründeten sie dort die Yuan-Dynastie.

52/53
Zwölf Tore und genauso viele Vorstädte gehörten zu Khanbalik. In jeder gab es 1000 Wachen, und täglich trafen mehr als 1000 Wagen mit Seide ein, außerdem andere kostbare Güter wie Edelsteine, Perlen, Gold, Silber, Gewürze und unzählige alltägliche Dinge, die den Lebensunterhalt und die Versorgung der Einwohnerschaft sicherten. Etwa 5000 Astrologen, auf deren Rat Khubilai Khan fest vertraute, sicherten seinen Machtanspruch gegenüber den Chinesen, die erst seit kurzer Zeit zu seinen Untertanen zählten.

Herrscher an den Wänden betrachtet. Jahr für Jahr hatte der Kaiser dort einst ein großes Fest veranstaltet, zu dem nicht nur Würdenträger, sondern auch Handwerker und Kaufleute geladen waren, alles in allem rund 10 000 Personen. Mit Wagen oder zu Pferd hatte sich der ehemalige Fürst im Park, zu dem sonst nur seine Konkubinen Zutritt hatten, vergnügt. Wenn alle von der Jagd müde waren, zogen sich die Mädchen aus und badeten nackt in den Teichen, wobei ihnen der Herrscher mit großem Vergnügen dabei zuschaute.

Marco Polo nannte in seinem Reisebericht alle Provinzen Chinas, die er selbst bereist hatte, und beschrieb ihre Besonderheiten. An der Westgrenze, auf den Hochebenen von Tibet, lagen riesige Wüsten, in denen Löwen und andere Raubtiere lebten. In diesen Ländern wuchs ein hoher Bambus, und wenn Reisende dort nachts lagerten, entzündeten sie ein großes Feuer aus Bambus, das man über viele Meilen hören konnte und dessen Krachen die wilden Tiere fern hielt. Die Tibeter, so Marco Polo, seien überdies die geschicktesten Zauberer der Welt, zu jeder beliebigen Zeit könnten sie Blitz und Donner hervorrufen und das Unwetter wieder anhalten. In der angrenzenden Provinz Ciandu gab es einen See, in dem man Perlen fischen konnte, und rund um den See grasten Moschushirsche in so großer Zahl, dass ihr Duft die Luft über viele Meilen hinweg erfüllte. In Caragian hingegen trieben Krokodile und Schlangen, die ohne weiteres einen ganzen Menschen verschlingen konnten, ihr Unwesen. Gefährlicher noch waren jedoch die Bewohner dieser Provinz, denn sie töteten jeden Fremden, den eine gute Aura umgab, damit diese auf sie überginge. In der Provinz Cardandan bedeckten Männer wie Frauen ihre Zähne mit dünnen Goldblättchen und tätowierten sich die Arme und Beine. »Wenn eine Frau dort ein Kind geboren hat«, berichtet Marco Polo weiter, »dann wäscht sie es und wickelt es in Windeln. Nun legt sich der Ehemann mit dem Säugling ins Bett und verlässt es, außer für die notwendigsten Bedürfnisse, nicht vor 50 Tagen. Freunde und Verwandte besuchen ihn, verweilen an seinem Bette, unterhalten und vergnügen sich miteinander. Man sagt dort nämlich, die Frau habe eine lange, beschwerliche Zeit hinter sich, und die dürfe nicht um 50 Tage verlängert werden. Unmittelbar nach der Geburt steht die Mutter auf, besorgt alle Hausgeschäfte und bedient den Gatten im Bett.«

Als erster Europäer lieferte Marco Polo auch Informationen über Japan, das er allerdings nicht selbst bereiste. »Cipangu ist eine sehr große Insel, 1500 Seemeilen vom Festland entfernt. Es leben dort schöne, weißhäutige Menschen mit gefälligen Manieren. Sie sind Heiden; in völliger Unabhängigkeit regieren sie nur sich selbst und üben keine Herrschaft über andere Völker aus. Die Goldvorkommen auf der Insel sind unbeschreiblich reich. Ihr müsst aber wissen: Niemand führt das Gold aus; denn kein Kaufmann noch sonst irgendwer reist von der Insel zum Festland. Daher dieser ungeheure Besitz an Gold. Ich schildere euch den prachtvollen Herrscherpalast. Ich sage die reine Wahrheit: Das Dach des riesigen Palastes ist aus purem Gold, genauso wie wir für unsere Haus- und Kirchendächer Blei gebrauchen, wurde hier Gold verwendet. Unvorstellbar, welcher Wert darin liegt! Die Fußböden aller Räume – und es gibt deren viele – sind aus mehr als zwei Finger dickem Gold. Die Säle, die Fenster, wohin man schaut, alles im Palast ist mit Gold geschmückt. (...) In Cipangu findet man unendlich viele Perlen. Sie sind rot, groß und schön rund und gleich viel oder sogar mehr wert als die weißen. Noch eine Menge anderer Edelsteine kommen auf dieser Insel vor, die so über alle Maßen reich ist.« Genau diese kurze Notiz veranlasste mehr als zwei Jahrhunderte später einen anderen wagemutigen Italiener, Christoph Kolumbus, nach Westen zu segeln, um einen Seeweg in den Osten zu finden.

54 und 55
Die Jagd gehörte zu den Lieblingsbeschäftigungen der chinesischen und mongolischen Kaiser. Khubilai jagte sogar im Herzen von Khanbalik, denn rings um die kaiserliche Residenz zog sich ein großer, von Mauern umschlossener Park mit vielen Tieren. Jedes Jahr reiste der gesamte Hof während der warmen Jahreszeit in die mongolische Steppe oder an andere zur Jagd geeignete Orte. Dann machte sich ein riesiger Tross auf die Reise, allein 200 Falkner gehörten zum Gefolge des Khans. Khubilai begeisterte sich neben der Falkenjagd auch für die Jagd mit gezähmten Leoparden und anderen Raubkatzen, die mit den Reitern auf dem Pferd hockten und sich im richtigen Moment auf die Beute stürzten. Marco Polo erzählt auch von einer Elefantenjagd, der er in Birma beigewohnt hatte. Auf der Miniatur aus dem Reisebericht des Venezianers (unten), hat der Künstler die Sänfte des Kaisers auf dem Rücken von vier Elefanten platziert.

56 und 57

Auf vielen Seiten des Milione *beschreibt Marco Polo
den Kaiserpalast von Khanbalik in all seiner Pracht. Er
bedeckte eine Fläche von etwa einer Quadratmeile und
umfasste zahlreiche Gebäude und Pavillons — einige aus
lackiertem Holz, andere aus Marmor mit leuchtend
bunt glasierten Keramikdächern. Das Innere war mit
Wandbehängen und Gemälden ausgestattet auf den
Böden lagen dicke Teppiche. Zum Schutz der Bewohner
standen und hingen überall Drachen, Tiger, Löwen und
Krieger aus Holz oder Stein, darüber hinaus gab es
Tausende von Wächtern. Khubilai besaß vier Frauen,
die alle den Titel einer Kaiserin trugen. Jede verfügte
über einen persönlichen Hofstaat von über 10 000
Personen. Zum Gefolge des Kaisers gehörten aber auch
Tausende von Konkubinen, von denen viele aus der
mongolischen Provinz Ungur stammten, die für ihre
schönen Frauen berühmt war. Bankette, Tänze, Konversation und Ausflüge in den riesigen Park sorgten für die
Zerstreuung dieser Menschenmenge, die gleichsam eine
Stadt in der Stadt bildete. Der Maler der Miniatur ließ
sich bei der Darstellung des Lebens bei Hofe offenkundig
von europäischen Herrscherhäusern inspirieren.*

58 und 59

*Marco Polo durchquerte den asiatischen Kontinent auf
seiner gesamten Länge und besuchte im Auftrag von
Khubilai Khan viele Provinzen des mongolischen China
sowie angrenzende Länder. Dort hörte er von seltsamen
Kreaturen, die im* Milione *ausführlich beschrieben
werden. Auch aus diesem Grund trug die französische
Ausgabe den Titel* Livre des Merveilles – Buch der
Wunder. *Die Miniaturmaler gaben sich alle Mühe, die
von Polo genannten Wesen so eindrucksvoll wie möglich zu
gestalten. Oben links treiben Menschen mit Hundeköpfen
Handel, in der Mitte sind farbenfrohe Drachen aus der
Provinz Yunnan zu sehen, darunter, von links nach rechts,
ein kopfloser Mensch, dessen Gesicht auf der Brust prangt,
ein Einfüßer, der sich mit seinem Fuß Schatten spendet,
ein mit einem Prügel bewaffneter Zyklop und schließlich
ein Einhorn zusammen mit gewöhnlicheren Tieren.*

60 und 61

Als guter Kaufmann richtete der Venezianer sein Augenmerk besonders auf die Waren der bereisten Länder, vor allem auf Edelsteine, auf die sich die Familie spezialisiert hatte, weil sie trotz ihres hohen Wertes wenig Platz wegnahmen und sich leicht transportieren ließen.

Die Polo kehrten mit echten Schätzen nach Venedig zurück, die sie in ihre geflickten Jacken eingenäht hatten, damit Räuber nicht auf dumme Gedanken kamen. Zu Hause angekommen, luden sie Freunde und Verwandte, die sie zunächst nicht erkannt hatten (oder wegen ihrer ärmlichen Kleidung nicht hatten erkennen wollen), zu sich ein, zogen die Jacken aus und schütteten Diamanten, Rubine, Saphire und Perlen auf den Tisch. Auf dieser Seite sieht man, wie Rubine abgebaut werden, auf der gegenüberliegenden Seite unten werden Perlen aus dem Meer geholt, während an Land Edelsteine geschürft werden. Oben tauschen Kaufleute in Gegenwart des Khans Silberbarren gegen Papiergeld aus China.

Der Erzbischof von Khanbalik

J ener Khan Arghun, auf dessen Bitten hin Prinzessin Himmelblau von Cathay

aus aufgebrochen war, verfolgte ein wichtiges politisches Ziel: Er wollte ein

Bündnis mit den christlichen Herrschern des Westens schließen und mit ih-

nen gegen den gemeinsamen Feind, den ägyptischen Sultan Baibars, vorgehen,

der sowohl die Ländereien des mongolischen Herrschers über Persien als auch

die letzten Bastionen der Kreuzfahrerstaaten bedrohte. Im Jahre 1285 hatte

der Khan eine Botschaft an Papst Honorius IV. gesandt, der es jedoch nicht

für nötig hielt zu antworten. Zwei Jahre später unternahm Arghun einen neuer-

lichen Versuch, als zufällig zwei nestorianische Pilger von Khanbalik (Peking)

durch Persien zu den heiligen Stätten Palästinas zogen. Es handelte sich um

einen gewissen Marco, genannt Yahballah, den man kurz zuvor zum ersten

Metropoliten von Cathay und obersten Kirchenfürsten der Nestorianer ge-

wählt hatte, sowie um Rabban Sauma, der bereits zu Lebzeiten als Heiliger

62 und 63
In Jerusalem und an den übrigen heiligen Stätten Palästinas fanden sich auch nestorianische Christen aus dem chinesischen Kaiserreich ein. Einigen von ihnen gab man diplomatische Botschaften für den mongolischen Khan in Persien mit auf den Weg. Hormus, der wichtigste Hafen des Reiches, war Endpunkt der maritimen Gewürzhandelsroute. Oben sieht man die Ankunft eines mit exotischen Tieren beladenen Schiffs.

Papst Honorius IV. (oben Pietro Lorenzettis Pala del Carmine, heute Pinacoteca Nazionale, Siena) lehnte die Bündnisangebote der Mongolen ab, seine Nachfolger hingegen bemühten sich vergeblich um eine Allianz. Clemens V. etwa (unten, Miniatur, Bibliothèque Nationale, Paris) schickte mehrere Missionare nach China.

Arghun Khan, der mongolische Herrscher über Persien, hatte Botschafter ins Abendland entsandt und die Christen um Unterstützung gegen den Sultan von Ägypten gebeten. Diesem Herrscher sollten die Polo Prinzessin Himmelblau bringen, doch er starb vor ihrer Ankunft (Miniatur, heute Bibliothèque Nationale, Paris).

verehrt wurde. Letzteren bat Arghun, nicht nach Jerusalem, sondern nach Rom zu reisen, um dem Papst erneut ein Bündnis vorzuschlagen. Der Gesandte wurde vom byzantinischen Kaiser sowie vom französischen und englischen König empfangen, und in Rom nahm ihn auch der neue Papst, Nikolaus IV., freundlich auf. Schließlich kehrte er 1289 in die persische Hauptstadt Täbris zurück, begleitet von Gobert de Helleville, einem französischen Boten, doch blieb dieser diplomatische Austausch zunächst ohne konkretes Ergebnis.

Bereits im darauf folgenden Jahr hakte Arghun nach: Diesmal schickte er einen europäischen Kaufmann, den Genueser Buscarello de' Ghisolfi, im Namen Khubilais mit einer verführerischen Botschaft ins Abendland: Die Mongolen wollten im Januar 1291 Syrien angreifen. Falls die christlichen Herrscher sie bei diesem Vorhaben unterstützten, sollten sie zum Dank Jerusalem erhalten. Doch weder Buscarello noch sein Nachfolger konnten in Europa mehr als leere Versprechungen erwirken. Immerhin beschloss Papst Nikolaus IV. die Verhandlungsbereitschaft der Mongolen zu nutzen und ernannte den Franziskanerpater Giovanni de Monte-Corvino zum Erzbischof von Khanbalik. Der 1247 in Salerno geborene Mönch war von bescheidener Herkunft, jedoch

sehr klug, ein belesener Philosoph und guter Theologe und überdies ein begnadeter Prediger. Außerdem besaß er bereits gewisse Erfahrungen, war er doch 1279 im Auftrag der Kirche nach Persien und Armenien gereist.

Während sich die Familie Polo 1291 anschickte, die Verlobte des Khans nach Persien zu begleiten und weiter nach Europa zu reisen, schiffte sich Giovanni de Monte-Corvino im persischen Hafen Hormus ein, um Cathay auf dem Seeweg zu erreichen. Zum Glück für die Nachwelt schrieb der fromme Bruder einen Brief an den Papst. Da heißt es: »Ich gelangte nach Indien, und dort blieb ich 13 Monate lang in der Kirche des Apostels Thomas. Mein Weggefährte, Bruder Nikolaus von Pistoia vom Predigerorden, starb dort, und wir begruben ihn vor Ort. Ich selbst setzte meinen Weg fort und kam schließlich in Cathay an.« Der Nachfolger Khubilais empfing den Mönch freundlich, doch war er »ganz dem Götzendienst verfallen« und nicht bereit, zum Christentum überzutreten, wie Monte-Corvino gehofft hatte. Immerhin gestattete ihm der Herrscher zu predigen. Der katholische Erzbischof in der chinesischen Hauptstadt versetzte

die Nestorianer in Alarmbereitschaft, denn sie fürchteten, er werde ihre Anhänger missionieren. Deshalb versuchten sie, gegen ihn zu intrigieren, und behaupteten, er sei gar kein echter Bischof, sondern ein Spion, ein Zauberer und Volksverführer.

Giovanni wäre beinahe eines »schmachvollen Todes« gestorben, doch zum Schluss triumphierte er über seine Feinde. Er übersetzte das Neue Testament und die Psalmen in die Sprache der Tataren, baute eine Kirche mit Glockenturm, in dem drei Glocken hingen, bekehrte rund 6000 Menschen (mehr Alanen, Türken und Mongolen als Chinesen) und kaufte, um seine Gemeinde zu vergrößern, »Heidenkinder«, die er anschließend taufte.

Zwölf Jahre lang erhielt er keine Nachrichten aus dem Abendland. Zwar schrieb er nach Rom und bat um Unterstützung für seine viel versprechende Arbeit und Papst Clemens V. schickte ihm sechs zu Bischöfen erhobene Laienbrüder, die ihn zum Primas von Fernost ernennen sollten. Doch drei der Brüder starben unterwegs, einer kehrte um, und die beiden übrigen erreichten erst 1311 nach vierjähriger Reise ihr Ziel. Nun aber konnte Giovanni de Monte-Corvino die katholische Kirche in China festigen und sein Werk in den Provinzen fortsetzen. In Quanzhou etwa ließ eine reiche

y commence le chemin de la pregrinacion et du
voyaige que fist un bon homme de lordre des freres
meneurs. nomme frere odric de foze iuly. ne de une
terre que on appelle port de venisse qui par le comant
du pappe ala oultre mer pour preschier aur mesare
ans la foy de dieu. Et sont en ce liure contenu los
merueilles que li dis freres vit presentment. et aul
ty de pluseurs autres lesquelles il oy compter en ces
parties sus dittes de gens dignes de foy. Mais celles quil oy racompter et
quil ne vit point. ne racompte il point pour verite fors pour oir dire. et le to
ne en son langaige quant a ce vient. Et fu ce liure sont en latin par ce frere de
uant nomme en lan de grace mil. CCC. xxx. pluis le xiiij. tour de iamuier

*Im Jahre 1318 schickte Johannes XXII. den
Franziskaner Oderich von Pordenone nach China.
Auf dem Bild links nimmt er im Palast von Avignon
Abschied vom Papst. Der Pater, der bereits zuvor bei
den Mongolen gewesen war, reiste diesmal mit dem
Schiff von Hormus nach Kanton.*

*Zusammen mit anderen Katholiken, die sich in
Khanbalik aufhielten, ging Oderich stets zum Khan,
um ihn zu segnen, wenn dieser die Hauptstadt betrat
oder verließ. Die mongolischen Herrscher versuchten sich
mit allen Göttern gut zu stellen. Auf diesem Bild reitet
Oderich gerade auf die Metropole Khanbalik zu.*

armenische Witwe eine schöne Kathedrale bauen, und einer der Neuankömmlinge, Bruder Gerhard, wurde zu ihrem Bischof ernannt.

Immer wieder trafen nun Missionare aus dem weit entfernten Europa ein. 1318 brach der 1265 geborene Franziskaner Oderich von Pordenone aus Pavia auf. Seine Eltern waren einst von Böhmen nach Norditalien ausgewandert. 1296 hatte er bereits die tatarische Steppe bereist und war bis in die Mongolei gelangt. Auf seiner zweiten Asienreise, die er mit drei weiteren Brüdern antrat, bestieg er ein Schiff, stach in Hormus in See und passierte die Malabarküste, Sri Lanka, Java, Borneo und den Süden Indochinas. In Sincalan (Kanton) betrat er chinesischen Boden und war sogleich tief beeindruckt von der Fülle der Waren und den Frauen (den schönsten der Welt) sowie von den riesigen Schlangen, von denen sich die Feinschmecker vor Ort ernährten. Dann besuchte er Guangxi, das »zweimal so groß wie Rom« war; und Fuzhou, wo es die größten Hähne der Welt und Hühner »so weiß wie Schnee« gab, deren Körper nicht von Federn, sondern von Wolle wie bei Schafen bedeckt zu sein schienen. Er beobachtete, dass man auf dem Blauen Fluss Fische mit Hilfe gezähmter Vögel – Kormorane – fing, und schätzte Hangzhou, das Venedig Chinas, das bereits Marco Polo begeistert hatte, noch größer ein als jener: Quinsai »ist die größte Stadt der Erde, sie hat einen Umfang von hundert Meilen, und ein Vorort geht ohne Unterbrechung in den nächsten über, so dass man sechs oder sieben Tage marschieren kann und sich noch immer inmitten von Häusern befindet. (...) Wer sie beschreiben wollte, würde ein ganzes Buch damit füllen.«

Um den Reichtum der Bewohner zu demonstrieren, erzählte Oderich, wie er einen

Chinesen besucht hatte, »der weder Fürst noch hoher Herr war, sondern ein einfacher Bürger der Stadt«. Dieser wurde bei Tisch von 50 Mädchen bedient, die sangen, Instrumente spielten oder ihren Gebieter mit kleinen Bröckchen »wie einen Vogel« fütterten. Der Boden des riesigen Anwesens war wechselweise mit goldenen und silbernen Fliesen ausgelegt, im Zentrum erhob sich ein Hügel aus Gold und Silber. Auch verwunderte sich der Mönch über die Sitte der Chinesen, ihre Nägel so lang wachsen zu lassen, bis sie sich einringelten. Bei den Frauen, so berichtete er, zeugten win-

zige Füße von höchster Eleganz, weshalb »die Mütter die Füße der Mädchen einschnüren, damit sie nicht wachsen können«.

In Khanbalik blieb Oderich drei Jahre lang, lebte im Kloster seiner Mitbrüder und diente dem Erzbischof Giovanni. Dieser besaß das Privileg, den Khan vor jeder großen Reise, die dieser unternahm, zu segnen. Die mongolischen Herrscher vertrauten offenbar, um für alle Fälle gerüstet zu sein, auf den Schutz jedes nur erdenklichen Gottes. Oderich beschreibt den gewaltigen Hofstaat, der den Khan stets umgab, selbst wenn er nur seine Sommerresidenz oder eine seiner Provinzen aufsuchte. Der Herrscher nahm dabei seine zwölf Lieb-

lingsfalken mit und ließ sie aufsteigen, wenn er einen Vogel zu fangen wünschte. Keiner außer den Würdenträgern durfte sich dem Khan weiter als einen Steinwurf nähern. Die Bewohner der Gebiete, die der Tross passierte, entzündeten vor ihren Häusern große Feuer und verbrannten dort Weihrauch und wohlriechende Kräuter, damit die Straße ihres Herrn duftete.

Eines Tages gingen die Brüder von Khanbalik dem Kaiser entgegen, als dieser in die Stadt einzog. An der Spitze lief der Erzbischof, ein großes Kruzifix in den Händen, und stimmte das *Veni Sancte Spiritus* an. Der Großkhan verneigte sich vor dem Kruzifix und küsste es, während Giovanni de Monte-Corvino ihn segnete und mit Weihrauch besprengte. Dann traten die Mönche rasch zur Seite, um nicht von dem unendlichen Zug der Reiter niedergetreten zu werden, und kehrten zusammen mit einigen hohen turkstämmigen Beamten, welche sich zum katholischen Glauben bekehrt hatten, in die Stadt zurück.

Oderich von Pordenone verließ Europa im Jahr 1328 auf dem Landweg. Er durchquerte die Wüste Gobi und das »Land des Priesterkönigs Johannes«, dessen Hauptstadt Thozan (möglicherweise die heutige Stadt Datong) ihm größer vorkam als Venedig. Sein Weg führte an den Grenzen von Tibet vorbei, und in seiner auf Latein verfassten *Reise nach China* erzählt er von Lhasa, einer ganz aus weißem Stein errichteten Stadt, wo der oberste Papst der Götzendiener residiere. Oderich wunderte sich sehr über die Totenbräuche der Tibeter: Sie hätten die Gewohnheit, so erzählt er, beim Tod eines Verwandten Freunde, Priester und Spielleute einzuladen. Diese trügen den Toten auf ein großes Feld, bauten einen Tisch auf, legten den Leichnam darauf und hieben ihm den Kopf ab. Dann

zerlege ein heidnischer Priester den Toten in kleine Stücke, halte eine Messe mit Gesang und bete für die Seele des Verstorbenen. Schließlich werfe er die Fleischbröckchen den Adlern und Geiern zum Fraß vor, die von überallher angeflogen kämen. Der Sohn des Verstorbenen aber mache aus dessen Schädel ein Gefäß und trinke daraus.

Der Mönch kehrte 1330 nach Avignon zurück, denn dorthin hatte der Papst sich mittlerweile ins Exil begeben. Hier berichtete er Johannes XXII. von seiner Mission. Erzbischof Giovanni im weit entfernten Khanbalik war inzwischen ein alter Mann von über 80 Jahren und starb im Jahre 1333 (andere Quellen nennen das Jahr 1328 als Todesdatum). Die Gemeinde, der es an einem Führer fehlte, schrieb dem Papst und bat ihn um einen neuen Oberhirten. 1338 stellten sich in Avignon überdies zwei Gesandte des Großkhans am Hof des neuen Papstes, Benedikt XII., vor. Dieser

schickte seinerseits 1339 vier Mönche als Gesandte nach China. Einer von ihnen, Johannes von Marignolli, auch Johannes von Florenz genannt, der Verfasser der *Cronica Boemorum*, berichtete später von seinen Erlebnissen.

Der Großkhan empfing Johannes in allen Ehren, und der brachte ihm als Gastgeschenk ein wunderschönes, riesengroßes Streitross, das die Anwesenden tief beeindruckte. Zwischen 1342 und 1346 übte Johannes von Marignolli das Amt des Erzbischofs von Khanbalik aus. Für diese Zeit stellte der Herrscher ihm eine große Anzahl von Dienern seines Hofes zur Verfügung, und er selbst sowie die ihm unterstellten Mönche erhielten alles, was sie zum Leben benötigten — vom Feuerholz bis hin zu Kleidungsstücken. Marignolli errechnete, dass der Khan für ihn und seine rund 30 Mitbrüder insgesamt über 4000 Goldmark ausgegeben hatte. Das Verhältnis zwischen Peking und Rom und zwischen dem Khan und

den Missionaren war demnach durchaus herzlich, als der Erzbischof China verließ und 1353 nach Avignon zurückkehrte. Doch die »Pax Mongolica«, die die Karawanenstraßen sicher gemacht hatte, neigte sich dem Ende zu. In China brachen Aufstände gegen die Tataren aus, ein Bürgerkrieg begann, und schließlich eroberte der energische Führer der Rebellen, Zhu Yuanzhang, im Jahre 1368 Khanbalik.

Der letzte Mongolenherrscher, Toghan Temür, flüchtete in die Weite der asiatischen Steppe. Im gleichen Jahr wurde Zhu in Nanking zum Kaiser erhoben und begründete unter der Regierungsdevise Hongwu die Dynastie der Ming (*ming* = hell, klar). Von alldem wussten die Europäer nichts, sie gingen davon aus, dass die katholische Mission in Peking gute Fortschritte machte. 1370 und 1371 entsandte Papst Urban IV. bis zu 50 Franziskaner in den Fernen Osten. Sie verschwanden allesamt, und niemand hat je wieder von ihnen gehört.

68
Im Jahre 1368 wurden die über China herrschenden Mongolen nach einer Revolution abgesetzt. Zu den Anführern gehörte Zhu Yuanzhang, der unter der Regierungsdevise Hongwu als erster Kaiser der Ming-Dynastie den Thron bestieg.

69
Nachdem Oderich von Pordenone ein Jahrzehnt in China verbracht hatte, kehrte er nach Europa zurück und suchte Johannes XXII. in Avignon auf, um ihm Bericht zu erstatten. Auf der Miniatur aus dem 14. Jahrhundert erzählt er dem Papst von seiner Mission.

nes epus
uus seruo
rum dei dilectis filijs
doctoribus et scolaribus
uniuersis bononie com
morantibus salutem et
apostolicam benedictionem. Quo
niam nulla iuris sanc
tio quantumcumque perpenso
digesta consilio ad hu
mane nature uarietatem
et machinationes eius
inopinabiles sufficit
nec ad decisionem luci
dam sue nodose ambi

EIN ISLAMISCHER VAGABUND

*N*avigia quae navigant in Cathay sunt permaxima, schrieb der Dominikanermönch

Giordano Catalani, der 1330 zum Bischof der indischen Stadt Quilon ernannt

wurde, in nicht allzu elegantem Latein: »Die Schiffe, welche nach Cathay auf-

brechen, sind riesig. Sie haben bis zu hundert Kabinen, und bei gutem Wind

setzen sie zehn Segel. Sie sind breit und schwer, besitzen einen dreifachen Kiel

und sind sehr robust gebaut. Dennoch wagen sie sich nicht aufs offene Meer

hinaus. Der Indische Ozean ist nie oder fast nie stürmisch. Obgleich die

Schiffe so groß sind, werden sie nicht von Eisenringen oder Nägeln zusam-

mengehalten. Vielmehr scheinen sie mit dem Faden einer Pflanze zusammen-

genäht.« Der westlichste Anlaufpunkt dieser Schiffe, zugleich Ausgangs- und

Endpunkt des Seewegs in den Fernen Osten, war Hormus an der Einfahrt zum

Persischen Golf. Auf ihrer Reise machten die Matrosen in Calicut im indi-

schen Bundesstaat Kerala halt. Dort wartete im Jahre 1342 eine vielköpfige

70
In den Jahrhunderten der Blütezeit des Islam bereisten arabische Seeleute den Indischen Ozean und die angrenzenden Meere. Sie stimmten ihre Fahrten so ab, dass sie mit den Monsunwinden segeln konnten, und wagten sich mit ihren Feluken (hier eine verzierte Handschrift, Bibliothèque Nationale, Paris) bis in indonesische und südchinesische Häfen.

71
Von Ibn Battuta, dem bedeutendsten islamischen Reisenden, der in 25 Jahren 45 Länder kennen lernte und die Sahara, Russland, Indien und China durchquerte, existiert leider kein Porträt (oben ein Fantasiebild).

Gesandtschaft, die der Sultan von Delhi zum Großkhan schickte, auf die Ankunft der chinesischen Flotte. Zu den Botschaftern gehörte auch eine herausragende Persönlichkeit – das arabische Pendant zu Marco Polo und zweifellos einer der bedeutendsten Reisenden aller Zeiten: Mohammed Ibn Abdallah al-Lawati, besser bekannt unter dem Namen Ibn Battuta, »Sohn der kleinen Ente«.

Er kam 1304 in der marokkanischen Hafenstadt Tanger zur Welt. Mit 21 Jahren verließ er seine Familie und Heimat, um die traditionelle Pilgerreise nach Mekka anzutreten. Im Anschluss daran kehrte er jedoch nicht nach Hause zurück, sondern wandte sich nach Norden, Richtung Mesopotamien und Persien. Angetrieben von dem Wunsch, fremde Menschen und Sitten kennen zu lernen, unternahm er 1328 eine weitere Pilgerreise und verbrachte diesmal einige Jahre mit Studien in Mekka. Dann schiffte er sich in Jiddah ein und fuhr durch das Rote Meer bis nach Jemen und an der somalischen Küste entlang weiter bis nach Sansibar. Auf eine dritte Wallfahrt zu den heiligen Stätten des Islam 1332 folgten weitere Abstecher nach Ägypten, Syrien und Anatolien. Ibn Battuta durchquerte das Schwarze Meer, um die Krim und die südrussischen Steppen zu sehen, und umrundete das Kaspische Meer. Dann drang er nach Afghanistan vor, überwand die Gipfel des Hindukusch und betrat 1333 Indien. Am Hof von Delhi verbrachte er sieben Jahre im Dienst von Sultan Mohammed

Ibn Tughluk. Dieser empfing seinerzeit Gesandte des Mongolenkaisers aus China, die mit reichen Gaben aufwarteten, darunter hundert Sklaven und Sklavinnen, 500 Mäntel aus Quanzhou, die aus jenem wunderbaren Material gefertigt waren, das die Araber *as-zaituni* und wir Satin nennen, außerdem Köcher und kostbare Schwerter. Natürlich beschloss der Sultan, dem Khan mit genauso prachtvollen Geschenken zu danken, und Ibn Battuta, den es zu neuen Ufern zog, gehörte zur Gesandtschaft des indischen Herrschers.

Zunächst begab man sich von Delhi ins weit entfernte Calicut und erwartete dort die Ankunft der großen chinesischen Dschunken, die alljährlich den Hafen ansteuerten. Begeistert erzählt Ibn Battuta in seinem Reisebericht von den mächtigen Ozeanriesen des Mittelalters: »Vor der Abreise unterrichtete ich mich über die Beschaffenheit der chinesischen Schiffe. Die großen heißen Dschunke, die mittleren Zau, und die kleinen werden Kakam genannt. Die Dschunken haben drei bis zwölf Segel, die aus Bambusrohren bestehen und wie Matten geflochten sind. Sie werden nie herabgelassen und nur in die Richtung gedreht, aus der der Wind kommt. Werden die Schiffe verankert, so lässt man die Segel im Wind stehen. Auf jedem dieser großen Schiffe dienen rund tausend Mann, von denen 600 Matrosen und 400 Soldaten sind. (...) Zu einem großen Schiff gehören drei andere Schiffe, die so genannten Halb-, Drittel- und Viertelschiffe.

Man baut sie ausschließlich in der Stadt Quanzhou in China oder in Sincalan [Kanton]. (...) An den Seiten befinden sich die Ruder, die groß wie Schiffsmasten sind und die von zehn bis 15 Mann zusammen gehalten werden. Das Rudern geschieht im Stehen. Dem Schiff setzt man vier Verdecke auf; jedes enthält Zimmer, Kabinen und offene Salons für die Kaufleute. In jeder Kabine gibt es Kojen, Badezimmer und Toiletten, und der Bewohner kann sie auch abschließen. Es ist üblich, seine Frauen und Sklaven mit sich zu nehmen. Die Matrosen lassen in den Kabinen ihre Kinder wohnen und säen Grünzeug, Gemüse und Ingwer in Holzkübeln an. Der Besitzer oder Kapitän des Schiffes gleicht einem bedeutenden Emir. Begibt er sich an Land, so marschieren die Bogenschützen und Äthiopier mit Lanzen und Schwertern, Pauken, Hörnern und Trompeten vor ihm her. Ist er in seinem Quartier eingetroffen, so pflanzen seine Leute ihre Lanzen zu beiden Seiten des Tores in den Boden und harren dort so lange aus, wie er auf dem Festland bleibt. Es gibt Chinesen, die besitzen viele dieser Schiffe, auf denen sie ihre Männer in die Länder der Welt hinausschicken.«

Endlich trafen aus Hormus 13 dieser orientalischen Ozeanriesen ein, und eines von ihnen nahm die Botschafter auf. Man verstaute Gepäck und Geschenke, und die Flotte sollte am nächsten Tag in See stechen. Ibn Battuta verbrachte die letzte Nacht an Land, denn als frommer Muslim wollte er in der Moschee

72

Auf dieser Miniatur aus dem Magamat von al-Hariri, einer Handschrift aus dem 13. Jahrhundert (heute in der Bibliothèque Nationale, Paris), begibt sich eine Gruppe von arabischen Händlern auf die Reise. Die Männer laden Waren auf Kamele, die traditionellen Lasttiere der muslimischen Welt.

beten. Sein Glaube rettete ihm das Leben: Während er sich gen Mekka verneigte, kam plötzlich ein Sturm auf, brachte die Mehrzahl der Dschunken zum Kentern und riss alle an Bord Befindlichen mit in die Tiefe. Das Schiff, auf dem sich Ibn Battutas persönliche Habe befand, trieb davon, während er selbst unversehrt, jedoch mit nichts als seinem Gebetsteppich unter dem Arm, in Calicut stand. Ibn Battuta beschloss, nicht nach Delhi zurückzukehren, da er befürchtete, als Überbringer der schlechten Nachricht beim Herrscher in Ungnade zu fallen. Stattdessen setzte er seine Reise auf eigene Faust fort. Er bestieg einen indischen Kahn, der die Malediven, von denen er bereits in Erzählungen gehört hatte, anlief.

Ausführlich berichtet er von den Früchten und Ernährungsgewohnheiten auf der Insel: »Die Hauptnahrung der Bewohner ist ein Fisch, rot und ohne den starken Fischgeruch. Vielmehr riecht er wie Schaffleisch. Hat man ihn gefangen, so wird er in vier Stücke geschnitten, ein wenig gekocht, in Körbe mit Palmblättern gelegt und über den Rauch gehängt. (...) Die meisten Bäume der Inseln sind Kokospalmen. (...) Aus der Frucht stellt man Milch, Öl und Honig her. Aus dem Honig fertigt man süße Backwaren, die man zu den getrockneten Kokosnüssen isst. Von dieser Nahrung, auch von den Fischen, erhalten die Bewohner eine merkwürdige und unvergleichliche Kraft bei der Ausübung des Beischlafs. Die Insulaner leisten darin Erstaunliches. Ich selbst hatte in diesem Land vier rechtmäßige Frauen, von den Konkubinen ganz abgesehen. Jeden Tag war ich für alle voller Manneskraft und brachte die ganze Nacht bei der zu, die gerade an der Reihe war. Auf diese Weise lebte ich dort eineinhalb Jahre.« Schließlich wurde Ibn Battuta zum Richter ernannt und erhielt die Erlaubnis, zu Pferd auszureiten – ein Recht, das sonst nur dem Großwesir der Inseln zustand. Dieser, zugleich der Ehemann der Königin, wurde

jedoch eifersüchtig auf den Rivalen, so dass der Fremde es vorzog, die Inseln zu verlassen.

Nach weiteren Reisen nach Sri Lanka, an die Koromandelküste, nach Bengalen und auf die Nikobaren, deren Bewohner angeblich Hundeschnauzen hatten, gelangte Ibn Battuta

73

Die schwer mit Handelsgütern beladenen Karawanen (Miniatur aus dem Magamat von al-Hariri, Bibliothèque Nationale, Paris) suchten regelmäßig Schutz in Karawansereien. Dort fanden die Reisenden und ihre Tiere gegen ein bescheidenes, vom Herrscher der jeweiligen Region festgesetztes Entgelt Unterkunft und Nahrung.

nach Sumatra. Der dortige Herrscher beschenkte ihn reich, so dass er endlich nach China aufbrechen konnte. Schließlich ging er in Zayton (Quanzhou), »dem größten Hafen der Welt«, an Land. 100 große Dschunken und unzählige kleinere lagen hier vor Anker, alle voll beladen. Er traf zahlreiche Muslime, die hierher gekommen waren, um Handel – vor allem mit Seide – zu treiben. Selbst die Armen und Not Leidenden, so Ibn Battuta, trügen Kleider aus Seide, die sehr billig sei, »denn die Würmer, die sie hervorbringen, halten sich an bestimmte Früchte, ernähren sich von ihnen und brauchen keine besondere Pflege«. Der Weltreisende bewunderte auch das chinesische Porzellan, das Papiergeld, die fetten Hühner und die Kohle – die Erde, die »im Feuer brennt«. Er hob die ungewöhnliche Kunstfertigkeit der Chinesen hervor und die Sicherheit im Land, denn »ganz allein kann man eine Wegstrecke von sieben Monaten zurücklegen und einen großen Geldbetrag mit sich führen, ohne um seine Habe fürchten zu müssen«.

Ibn Battuta stellte sich den örtlichen Behörden als Botschafter des Sultans von Delhi vor, und bald darauf traf eine Aufforderung des Großkhans ein, sich zu ihm nach Khanbalik zu begeben. In der Zwischenzeit besuchte er Kanton, wo es ein muslimisches Viertel und einen großen Porzellanmarkt gab. Dort erfuhr er, dass angeblich jenseits von Kanton keine Stadt mehr existiere: »Zwischen ihr und der Mauer von Gog und Magog liegt eine Entfernung von 60 Tagesreisen. Soweit mir berichtet wurde, hausen in dieser Gegend nomadische Heidenvölker, die Menschen fressen, wenn sie ihrer habhaft werden. Deshalb betritt niemand ihr Gebiet oder unternimmt eine Reise dorthin.« War hier von der Großen Chinesischen Mauer die Rede? Tatsächlich hatte aber niemand in Kanton die Mauer bisher gesehen.

Mit dem Schiff, einem »jener Fahrzeuge, die für die Reisen der Emire bestimmt sind«,

gelangte Ibn Battuta über zahlreiche Flüsse und Kanäle an den Hof des Großkhans, der ihn als Botschafter des Sultans mit allen Ehren empfing. Natürlich entsprach dieser Rang nicht ganz den Tatsachen, aber Ibn Battuta war der einzige Überlebende der Gesandtschaft, und der Sultan hatte seinen Auftrag nicht zurückgenommen. Über die bis heute nicht identifizierte Stadt Quangianfu kam der Reisende schließlich nach Hangzhou (Marco Polos Quinsai), das ihm unvorstellbar riesig schien. »Ihre Länge umfasst eine Entfernung von drei Tagesmärschen. (...) Die Stadt ist in sechs Einzelstädte aufgeteilt, von denen jede ihre eigene Mauer hat. Die erste Stadt wird von 12 000 Wachen und ihrem Anführer bewohnt. In der

zweiten Stadt, der schönsten von allen, leben Juden, Nestorianer und türkische Sonnenanbeter, in der dritten die Regierungsbeamten.« Die vierte Stadt diente als Wohnstätte für die Sklaven und Bediensteten, die fünfte war die Stadt der Reichen, und in der sechsten lebten Seeleute, Fischer, Kalfaterer und Zimmerleute.

Ibn Battuta verbrachte einige Zeit als Gast des Gouverneurs, dann setzte er seinen Weg in das nordchinesische Cathay fort. »Es ist das kultivierteste und am dichtesten besiedelte Land der Welt. Nirgendwo sieht man auch nur einen winzigen brach liegenden Fleck, da sonst sein Besitzer oder die Bewohner Grundsteuer zahlen müssten. Die Gärten, Dörfer und Saatfelder folgen einander in prächtiger Reihe auf

beiden Seiten des Flusses von der Stadt Chansa [Hangzhou] bis Khanbalik auf eine Entfernung von 64 Tagesreisen. Etwas Ähnliches habe ich auf der ganzen Welt nicht gesehen.«

In Khanbalik bewunderte Ibn Battuta den Palast des Großkhans, des »Sultans von China und Cathay«. »Die Ungläubigen«, so Battuta, »haben auf der ganzen Welt kein Reich, das größer wäre als seines.« Der Rückweg führte über Quanzhou, wo er sich nach Sumatra einschiffte. Nach Hause kehrte der Entdecker erst 1349 zurück, nachdem er zuvor Indien, Oman, Persien, Mesopotamien und Syrien besucht und eine weitere Pilgerreise nach Mekka unternommen hatte. Auch Ägypten, Tunesien und Sardinien lernte er zuvor noch kennen.

Und noch immer war seine Reiseleidenschaft nicht gestillt. Er fuhr über die Meerenge von Gibraltar, um die letzten Bastionen des maurischen Spanien zu erkunden, und wagte sich zwischen 1352 und 1353 an sein größtes Abenteuer, die Durchquerung der Sahara, die ihn an den Niger, nach Mali und Timbuktu führte. Nach seiner Heimkehr arbeitete er zwei Jahre an dem Bericht über seine rund 30 Jahre in der Fremde. Wie zuvor Marco Polo dem Zellengenossen Rustichello erzählte er sein Leben Ibn Guizayy, einem andalusischen Literaten, der am Hof des Sultans von Fez weilte. Seinen letzten Lebensabschnitt verbrachte Ibn Battuta als Kadi in einer nordafrikanischen Stadt. 1369 starb er im Alter von 65 Jahren.

DER GROSSEUNUCH DER DREI JUWELEN

Die mythischen Reichtümer von Cipangu hatten nicht nur Marco Polos

Aufmerksamkeit erregt. Im Jahre 1274 rüstete Khubilai Khan eine mächtige

Flotte von 900 Dschunken aus, um die Insel der Aufgehenden Sonne zu

erobern. An Bord der Schiffe befanden sich 10 000 Krieger – zu wenig, um

Japan zu besetzen. Sie nahmen direkten Kurs auf die Insel Kyushu. Die japa-

nischen Dschunken, die sich ihnen entgegenstellten, erhielten überraschend

Unterstützung von einem Taifun, der die Mongolen zerstreute und sie zum

Rückzug zwang. Der gleiche Vorfall wiederholte sich im Jahre 1281, als Khu-

bilai das Unternehmen noch einmal mit verstärkten Kräften in Angriff nahm:

3500 Kriegsdschunken und unzählige Transportschiffe mit insgesamt

100 000 Soldaten stachen in See. Sie gliederten sich in zwei Einheiten und

nahmen von Korea bzw. China aus Kurs auf Japan.

76 und 77
Im Jahre 1415 traf
in Peking ein bis dahin
unbekanntes Tier ein:
eine Giraffe, die die Flotte
des Großeunuchen Zheng
He in Somalia an Bord
genommen hatte. Als die
Afrikaner die zehn rie-
sigen Kriegsdschunken
(Bild oben) sahen, unter-
warfen sie sich den Neu-
ankömmlingen und boten
Tributzahlungen an.
Zheng He wollte aber
eigentlich keine neuen
Ländereien und Unterta-
nen für das Himmlische
Kaiserreich gewinnen,
er suchte exotische Tiere –
vor allem ein Einhorn,
das der Kaiser begehrte.

Vor der Küste von Kyushu trafen beide Flotten zusammen und griffen die mutigen Japaner an, denen abermals Hilfe vom Himmel zuteil wurde: Ein zweiter und noch schrecklicherer Taifun entfesselte seine Kräfte genau über den übermächtigen Invasoren und zerlegte sogar die stärksten Schiffe zu Kleinholz. 30 000 Männer gingen über Bord, ein Großteil von ihnen endete in japanischer Gefangenschaft. Die dankbaren Japaner nannten das meteorologische Wunder *kamikaze*, »göttlicher Wind«, und beschworen das Ereignis noch viele Jahrhunderte später in der Hoffnung, es werde bei anderen feindlichen Attacken erneut eintreten.

Khubilai versuchte noch weitere Gebiete jenseits des Meeres einzunehmen, jedoch überwiegend ohne Erfolg. Der Feldzug gegen das Reich der Champa im heutigen Südvietnam verlief zunächst siegreich, doch 1283 fielen große Teile der mongolischen Truppen im feuchtheißen Urwald dem Fieber zum Opfer, wenn sie nicht an Hunger starben oder von Guerillatruppen aufgerieben wurden. 1287 marschierte Khubilai ins Reich Annam ein und besetzte die Hauptstadt Hanoi. Doch die vietnamesische Flotte vernichtete die mongolischen Schiffe in einer großen Seeschlacht, und die Landstreitkräfte, denen es an Nachschub fehlte, mussten sich zurückziehen. Schließlich landete 1293 eine Armee mit 20 000 Kriegern auf Java und wurde von den Einheimischen zerschlagen. Im Jahr darauf starb Khubilai, und seine Nachfolger verzichteten auf alle weiteren Invasionsversuche jenseits des Festlands.

Aus der Zeit der Mongolenherrschaft stammen einige besonders interessante chinesische Reiseberichte. 1297 schrieb Zhou Daguan, ein nach Kambodscha entsandter Botschafter, über dieses Land den *Zhenla fengtuji (Aufzeichnungen über die Gebräuche Kambodschas)*. Der Text erinnert stilistisch stark an Marco Polos *Milione*, der im selben Jahr am anderen Ende der Welt erschien. Zhou wunderte sich über vieles und bestaunte vor allem den Königspalast von Angkor, in dessen Mittelpunkt sich der Goldene Turm mit den Schlafgemächern des Herrschers erhob: »Das Volk erzählt, dass in dem Turm der Geist einer neunköpfigen Schlange haust, die über das Land von Zhenla herrscht. Nachts verwandelt sich die Schlange in eine wunderschöne Frau, und der König vereint sich mit ihr. Danach begibt sich der Monarch zu einer seiner Favoritinnen. Wenn die Schlange einmal nicht erscheint, kündigt dies den baldigen Tod des Königs an, und wenn dieser sich einmal nicht mit der Schlange vereinen sollte, kommt großes Unglück über sein Land.«

Auch manche Bräuche der einfachen Leute schienen dem Chinesen recht absonderlich. Hierzu gehörte zum Beispiel die rituelle Entjungferung der Mädchen, welche die Bonzen vor deren zehntem Geburtstag vornahmen, oder die Gewohnheiten der Wöchnerinnen: »Wenn eine Frau ein Kind geboren hat, lässt sie Reis kochen, wickelt ihn mit Salz in eine Tuchrolle und legt sich diese auf das Geschlecht. Nach einem Tag und einer Nacht nimmt sie die Rolle herunter, und man sieht keinerlei Spuren mehr von der Geburt, im Gegenteil, bereits am nächsten Tag baden Mutter und Kind gemeinsam im Fluss.«

Die Kambodschaner wirkten auf den Reisenden wesentlich reinlicher als die Chinesen: »In Zhenla herrscht ein schreckliches Klima, weshalb die Einwohner mehrmals pro Tag baden müssen. Die reichsten Familien verfügen in ihrem Haus über eine große Wanne, die einfachen Leute gehen hingegen ans Flussufer und baden dort – Männer wie Frauen gemeinsam und ohne Scham, selbst wenn sie nicht derselben Familie angehören. Die Chinesen kommen oft zum Fluss, um dem Treiben zuzuschauen. Ich habe gehört, dass viele beim Bad die günstige Gelegenheit ausnutzen.«

Angesichts dieser Zustände verwundert die Bemerkung des Schreibers über die Frauen nicht weiter: »Sie sind sehr lüstern. Wenn ihr Mann nicht in der Lage ist, ihre Wollust zu befriedigen, können sie ihn verstoßen. Sie dürfen sich auch für eine Zeit einen anderen nehmen, wenn er länger abwesend sein muss, aber nur in diesem Fall. Sie rechtfertigen sich, indem sie sagen: ›Ich bin kein Geist, also besteht kein Anlass dafür, dass ich alleine schlafe.‹«

50 Jahre später, im Jahre 1349, schrieb ein ehemaliger Seemann namens Wang Dayuan

einen Report mit dem Titel *Daoyi zhilüe* (Bericht über die Barbareninseln) über seine Reisen durch das Labyrinth der indonesischen Inseln. Gleich zu Beginn bekräftigt der Verfasser seinen Anspruch auf Wahrhaftigkeit: »Als junger Mann schiffte ich mich auf den Dschunken ein, welche die Ozeane befuhren, und durchkreuzte viele Meere. Über alle Länder, die ich bereist habe, habe ich das Wichtigste über ihre Geografie, die Sitten und Gebräuche aufgeschrieben, denn ich hatte mein Vergnügen daran, seltsame und interessante Dinge zu erzählen. Alles, was in diesem Buch berichtet wird, beruht auf dem, was ich selbst gesehen und

gehört habe.« Der nüchterne, knappe Stil macht das Werk unter literarischen Gesichtspunkten nicht übermäßig attraktiv, doch stellt es eine außerordentlich wichtige Quelle dar, was die Handelsbeziehungen zwischen dem China der mongolischen Yuan-Dynastie und den südlichen Inseln betrifft. Von dort importierten die Mongolen ausgewählte Güter wie Sandelholz, Muskatnüsse, das so genannte Drachenblut (Saft einer Hülsenfrucht, der sich als Lackbasis eignete) sowie kleine Papageienvögel in großer Zahl, die man zu jener Zeit in fast jedem chinesischen Haus hielt. Um diese Güter zu ergattern, mussten sich die

Kaufleute bis in die wildesten und gefährlichsten Regionen jener unzähligen Inseln vorwagen, reißende Flüsse überqueren, sich den Weg durch Urwälder mit Riesenschlangen bahnen, vergifteten Pfeilen der »Barbaren« ausweichen und Tropenkrankheiten in Kauf nehmen.

Die einzige einigermaßen zivilisierte Gegend, die Wang Dayuan erwähnt, war Langkasuka – der Isthmus von Kra, auf der Malakkahalbinsel, der sich zu jener Zeit zu einem internationalen Handelszentrum für Schiffe aus China und jenen aus dem Indischen Ozean entwickelt hatte. Dank seiner geografischen Lage und dem intensiven Aloe-Anbau blühte

die Wirtschaft des Landes und »die Leute lebten in diesen Breiten zahlreich wie Ameisen«.

Diese viel befahrene Route steuerte im Jahr 1405 die erste der sieben großen chinesischen Schiffsexpeditionen an, die das 15. Jahrhundert zum goldenen Zeitalter der kaiserlichen Marine machten. 1368 war die mongolische Yuan-Dynastie gefallen, und die neue Ming-Dynastie bemühte sich, den Nationalstolz der Chinesen zu festigen: Nachdem sie die Eindringlinge endlich verjagt und ihre Würde zurückerlangt hatten, galt es nun, sich als beherrschende Macht des Fernen Ostens zu behaupten. Dem Bestreben, das Ansehen des Kaiserhauses unter allen Völkern im nahen und weiteren Umkreis zu verbreiten, entsprang der Plan, jene großen Expeditionen auszurüsten. Die offizielle Begründung, die sich in den historischen Quellen der Ming-Dynastie findet, lautete allerdings ganz anders. Ihr zufolge hatte Yongle die Reisen angeordnet, um den Ex-Kaiser Jianwen zu suchen, der nach seiner Entmachtung flüchtig war.

1405 übernahm der Eunuch Zheng He, ein 1371 in der südlichen Provinz Yunnan als Kind muslimischer Eltern geborener Chinese, das Kommando über die Marine und erhielt den Titel »Sanbao taijian«, »Großeunuch der drei Juwelen«. Eine Flotte wie die seine hatte es zuletzt unter Khubilai Khan gegeben: Sie umfasste 60 größere und kleinere Dschunken und 27 000 Mann Besatzung. Die riesigen Schatzschiffe waren 150 Meter lang und 60 Meter breit, sie besaßen bis zu neun Masten; die kleineren maßen 50 mal 20 Meter und hatten fünf Masten. Sie trugen klangvolle Namen wie *Glückliche Reise*, *Reiner Frieden* oder *Ewige Harmonie*.

Dem Kommando Zheng Hes unterstanden rund 100 Offiziere, zwei Zeremonienmeister, fünf Astrologen, vier Wetterkundler, etwa 100 Ärzte und zahlreiche Dolmetscher für alle Sprachen Ostasiens, vom Arabischen bis hin zum Birmanischen. Außerdem gab es noch sieben kaiserliche Eunuchen, die als Botschafter fungierten, unterstützt von etwa 70 weiteren Eunuchen, die als Kanzler oder Kämme-

rer arbeiteten. Ein offizieller Chronist, ein Muslim namens Ma Huan, der zugleich Dolmetscher für Arabisch war, begleitete die erste Expedition und verfasste einen Reisebericht mit dem schönen Titel *Yingya shenglan* (*Der triumphale Anblick des unendlichen Ozeans*).

Im Sommer 1405 wurden die Schiffe auf den Werften von Longjiang bei Shanghai vom Stapel gelassen und warteten dann bis Jahresende, um mit den Wintermonsunwinden nach Süden zu segeln. Zehn Tage später traf die gesamte Flotte im Hafen Xinzhou im Reich der Champa im heutigen Qui Nhon ein. Dann fuhr sie an der Küste der Malakkahalbinsel entlang und stieß durch die Malakkastraße in den Indischen Ozean und zu den Nikobaren vor, deren »wilde und nackte« Bewohner die Fantasie aller Reisenden anzuregen schienen. Ibn Battuta hatte ihnen Hundeschnauzen verliehen, Ma Huan erzählt, dass sie keine Kleider tragen konnten, weil ihre Körper mit Geschwüren und Wunden bedeckt gewesen seien. Angeblich hatten ihre Vorfahren die Kleider des Buddha gestohlen, als die-

ser auf der Rückreise von Sri Lanka im Meer badete, und er hatte sie zur Strafe verflucht.

Jenseits der Insel Ceylon (Sri Lanka) teilte sich die Flotte in zwei Einheiten. Die erste steuerte die Malabarküste an, die zweite durchquerte den Ozean und nahm Kurs auf Aden, machte später in Hormus Halt und kehrte dann nach Indien zurück. Hier vereinigten sich beide Einheiten wieder, fuhren gemeinsam über den Golf von Bengalen, liefen die Andamanen an, besuchten die Insel Sumatra und erreichten nach einer Auseinandersetzung mit Piraten am 2. Oktober 1407 endlich wieder die südchinesischen Häfen.

Zwei Jahre hatte diese große Expedition gedauert, auf sie folgte eine weitere, kürzere Unternehmung ähnlicher Art: Anfang 1409 stachen abermals Schiffe mit Kurs auf die Malakkahalbinsel, Sumatra und Südindien in See. Auf Ceylon bekamen die Seeleute Ärger mit dem hochmütigen und arroganten Herrscher, der Gold und Silber als Geschenke von ihnen einforderte und Zheng Hes Schiffe angriff, als der die Gaben verweigerte. Sein unüberlegtes Handeln sollte sich allerdings rächen, denn der Admiral landete mit 2000 ausgewählten Kriegern, eroberte den Palast, nahm den König gefangen und führte ihn im Herbst 1411 in Ketten vor Kaiser Yongle. Der Chronist dieser und fast aller nachfolgenden Reisen, der Beamte Fei Xin, betitelte sein Werk in deutlicher Anlehnung an Ma Huans Text *Der triumphale Anblick des Sternenfloßes*. Besonders begeistert erzählt er von der Insel Java, die er während der dritten Expedition (1412–1415) besuchte.

Die vierte Expedition, die 1416 unter der Leitung des Großeunuchen in See stach, führte bis an die Küsten Afrikas. Die Chinesen unterhielten bereits Handelsbeziehungen mit den Hafenstädten Mogadischu, Barawa und Malindi, die 1415 »Tribute« an den Sohn des Himmels schickten, darunter eine Giraffe, die großes Aufsehen erregte. Es scheint, als habe gerade dieses Tier das Interesse an Afrika geweckt und die Chinesen zu

80 und 81

Die neuen Herrscher der Ming-Dynastie nahmen die Fahrten in ferne Gegenden wieder auf, jedoch nicht, um Ländereien zu erobern, sondern um allen deutlich zu machen, dass nunmehr wieder Chinesen über China herrschten. Kaiser Yongle (1403–1424, links ein anonymes Bild aus dem 15. Jahrhundert, Palast-

museum von Taipeh) beauftragte den Großeunuchen Zheng He, der vermutlich ähnlich aussah wie die Würdenträger auf dieser Seidenmalerei aus dem 15. Jahrhundert (oben, Topkapi-Museum, Istanbul) mit sechs Expeditionen, die ihn unter anderem zum Persischen Golf und an die ostafrikanische Küste führten.

82/83

Zheng He starb während der siebenten Expedition, die Yongles Nachfolger, Hongxi, angeordnet hatte. Der Groß-eunuch, ein gläubiger Muslim, nutzte die Fahrt für eine Pilgerreise nach Mekka; der Tod überraschte ihn auf dem Heimweg nach China. Hongxi (rechts ein von Elefanten gezogener kaiserlicher Prunkwagen) verzichtete darauf, die chinesische Seemacht weiter auszubauen. An ihre Stelle traten wenig später die expansionsbestrebten Europäer.

der Reise veranlasst. Angeblich sollte Zheng He auf dem unbekannten Kontinent ein Einhorn, das mythische Symbol für Reichtum und ewige Jugend, suchen. Die Dschunken landeten in Mogadischu, das von streitbaren Leuten bewohnt war und wo man »nichts als Sand« sah; dann in Barawa, wo eine »unerträgliche Hitze« herrschte, wo es zum Ausgleich aber »sehr schöne Frauen gab, die Ohrringe und Ketten trugen und ihr langes schwarzes Haar zu einem hohen Turm aufsteckten«. Im August 1419 kehrte die Flotte ohne Einhörner, dafür aber mit einigen afrikanischen Botschaftern an Bord nach China zurück. Bereits 1421 ließ Zheng He erneut die Anker lichten, um die Gesandten wieder nach Somalia zu bringen.

Die sechste Expedition des Admirals 1424 gestalte sich eher kurz: Er besuchte Palembang, das wichtigste Handelszentrum Sumatras, um dort einen neuen Gouverneur einzusetzen. Die siebente Reise wurde Zheng Hes letzte große Fahrt. Kaiser Yongle war 1424 verstorben, und sein Nachfolger Hongxi ordnete die Reise an. Der mittlerweile 60-jährige Zheng He brach

Anfang 1431 auf und betrat innerhalb von zwei Jahren 20 Länder, darunter auch Arabien. Dort ergriff der gläubige Muslim die Gelegenheit, endlich eine Pilgerfahrt nach Mekka zu unternehmen. Auf dem Rückweg verstarb er – mitten auf dem Ozean, den er so oft durchquert hatte. Die große kaiserliche Flotte kehrte 1433 in ihre Heimathäfen zurück und fuhr nie mehr aus. Der Kaiserhof begann sich aus bis heute nicht vollständig geklärten Gründen gegen alle Einflüsse von außen abzugrenzen. Mit der Verlegung der Hauptstadt vom südlichen, am Jangtse gelegenen Nanking nach Peking, ins nördliche Binnenland, begann die lange Phase der chinesischen Isolation. Als der Eunuch Wang Zhi, der in der Gunst des Kaisers stand, ein halbes Jahrhundert später an die Expeditionen seiner Vorgänger anknüpfen wollte und die Archive aufsuchte, um die Berichte von den Fahrten Zheng Hes zu studieren, konnte er diese nicht finden: Beamte, die seinem Ansinnen ablehnend gegenüberstanden, hatten vorsorglich alle Quellen vernichtet, um jeglichen Reisewunsch im Keim zu ersticken.

DIE WEISSEN TEUFEL

84 und 85
Ab 1520 fuhren portu-
giesische Schiffe verstärkt
südchinesische Häfen an.
1557 erhielten sie die
Erlaubnis, die Insel Ma-
cau südlich von Kanton
als Handelsbasis zu nut-
zen. Macau entwickelte
sich schnell zum wichtig-
sten Zwischenstopp der
Handelsflotte, die von
Goa in Indien aus den
japanischen Hafen vor
Nagasaki anfuhr, wo die
Portugiesen eine Nieder-
lassung gegründet hatten.
Links ein Bild eines
japanischen Künstlers,
das portugiesische Män-
ner zeigt, die unter der
Aufsicht eines königlichen
Beamten Waren entladen.

Zu Beginn des 16. Jahrhunderts verbreiteten sich in den südchinesischen

Häfen Gerüchte über das Auftauchen einer neuen Sorte von Barbaren, die aus

bislang unbekannten, weit entlegenen Ländern jenseits unzähliger Meere in

Richtung der untergehenden Sonne stammen sollten und den bis dahin fried-

lichen Handel störten. Sie waren angeblich über die Maßen behaart und

außerordentlich übel riechend, daneben großspurig und blutrünstig, griffen

bei der geringsten Kleinigkeit zum Schwert, aßen mit den Fingern anstatt mit

Stäbchen. Sie hatten keine Ahnung von gehobenen Umgangsformen und ver-

brachten ihr Leben auf See, waren ohne feste Heimat und trieben Tauschhan-

del. Man nannte sie *folangji*, in der chinesischen Abwandlung des arabischen

Wortes *feringhi* – was wiederum eine Verballhornung von »Franken« war, der

Bezeichnung für alle Europäer während der Zeit der Kreuzzüge.

86

Die Portugiesen, hier auf einer indischen Miniatur aus dem 16. Jahrhundert, benahmen sich eher wie Piraten denn wie Kaufleute und machten sich bei der Bevölkerung und den chinesischen Behörden schnell unbeliebt. Unter anderem erwarben sie Kinder und richteten sie zu Sklaven ab, weshalb das Gerücht aufkam, die »Weißen Teufel« seien Menschenfresser.

In Wahrheit handelte es sich um Portugiesen: Der erste betrat im Jahre 1514 chinesischen Boden, als er auf der Insel Lintin an der Flussmündung vor der Metropole Kanton an Land ging. Nach und nach folgten ihm weitere Abenteurer an Bord chinesischer Dschunken. Diese ungebetenen und anrüchigen Gäste machten sich auf Lintin breit, als seien sie hier zu Hause. Sie errichteten eine Festung, stellten Kanonen auf und trieben eine Form von Handel, die man wohl eher als Piraterie bezeichnen sollte: Sie raubten chinesische Kinder oder pressten sie ihren Eltern ab und verkauften sie anschließend wieder. Diese traurige Wahrheit, die mehrere Quellen bestätigen, ließ die Portugiesen in der Vorstellung der Chinesen als wahre Monster erscheinen. Selbst in den offiziellen Annalen der Ming-Dynastie heißt es, die Portugiesen hätten Kinder gekocht und gegessen, während andere chinesische Schriften aus dem 16. Jahrhundert sich in noch weit grausameren Details ergingen.

In China hatten die Portugiesen also einen denkbar schlechten Leumund, und so verwundert es nicht weiter, dass die Gesandtschaft, die der portugiesische Monarch 1517 zum »König von China« schickte, unter schlechten Vorzeichen stand. Überdies erlaubten sich die acht portugiesischen Schiffe einen unverzeihlichen Fauxpas, als sie bei der Einfahrt in den Hafen von Kanton mit sämtlichen Kanonen Salutschüsse abgaben. Die chinesischen Beamten betrachteten dies als klaren Verstoß gegen die geltende Etikette und gaben sich erst zufrieden, als die Fremden sich offiziell entschuldigten. Immerhin durfte der Botschafter, Thomé Pires, an Land gehen und nach Peking weiterreisen. In der Hauptstadt überbrachte er dem Kaiser seine Gaben, die dort als bescheidener Tribut eines Volkes gewertet wurden, das offensichtlich die Absicht hegte, sich dem Sohn des Himmels zu unterwerfen.

Leider trieben die Besatzungen der Schiffe, die im Hafen von Kanton verblieben waren, dort genauso ihr Unwesen wie in den übrigen Zwischenhäfen des Orients, wo sie die Weißen bereits ein für alle Mal in Verruf gebracht hatten. Schließlich sollte eine chinesische Strafexpedition dem üblen Treiben ein Ende machen, doch dank eines plötzlich einsetzenden Sturmes konnten die Portugiesen in letzter Sekunde entkommen – alle, bis auf den armen Pires, der in Ketten nach Kanton zurückgeführt wurde und dort die Tage bis zu seinem Tod in einem finsteren Kerker verbrachte.

Trotz dieses wenig erfolgreichen Unternehmens gründeten die Portugiesen nach und nach weitere Kontore an drei Küstenorten und erhielten 1557 die Erlaubnis der örtlichen Behörden, die Halbinsel Macau südlich von

Kanton als Handelsbasis zu nutzen. 1571 wurde eine weitere Niederlassung im japanischen Hafen Nagasaki eröffnet, womit für die Portugiesen eine neue Epoche des fernöstlichen Seehandels begann: Alljährlich segelte ein vom König persönlich berufener »Generalkapitän der Reisen nach China und Japan« von Goa, der Hauptstadt des portugiesischen Handelsimperiums in Indien, mit Waren aller Art nach Macau, wo er sie gegen Seidenstoffe und Gold eintauschte. Die Schiffe überwinterten in dem chinesischen Hafen, und im darauf folgenden Sommer ging die Fahrt weiter nach

Nagasaki, wo man die Fracht für mehr als das Doppelte des investierten Preises verkaufte. Dann kehrte die Flotte, mit Silberbarren beladen, nach Macau zurück, erwarb erneut Seide und brachte diese über Goa nach Europa.

Den Portugiesen in Macau war zugestanden worden, jedes Jahr vier bis fünf Vertreter zu einem großen Markt nach Kanton zu entsenden und dort Waren für sämtliche Niederlassungen zu kaufen. Allerdings durften sie nur auf chinesischen Schiffen reisen und nicht an Land übernachten. Sofort nach Abschluss der Geschäfte mussten sie an Bord zurückkehren.

86/87
Die Chinesen versuchten, den Bewegungsspielraum der Portugiesen stark einzuschränken. Sie untersagten ihnen, ins Landesinnere vorzustoßen, und erlaubten nur jeweils fünf Kaufleuten, an der Jahresmesse in Kanton teilzunehmen (hier ein Bild der Messe auf einem Lackkästchen). Die Händler mussten auf chinesischen Schiffen reisen und durften die Nacht nicht an Land verbringen.

88

*Ende des 16. Jahrhunderts gehörte Macau zu den
bedeutendsten asiatischen Stützpunkten. Hier wurde mit
allen einschlägigen Produkten der östlichen Hemisphäre
gehandelt, von Porzellan über Seide und Moschus bis
hin zu exotischen Gewürzen.*

89

*Im Jahre 1517 wurde der erste portugiesische Gesandte,
der den Kaiserpalast in Peking aufsuchte, wegen der
Gewalttaten, die seine Landsleute in Kanton begingen, in
den Kerker geworfen, wo er starb (hier ein zeitgenössisches Gemälde des Palasts, Britisches Museum, London).*

Ein gewisser Francesco Carletti, ein Florentiner Kaufmann, der 1598 von Japan über
Macau reiste, vertraute den Portugiesen sein
Geld an und bat sie, für ihn Seide, Gold und
Moschus zu erwerben – Waren, die er nach
Italien verschiffen wollte, wobei Moschus, eine
duftende Substanz aus der Bauchdrüse des
Moschustieres, in der Medizin und als Grund-
stoff für Parfüm verwendet wurde. Carletti
verfasste später einen Bericht über seine Welt-
reise und beschrieb darin anschaulich die große
Messe in Kanton, auf der alle berühmten Produkte der östlichen Hemisphäre zum Verkauf
angeboten wurden: »Man ersteht auch andere
Warenarten, wie zum Beispiel Zucker zu zwei
tael das *picco*. Das bedeutet: zwei Scudos für
100 Pfund von je 20 Unzen. Auch Kupfer,
Blei, Messing und Eisen, alles kann man zu
sehr niedrigen Preisen erwerben, ebenso Queck-
silber, das man dort mit Hilfe der Alchemie
in gutes Silber zu verwandeln versteht. Der
Alchemie sind die Leute sehr zugänglich. Sie
verwenden viel Zeit auf das Suchen nach Sub-
stanzen, die man einnehmen kann, um durch
sie unsterblich werden. Deshalb glauben viele
auch an jede Form von Scharlatanerie. (...)
Wenn ich jetzt noch einmal auf die Messe zu
sprechen komme, so möchte ich sagen, dass
man dort unendliche Mengen von weißen und
bunten Baumwollstoffen bekommt, ... daneben Seide, Taft, Satin, Damast verschiedener
Sorten und Goldgewebe. Die Preise für alle
diese Dinge sind so niedrig, dass ich fürchte,

man würde mir nicht glauben, wenn ich sie
nenne. (...) Die Menge und die Qualität des
Porzellans, das man dort zu den niedrigsten
Preisen kaufen kann, ist wirklich erstaunlich.
(...) Es gibt so viele Variationen, dass man sie
kaum einzeln aufzuzählen im Stande ist. Man
könnte mit ihnen nicht nur ein Schiff, sondern
ganze Flotten beladen. Dasjenige Porzellan
aber, das man dort als die ›Blüte des Landes‹
bezeichnet, darf niemals aus dem Königreich
hinausgehen. Es ist nur für die Zwecke des
Königs und derer, die das Land regieren, da.«

Doch wenn Carletti sich auch für die Fülle
und Vielfalt der chinesischen Produkte begeisterte, von den Chinesen selbst hatte er eine
weit weniger hohe Meinung: »Alles wird nach
Gewicht gekauft und verkauft, sogar lebende
Hühner. Diese füttern sie, damit sie ein gutes,
wenn auch falsches Gewicht haben, mit feuch-
tem Sand, der mit Kleie oder anderem vermischt ist. Im Magen von Fischen findet man
häufig auch Steine, die zum gleichen Zweck
dorthin befördert wurden. Die Leute suchen
aber auch alles zu verfälschen. Sie betrügen
jeden, wann und so viel es nur irgend möglich
ist. Darin haben sie noch mehr Übung als die
Zigeuner, und sie sind sogar sehr stolz darauf,
denn es gilt unter ihnen als ein Zeichen für
Geschicklichkeit, so dass derjenige, der sich
besonders gut darauf versteht, sich dessen
nicht zu schämen braucht. Diebe werden nur
im Wiederholungsfall bestraft. Wer sich auf
das Diebeshandwerk versteht, den hält man

für einen klugen und geschickten Menschen.
Wenn jemand beim Betrug ertappt wird, wird
er niemals mit dem Tode bestraft, sondern
man gibt ihm nur ein Zeichen mit Farbe auf
den einen Arm. Beim dritten Male bekommt
er das Zeichen auf das Gesicht, und erst beim
vierten Male wird der Schuldige ausgepeitscht
und zu Kerkerhaft verurteilt. (...)

Sie glauben über alles Wissen und alles
Gute im Überfluss zu verfügen, so dass sie
wirklich nichts benötigen. Deshalb haben sie
es gesetzlich verboten – und zwar bei Todesstrafe –, dass jemand das Land verlässt oder
in das Land einreist. Ausgenommen sind diejenigen, die als Gesandte eines benachbarten
tributpflichtigen Königs gelten. So geben viele
Kaufleute, die auf dem Landwege von Westen
oder von Indien her eintreffen, vor, irgendeinen Tribut oder ein sonstiges Geschenk zu
bringen. Andere kommen unter dem Vorwand,
Philosophen zu sein und bei ihnen etwas lernen
zu wollen. Wenn sie auch mit den Portugiesen
und den Kastiliern von den Philippineninseln
Handel treiben, und wenn sie diesen sogar erlaubt haben, sich in Macau niederzulassen und
dort Häuser und Kirchen zu bauen, und wenn
sie ihnen die Waren bis in die Stadt Manila
bringen, so hat sie doch nur ihre Gier nach
Silber, das sie an sich und im Preise höher
schätzen als Gold, veranlasst, sowohl der einen
als auch der anderen Nation gegenüber so zu
handeln. Von den beiden Nationen übernehmen sie in jedem Jahr Silber für mehr als eine

und eine halbe Million Scudos. Sie verkaufen die eigene Ware, kaufen ihrerseits aber nie etwas, so dass das Silber, das in ihre Hände gelangt, nie wieder hinausgeht. Wenn es wirklich einmal vorkommt, dass sie etwas erwerben, so geben sie dafür Gold oder andere Waren, von denen sie so viel haben, dass sie die ganze Welt damit beliefern könnten.

Zu meiner Zeit nahmen sie nur Glasgegenstände ab, besonders in Form von Vasen und Tellern, weiß gestreift und auch andere Sorten, soweit sie nicht vergoldet waren, denn so etwas gefiel ihnen gar nicht. Auch optische Linsen aller Art, besonders gefärbte, mögen sie gern. Vor allem aber schätzten sie die dreieckigen Gläser, durch die man hindurchblickt und die herrlichsten Farben sieht sowie die Reflexionen der verschiedensten Dinge zu erkennen glaubt; diese Prismen wurden bis zu 500 Dukaten das Stück verkauft. Als man sie zum ersten Mal zu Gesicht bekam, fanden sie eine derart begeisterte Aufnahme, dass die Leute sagten, dies sei der Stoff, aus dem der Himmel geschaffen sei. Sie decken sich auch noch mit anderen Dingen aus Europa und Indien ein, besonders Pfeffer, den sie, wie man mir sagte, nicht essen, sondern als Medizin verwenden. Außerdem brauchen sie den Pfeffer zur Herstellung einer Mixtur zum Tünchen ihrer Hauswände. Dadurch werden die Räume warm und man verhindert das Entstehen von Schmutz.«

Die bei Carletti erwähnten Kastilier waren erstmals 1565 im Südchinesischen Meer aufgetaucht und hatten eine Inselgruppe besetzt, die sie zu Ehren ihres Herrschers Philippinen nannten. 1571 gründeten sie die Hauptstadt Manila. Die Chinesen empfanden die Neuankömmlinge als ebenso unsympathisch wie die verhassten Portugiesen: »Sie wirken finster, haben zerzaustes Haar und Hakennasen und verströmen einen abstoßenden Geruch. Sie haben keinerlei Glauben, brechen ihr Wort, verraten andere, betrinken sich, raufen und morden«, schreibt Zhang Xie, Verfasser eines 1618 erschienenen Schifferhandbuchs. Sein Urteil wäre vermutlich noch negativer ausgefallen, hätte er gewusst, dass die spanischen

Konquistadoren, die wenige Jahrzehnte zuvor die blühenden Reiche der Inka und Azteken vernichtet hatten, 1586 auch die Eroberung Chinas ins Auge fassten. Angestachelt von missionswütigen Augustiner- und Franziskanermönchen, entwarfen die spanischen Behörden in Manila den Plan, riesige Landstriche ihrem Reich, »in dem die Sonne niemals unterging«, einzuverleiben. Ihr Vorhaben scheiterte aber an König Philipp II., der zu jener Zeit genug mit Konflikten in Europa zu schaffen hatte.

Stattdessen versuchten die Chinesen 1603 ihrerseits, die Philippinen zu erobern: Eine Flotte von Dschunken fuhr mit geblähten Segeln in die Bucht von Manila ein. Der befehlshabende Mandarin erklärte dem spanischen Gouverneur Pedro d'Acunha mit ausladenden Gesten, man sei aus Liebe zur Wissenschaft gekommen — kursierte doch in den chinesischen Häfen das Gerücht, dass die Halbinsel Cavite unweit der Hauptstadt auf einer Tafel reinen Goldes ruhte. Deshalb habe der Sohn des Himmels Männer entsandt, die das geologische Phänomen untersuchen sollten. Höflich, aber bestimmt, ließ der Spanier sein Gegenüber wissen, dass es sich bei dieser Behauptung um eine Metapher handeln musste: Offenkundig spiele die Mär von den unermesslichen Ressourcen auf die fleißigen Arbeiter an, die hier Plantagen bewirtschafteten, oder aber auf einige der in diesen Breiten gesunkenen Schiffe mit Goldmünzen an Bord. Die Abgesandten des Kaisers verneigten sich und baten darum, ein paar Tage verweilen zu dürfen, bevor sie aufbrächen, um ihrem Herrn die ernüchternde Botschaft zu überbringen.

In Wirklichkeit ging es den Chinesen indes weder um Gold noch um die Wissenschaft. Vielmehr hatte die Expedition den Auftrag, eine Rebellion unter den chinesischen Immigranten anzuzetteln, die zu Tausenden in Manila und Umgebung lebten und Kleinhandel betrieben. Mit ihrer Unterstützung wollte man sämtliche Spanier auf Luzón, der größten Insel des Archipels, ermorden. Die Philippinische Vesper fand allerdings nicht statt, weil eine Eingeborene, die mit einem Chinesen ver-

heiratet war, das Komplott verriet. So fanden nicht die Spanier, sondern die Chinesen, die den Fehler begangen hatten, sich gegen die Einheimischen zu stellen, den Tod. Gemeinsam mit sämtlichen auf der Insel ansässigen Spaniern, die ein Schwert tragen konnten — Frauen, Priester und Mönche inbegriffen —, verjagten die Filipinos die Eindringlinge.

Von den Anfängen der europäischen Kolonialherrschaft in Ostasien erzählt ein außergewöhnliches Buch, die *Peregrinaçam* (*Merkwürdige Reisen im fernsten Asien*) von Fernão Mendez Pinto, das einen guten Eindruck von den schier unglaublichen Abenteuern vermittelt, die die portugiesischen Seefahrer fern ihrer Heimat erlebten. Mendez Pinto, Spross einer Adelsfamilie, stammte aus der Stadt Montemor Velho. Im Alter von zwölf Jahren nahm ihn ein Onkel mit nach Lissabon, wo er in die Dienste einer reichen und vornehmen Dame trat. Doch das Schicksal sollte ihn bald auf die Probe stellen, denn es »geschah etwas, was mich — so schien es wenigstens — in Lebensgefahr brachte« (vermutlich machte sich der junge Mann irgendeines schweren Vergehens schuldig). Er flüchtete sich auf einen kleinen Frachter, der zufällig zur Abfahrt bereit im Hafen lag. Kaum war der Kahn in See gestochen, wurde er auch schon von französischen Seeräubern geentert. Nach einiger Zeit setzte man die Mannschaft am Ufer aus, »ganz nackt und nur mit den Striemen bedeckt, die man uns am Vortag zugefügt hatte«.

Nach weiteren Abenteuern beschloss der junge Mann, nach Ostindien zu reisen. Dort standen die Portugiesen am Zenit ihrer Macht und geboten über ein mächtiges Handelsimperium mit Niederlassungen an den Küsten Afrikas und Arabiens, im Indischen Ozean und auf der Malakkahalbinsel. 1527 verließ Mendez Pinto Europa und schloss sich in der indischen Festung Diu einer Expedition an, die das Rote Meer erkunden sollte. Unter anderem hatte die Flotte den Auftrag, einen Brief an den Kaiser der Abessinier zu überbringen, den man nun, da man die asiatische und afrikanische Geografie besser kannte, endgültig

Die portugiesischen Abenteurer durchstreiften mit ihren Schiffen das Labyrinth der kleinen Inselchen vor der Küste, wo sie mannigfaltige Möglichkeiten fanden, sich zu bereichern, jedoch auch oft ins Verderben gerieten. Fernão Mendez Pinto beschrieb seine Erlebnisse in einem Schelmenroman. Das Bild zeigt einen Ausschnitt aus einem bemalten chinesischen Paravent des 17. Jahrhunderts.

mit dem Priesterkönig Johannes gleichsetzte. Mendez Pinto wurde mit drei Soldaten ausgewählt, das Schreiben auszuhändigen. Auf diese Weise gelangte er zur Kaiserinmutter, die sie wohlwollend empfing und »nach dem Namen des Papstes, wie viele Könige es in der Christenheit gebe und ob jemand von uns ins Heilige Land reisen wolle« fragte. Als der Auftrag erledigt war, stachen die Schiffe wieder in See, wurden jedoch von türkischen Einheiten aufgebracht. Von der 54-köpfigen Besatzung blieben nur elf Mann am Leben; diese wurden in die jemenitische Stadt Mokka gebracht. Jeden Tag führte man die Gefangenen »gebunden und übel zugerichtet im Triumph durch die Stadt« und wollte sie schließlich als Sklaven verkaufen. Mendez Pinto geriet in die Hände eines abtrünnigen Griechen, der ihn so schlecht behandelte, dass er sich mehrfach das Leben nehmen wollte. Nach drei Monaten verkaufte ihn sein Peiniger indes an einen Juden namens Abraham Mussa, der ihn nach Hormus brachte und ihn dem portugiesischen Hauptmann der dortigen Festung überließ. Auf diese Weise erhielt der junge Mann überraschend die Freiheit zurück.

Nun endlich gelangte Mendez Pinto nach Goa, wo er in die Dienste von Pedro de Faria, dem Kommandanten von Malakka, trat. Bei seinem Amtsantritt hatten Gesandte benachbarter Fürsten Faria ihre Aufwartung gemacht. Unter ihnen war auch der Botschafter des Königs der Batak, eines Kriegervolks von der Insel Sumatra, der dem Kommandanten Aloeholz und einen auf Palmrinde geschriebenen Brief überbrachte. Darin bat der Herrscher die Portugiesen um Unterstützung gegen seine Feinde in Aceh. Mendez Pinto bekam den Auftrag, als Abgesandter den König der Batak zu besuchen, mit diesem gegen Aceh zu ziehen und außerdem nachzuforschen, ob sich in dieser Gegend die legendäre Goldene Insel befände. Auf Sumatra angekommen, fuhr der neu ernannte Botschafter einen Fluss hinauf, an dessen Ufer er die seltsamsten Kreaturen erblickte, darunter Schlangen mit Köpfen, »so groß wie der eines Kalbes. Man sagte uns, dass sie auf die folgende Weise auf Beutefang gehen: Sie erklimmen Bäume, und nachdem sie ihren Schwanz um die Äste gewunden haben,

lassen sie ihren Leib herunterhängen und hören mit dem Ohr an der Erde, ob sich bei stiller Nacht etwas regt. Und wenn ein Ochse, ein wildes Schwein oder ein anderes Tier unter dem Baum vorbeikommt, so packen sie es mit ihrem Maul und ziehen alles, was sie ergreifen können, zu sich hinauf auf den Baum.«

Mendez Pinto versprach dem Herrscher der Batak alles, was dieser zu erhoffen wagte, und »der arme König glaubte all meine Worte. (...)

Er stand daraufhin von seinem Thron auf und kniete vor einem Kuhkopf mit vergoldeten Hörnern nieder, der an der Mauer befestigt und mit Blumen geschmückt war.«

Doch alle Versprechungen vermochten den König von Aceh, einen erklärten Feind der Portugiesen, nicht aufzuhalten. Dieser bezeichnete sich selbst als »Blutsäufer« und hatte geschworen, die Portugiesen aus Indien zu vertreiben. Mendez Pinto beschloss daraufhin

92/93
Einige einheimische Künstler machten die Präsenz der Portugiesen in China und Japan zum Gegenstand ihrer Werke. Erhalten blieben vor allem lackierte Paravents mit Genrebildern. Diese Darstellung, die im 17. Jahrhundert in China entstand, zeigt eine Gruppe von Portugiesen bei einem Jagdausflug.

abzureisen, zumal man ihm erzählt hatte, die Goldene Insel befände sich jenseits des Flusses Callendor, inmitten von Sandbänken und gefährlichen Strömungen, 160 Meilen von Sumatra entfernt. Die Suche nach der Goldenen Insel hatte wieder mehr Gewicht erhalten, nachdem die Spanier in Amerika Tenochtitlán und Cuzco entdeckt und geplündert hatten.

Das Schiff, mit dem Mendez Pinto nach Malakka zurückkehren wollte, kenterte in einem Sturm, und nur fünf Überlebende retteten sich auf eine Klippe. Einer starb wenig später, zwei weitere wurden von Krokodilen verschlungen. Schließlich tauchten Eingeborene mit einem Boot auf und retteten die Schiffbrüchigen – doch nur, weil sie glaubten, diese hätten irgendwo Geld versteckt. Überzeugt, die Gefangenen hätten ihre Schätze verschluckt, gaben sie Pintos verbliebenem Gefährten einen Trank aus Kalk und Harn, an dem er starb. Da Pinto

in seinem Zustand zum Arbeiten nicht zu gebrauchen war, jagten sie ihn schließlich davon. Endlich nahm sich ein Kaufmann seiner an, nachdem Pinto ihm reiche Belohnung durch Freunde in Malakka zugesichert hatte.

Nach seiner Genesung wollte sich Mendez Pinto als Kaufmann betätigen, wurde – wieder einmal – von Piraten ausgeraubt und trat daraufhin mit 50 weiteren Opfern in die Dienste eines gewissen Antonio de Faria, der die Räuber aufspüren wollte. Dieser befuhr mit seiner Crew die Küstenstreifen vor Siam, Kambodscha, Annam und Südchina, überfiel unbefestigte Dörfer, bekämpfte eingeborene Piraten und enterte friedliche Dschunken. Nach vielerlei Zwischenfällen kam den selbst ernannten Rächern ein Zug kleiner Boote entgegen: »Mit diesen wollte eine Braut nach einem Dorfe namens Pandurea ziehen. Die Leute in dem Boot machten fröhliche Musik mit Trompeten und Schalmeien.« Die Braut verwechselte die portugiesischen Schiffe mit denen ihres zukünftigen Gatten und wurde mit ihrem gesamten Gefolge gefangen genommen, ohne dass ein Schuss fiel. Wenig später kam ihnen »der Bräutigam mit fünf Schiffen entgegen, um die Braut heimzuholen. Im Vorbeisegeln grüßte er uns mit viel Gesang und Musik, von seinem Unglück nichts wissend.«

So folgten Glück und Unglück wie in einem klassischen Schelmenroman aufeinander. Eines Tages landete Farias Bande auf einer siamesischen Insel, um auf guten Wind zu warten. Da zerschlug ein Sturm alle Schiffe und zog rund 500 Männer in die Tiefe. Die Überlebenden – etwa 50 und zur Hälfte Portugiesen – ernährten sich von Früchten, bis zufällig eine chinesische Dschunke auftauchte, die sogleich geentert wurde. Später schloss Faria ein Bündnis mit einem Piraten namens Quiay Panjan und überwältigte mit ihm gemeinsam den Muslim Coja Acem, den erbittertsten Feind der Portugiesen in jenen Breiten.

Nun begab sich Faria in die Hafenstadt Ningbo, wo die Portugiesen eine von den Chinesen stillschweigend gebilligte Niederlassung gegründet hatten. Faria wurde von seinen Landleuten mit großem Jubel empfangen, weil er sie von Coja Acem befreit hatte.

In Ningbo lernte Faria einen berühmten See-räuber namens Similau kennen. Dieser »erzähl-te ihm Wunderdinge von der Insel Calempluy: Dort lägen 17 chinesische Kaiser in goldenen Grabstätten begraben und es fänden sich auch viele goldene Götzenbilder. Dieser könne man sich ohne größere Gefahr bemächtigen.« Kein Chinese hätte je gewagt, die Hände an diese heiligen Schätze zu legen, doch die Portugiesen waren tollkühn oder rücksichtslos genug, sich an das Unterfangen zu wagen.

Dutzende von Historikern haben sich den Kopf darüber zerbrochen, welche Route Faria einschlug, um zu der Insel zu gelangen, zumal Mendez Pinto sich hierzu nur vage äußert. Zu-nächst führte der Weg durch »Gewässer, die noch nie ein Portugiese gesehen hatte«, dann steuerten die Schiffe einen Hafen namens Sileupamor an. Als die Reise bereits mehrere Wochen dauerte und Similau sich immer noch nicht dazu äußerte, wo die Insel zu finden sei, gerieten die beiden Männer in Streit. In der folgenden Nacht gelang Similau mit 36 seiner 47 chinesischen Bootsleute die Flucht. Faria ließ sich hiervon aber nicht entmutigen und erreichte wenige Tage später tatsächlich die ersehnte Insel. »Schließlich«, schreibt Mendez Pinto, »lag das Eiland mitten im Ozean ganz vor unseren Augen, ein schönes, flaches Land und anscheinend nicht mehr als eine Meile lang. (...) Die Insel war mit einer Mauer aus Jaspisstein umgeben, ungefähr 26 Handbreit hoch. Zwischen den Steinen sah man keinerlei Fugen, so dass das Mauerwerk wie aus einem Stück gebaut aussah. (...) Auf dieser Mauer befand sich ein kunstvolles Gitterwerk, das aus Metall gegossen war. Es reichte jeweils von einem Mauerpfeiler zum anderen. Auf jedem Pfeiler aber ragte ein Standbild einer Göttin mit einer Schale in der Hand auf. (...) Im Inneren war weiter ein Wald aus lauter kleinen Pomeranzenbäumen zu sehen, ferner 360 Einsiedeleien, die den Göttern des Jahres gewidmet waren.«

Faria drang in die erste dieser Eremitagen ein und begann alle Schätze einzusammeln, die dort bei den Gebeinen der Toten lagen. Befragt, woher die vielen Reichtümer stamm-ten, antwortete der Bewohner der Klause, das Geld käme von Almosen. »Die Verstorbenen nahmen es mit in ein anderes Leben, um es im Mondhimmel im Falle der Not zu gebrauchen, weil sie ewig dort leben.« Während Faria seine Männer die Grabstätte plündern ließ, präsen-tierte er sich dem Einsiedler als armer Sünder, der später für das Unrecht, welches er im Be-

griff war zu begehen, Buße tun werde. Der Eremit mahnte ihn jedoch zur Umkehr denn: »Wer dieses weiß und nichts tut, stürzt sich in viel größere Gefahr als derjenige, der unwis-send sündigt.«

Nachdem sie genügend Gold und Schätze an sich gerissen hatten, kehrten die Portugiesen auf ihre Schiffe zurück, um bei Morgendäm-merung ihr Werk fortzusetzen. Die Strafe für die Schändung der Heiligtümer folgte jedoch auf dem Fuße: Kaum waren die Räuber an Bord zurückgekehrt, als auch schon die Glo-cken aller Klausen läuteten. Statt zu fliehen, ging Faria mit sechs Soldaten an Land, um die Lage zu erkunden. Er überfiel eine weitere Klause, doch die dort lebenden Einsiedler warnten ihn eindringlich vor weiteren Misse-taten, so dass er es vorzog in See zu stechen, enttäuscht über die verpasste Gelegenheit.

Nach einem Monat Fahrt erfasste ein schrecklicher Sturm die Schiffe im Golf von Nanking und beschädigte sie so schwer, dass sie kaum noch zusammenhielten. Vor lauter Furcht kappten die Seeleute die Masten und warfen allen Ballast, auch die Kisten mit den geraubten Schätzen, ins Meer. Um Mitter-nacht ertönte vom Schiff des Antonius Faria ein lautes Geschrei, und als die Sonne aufging, war das Schiff verschwunden. Das zweite Boot, auf dem sich Mendez Pinto befand, versank unweit der Küste ebenfalls, nur 14 Mann konnten sich retten.

Eine Weile zogen sie herum und gaben vor, siamesische Schiffbrüchige zu sein. Schließlich nahm man sie fest und führte sie gemeinsam mit anderen Verdächtigen vor ein Gericht in Nanking, wo sie verurteilt wurden. Als Strafe wurden sie öffentlich auf den Rücken geschla-gen, außerdem wollte man ihnen die Daumen abhauen. Allein an den Hieben starben zwei der Männer, die übrigen wurden zur Überprü-fung ihres Falls nach Peking geschickt.

Die Reise führte per Schiff über zahlreiche Flüsse, und Mendez Pinto lernte das Landes-innere kennen, von dem er begeistert berich-tet: »An einigen Orten habe ich einen solchen Überfluss an Speisen gefunden, wie es ihn in Europa nicht gibt. Der Himmel hat dieses Land wahrlich reich gesegnet; ... das Löblichs-te aber, das diesem Reich seinen Glanz verleiht, ist die sehr strenge Beachtung der Gerechtig-keit. Daher gedeiht in diesem Lande eine so gute Ordnung, dass alle Länder es darum be-neiden sollten.« Erstaunliche Worte aus dem Munde eines Mannes, der selbst unter der chinesischen Gerichtsbarkeit zu leiden hatte.

In Ketten trafen die Portugiesen in Peking ein, erhielten zur Begrüßung 30 Stockschläge, dann führte man sie vor das Gericht, das den Fall wieder aufnahm und sie lediglich zur Be-gleichung der entstandenen Kosten zu einem Jahr Zwangsarbeit in der Stadt Quansi verur-teilte, wo es nach einem Erdbeben Schäden zu reparieren galt. Acht Monate lang klopften Mendez Pinto und seine Gefährten Steine, dann erfuhren sie, dass »der König der Tata-ren« Peking mit einem Heer von zwei Millio-nen Kriegern angegriffen hatte und sich bereits auf dem Vormarsch nach Quansi befand.

So fielen die Portugiesen den Siegern in die Hände und traten in ihre Dienste. Als Militär-berater nahmen sie an der Eroberung weiterer Städte teil, und schließlich wollte der Tataren-herrscher sie persönlich kennen lernen. Als sie vor ihn traten, fragte er sie, woher sie kämen. Aus Portugal, antworteten sie, einem Land, das man nach einjähriger Schiffsreise erreichen würde. »Der König wunderte sich sehr über diese Antwort, denn es schien ihm kaum glaublich, dass die Welt so groß sein könnte«, schrieb Mendez Pinto, »und sagte: ›In diesem Land muss es gewiss viel Ehrgeiz und wenig Gerechtigkeit geben, wenn sie so weit ziehen, um fremde Länder einzunehmen.‹«

Da es den Tataren nicht gelang, ganz China zu erobern, beschlossen sie, sich zurückzuzie-hen. Schließlich entließen sie auch die Portu-giesen, die sich an die Küste begaben, denn sie hofften dort ein Schiff zu finden, das sie nach Malakka bringen würde. Nach einer Zeit mie-teten sie eine Dschunke, um wenigstens nach Ningbo zu gelangen, benahmen sich an Bord aber so ungebührlich, dass der Kapitän sie auf einer einsamen Insel aussetzen ließ. Dort griff sie ein Piratenschiff auf, und einmal mehr schlossen sie sich den Freibeutern der Meere an. Eines Tages wurden sie nach einem weiteren Sturm an die Küste Japans gespült. Der Fürst der Insel, der den Titel Nautaquin trug, fragte die Portugiesen wiederum nach ihrer Heimat, von der man sich die wundersamsten Dinge erzählte. »Zunächst fragte er, ob Portugal wirk-lich reicher und größer als ganz China sei, wie er von den Chinesen gehört habe. Wir bejahten das. Dann wollte er wissen: ›Hat euer König den größten Teil der Welt erobert?‹ Auch das bekräftigten wir. Drittens fragte er: ›Ist euer König in der Tat so reich an Gold und Silber, dass er mehr als 2000 Häuser besitzt, die da-mit gefüllt sind?‹ Darauf antworteten wir: ›Das können wir nicht gewiss sagen, denn Portugal ist so überaus reich, groß und dicht besiedelt.‹«

Ein Gefährte von Mendez Pinto schenkte dem Nautaquin eine Arkebuse. Die japanischen Handwerker bauten das Gewehr so geschickt nach, dass es 1556, als Pinto abermals nach Japan kam, dort bereits 30 000 funktionstüchtige Waffen dieser Art gab. Die Rückkehr hatte einen einfachen Grund: Der Portugiese hatten seinen Landsleuten in Malakka so begeistert von dem Land erzählt, dass bereits nach zwei Wochen neun große Dschunken zu den verheißungsvollen Inseln aufbrachen. Leider war man etwas zu voreilig gewesen: Die Schiffe

geführt wurden, die Schiffbrüchigen vierteilen lassen wollte. Als die Frauen angesichts dieses Urteils in Tränen ausbrachen, solidarisierten sich jedoch die Insulanerinnen mit ihnen und baten bei der Königinmutter um Vergebung. Auf diese Weise erreichten sie nicht nur die Begnadigung der Verurteilten, sondern diese erhielten auch noch ein Schiff, das sie an die chinesische Küste brachte, von wo aus sie nach Malakka zurückkehren konnten.

Nachdem Mendez Pinto noch mehrmals erfolglos versucht hatte, sich als Kaufmann zu

Mendez Pinto nun über seine Reisen schrieb, nur als Fiktion rezipiert. Er geriet wegen der gelungenen Mischung aus Autobiografie und Abenteuererzählung dennoch zum Bestseller und wurde in viele Sprachen übersetzt. Auch Goethe und Shakespeare kannten das Buch, während der Autor überall Mendax Pinto, Pinto der Lügner, genannt wurde. Erst viel später erkannten die Kritiker, dass sich hinter dessen gewiss übertriebenen Darstellungen eines der bedeutendsten Dokumente zur portugiesischen Kolonisierung Asiens verbarg.

waren nicht für eine so weite Reise ausgerüstet, und es mangelte an erfahrenen Lotsen. Sieben Schiffe mit über 600 Mann und Waren aller Art an Bord gingen verloren. Mendez Pinto erlitt einmal mehr Schiffbruch und wurde zusammen mit anderen, darunter Frauen, an den Strand einer Insel der Ryukyu-Gruppe gespült. Im Unterschied zu den Japanern wussten die Bewohner hier nur allzu gut, wie viel Unheil die Portugiesen über die Gegend gebracht hatten, weshalb der Gouverneur, dem sie vor-

betätigen, beschloss er, dem Jesuitenorden beizutreten. Er nutzte seine mehr als 20-jährigen Erfahrungen und verfasste einen Report über die Reiche Siam und Pegu, der den Missionaren Mut machen sollte. Nachdem der neue Bruder auch noch Jesuiten durch Japan begleitet hatte, verspürte er endlich Sehnsucht nach der Heimat. 1558 erreichte er Portugal, im Gepäck ein Dokument des Gouverneurs von Malakka, der die wertvollen Dienste des Überbringers lobte. Leider wurde der Bericht, den

95

Um die Mitte des 16. Jahrhunderts hatten die Portugiesen in Ostasien Fuß gefasst. Diese Karte, ein Werk von Abraham Ortelius, trägt das Wappen des Königs von Portugal. Das Seehandelsimperium mit seinen unzähligen Schiffen wurde von verschiedenen Stützpunkten wie Goa, Ceylon, Malakka und Macau aus kontrolliert.

Francisco Xavier und Matteo Ricci

96 und 97
Zwei heilig gesprochene Jesuiten, der Ordensgründer Ignatius von Loyola und Francisco Xavier, wachen vom Himmel aus über die beiden bedeutendsten Missionare der Gesellschaft Jesu in China, Pater Matteo Ricci (rechts) und Pater Adam Schall (links), die eine Karte des Himmlischen Kaiserreichs entfalten. Das Bild ziert die Titelseite eines Buches, das ein weiterer Jesuit, Athanasius Kircher, in Rom unter dem Titel China monumentis illustrata *veröffentlichte. Pater Schall half beim Aufbau des Observatoriums von Peking mit (oben ein Ausschnitt).*

Immer mehr »Weiße Teufel« zogen nach Asien. Die meisten hofften auf

Reichtümer oder trieben Handel, doch mit den Abenteurern kamen auch eine

ganze Reihe von Missionaren, die in jenen Breiten – ähnlich wie in den spa-

nischen Kolonien Mexiko und Peru – Heiden zu bekehren hofften. Unter

diesen Glaubenseiferern, denen häufig fast jedes Mittel recht war, wenn es

darum ging, neue Seelen zu gewinnen, nahmen die Mitglieder des 1534

gegründeten Jesuitenordens eine Sonderstellung ein. Erziehung, Bildung und

Mission gehörten zu den vordringlichsten Anliegen der »Gesellschaft Jesu«,

die deshalb für die Verbreitung des christlichen Glaubens in aller Welt beson-

ders geeignet schien. Die Jesuiten, die intensiv am Seelenheil der »Wilden« in-

teressiert und zudem sehr gebildet waren, die mehrere Sprachen beherrschten

und die Sitten und Gebräuche der Einheimischen studierten, gehörten bald schon zum festen Inventar der verstreuten Niederlassungen im großen portugiesischen Seehandelsreich. Einige Missionare waren bald zu lebenden Legenden geworden. In Hormus, wo Händler vieler Länder und Religionen – Araber, Armenier, Türken, Griechen, Italiener und Portugiesen, Muslime, Juden, Hindus und Buddhisten – aufeinander trafen, machte sich Pater Barzaeus einen Namen. Er galt als so weise, dass die Händler ihn bei den kompliziertesten Geschäften zu Rate zogen. Die Rabbiner zeigten sich entzückt, weil der katholische Geistliche Thora und Talmud bestens kannte, und luden ihn zur Auslegung der Heiligen Schrift in die Synagoge ein, die Muslime verehrten ihn als neuen Propheten, und als er einmal eine Moschee aufsuchte, trugen sie ihn im Triumphzug durch die Säle. Mit den gelehrtesten Brahmanen diskutierte er über die Dreifaltigkeit und die indische Götterwelt. Schließlich musste er einen strengen Stundenplan einhalten, um allen gerecht zu werden: Am Donnerstag sprach er zu den Muslimen, am Samstag besuchte er die Juden, an den übrigen Tagen stand er den Christen zur Verfügung.

Das chinesische Reich empfanden viele Missionare als besonders verlockend. Die Jesuiten beschäftigten sich mit den Schriften Marco Polos und der päpstlichen Gesandten zum Großkhan und entnahmen den Zeilen, dass die mongolischen Herrscher die Botschafter der Christenheit in aller Regel freundlich empfangen hatten. Außerdem konnte man davon ausgehen, dass es in einigen Teilen des riesigen Reichs noch christliche Enklaven gab, auch wenn es sich dabei vermutlich um Nestorianer handelte. Die geografischen Kenntnisse, die man in Europa von jenem Teil der Welt besaß, ließen allerdings noch zu wünschen übrig: Viele glaubten nach wie vor, Cathay sei ein eigenes Land, das im Norden von China liege.

Einer der ersten neuzeitlichen Missionare, die aufbrachen, um in China zu missionieren, war der spanische Jesuit Francisco Xavier, der 1622 für seine Verdienste im Fernen Osten heilig gesprochen wurde. 1549 landete er in Japan und begann zu predigen – zunächst auf dem Land, dann in der Hauptstadt Kyoto, wo er die ersten Anhänger gewann. Anfangs hatten er und seine Mitbrüder große Schwierigkeiten, sich verständlich zu machen, da sie die japanische Sprache kaum beherrschten. Die Japaner hielten das Christentum für eine weitere Variante des Buddhismus, die sich nicht wesentlich vom Zen-Glauben unterschied, zumal die Jesuiten genau wie die Zen-Mönche sehr gebildet waren, asketisch lebten, diszipliniert auftraten und Religion mit Handel durchaus für vereinbar hielten. Die guten Verbindungen zu den Kaufleuten erleichterten den Jesuiten anfangs die Kontaktaufnahme. Die japanischen Mönche setzten der christlichen Lehre jedoch ein Argument entgegen, das ihren Landsleuten fast unwiderlegbar schien: »Es ist unmöglich«, wandten sie ein, »dass das Christentum die wahre Lehre ist, denn die Chinesen wissen nichts darüber.« In Japan galt China zu jener Zeit als höchste Autorität in allen Bereichen und wurde stets als Vorbild zitiert. Diese Tatsache brachte Francisco Xavier auf die Idee, zuerst China und dann Japan zu missionieren. Wenn

es ihm gelänge, das große Reich für seine Lehre zu gewinnen, würden die Japaner fast automatisch ebenfalls zum Christentum übertreten.

Zu Beginn des Jahres 1552 verließ der Jesuit die japanischen Inseln mit dem festen Entschluss, nach China zu gelangen und irgendwie beim dortigen »König« vorstellig zu werden. Unterwegs lernte er einen portugiesischen Kaufmann namens Pereira kennen, dem er von seinem Vorhaben berichtete. Dieser meinte, das nach außen hermetisch abgeschlossene Reich könne man nur als Mitglied einer offiziellen Delegation des Königs von Portugal betreten. Der reiche und ehrgeizige Kaufmann Pereira erklärte sich bereit, die Kosten dieses Unternehmens zu tragen, wenn Francisco Xavier, der mit dem Vizekönig von Goa befreundet war, im Gegenzug dafür Sorge tragen würde, dass er den Titel eines offiziellen portugiesischen Gesandten erhielt. Er beabsichtigte den Mönch auf seiner Reise nach Peking zu begleiten, wo dieser dem Kaiser von China das Evangelium verkünden sollte. Begeistert

von diesem Plan, begab sich Francisco Xavier zunächst nach Goa, wo er die Zustimmung des Vizekönigs einholte. Dann kehrte er eilig nach Malakka zurück, wo Pereira ihn erwartete. Dort jedoch scheiterte das Projekt, denn Alvaro da Gama, der Flottenkommandant von Malakka, verfolgte seine eigenen Pläne: Bei den Handelskontakten, die er mit China knüpfen wollte, legte er keinen Wert auf Konkurrenten, ganz gleich, ob es sich um Kaufleute oder Missionare handelte. Vergeblich bot Francisco Xavier seine Dienste als päpstlicher Gesandter an, vergeblich drohte er mit der Exkommunizierung des Gouverneurs – Alvaro da Gama besetzte Pereiras Flotte und verbot die Fahrt.

Francisco Xavier reiste nun mit einem Handelsschiff zur Insel Sanzao (Sam Tchao) vor Kanton, von wo aus die Portugiesen heimlich Geschäfte mit China machten. Dort versuchte er, einen Dschunkenkapitän zu finden, der ihn aufs Festland übersetzte und unbemerkt in die Stadt brachte. Im streng abgeriegelten China stand auf ein solches Unternehmen jedoch die Todesstrafe, und so war niemand zu dem Wagnis bereit. Schließlich stellte Francisco Xavier einem chinesischen Schmuggler die gewaltige Summe von 350 Cruzados in Aussicht, und dieser versprach, ihn nach Kanton zu fahren.

Die beiden Männer vereinbarten einen Zeitpunkt, doch der Fährmann tauchte nicht auf. Ein Monat bangen Wartens verging, dann ein weiterer. Der Oktober kam, die Portugiesen beendeten ihre Geschäfte, und ein Schiff nach dem anderen verließ den Hafen. Schließlich blieb der Jesuit mit seinem Diener Antonio fast alleine auf der Insel zurück. Tagtäglich gingen sie an den Strand, blickten zur chinesischen Küste hinüber und hielten Ausschau nach dem Schiff, das sie übersetzen sollte. Das Wetter wurde immer schlechter, und eines Tages erkrankte Francisco Xavier, konnte kein Essen mehr zu sich nehmen und wurde vom Fieber geschüttelt. Zunächst hoffte er noch immer auf das Boot, das ihn dem Ziel seiner Wünsche näher bringen sollte, dann jedoch fiel er in ein Delirium und begann laut in verschiedenen Sprachen und zuletzt auch in seiner eigenen Muttersprache, dem Baskischen, zu predigen und Gott anzurufen. Nach acht Tagen erkannte er seinen Diener nicht mehr, am zwölften Tag, in den Morgenstunden des 1. Dezember 1552, starb er, ohne je seinen Fuß auf chinesischen Boden gesetzt zu haben.

98

Francisco Xavier reiste 1549 mit einem portugiesischen Schiff nach Japan und begann dort seine missionarische Tätigkeit. Auf diesem Bild von Antonio da Torres (1708–1730), *das heute im Nationalmuseum in Mexiko-Stadt hängt, tauft Francisco Xavier die ersten japanischen Christen.*

Im Jahre 1560 ließen sich einige Mitbrüder von Francisco Xavier, den man wegen seiner unermüdlichen Missionstätigkeit als »Apostel Indiens« verehrte, in Macau nieder und versuchten mehrmals, nach China zu gelangen. 1575 wagten auch vier Franzosen diesen Schritt: Unweit von Kanton gingen sie ohne Erlaubnis der Behörden an Land, worauf

man sie festnahm und in den Kerker warf. Einer der Missionare starb während der Haft, die übrigen verwies man des Landes. Noch immer hatten die Missionare nicht begriffen, dass sie mit den Chinesen ganz anders verfahren mussten als mit allen anderen Völkern. Im Zuge der Gegenreform träumten sie sogar von einer Eroberung des riesigen Reiches mit militärischen Mitteln.

99

Francisco Xavier, der später als »Apostel Indiens« heilig gesprochen wurde, wollte in China missionieren, gelangte jedoch nie in das Land seiner Träume. 1552 starb er auf einer Insel bei Kanton, wo er auf eine Gelegenheit zum Übersetzen wartete. Dieses Gemälde aus dem 17. Jahrhundert (Schifffahrtsmuseum, Lissabon) illustriert seine Wundertaten.

100/101

Pater Matteo Ricci, den die Chinesen Doktor Li nannten (oben links), erwarb sich das Vertrauen der chinesischen Obrigkeit, weil er sich nicht als Missionar, sondern als Gelehrter präsentierte und seinen Zuhörern anschaulich von wissenschaftlichen Erkenntnissen berichtete. Ebenso verfuhren der Astronom und Mathematiker Pater Schall (oben Mitte) und der Geograf Martino Martini (oben rechts). Die untere Reihe zeigt zwei bekehrte Chinesen.

101 oben

Pater Ricci (links), hier im Gewand eines buddhistischen Bonzen, unterhält sich mit einem Mandarin, der sich als erster Höfling hat taufen lassen und fortan den Namen Paulus trug.

»Es besteht keine Hoffnung, die Chinesen zu bekehren, solange wir nicht zur Gewalt greifen und sie zwingen, sich unseren Soldaten zu ergeben«, schrieb der spanische Jesuit Juan Bautista Ribeira. Und der Portugiese Melchor Nunes Barreto forderte, die christlichen Fürsten Europas sollten aufhören, sich gegenseitig zu bekämpfen, und stattdessen den chinesischen Kaiser mit Waffengewalt zwingen, Missionare ins Land zu lassen, damit diese den dort lebenden Menschen das Evangelium verkünden konnten.

Der Erfolg stellte sich indes erst ein, als die Europäer ihren Glaubenseifer zügelten und nicht mehr aggressiv, sondern mit Geduld und List vorgingen. 1577 kam der Jesuitenvisitator für Ostindien, Alessandro Valignano, nach Macau. Zwei Jahre später folgte ihm ein weiterer Italiener, Michele Ruggieri. Keiner der beiden teilte die Kreuzfahrermentalität der Vorgänger, sie bemühten sich vielmehr, Chinesisch zu lernen, um die christliche Lehre in eine für dieses Land und seine Bewohner angemessene Form zu gießen. Tatsächlich gelang es Ruggieri, das Vertrauen der Obrigkeit zu gewinnen: Der Mandarin von Kanton erteilte ihm das Aufenthaltsrecht und gestattete ihm, eine Kirche zu bauen.

1583 kam dann mit Pater Matteo Ricci eine für die China-Mission bedeutende Persönlichkeit nach Kanton. Der intelligente und hoch gebildete Jesuit beschäftigte sich eingehend mit der Kultur und den Religionen Chinas, zog die Kleidung der buddhistischen Mönche über und passte sich ihrem Lebensstil an, indem er an den Tempelportalen bettelte und mit ihnen über Buddha und dessen Lehren diskutierte. Schließlich nahm er den Namen Li Madou an, damit die Chinesen weniger Probleme mit der Aussprache hatten.

Eines Tages diskutierte Li Madou mit einem alten Mandarin über Astronomie. Da Ricci in Rom bei einem der berühmtesten Gelehrten seiner Zeit, dem Jesuiten Cristoforo Clavio, Mathematik und Astronomie studiert hatte, kannte er sich auf diesem Gebiet bestens aus und beeindruckte sein Gegenüber so sehr, dass der Mann ihm einen wertvollen Rat gab. »Eure Weisheit«, sagte er, »erstaunt mich zutiefst, und gerade deshalb empfehle ich Euch, Eure Lebensweise zu ändern. Wenn Ihr, wie bisher, als Bettler auftretet, schenken Euch nur wenige Gehör. Wenn Ihr Euch dagegen wie unsere Gelehrten präsentiert, wird man Euch überall mit den höchsten Ehren empfangen.« Ricci begriff, dass er in der Gestalt eines Bonzen sein Ziel nicht würde erreichen können. Er legte die Bettlerkluft ab, zog die Gewänder eines Weisen an und verwandelte die Hütte, die der Gouverneur von Kanton ihm zur Verfügung gestellt hatte, in eine Gelehrtenstube.

Bereits nach kurzer Zeit suchten zahlreiche Chinesen der oberen Gesellschaftsschichten das Haus von »Doktor Li«, wie er nun überall hieß, auf. Man bewunderte die seltsamen Objekte, mit denen der Abendländer seine Wissenschaft ausübte: Da gab es Fernrohre und Prismen, Uhren, einen Kompass, Bücher, geografische Karten und vieles mehr. Der freundliche Doktor Li, der sich niemals überheblich zeigte und der chinesischen Kultur sowie seinen Gästen stets mit allem Respekt begegnete, entschuldigte sich immer demütig für seine eigene Unwissenheit, ehe er den Leuten die merkwürdigsten Dinge erzählte – etwa dass außerhalb Chinas viele Länder und Völker existierten, die sich ganz anders verhielten als die »Weißen Teufel«. Abgesehen von den Karten, auf denen China zwar als bedeutendes Reich, insgesamt aber doch als überschaubarer Teil der Welt dargestellt war, konnte man auch Stiche bestaunen, auf denen die Prachtbauten und reizvollen Landschaften Europas zu sehen waren. Und wie zufällig fanden sich unter all den Drucken und Handschriften auch Bilder von Jesus Christus und der Jungfrau Maria. Wenn sich die Besucher erkundigten, wer dies sei, antwortete Ricci mit gespielter Gleichgültigkeit, hierbei handele es sich um Gestalten aus der europäischen Religion. Dann ließ er hier und da eine Bemerkung über die trefflichen Sitten der Christen fallen, die im Übrigen – was ihr Verhalten und ihren Charakter anbetraf – durchaus den Chinesen vergleichbar seien. Auf diese Weise brachte er seine Zuhörer dazu, weitere Fragen zu stellen, und machte sie allmählich mit den Lehren des Christentum vertraut.

Der Mandarin von Kanton, den der Weise aus Übersee tief beeindruckte, schenkte dessen Ausführungen über die Kugelgestalt der Erde und ihre Geografie Glauben. Er ließ eine Kopie der Weltkarte anfertigen, zeichnete die Namen von Ländern, Städten und Völkern in chinesischer Schrift ein und ließ sie vervielfältigen. Eines der Exemplare fiel dem »Vizekönig« von Jiangxi in die Hände, der sogleich den mittlerweile weithin berühmten Doktor Li an seinen Hof bat. Dort sprach Matteo Ricci mit den Gelehrten der Provinz, die sich besonders in-

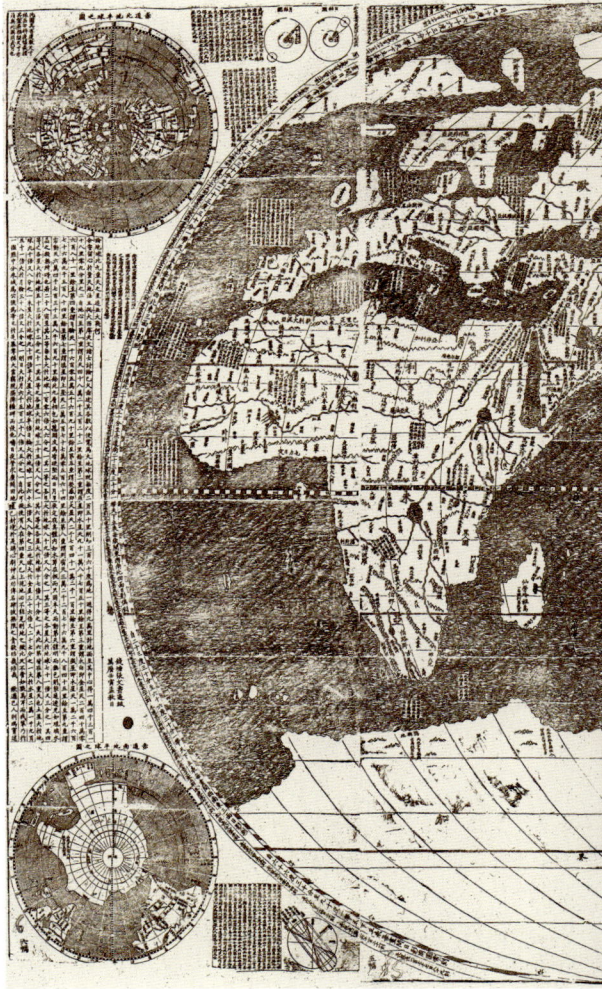

tensiv mit Mathematik befassten, und fertigte schließlich eine Teilübersetzung der Geometrie Euklids in chinesischer Sprache an, welche die fragmentarischen Kenntnisse der Chinesen ergänzte. Ferner zeigte er ihnen, wie man Sonnenuhren baute, stellte mit ihnen komplizierte astronomische Berechnungen an und erläuterte die Grundlagen der Akustik, womit er besonders große Bewunderung erregte.

Die Kunde von seinem überragenden Wissen drang schließlich bis in die Hauptstadt, wohin man Doktor Li ebenfalls einlud. Während seines Aufenthalts lernte er einen hohen Beamten kennen und bat ihn, dem Kaiser in seinem Namen eine wundervoll verzierte mechanische Uhr als Geschenk zu überbringen. Die Gabe wanderte durch die Hände zahlreicher entzückter Höflinge und erreichte schließlich den Kaiser, der überaus begeistert davon war. Leider durfte sich der Sohn des Himmels auf Grund seiner Position nicht einfach nach dem Gönner erkundigen oder diesen gar zu sich einladen. Am Folgetag hörte die Uhr jedoch plötzlich auf zu ticken, und es gelang weder dem Hofmathematiker noch irgendeiner anderen Person, sie wieder in Gang zu setzen.

So kam es, dass Doktor Li in Begleitung zweier Mandarine eines schönen Tages das Tor zur Verbotenen Stadt durchschritt und die Uhr mit ein paar Handbewegungen zu neuem

102 und 103
In China wusste man wenig über den Rest der Welt und
zeigte sich sehr verwundert über Matteo Riccis Berichte.
Er zeichnete die unten abgebildete Weltkarte. Erstmals
konnten die Chinesen hier die ganze bekannte Welt und
die Position und Größe Chinas im Verhältnis dazu sehen.
Die Karte unten links stammt von Giulio Aleni.

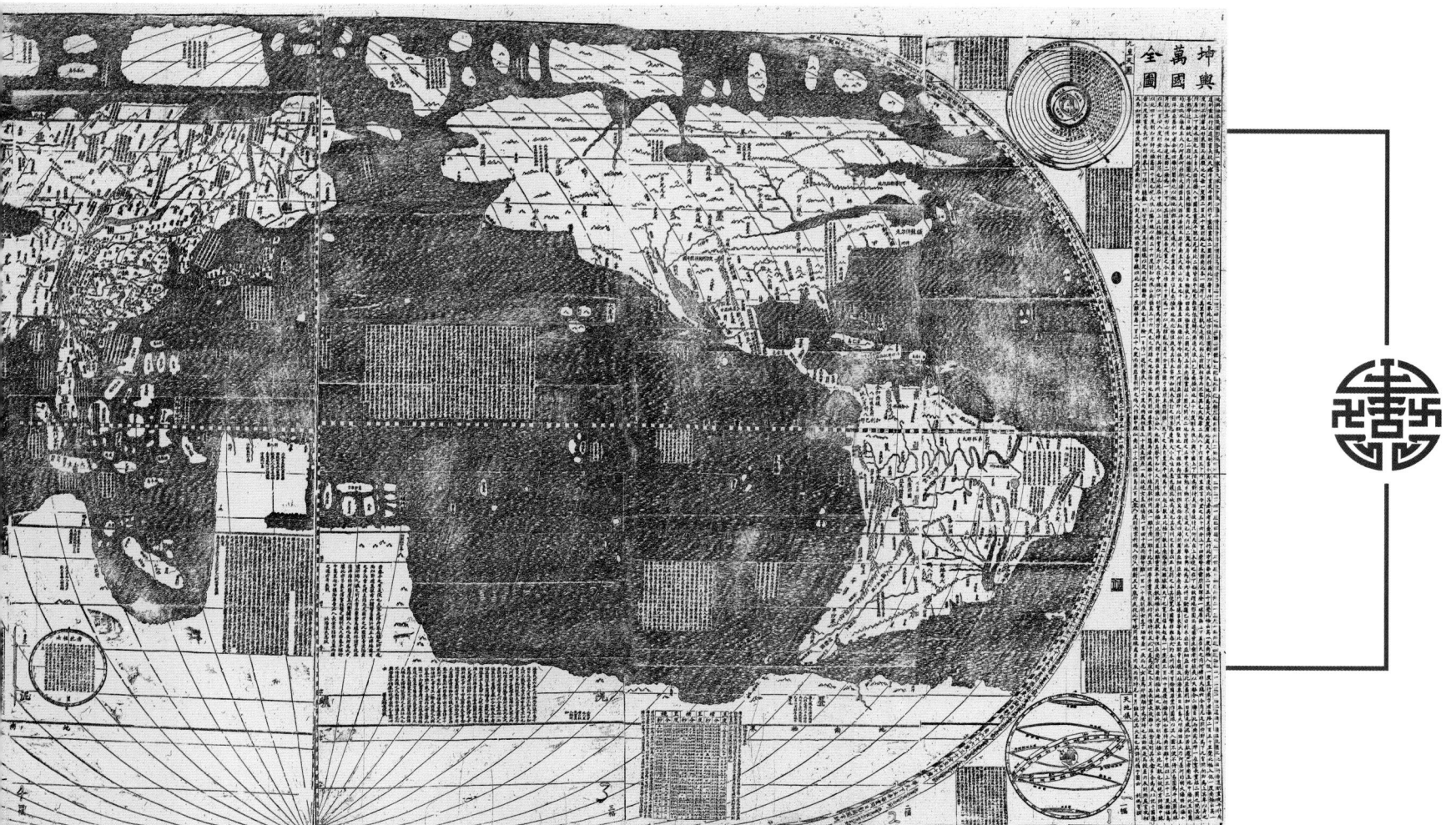

Leben erweckte, ehe man ihn ehrenvoll wieder hinausbegleitete. Natürlich blieb die Uhr am nächsten Tag erneut stehen, und wieder brachte man Doktor Li zum Palast. Beim dritten Mal hatte er zwei Heiligenbilder und ein mit Edelsteinen besetztes Reliquiar bei sich, die er dem Herrscher schenken wollte. Bei den Gaben befand sich ein Brief in chinesischer Sprache, in dem es hieß: »Euer ergebenster Diener ist mit dem Himmel, der Geografie und der Arithmetik bestens vertraut. Mit Hilfe seiner Instrumente beobachtet er die Sterne, und er weiß, wie man ein Fernrohr benutzt. Seine Methoden harmonieren hervorragend mit jenen, die die chinesischen Gelehrten entwickelt haben. Wenn der Kaiser die Gnade hätte, einen unwissenden und unwürdigen Mann nicht zurückzuweisen, sondern ihm erlauben würde, seine bescheidenen Fähigkeiten einzubringen, so würde dieser sich mit größter Freude ganz in den Dienst des erlauchten Herrschers stellen.«

Wie es dem Brauch entsprach, wurden die Gaben und das Schreiben zunächst vom Zeremonienmeister geprüft, der das Vorhaben abschlägig beschied: »Europa hat nicht das Geringste mit uns zu tun und respektiert unsere Gesetze nicht. Die Bilder, die Li Madou als Geschenk darbringt, zeigen einen himmlischen Herrscher und eine Jungfrau und sind ohne besonderen Wert. Der Fremde überreicht ferner eine Kiste, die seinen Angaben zufolge die Gebeine eines Unsterblichen bergen soll, als ob die Unsterblichen, wenn sie in den Himmel aufsteigen, ihre Knochen nicht mitnehmen würden! In einem ähnlichen Fall beschloss der Gelehrte Ranyou, dass derartige Neuheiten nicht in den Palast einzulassen seien, da sie nur Unglück bringen würden. Wir sind daher der Meinung, dass es besser ist, die Gaben zurückzuweisen. Li Madou sollte den Hof verlassen und in sein Land zurückkehren.«

Der Sohn des Himmels entschied jedoch anders. Allerdings musste ihm der Italiener bei der Audienz, die man ihm schließlich gewährte, zeigen, wie man die Uhr aufzog. Doktor Li durfte auch am nächsten Tag wiederkommen, und dies geschah fortan immer häufiger, denn stets wusste Matteo Ricci das Interesse des Herrschers durch ein neues Thema zu wecken. Eines Tages versicherte er dem Kaiser, seine Mitbrüder seien noch wesentlich klüger und gebildeter als er, und er könnte die Erlaubnis erwirken, sie nach Peking zu holen.

Die Jesuiten durften in jenem Teil im Inneren der Verbotenen Stadt wohnen, der hohen Beamten vorbehalten war. Außerdem bekamen sie eine monatliche Apanage aus der Schatulle des Kaisers und eine ansehnliche Ration Reis. Den Heiligenbildern, die dem Zeremonienmeister so wenig zugesagt hatten, wurde ein Platz im Audienzsaal zugewiesen, vor ihnen ruhte auf einem reich verzierten Sockel das Reliquiar. In großen Bronzegefäßen verbrannte man Weihrauch, und duftende Wachskerzen leuchteten auf wunderschönen Kandelabern in Vogelform. Viele Höflinge baten in der Folge Doktor Li und seine Mitbrüder, sie und ihre Kinder zu unterweisen, und manch einer bekehrte sich sogar zum Christentum.

Matteo Ricci starb 1610, nachdem er zehn Jahre in Peking verbracht hatte. Der Kaiser beschloss, ein seinen Verdiensten würdiges Grab-

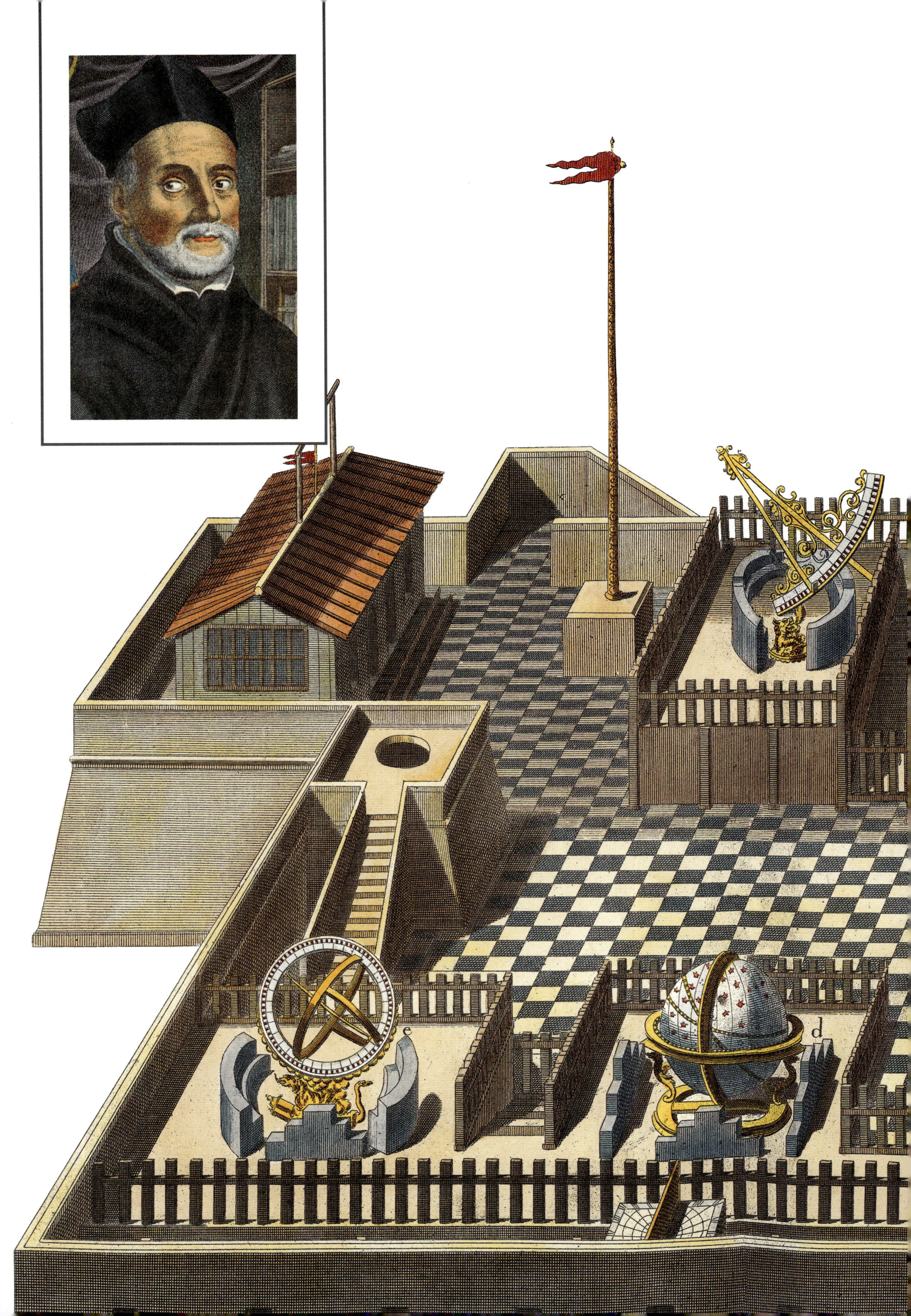

104 oben links
Trotz ihrer Verdienste um die Wissenschaft hatten die Jesuiten bei Hof nicht nur Freunde. Pater Schall wurde wegen angeblicher Vergehen angeklagt und zum Tode verurteilt. Er entging der Hinrichtung nur dank eines schweren Erdbebens, das die Hauptstadt erschütterte und von vielen als Zeichen des Himmels verstanden wurde.

mal errichten zu lassen, und stiftete den Jesuiten ein schönes Grundstück, auf dem sie ein Anwesen bauen sollten. »Ich hinterlasse euch eine offene Tür«, hatte der Sterbende auf dem Totenbett noch zu seinen Brüdern gesagt.

Das Werk, in dem Ricci über seine außergewöhnlichen Erlebnisse und Erfahrungen im Fernen Osten berichtete, erschien 1615 postum unter dem Titel *De Christiana expeditione apud Sinas* in einer von dem französischen Jesuiten Nicholas Trigault zusammengestellten Ausgabe. Das Buch wurde sogleich in alle wichtigen europäischen Sprachen übersetzt und prägte für mehr als ein Jahrhundert das positive Bild, das man sich in den gebildeten Kreisen Europas von China machte, entscheidend mit.

Auch andere Jesuiten versorgten die Leser im 17. Jahrhundert mit Informationen über das ferne Land: Der Missionar Martino Martini, der ebenfalls in China starb, gab 1655 den *Novus Atlas Sinensis* heraus, der das Wissen über die Geografie des Landes in prächtigen Karten zusammenfasste. 1658 erschien seine *Sinicae Historiae Decas Prima*, die erste und für lange Zeit einzige Abhandlung über die Geschichte Chinas, die auf chinesischen Quellen beruhte. Auf Berichten, die Jesuitenbrüder regelmäßig aus dem Reich der Mitte nach Rom schickten, basierte der Band über China, den Daniele Bartoli 1663 im Rahmen seiner umfangreichen *Istoria della Compagnia di Gesù* publizierte. Gleiches galt für die *China Illustrata* von Athanasius Kircher, die 1667 mit einer Fülle bemerkenswerter Drucke erschien.

Als Ricci starb, hielten sich 16 Jesuiten in China auf, danach belief sich ihre Zahl lange Zeit auf etwa 20. Der Orden schickte nur die gebildetsten Brüder nach Peking, sie mussten hervorragende Kenntnisse auf den Gebieten der Mathematik und Astronomie vorweisen, weil die Chinesen hierauf besonderen Wert legten. Die Jesuiten wirkten an der chinesischen Kalenderreform mit, und Pater Johann Adam Schall von Bell wurde sogar zum Direktor des Observatoriums von Peking ernannt.

Ein anderer Jesuit löste derweil das Rätsel um die Lage von Cathay. Matteo Ricci hatte bereits erkannt, dass Peking mit Marco Polos Khanbalik identisch war und Cathay ein Teil Nordchinas sein musste. Riccis Mitbrüder in Indien träumten aber noch davon, das Cathay, wo so viele Christen leben sollten, aufzuspüren. Einer von ihnen, Bento de Goes, schloss sich 1603 einer Karawane an und durchquerte Teile Zentralasiens, die seit 300 Jahren kein Europäer mehr betreten hatte. Er gelangte ins chinesische Turkestan und folgte der Oasenroute bis in die Grenzstadt Suzhou, wo er starb, nachdem er herausgefunden hatte, dass Cathay und China identisch waren. Seine Aufzeichnungen gelangten nach Peking und wurden von Matteo Ricci in dessen Reisebericht aufgenommen.

104/105
Schall beaufsichtigte eine Kanonenschmelze und stellte komplizierte Berechnungen für eine Reform des chinesischen Kalenders an. Außerdem leitete er das kaiserliche Observatorium in Peking, für das er auf der Basis wissenschaftlicher Erkenntnisse aus Europa neue Geräte konstruierte.

106 und 107

Die klugen Missionare der Gesellschaft Jesu machten
China nicht nur mit der europäischen Wissenschaft
bekannt, sondern lieferten auch wichtige Informationen
über das Himmlische Kaiserreich ins Abendland. Die
Bücher, die Pater Athanasius Kircher im 17. und der
Franzose Jean-Baptiste Du Halde im 18. Jahrhundert
auf der Grundlage von Briefen ihrer Mitbrüder in
Peking verfassten, stellten regelrechte Enzyklopädien
über ein seltsames und faszinierendes Land dar. Viele

gebildete Europäer kamen durch diese Werke erstmals
mit der chinesischen Kunst und Geschichte, Religion und
Literatur sowie mit den Sitten und Gebräuchen einer
uralten, hoch entwickelten Kultur in Kontakt. Auch die
Naturgeschichte spielte eine prominente Rolle. Diese Tafeln
aus Kirchers China monumentis illustrata zeigen
chinesische Blumen (unten), riesenhaft vergrößerte Ana-
nasstauden (oben rechts) und den Fischfang mit Hilfe
gezähmter Kormorane (Mitte rechts).

Giâm
Pô

Xú 1 Arbor

Ananas Fructus

DER TRIBUT DER BLONDEN BARBAREN

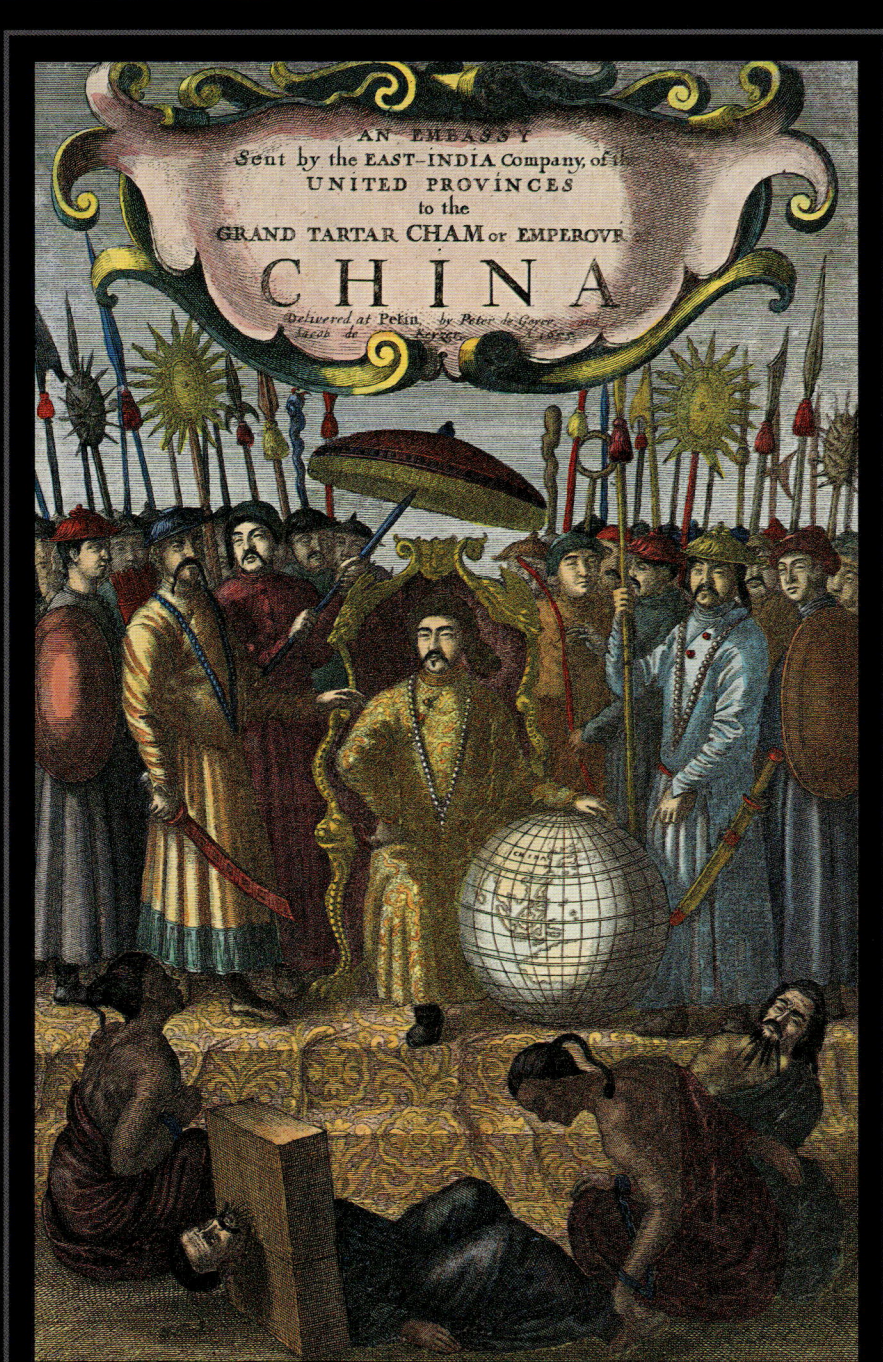

AN EMBASSY
Sent by the EAST-INDIA Company, of the
UNITED PROVINCES
to the
GRAND TARTAR CHAM or EMPEROVR of
CHINA
Delivered at Pekin, by Peter de Goyer
Jacob de Keyzer

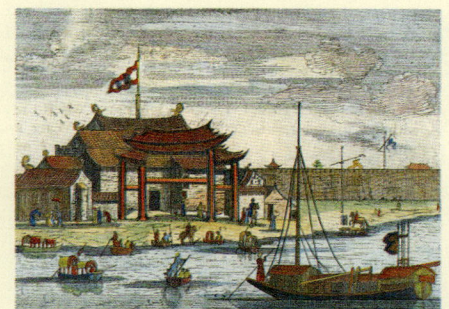

108 und 109
Der Kaiser der neuen
Mandschu-Dynastie –
hier auf dem Thron unter
einem Sonnenschirm im
Kreis von Mandarinen
und Soldaten – legt
selbstbewusst die Hand
auf einen Globus, der
das eroberte China zeigt.
Zu seinen Füßen knien
besiegte Chinesen. Das
Bild zierte den Titel der
englischen Ausgabe des
Berichts, den die 1655
im Auftrag der Nieder-
ländischen Ostindischen
Kompanie nach Peking
entsandten Botschafter
verfassten. Oben rechts ein
Kontor der Kompanie mit
niederländischer Flagge.

W ährend die gelehrten Missionare in der chinesischen Hauptstadt den Schutz

des Kaisers genossen und den höfischen Intrigen geschickt aus dem Weg

gingen, hatte sich die Situation in den Meeren rund um das Himmlische Kai-

serreich sehr zu Ungunsten der katholischen Kirche verändert. Spanien und

Portugal, deren Kronen zwischen 1580 und 1640 vereint waren, bekamen im

Fernen Osten Konkurrenz von den aufsteigenden Seemächten England und

Holland. Vor allem die Niederländer, die Ende des 16. Jahrhunderts erstmals

im Südchinesischen Meer auftauchten, eroberten Stück für Stück wichtige

Handelsplätze. In jahrzehntelangem Kampf hatten sie die spanischen Besatzer

aus ihrer Heimat vertrieben, und seitdem herrschte zwischen beiden Mächten

erbitterte Feindschaft, die auch in den weit entfernten Kolonien in Amerika

und Asien zu Konflikten führte.

Der Zusammenschluss der spanischen und der portugiesischen Krone hatte für das Seereich des kleineren Partners fatale Folgen, denn es war zu weit verstreut, um einer kriegerischen und zum Äußersten entschlossenen europäischen Seemacht auf Dauer standzuhalten. Die Holländer betrachteten Portugal genauso als Feind wie Spanien und machten sich ohne langes Federlesen daran, eine Kolonie nach der anderen in Besitz zu nehmen. Der Beginn dieses für Holland sehr einträglichen Beutezugs lässt sich präzise datieren: 1594 unterzeichnete Philipp II., König von Spanien und Portugal, ein Dekret, das die Holländer und Briten vom Gewürzmarkt in Lissabon ausschloss.

Gerade zu jener Zeit kehrte ein junger Holländer, Huggen van Linschoten, aus Indien zurück, wo er in Goa und anderen Orten zehn Jahre lang in den Diensten der Portugiesen gestanden hatte. Er verfügte über ausgezeichnete Kenntnisse, sowohl was den Gewürzhandel als auch was die Schiffsrouten zu den entsprechenden Ursprungsorten anbetraf. Außerdem besaß er eine Anzahl hervorragender Seekarten. Auf diese griff die erste Expedition zurück, die 1595 von Amsterdam aufbrach und Java ansteuerte. Nach diesem ersten, kleinen Erfolg kam ein zweiter, wesentlich wichtigerer: 1598 stachen bereits fünf Flotten mit 22 Schiffen in See, während zu jener Zeit gerade einmal vier oder fünf Frachter Lissabon verließen. Die Holländer befuhren den gesamten Fernen

Osten, von Java über die Molukken, von den Philippinen über Kanton bis nach Japan. Im Jahre 1601 belief sich die Zahl der holländischen Schiffe bereits auf 65, die sich in 15 Flotten gliederte. Sie unterstanden Handelsgesellschaften in verschiedenen Städten der Republik der Vereinigten Niederlande, wie sich Holland nun stolz nannte.

Ein Jahr später gründete man nach dem Vorbild Englands – wo Königin Elisabeth im Jahre 1600 das Handelsmonopol für den Indischen Ozean und den Pazifikraum einer Gesellschaft von Kaufleuten verliehen hatte – die Vereenigde Oostindische Compagnie (Niederländische Ostindische Kompanie). Das Grundkapital dieser Gesellschaft war zehnmal so hoch wie das der britischen Konkurrentin. Zunächst ging es darum, eine Monopolstellung auf dem einträglichen Gewürzmarkt zu erlangen und ein Netz von Niederlassungen entlang der wichtigsten Schifffahrtsrouten zu errichten. Jan Pieterszoon Coen, einer der Wegbereiter des Kolonialreichs in Ostindien, gründete 1619 auf Java die Stadt Batavia und verlegte den Sitz der Kompanie dorthin. Bald entstanden weitere Kontore in Indien, Ceylon, Birma, Siam, Kambodscha und Vietnam. 1641 gelang es, mit der Festung Malakka den Portugiesen eine Schlüsselstellung zu entreißen. Bereits 1609 hatten die Holländer Kontakt mit Japan aufgenommen und durften dort lange Zeit als einzige Europäer Handel treiben.

110/111
Nachdem die Niederländer sich von der Herrschaft der spanischen Habsburger befreit und eine Republik gegründet hatten, schickten sie ihre Flotten in die Meere des Ostens bis nach Japan und machten den Portugiesen ihre Stützpunkte und das Monopol im Gewürzhandel streitig. Dieser japanische Stich aus dem 17. Jahrhundert zeigt ein holländisches Segelschiff.

1624 unternahmen die Niederländer erste Schritte, um sich Zutritt nach China zu verschaffen. Zu diesem Zweck besetzten sie eine kleine Insel eines Archipels zwischen Formosa (Taiwan) und dem Festland, den die Spanier Islas de los Pescadores nannten. Zwar zwang eine chinesische Flotte die Invasoren zum Rückzug, doch auf der großen Insel, die die Portugiesen wegen ihrer üppigen Vegetation Formosa (die Schöne) genannt hatten, war ihnen mehr Glück beschieden. Formosa unterstand zwar offiziell der chinesischen Hoheit, aber die kaiserliche Zentralmacht übte keine direkte Kontrolle aus. Auf der Insel lebten zwei

Weißen waren ganz offensichtlich herbeigeeilt, um die Chinesen zu vertreiben, welche die Ureinwohner abfällig *Tao-he-lan* (Großohren) nannten, weil sie große Holzscheiben an den Ohrläppchen trugen. Die Paiwan und Rukai – berüchtigte Kopfjäger – machten dank der Holländer die beste Ausbeute aller Zeiten: Die Kanonen und Arkebusen der Invasoren trieben die Chinesen von der Küste in die Wälder, wo die Eingeborenen sie mit Giftpfeilen beschossen. Nur wenigen gelang die Flucht.

Bald nach diesen Massakern förderten die Holländer jedoch die Einwanderung von Festlandschinesen, weil sie sie als Arbeitskräfte für

Chinesen und brachten ihnen schwere Verluste bei. Auch in diesem Fall funktionierte die tödliche Zusammenarbeit zwischen Holländern und Insulanern prächtig: Die Weißen griffen ihre Erzfeinde vom Meer aus an, während es von der Landseite her vergiftete Pfeile hagelte. Nach einem höflichen Austausch zwischen den Kommandeuren der beiden verfeindeten europäischen Mächte, bei dem jeder sich unter den Schutz Gottes stellte, begann die eigentliche Schlacht, in der die Spanier den Kürzeren zogen. Formosa entwickelte sich in der Folge zum Schmuckstück des rasch wachsenden holländischen Kolonialreichs.

verfeindete Volksgruppen, nämlich Chinesen vom Festland, die sich seit Jahrhunderten in den Küstenbereichen niedergelassen hatten, und die Ureinwohner, die im Inselinneren völlig autonom lebten. Die Holländer landeten an der Südwestküste, errichteten zwei kleine Festungen, Zelandia und Provintia, und fanden in den Eingeborenen, die die Chinesen von jeher hassten, überraschende Verbündete. Bei den Stämmen der Paiwan und Rukai nahm die Erzählung von der Ankunft der weißen Männer mit blauen Augen, die auf großen Schiffen mit weißen Flügeln über das Meer kamen, geradezu mythische Züge an. Die

ihre Zuckerrohrplantagen sowie die Kohle- und Schwefelminen benötigten. Erstmals entstand in Asien eine Kolonie, deren Reichtum auf Ackerbau und Bodenschätzen und nicht ausschließlich auf Handel beruhte. Gleichzeitig versuchte man die Eingeborenen mit aller Macht zum Protestantismus zu bekehren.

Die Herrschaft der Holländer auf Formosa blieb jedoch nicht ungestört: Im Norden landeten Spanier und bauten an der Mündung des Flusses Danshui He eine Festung. Die schwarzhaarigen, dunkeläugigen Südeuropäer erregten indes den Zorn der Eingeborenen, denn diese hielten sie für Verwandte der

Vielleicht hätte sich an dieser Situation lange nichts geändert, wäre die politische Lage in China stabil geblieben. Unter der Regierung von Chongzhen, dem letzten Kaiser der Ming-Dynastie, kam es zu schweren Unruhen, die von zwei Rebellenführern, Zhang Xianzhong und Li Zicheng, geschürt wurden. Li Zicheng belagerte und eroberte die Hauptstadt der Provinz Henan. Die kaiserlichen Truppen, die man gegen ihn entsandt hatte, griffen jedoch nicht an, sondern zerstörten die Deiche des Gelben Flusses, so dass weite Teile der Provinz überschwemmt wurden. Lis Armee zog nun, unterstützt vom Volk, bis nach Peking und konnte 1642 in die Stadt einmarschieren. Im Norden der Stadt lag noch ein letzter kaiserlicher Truppenverband, der die nördliche Grenze gegen die Mandschuren abriegeln sollte; doch ausgerechnet mit diesem Volk schloss sich der General der Einheit nun zusammen. Der König der Mandschuren half tatsächlich, die Rebellen zu vertreiben, jedoch nur, um seinen Vorteil aus der Situation zu ziehen. Kaum war Peking erobert, als er auch schon seinen Sohn zum Herrscher erhob. 1644 endete somit die Ming-Dynastie, die seit 1368 ununterbrochen regiert hatte, und es begann die Zeit der Qing-Dynastie mit ihren Mandschu-Kaisern. Letzte Aufstände potenzieller Thronerben, von denen einer behauptete, der Sohn des letzten Ming-Kaisers zu sein, wurden rasch niedergeschlagen. Den Jesuiten gelang das Kunststück, auch die Gunst der neuen Machthaber zu erwerben; vor allem Pater Schall wurde von dem jungen Kaiser mit Ehrungen überhäuft.

Die Europäer hofften, dass sich China unter der neuen Dynastie dem Ausland öffnen würde, warteten doch gerade die Holländer seit geraumer Zeit vor den Toren des Reiches auf eine günstige Gelegenheit für ein Handelsmonopol. 1653 hatte Pater Martini in Europa verkündet, der Kaiser wolle allen Ausländern in der Stadt Kanton den Handel erlauben. Die Niederländische Ostindische Kompanie entsandte daraufhin einige Vertreter in die

Hafenstadt, um Näheres zu erfahren. Die lokalen Beamten rieten den Holländern, Botschafter nach Peking zu schicken, was sofort geschah. Es lohnt sich, den Werdegang dieser Gesandtschaft etwas näher zu beleuchten und sich zu vergegenwärtigen, wie China auf jene wirken musste, die es zum ersten Mal betraten.

Der Indienrat, der die Kompanie verwaltete, und Maetsuycker, der Gouverneur von Batavia, wählten Peter de Goyer und Jakob Keyser als Botschafter aus. 14 Personen – zwei Kaufleute, sechs Diener, ein Kammerherr, ein Arzt, zwei Dolmetscher, ein Trompeter und ein Tambour – bildeten das Gefolge. Der Kammerherr hieß Jan Nieuhoff und schrieb später einen Bericht über diese Reise, der in mehrere europäische Sprachen übersetzt wurde.

Zwei weitere Kaufleute sollten sich in Kanton um die Handelsverbindungen kümmern, während die Delegation nach Peking fuhr. Als Geschenke für den Sohn des Himmels stapelten sich in den Zwischendecks der beiden Schiffe Ballen mit Wolle und feinem Tuch, erlesene Gewürze, Korallen, Wachs und neue technische Erfindungen aus Europa, darunter Fernrohre, Spiegel, Schwerter, Gewehre, Pistolen und Rüstungen. Die Botschafter hatten den Auftrag, ein Bündnis zwischen dem chinesischen Kaiserreich und den Niederlanden zu schließen und eine Handelsfreiheit für die unermesslichen Weiten Chinas einzuholen.

Am 14. Juni 1655 nahm die Delegation von Batavia aus Kurs auf Kanton. Einen Monat später sahen die Männer von ferne Macau, das, von Mauern umschlossen und über eine schmale Landzunge mit dem Festland verbunden, hoch auf einem Felsen über das Meer ragte. Sehnsüchtig und zornig zugleich blickten die Holländer auf den Fleck, den sie Jahre zuvor vergeblich zu erobern versucht hatten. Am 18. Juni gingen die Schiffe im kleinen Hafen Hutoumen vor Anker, »einem für den Handel überaus schönen und angenehmen Ort«. Ein mit chinesischen Soldaten besetztes Boot legte bei und fragte im Namen des Gouverneurs nach dem Grund für den Besuch. Nun begannen langwierige Verhandlungen, die sich auf Grund der komplizierten chinesischen Zeremonialvorschriften noch in die Länge zogen. Die Holländer schickten einen Sekretär an Land, den der Gouverneur auch tatsächlich empfing, um ihn zu fragen, warum die Weißen sich erdreisteten, in ein Reich einzudringen, das sich nicht im Geringsten für sie und ihren Handel interessierte.

Eine Woche verging, bis aus Kanton zwei Mandarine eintrafen. Sie hatten den Auftrag, die Beglaubigungsschreiben der Botschafter zu prüfen. Man lud die Holländer in das Haus des Gouverneurs vor, der sie in angemessener Distanz warten ließ, während er ihren Brief las. Die Mandarine reisten wortlos wieder ab.

112

Die Holländer verbündeten sich auf Taiwan (von den Spaniern Formosa genannt) mit eingeborenen Kopfjägern, welche die Chinesen an der Küste der Insel seit jeher hassten. Auf Taiwan errichteten die Niederländer die Festungen Provintia und Zelandia.

113

Die Flotte mit den ersten holländischen Gesandten brach von Batavia (heute Jakarta auf der Insel Java) auf und folgte der Südküste des Himmlischen Kaiserreichs. Dabei passierte sie den Stützpunkt Macau, den die Holländer den Portugiesen nicht hatten abnehmen können.

MAKOU

Nach einer weiteren Woche stellte sich den
Botschaftern schließlich ein Mandarin mit
höheren Befugnissen vor, der sie nach Kanton
bringen sollte. Dort führte man sie in einen
großen Tempel, wo ihre Beglaubigungsschreiben auf einem Tisch ausgebreitet wurden,
während der Beamte alles über ihre Reise, ihre
Schiffe, die Briefe und Geschenke wissen wollte. Er schien sehr verwundert darüber, dass sie
keine Botschaft für den Vizekönig von Kanton
dabei hatten, vor allem aber belehrte er sie darüber, dass sie einen schweren Verstoß gegen
die Etikette begangen hatten, als sie versäum-
ten, den Brief an den Kaiser in eine goldene
Truhe einzuschließen. Gleichwohl versprach er,
am folgenden Tag an Bord zu kommen, um die
Geschenke entgegenzunehmen. So geschah es,
dann lud man die beiden Botschafter und fünf
Männer aus ihrem Gefolge auf eine Dschunke,
begleitete sie nach Kanton und ließ sie dort
ohne große Worte vor dem Stadttor stehen.
Nach einigen Stunden durften sie eintreten
und wurden in eine Unterkunft geführt. Hier
suchte sie der Schatzmeister von Kanton auf,
einer der ranghöchsten Beamten der Stadt.
Er befragte sie abermals ausführlich über jedes
Detail ihrer Mission und über ihr Privatleben:
ob sie verheiratet seien, seit wie vielen Jahren,
wie viele Kinder sie hätten und so fort. Das
Verhör endete mit der Feststellung, dass man
vor Ort keine Entscheidung treffen könne und

auf Anweisungen aus Peking warten müsse. Einige Tage später trafen tatsächlich zwei kaiserliche Schreiben ein, eines, das den Botschaftern erlaubte, in die Hauptstadt zu reisen, und ein anderes, das den Holländern den Abschluss von Handelsgeschäften in Kanton gestattete.

Die Reise führte wieder einmal über zahlreiche Flüsse und Kanäle ins Landesinnere. Der Kaiser stellte den Gesandten großzügig eine Flotte zur Verfügung, auf der die Männer mit all ihrer Ladung Platz fanden. Sie wurden von einer Eskorte mandschurischer Soldaten begleitet, die dem Kommando dreier Mandarine unterstanden. Boten sollten die Vorsteher der Städte entlang der Route von der Ankunft der Gäste informieren.

Die Vorbereitungen nahmen einige Zeit in Anspruch. Erst ab dem 17. März 1656 ruderten die Dschunken stromaufwärts. Die Holländer pflanzten stolz die Standarte der Vereinigten Niederlande auf, während die Festungen, an denen sie vorbeikamen, die kaiserlichen Boote

mit Salutschüssen begrüßten. Die Chinesen gingen eindeutig davon aus, dass die Schiffe eine Abordnung blondhaariger Barbaren in die Hauptstadt brachten, die sich dem allmächtigen Sohn des Himmels unterwerfen wollten.

Die Dschunken kamen nur langsam voran, unterstützt vom Wind und noch häufiger von den Ruderern, die Nieuhoffs Mitleid erregten, denn er bemerkte, wie sie von den Soldaten unbarmherzig bis zur Erschöpfung angetrieben wurden: »Drohte, was häufig vorkam, einer der Ruderer vor Ermüdung das Bewusstsein zu verlieren, so trat sogleich ein Soldat hinter ihn und begann auf ihn einzuschlagen, bis er entweder das Ruder wieder ergriff oder aber tot umfiel.« Die Holländer sahen die exotischen Landschaften Chinas an sich vorbeiziehen: spitz zulaufende Berge, deren Gipfel in den Bergen verschwanden, farbig bemalte Pagoden mit seltsam geformten Dächern, dicht besiedelte Städte mit verfallenen Stadtmauern und die scharf abgegrenzten Rechtecke der

Reisfelder. Häufig verengte sich der Fluss, die Strömung wurde stärker und bisweilen reißend, die Boote schossen zwischen Felswänden dahin, und so mancher Ruderer fiel ins Wasser und ertrank. Die tückischen Stromschnellen trugen ahnungsvolle Namen wie die Fünf bösen Teufel, die Sieben Hexen, die Drei Bergdämonen, und hier und da sah man Überreste gekenterter Schiffe. Als sie in den Poyang-See einfuhren, bemerkten die Chinesen, dass der holländische Koch im Begriff war, das Herdfeuer zu entzünden. Sie warfen sich auf den Boden und flehten ihn an, dies unbedingt zu unterlassen: Im See hause ein Drache, dessen Nase den Duft gekochter Speisen nicht ertrage; wenn er sie dennoch rieche, erzeuge er haushohe Wellen, die jedes Boot in die Tiefe rissen. Die Holländer zogen es vor, den Volksglauben der Chinesen stillschweigend zu erdulden, und die Küche blieb an diesem Tag kalt.

Schließlich erreichte man Nanking, die Hauptstadt des Südens und »schönste Stadt

THE GROUNDPLAT OF KANTON

116 und 117
Die Chinesen betrachteten die Holländer als Barbarenvolk,
das gekommen war, um Tributzahlungen an den Kaiser
zu entrichten. Die Europäer mussten zu diesem Zweck
mehrere Monate in Kanton warten (oben eine Panora-
maansicht vom Meer aus, links ein stark geometrisches
Bild aus der Vogelperspektive). Immerhin begegnete der
»Vizekönig« (ganz oben) den Fremden sehr höflich.

118 und 119
Schließlich traf ein Schreiben aus der Hauptstadt
Peking ein, und die Holländer durften auf luxuriösen
Dschunken, begleitet von einer vielköpfigen Eskorte, über
die Wasserstraßen des Landesinneren nach Peking reisen.
Die nachfolgenden Seiten zeigen zwei hohe Staatsbeamte,
einen Richter sowie einen hohen Mandarin inmitten
eines großen Gefolges.

120
Kein Ort beeindruckte die Holländer so stark wie Nanking, die große Metropole des Südens und eine der reichsten Städte Chinas. Von den Dächern der mächtigen neunstöckigen Porzellanpagode hingen Glocken herab, die bei jedem Windhauch zu Ehren der Götter erklangen.

121 oben
Nur wenige Meilen von Peking entfernt gingen die Botschafter an Land und warteten darauf, dass man ihnen eine Unterkunft in der Nähe des kaiserlichen Palasts zuwies. Das Bild zeigt eine Brücke mit einem großen, fahnengeschmückten Triumphbogen, die in die Stadt führte.

121 unten
Nanking — hier eine Straße mit zahlreichen Läden — zählte mehr als eine Million Einwohner. Man handelte hier mit Seide, Perlen, Porzellan, Diamanten und anderen Gütern und schickte alle drei Monate fünf mit kostbaren Stoffen beladene Schiffe nach Peking.

Chinas«, wie Nieuhoff bemerkte. Er begeisterte sich für die zahlreichen schiffbaren Kanäle und die breiten, geraden und gut gepflasterten Straßen. Auch lobte er die Ordnung bei Tag und die Ruhe bei Nacht, die köstlichen Kirschen, vor allem aber die unzähligen Händler, die in ihren Läden die kostbarsten Güter feilboten: Seide, Porzellan, Perlen, Diamanten – ein Freudenfest für die Holländer, die im Geiste bereits an jeder Ecke Kontore errichteten und voller Staunen schätzten, dass allein in dieser Stadt, einer von vielen im unendlich großen China, über eine Million Menschen lebten mussten. Alle drei Monate fuhren von Nanking aus fünf reich mit Stoffen beladene Dschunken ins kaiserliche Peking. Diese Boote nannte man *Longyichuan*, Drachentuchschiffe, und nie hatte Nieuhoff prachtvollere Gefährte gesehen, zogen sich doch vergoldete Einlegearbeiten über den gesamten Rumpf.

Der Chronist und seine Landsleute bestiegen auch den großen Porzellanturm im Zentrum der Stadt, der ihrer Meinung nach alles übertraf, was Kunst und Handwerk in China jemals an Wunderwerken hervorgebracht hatten. Der Turm umfasste neun Stockwerke und 884 Stufen, die Fugen waren so fein gearbeitet, dass alles wirkte wie aus einem Guss, und die Töne der Glocken veranstalteten im Wind ein wundersames Konzert. Nur der Klang der großen Tempelglocken missfiel den Reisenden. Die Bewohner von Nanking wirkten auf die Holländer ernster, wohlerzogener, gebildeter und vernünftiger als irgendwo sonst in China.

In Nanking bereitete man für den Transport der Botschafter zwei große kaiserliche Dschunken vor, ausgestattet mit allem erdenklichen Komfort, reich bemalt und vergoldet. Am Heck gab es sogar ein Musikzimmer, in dem die Reisenden mit Konzerten unterhalten wurden.

Am 18. Mai verließ die Gruppe die Hauptstadt des Südens, am 24. Mai kam sie an der Stadt Yangzhoufu vorbei, die »für ihre schönen und lebhaften Frauen« mit den winzigen Füßen berühmt war. Anschließend ging die Fahrt auf dem Gelben Fluss weiter, wobei die Schiffe von Tausenden von Kulis gegen den Strom gezogen wurden. Der Weg führte vorbei an zahlreichen schwimmenden Inseln, die aus Bambusstäben geflochten waren, darüber hatten die Chinesen ebenfalls aus Bambus Hütten erbaut. Schließlich kamen sie zum Kaiserkanal, der die gesamte Provinz Shandong durchquerte.

Hier erlebten die erstaunten Holländer den Feldzug der Chinesen gegen die Heuschrecken mit, die stets um diese Jahreszeit die Gegend heimsuchten. »Der Ostwind trägt sie in so großer Zahl herbei, und sie fallen mit einer solchen Macht über das Land her, dass die gesamte Region nach wenigen Stunden wüst und kahl gefressen ist.« Die Bewohner bildeten lange Reihen auf den Feldern und droschen mit Säcken und Holzprügeln auf die Plage ein. Auch das Schiff der Botschafter war über und über von Heuschrecken bedeckt, doch gelang es den Chinesen, sie abzuschütteln.

Am 16. Juli ging die Gesandtschaft vier Meilen vor Peking an Land. Ein Mandarin kam ihnen entgegen und teilte mit, dass man ihnen am folgenden Tag 24 Pferde und zahlreiche Wagen zum Transport des Gepäcks und der Gaben zur Verfügung stellen würde. Hoch zu Ross ritten die Holländer dann zu einem Tempel, der etwas außerhalb der Stadtmauern lag. Dort empfingen sie der kaiserliche Falkner, auf dessen Arm tatsächlich ein Greifvogel saß, und weitere Würdenträger des Hofes.

Nun begann eine prunkvolle Zeremonie. Der Falkner untersuchte Gepäck und Geschenke, anschließend begleitete er die Männer in

ihre luxuriös eingerichtete Unterkunft, die sich ganz in der Nähe des Kaiserpalasts befand. Vor dem Tor wurden zwölf Mandschu-Krieger als Ehrenwache aufgestellt. Am nächsten Morgen kamen mehrere Mitglieder des kaiserlichen Rates zu Besuch. Sie tauschten die üblichen Höflichkeiten aus, versuchten dann aber herauszufinden, wer die Holländer eigentlich waren. Schließlich hatten deren Feinde, die Portugiesen, die schrecklichsten Dinge über sie berichtet. Unter anderem hieß es, die blonden Gesellen seien allesamt Piraten, sie lebten auf Inseln, die sie den asiatischen Völkern auf betrügerische Weise abgeluchst hätten, und wollten nach China eindringen, um dort zu rauben, zu plündern und zu morden.

Die Holländer legten den Beamten eine Karte von Europa und eine von den Niederlanden vor und bemühten sich, den Asiaten zu erklären, woher sie ursprünglich stammten. Diese verstanden nicht wirklich, wo Holland liegen sollte, noch weit weniger aber vermochten sie das politische System der Republik zu begreifen, das völlig außerhalb ihrer Vorstellungskraft lag. Schließlich gaben die Holländer zu Protokoll, sie kämen im Auftrag des Prinzen von Oranien, der den Niederlanden

als Generalstatthalter vorstand. Doch daraus ergaben sich sogleich neue Schwierigkeiten. Normalerweise empfing der Sohn des Himmels nur leibliche Verwandte anderer Herrscher als Gesandte. Personen eine Audienz zu gewähren, die von niedrigerem Rang waren, hätte den Kaiser entehrt. Die Holländer gerieten in immer tiefere Bedrängnis, mussten sie doch zugeben, dass sie keineswegs Prinzen von Geblüt waren, doch behaupteten sie frech, in Europa sei genau das Gegenteil Sitte, dort nämlich betraue man aus Prinzip niemals Fürsten mit einer politischen Mission.

Nun fragten die Chinesen, welche Stellung bei Hofe die Botschafter denn innehätten und erkundigten sich nach ihren Titeln und Verdiensten. Um die Situation zu retten, gaben sich die Botschafter als Vertreter des Generalgouverneurs von Batavia aus. Was aber war ein Generalgouverneur? Und wo lag Batavia? Schließlich antwortete einer, der Generalgouverneur sei dem Rang nach mit dem Vizekönig von Kanton vergleichbar und Batavia sei das Nanking der Holländer, von wo aus diese ihre Besitzungen in Indien verwalten würden. Mit diesen Auskünften gaben sich die Chinesen einigermaßen zufrieden, und am nächsten Tag

durften sich die Fremden mit ihren Gaben dem Kaiserlichen Rat vorstellen. Zu den Ratsmitgliedern, die im Schneidersitz in einem großen Saal auf die Ankömmlinge warteten, gehörte auch der Jesuitenpater Schall, »ein alter, groß gewachsener Herr mit langem Bart, kurz geschorenen Haaren und der Kleidung der Tataren«. Er begrüßte sie auf Holländisch und fragte nach Personen, die er vor langer Zeit in Holland gekannt hatte. Er diente als Dolmetscher und versicherte dem Rat, dass die Gesandten in friedlicher Absicht kamen. Dennoch setzte der Jesuit die Protestanten in ein schlechtes Licht, denn er erklärte, dass ihr Land bis vor kurzem unter der Herrschaft des spanischen Königs gestanden habe, der noch Ansprüche auf Holland geltend mache. Doch der chinesische Kanzler interessierte sich nicht weiter für diesen Einwand – es genüge, befand er, dass dieses Volk ein eigenes Land besäße, alles andere seien unwichtige Kleinigkeiten. Der katholische Mandarin nahm sodann in einer kostbaren Sänfte Platz, die von berittenen Beamten eskortiert wurde, und begleitete die Botschafter zu ihrer Unterkunft.

Einige Tage später teilte man den Holländern mit, dass der Kaiser und seine Mutter die

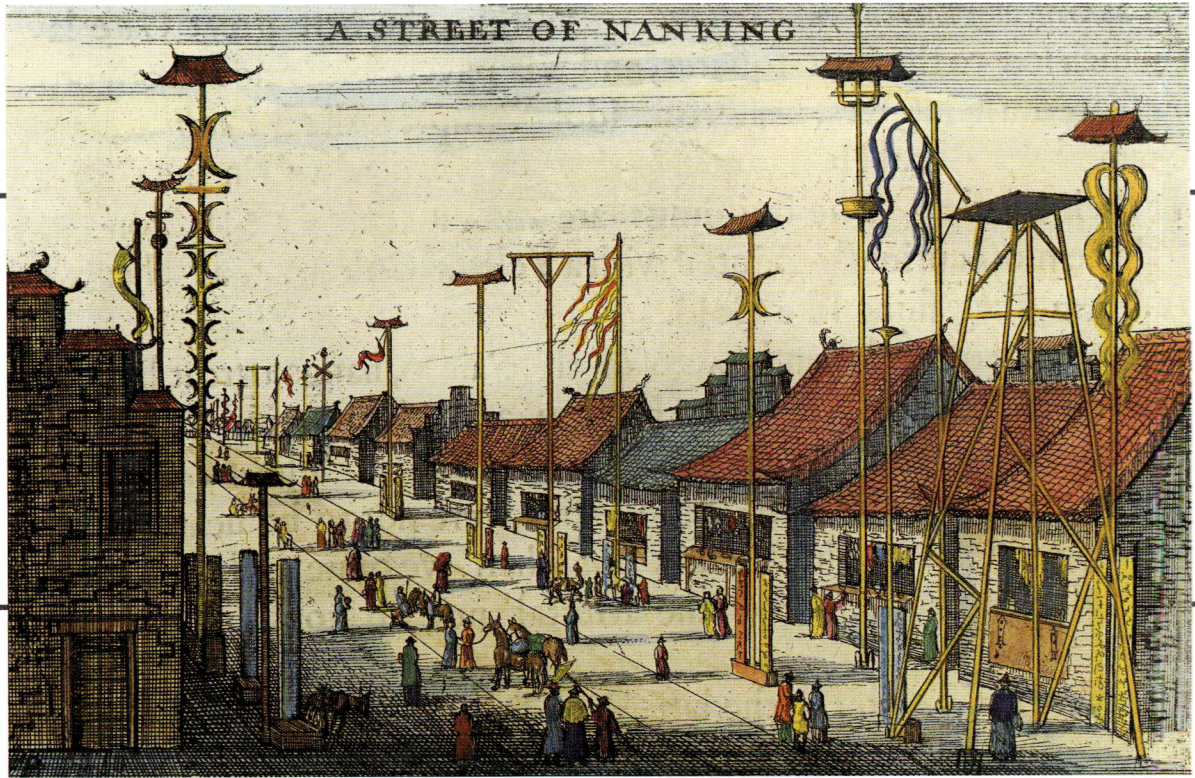

Geschenke freundlich aufgenommen hatten, doch verlangte der Sohn des Himmels, dass sie den Angehörigen des Vizekönigs von Kanton ebenfalls 50 Stück weißen Stoff zukommen lassen sollten. Sie besaßen allerdings nur 36, was die Mandarine schließlich akzeptierten.

Am 3. August traf eine weitere vielköpfige Gesandtschaft in der Stadt ein. Es handelte sich um Botschafter des indischen Großmoguls, und sie brachten Geschenke, die ihres Herrn würdig waren: 336 herrliche Pferde, zwei Straußen, einen Diamanten von der Größe eines Hühnereis sowie zahlreiche Edelsteine.

Es folgten weitere Begegnungen zwischen chinesischen Beamten und den Holländern, in denen immer dieselben Fragen gestellt und ähnliche Antworten gegeben wurden. Als man dann endlich zum entscheidenden Punkt, dem Handelsmonopol, kam, fragte der Kanzler, ob die Holländer jedes Jahr oder zumindest alle zwei bis drei Jahre, eine Delegation entsenden könnten, um dem Kaiser die Ehre zu erweisen. Die Holländer meinten, dies könnte alle fünf Jahre geschehen, doch bitte die Niederländische Ostindische Kompanie dafür um Erlaubnis, Kanton pro Jahr mit vier Schiffen anzusteuern, um dort Handel zu treiben.

Der Rat tagte und einigte sich darauf, dem fünfjährigen Rhythmus zuzustimmen, und endlich, am 1. Oktober um zwei Uhr mittags, holte ein Zug hoher höfischer Beamter die Holländer ab und brachte sie zum kaiserlichen Palast innerhalb der Verbotenen Stadt. Zu den sechs Personen, die neben den Botschaftern an der Audienz teilnehmen durften, gehörte auch Nieuhoff. Sie durchschritten das Tor der äußeren Stadt und gelangten in den zweiten Hof. Wenig später kamen die Gesandten des Großmoguls und eine Delegation tibetanischer Lamas sowie eine weitere der Tataren des Südens, deren Botschafter in Peking in hohem Ansehen stand. Dieser Gesandte trug ein Gewand aus karmesinrotem Schafsleder, seine Arme waren nackt, doch dafür zierte eine Kappe aus kostbarem Marderpelz seinen Kopf. Von dieser hing ein rötlicher Pferdeschweif bis zu seinem Nacken hinunter, und an seinem Gürtel baumelte ein Krummsäbel. Die Männer in seinem Gefolge waren alle gleich gekleidet und mit einem Bogen und Pfeilen ausgestattet. Das Gewand des Botschafters, der den Kaiser im

Namen des Großmoguls aufsuchte, war himmelblau und mit zahlreichen Tressen versehen, während der tibetische Abgesandte ein gelbes Kleid trug und in den Händen einen großen Rosenkranz hielt. Am Tor standen wie unnahbare Wächter drei schwarze Elefanten, die auf dem Kopf vergoldete Hauben hatten.

Nach langer Wartezeit ließ man die Holländer in einen weiteren, von tatarischen Soldaten umringten Hof vortreten, und zu guter Letzt gelangten sie in jenen Hof, der sich zum Thronsaal hin öffnete. Die Wächter die sie begleiteten, waren in karmesinfarbene Gewänder gehüllt. 112 Personen standen zu beiden Seiten des Throns, ein jeder mit anderen Insignien, aber alle trugen den gleichen schwarzen Hut mit gelbem Federschmuck. 22 Offiziere hielten in den Händen eine Art reich verzierten gelben Ofenschirm, dessen Form einer Sonne ähnelte, sechs andere trugen ein ähnliches Objekt in Form eines Mondes. Sodann folgten 16 mit Piken bewaffnete Wächter in verschiedenfarbigen Seidengewändern und weitere 36 mit Standarten, die mit Drachen geschmückt waren. Vor der Treppe, die zum Thron hinaufführte, standen sechs weiße Pferde mit üppigem Zaumzeug, das mit Perlen, Rubinen und anderen Edelsteinen bestickt war.

Die Holländer mussten sich, gemäß ihrem Rang, zwischen dem zehnten und dem zwanzigsten im Boden verankerten Stein aufstellen. Diese Steine waren mit Bronze überzogen und mit chinesischen Schriftzeichen verziert, welche den Status der Personen anzeigten, die an diesem Platz stehen oder knien durften. Schließlich rief ein Herold mit lauter Stimme: »Geht nach vorn, und präsentiert euch vor dem Thron«, und, nachdem die Holländer seiner Aufforderung Folge geleistet hatten: »Nehmt euren Platz ein«, dann: »Verbeugt euch dreimal bis zur Erde« und schließlich erklang der Ruf: »Erhebt euch und geht.«

Anschließend führte man die Holländer zusammen mit dem Botschafter des Großmoguls zu einem Unterstand unweit des Throns, wo man sie abermals aufforderte, sich zu verneigen und niederzuknien. Danach servierte man ihnen in hölzernen Tassen Tee mit Milch nach Art der Tataren. Einige Zeit später läuteten die Glocken, und die gesamte anwesende Menschenmenge verbeugte sich, als der Sohn

des Himmels die Stufen zum Thron hinaufstieg. Die Gesandten sahen nicht viel von ihm, da sie sich von ihren Plätzen nicht entfernen durften und der Thron außerdem über und über mit Gold und glitzernden Edelsteinen verziert war, so dass den Europäern vom bloßen Hinsehen die Augen schmerzten. Immerhin nahmen sie einen hellhäutigen jungen Mann von mittlerer Größe und schöner Gestalt wahr, der ein goldfarbenes Gewand trug. Er blieb etwa eine Viertelstunde auf seinem Thron sitzen, erhob sich dann und ging, wie es das höfische Zeremoniell verlangte, davon, ohne das Wort an einen der Anwesenden — und schon gar nicht an die Holländer — gerichtet zu haben, die tief enttäuscht zurückblieben.

Mit dem Aufbruch des Kaisers kam Bewegung in den Hofstaat, alles stürzte ihm

hektisch hinterher, und die Botschafter mussten sich mühsam ihren Weg durch die Menge bahnen, um wieder in ihre Unterkunft zurückzukehren. Nach chinesischem Brauch mussten die Fremden am 10., 20. und 30. Tag nach der Audienz an einem Bankett teilnehmen, danach galten die Verhandlungen als beendet, und die Gesandten reisten ab. Da die Holländer es eilig zu haben schienen, hielt man das Festessen an drei aufeinander folgenden Tagen ab. Vor der Abfahrt händigte man den Holländern im Rahmen einer pompösen Zeremonie ein Schreiben des Kaisers an den Gouverneur von Batavia in tatarischer und chinesischer Sprache aus. Leider enthielt es alles andere als eine Bestätigung der kühnen Hoffnungen, welchen die Holländer sich im Rahmen ihres langen Aufenthalts hingegeben

hatten. Nach den üblichen Höflichkeitsfloskeln hieß es dort: »Ihr habt mich um die Erlaubnis gebeten, Handel in meinem Land treiben zu dürfen, weil dies für meine Untertanen von Vorteil sei. Da euer Land jedoch weit entfernt ist und eure Schiffe durch die gefährlichen Winde an unseren Küsten Schaden nehmen könnten, was ich bedauern würde, wünsche ich, wenn es euch genehm ist, dass ihr nur alle acht Jahre einmal und mit nicht mehr als hundert Männern kommt, von denen zwanzig mich bei Hofe aufsuchen dürfen. Dann sei euch gestattet, eure Waren am Ufer in einer Loggia abzuladen, und ihr müsst keinen Handel im Meer vor Kanton treiben.« So kehrten die Holländer in aller Eile nach Batavia zurück, und hatten, wie Nieuhoff bitter bemerkte, »nichts als Unkosten und Mühen« geerntet.

122/123
Nachdem die Gesandten einige Tage gewartet und unzählige Fragen über ihr Land und ihre Absichten beantwortet hatten, durften sie den Palast betreten – hier einer der zahlreichen Höfe – und an einer Audienz teilnehmen, die jedoch festen Regeln unterlag. Ein Gespräch zwischen dem Kaiser und den Botschaftern fand nicht statt.

124

*Die riesigen Höfe des Kaiserpalasts von Peking waren
mit Steinquadern gepflastert. Einige der Quader waren
mit Bronze überzogen. Sie markierten die Stellen, an
denen die Würdenträger und Botschafter der verschiedenen Länder sich gemäß dem strengen Hofzeremoniell
zu postieren hatten.*

125

*Zu den Regeln gehörte auch, dass man Botschafter mit
einem üppigen dreitägigen Bankett verabschiedete, nach
dessen Ende die Gesandten die Stadt augenblicklich zu
verlassen hatten. Ihr Besuch trug ihnen nicht mehr als
ein Höflichkeitsschreiben des Kaisers und die Erlaubnis
ein, alle acht Jahre in Kanton Handel zu treiben.*

DER SOHN DER MEERESGÖTTIN

The Second & Third EMBASSIE to y̆ EMPIRE of TAYSING or CHINA. with A⁰. Previledge 1672.

R und um die Insel Formosa waren inzwischen die ersten Anzeichen drohenden Unheils zu erkennen. Die Gewässer mit ihrem Labyrinth kleiner Inselchen eigneten sich hervorragend als Stützpunkte für Piraten, die von jeher vor den Küsten Chinas ihr Unwesen trieben. In der ersten Hälfte des 17. Jahrhunderts erlangte einer von ihnen Berühmtheit, eine Art seefahrender Attila, der Dschunken überfiel und die Städte und Dörfer zwischen der Mündung des Jangtsekiang und der Metropole Kanton unsicher machte. Zheng Zhilong wurde im Jahre 1603 im Dorf Anhai unweit der Hafenstadt Xiamen als unehelicher Sohn eines Kulis geboren. 1621 schiffte er sich nach Macau ein, wo er in die Dienste der Portugiesen treten wollte. Um bei seinen neuen Herren Eindruck zu schinden, trat er zum katholischen Glauben über und lernte die Sprache der Weißen, die er bald perfekt beherrschte. Die Portugiesen nannten ihn Gaspar

126 und 127
Hier sitzt der junge chi-
nesische Kaiser inmitten
seines Hofstaats auf dem
Thron. Rechts erkennt man
einen mutigen Krieger
mit einem Morgenstern,
daneben eine hübsche
Perlenfischerin. Das Boot
schiebt sich über zwei
jener Piraten, die damals
die chinesischen Gewässer
unsicher machten. Der
Seeräuber im Vordergrund
ist Koxinga, der sich als
Sohn der auf dem Bild
oben rechts dargestellten
Meeresgöttin bezeichnete.

Nicolau, bekannt wurde er jedoch unter dem Namen Nicolau Iquan. Sein Glück machte er allerdings nicht in Macau, sondern in Japan, im Dorf Hirado unweit der Stadt Nagasaki. Dort hatte sich zu jener Zeit ein anderer chinesischer Abenteurer niedergelassen, der in den abendländischen Chroniken stets unter dem Namen »Kapitän China« Erwähnung findet. Dieser Kaufmann, der sich ebenfalls hatte taufen lassen, verfügte über eine Flotte von Dschunken, mit denen er Waren von Japan nach Formosa, Annam und Tongking brachte. Wie viele Reeder jener Zeit unternahm er aber auch gelegentliche Beutezüge mit seiner Mannschaft. Ihm bot Nicolau seine Dienste an, und binnen kürzester Zeit stieg er zur rechten Hand des Piraten und Händlers auf.

Als Kapitän China 1625 starb, übernahm Nicolau seine Flotte. Zwei Jahre später befehligte er bereits rund 1000 stark bewaffnete Dschunken, die chinesische, portugiesische und holländische Schiffe aufbrachten und deren kostbare Fracht in Kanton oder Xiamen verhökerten. Schließlich packte Nicolau das Heimweh, und er kehrte nach Anhai zurück, ließ sich dort einen prachtvollen Palast errichten und umgab sich mit einer Leibwache aus

76 holländischen Söldnern. 300 riesige Negersklaven, die er in Macau gekauft und mit farbenprächtigen Seidengewändern ausstaffiert hatte, standen ihm zu Diensten. Bald schon rankten sich zahlreiche Legenden um den Seeräuber. Offenbar waren die Götter ihm und seiner Mannschaft wohlgesonnen, denn niemals geriet eines seiner Schiffe in einen Taifun, und keine Fracht, die er geladen hatte, versank je im Meer. Nicolau hatte, so erzählte man sich, Mazu po, die Schutzgöttin der Fischer, zu seiner Geliebten gemacht und traf sich regelmäßig mit ihr auf einer kleinen Insel, auf der es Früchte und klares Wasser in Hülle und Fülle gab. Dieses Eiland tauchte immer dann aus den Fluten auf, wenn den beiden Liebenden nach einem Stelldichein zumute war.

1633 bot der Kaiser, der nicht länger mit ansehen wollte, wie ein von den Göttern protegierter Pirat Schiff um Schiff kaperte, Nicolau selbst das Kommando über seine Flotte an. Der Seeräuber akzeptierte, setzte aber seine Raubzüge fort, wobei ihm die kaiserlichen Dschunken sehr gelegen kamen. Vor allem hatte er es auf die Holländer abgesehen, die nun immer zahlreicher in den Gewässern südlich von China auftauchten. Wenn fettere

Beute in Aussicht stand, zögerte er allerdings nicht, sich auch mit den Niederländern kurzfristig zu verbünden. Nicolaus Glückssträhne endete mit dem Fall der Ming-Dynastie. Die neuen Herren Chinas, die wussten, dass er für Titel und Ehrungen empfänglich war, boten ihm den Posten eines Vizekönigs über drei Provinzen an, wenn er im Gegenzug seine Flotte einem Mandschu-Admiral überließ. Der Pirat stimmte zu und begab sich 1646 mit seinen weiß-, gelb- und schwarzhäutigen Truppen in die Stadt Fuzhou, um sich krönen zu lassen. Dort hatte man ein dreitägiges Bankett vorbereitet, bei dem sich Nicolaus Leibgarde bis zur Besinnungslosigkeit betrank, woraufhin man sie niedermetzelte und Nicolau in Ketten legte. 14 Jahre verbrachte er im Kerker von Peking, bevor man ihn 1661 zum »Tod durch tausend Wunden« verurteilte, eine besonders grausame Foltermethode, bei der man dem Verurteilten kleine Stücke aus dem Körper herausschnitt. In letzter Minute wandelte der Kaiser das Urteil jedoch in eine mildere Strafe um – Nicolau wurde enthauptet.

Angeblich war aus der Verbindung mit der Meeresgöttin 1624 ein Sohn namens Zheng Chenggong hervorgegangen, den Nicolau im

128 unten links
Im Labyrinth der Inselchen und Buchten, welche die
chinesische Küste gegenüber von Formosa säumen, trieben
kühne Seeräuber ihr Unwesen. In dieser Gegend kam
auch Zheng Zhilong zur Welt, der sich als einer der
kämpferischsten Piratenführer erweisen sollte; die Portugiesen gaben ihm später den Namen Nicolau Iquan.

128 unten rechts und 129
Die lange, erfolgreiche Laufbahn Zheng Zhilongs nährt
die Legende von seiner Verbindung mit der Meeresgöttin
Mazu po (links ein Fantasiebild aus Kirchers Werk
China Illustrata). Das Bild oben zeigt sie in Gestalt
einer mächtigen Tempelstatue. Es stammt aus der englischen Ausgabe eines holländischen Gesandtschaftsbericht...

Alter von 15 Jahren zum Studium an die kaiserliche Schule geschickt hatte. Der Kaiser verlieh ihm zudem den Ehrentitel Guoxingye, den die Holländer Koxinga aussprachen. Eigentlich hätte er Mandarin werden sollen, doch als sein Vater nach dem Fall der Ming-Dynastie die unglückselige Verbindung mit den Mandschu einging, stellte er sich auf die Seite der letzten Ming-Truppen, die in den Provinzen noch über zahlreiche Anhänger verfügten. Er begab sich in einen Tempel, verbrannte sein Studentengewand, legte eine Rüstung an und machte sich daran, die väterliche Flotte zurückzuerobern. Binnen kurzer Zeit gebot er über eine Armee von 50 000 Reitern und 70 000 Fußsoldaten, mit der er sich den Mandschuren entgegenstellte. 1659 erreichte seine Macht ihren Zenit, als er mit mehr als 200 000 Soldaten und 3000 Kriegsdschunken gen Nanking marschierte. Die von der Land- und der Flussseite umzingelte Stadt schien vor dem Fall zu stehen, doch auch Koxinga wurde, genau wie seinem Vater, ein Festmahl zum Verhängnis. Zur Feier seines 35. Geburtstags verteilte er Sonderrationen an seine Truppen. Wieder fielen die Mandschu-Reiter über die Betrunkenen her, verwüsteten das Lager der Feinde und setzten die Schiffe, die auf dem Fluss ankerten, in Brand. Bei Tagesanbruch befand sich Koxingas Heer auf dem Rückzug. Die Überlebenden zogen sich in eine Piratenfestung auf der Insel Jinmen dao zurück. Eine Flotte von 800 kaiserlichen Dschunken griff die 400 Schiffe der Seeräuber an, doch diesmal siegte Koxingas taktisches Geschick, und die Mandschu erlitten eine empfindliche Niederlage. Die Inseln Xiamen und Jinmen dao blieben vorerst unter Koxingas Kontrolle.

Die Mandschu reagierten mit einer Anordnung, die ganz in der Tradition des orientalischen Despotismus stand. Sie befahlen der gesamten an der Küste lebenden Bevölkerung, 17 Meilen ins Landesinnere zu ziehen, denn bis dorthin reichte ihr Machtbereich. Die Seeleute und Fischer, die man auf diese Weise zwangsumsiedelte, hatten natürlich keine Ahnung, wie man einen Acker bestellt, um sich sein täglich Brot zu verdienen. Die Hälfte von ihnen verhungerte. Wer dagegen heimlich ans Meer zurückkehrte, wurde sofort enthauptet.

Koxinga suchte derweil an anderen Ufern sein Glück. Die große und reiche Insel Formosa schien ihm als Piratennest wie als Stützpunkt für den Kampf gegen die Mandschu gleichermaßen geeignet. Im Unterschied zu seinem Vater hasste Koxinga die Holländer, die er als Eindringlinge in seine Einflusssphäre betrachtete. Am 30. April 1661 tauchte seine Flotte mit 900 Dschunken und 20 000 Mann Besatzung vor der Festung Zelandia auf und verlangte von Coyett, dem Festungskommandanten, die sofortige Übergabe. Der weigerte sich natürlich und schickte einen Eilboten mit der Bitte um unverzügliche Unterstützung nach Batavia. Die Verantwortlichen der Ostindischen Kompanie maßen der Angelegenheit jedoch keine größere Bedeutung bei. Sie schickten lediglich Hermann Clenka nach Formosa, um den »Angsthasen« Coyett zu ersetzen.

Clenka aber schaffte es nicht einmal, an Land zu gehen und kehrte eilig nach Batavia zurück, wo man allmählich begriff, dass es sich hier keineswegs um einen gewöhnlichen Piratenüberfall handelte. Rasch stellte man eine Flotte auf die Beine, doch keiner wollte das Kommando übernehmen, denn der Name Koxinga versetze nun jedermann in Angst und Schrecken. Schließlich erbot sich ein gewisser Jacob Caeuw, der keinerlei Erfahrung als Truppenbefehlshaber oder Kapitän besaß und zudem unter einem Sprachfehler litt, so dass man seine Anordnungen kaum verstehen konnte.

Am 12. August erreichte Caeuws Einheit Zelandia. Selbst ein unerfahrener Kommandeur musste die Gefahr erkennen, und Caeuw zog es vor, sich erst einmal in Sicherheit zu bringen. Nach einem weiteren Monat kehrte er nach Batavia zurück, ohne auch nur einen Rettungsversuch unternommen zu haben, und gab das Kommando ab. Coyett schlug sich derweil tapfer, doch nach neun Monaten Belagerung musste er am 1. Februar 1662 auf Druck seiner Ratgeber die weiße Fahne hissen. Als er in Batavia eintraf, machte man ihn zum Sündenbock. Er wurde vor Gericht gestellt und zum Tode verurteilt. Sein Kopf lag bereits auf dem Richtblock, als man ihn begnadigte und mit zwei Jahren Haft und anschließender Verbannung auf die Insel Ay bei Banda bestrafte. Nach Ablauf der zwei Jahre kam er jedoch frei – dank einer immensen Kautionssumme, die Freunde für ihn aufgebracht hatten.

Mit dem Fall von Zelandia war Koxinga Herr über Formosa. Während die Holländer die Insel eilig mit Sack und Pack verließen, verfolgte der Pirat bereits neue Pläne. Er entsandte einen italienischen Missionar, Vittorio Ricci, nach Manila, in die Hauptstadt der spanischen Philippinen, und ließ den Vertretern der Katholischen Könige ausrichten, sie hätten fortan einmal pro Jahr Tributzahlungen an ihn zu entrichten. Ricci kehrte mit einem Brief voller finsterer Drohungen und dem Versprechen zurück, den Piraten erwarte ein grausamer Tod, wenn er es wage, vor Manila aufzutauchen. Hierzu sollte es jedoch nicht mehr kommen, denn Koxinga starb plötzlich im Alter von 36 Jahren. Sein Sohn hielt auf Formosa noch eine Weile die Stellung; erst 1683 konnten die Chinesen die Insel zurückerobern.

In der Zwischenzeit erwogen die Holländer, ein Bündnis mit den Chinesen einzugehen, um mit ihrer Hilfe Formosa zurückzugewinnen.

131

Aus der Beziehung zwischen Zheng Zhilong und Mazu po ging angeblich ein Sohn hervor, den die Europäer Koxinga nannten. Das Bild aus dem Museum von Taipeh zeigt den jungen Mann, der nach dem Tod des Vaters das Kommando über dessen Schiffe übernahm, gegen die Mandschu kämpfte und schließlich Formosa eroberte.

Im Juni 1662 stach von Batavia aus eine mächtige Flotte in See. Die 24 schwer bewaffneten Schiffe unterstanden dem Kommando von Admiral Balthasar Bort und erreichten im September die Küste von Fujian, der chinesischen Festlandprovinz gegenüber von Formosa. Zwei Botschafter, Van Campen und Nobel, absolvierten die üblichen Zeremonien und stellten sich dem Gouverneur bzw. Vizekönig vor. Der nahm sie wie Freunde und Verbündete auf, wollte jedoch unbedingt Anweisungen aus Peking abwarten, bevor er an dem geplanten Eroberungsfeldzug partizipierte. Mittlerweile

drang die Kunde von Koxingas Tod durch, und die Holländer, die ihre Chance gekommen sahen, drängten zur Eile. Doch die Zeit verging. Die Chinesen schienen es mit ihrer Entscheidung nicht allzu eilig zu haben, und die Aussagen über ein mögliches Bündnis blieben vage – vermutlich nicht zuletzt, weil die Holländer als Gegenleistung für ihre Dienste wieder einmal die begehrte Handelsfreiheit verlangten. Die Chinesen verhandelten unterdessen heimlich mit den Piraten über einen Waffenstillstand, und im März 1663 kehrten die Holländer samt ihrer mächtigen Flotte unverrichteter Dinge nach Batavia zurück, nachdem sie wieder einmal in den Mühlen der chinesischen Bürokratie stecken geblieben waren. Nach diesem zweiten Versuch, das Handelsmonopol zu erhalten – diesmal unter schlechten Vorwänden und unter Zurschaustellung der eigenen Militärmacht –, nahmen die Holländer noch einen dritten Anlauf.

1666 ernannte der Indienrat Pieter van Hoorn zum neuen Gesandten und stellte ihm jenen Constantin Nobel an die Seite, der bereits zuvor mit Van Campen und anderen nach Fujian gefahren war. Man rüstete ihn mit fünf

Schiffen aus, die am 5. August in Fuzhou in der Provinz Fujian vor Anker gingen. Wieder einmal hieß es, Geduld zu wahren, denn erst im Januar 1667 erhielten 24 Holländer die Erlaubnis, nach Peking zu reisen. Genau wie elf Jahre zuvor führte die Reise auch diesmal wieder über die Flüsse und Kanäle des Landesinneren, vor allem die Stadt Nanking machte einen tiefen Eindruck auf die neuen Botschafter.

Am 20. Juni kamen die Mauern von Peking in Sicht. Hier standen die chinesischen Beamten vor dem schweren Problem, wie sie van Hoorns Sohn einordnen sollten: Stand er

132/133
In der Hoffnung, Formosa zurückzuerobern, versuchten die Holländer ein Bündnis mit dem Himmlischen Kaiserreich zu schmieden. 1666 schickten sie eine dritte Gesandtschaft los, die in der Hafenstadt Fuzhou in der Provinz Fujian (Bild) an Land ging, aber erst fünf Monate später nach Peking weiterreisen durfte.

134/135

*Auch diese holländische Gesandtschaft reiste wieder über
die Flüsse und Kanäle des Landesinneren nach Peking.
Diese Wasserwege stellten wichtige Handelsverbindungen
dar, überall verkehrten voll beladene Dschunken. Das
Bild zeigt eine große Brücke über den Gelben Fluss.*

135 oben rechts

*Die Holländer brachten dem neuen Kaiser Kangxi
(hier im Kreis seiner Untertanen) kostbare Pferde und
Rinder als Geschenk dar. Dies trug ihnen die Gelegenheit
zu einer kurzen Unterredung mit dem Kaiser ein, der
die Tiere in einem Hof des Palasts in Augenschein nahm.*

in der Hierarchie über oder unter Nobel, dem zweiten Gesandten, oder war er diesem ebenbürtig? Nachdem auch diese Frage gelöst war, begleitete man die Holländer zu ihrer Unterkunft, wo sie auf die Audienz beim Kaiser warteten. Diesmal dauerte das Procedere zum Glück nicht so lange wie in anderen Fällen, offenbar war der Sohn des Himmels, Kaiser Kangxi, geradezu begierig darauf, seine Geschenke entgegenzunehmen, zu denen auch gesattelte Pferde und herrliche Ochsen gehörten.

Um drei Uhr morgens am 21. Juni brachte man Nobel und den Sekretär der Gesandtschaft sowie sämtliche Gaben in einen Hof der Verbotenen Stadt. Schließlich tauchte der Sohn des Himmels auf, lächelte beim Anblick der Tiere und richtete einige Fragen an die Holländer. Wie weit war Holland von Batavia entfernt? Und wie weit Batavia von China? Die Antworten schienen den Kaiser noch mehr zu erfreuen als die Tiere, und er entließ die Gesandten. Die eigentlich Audienz fand am 25. Juni statt. Wieder einmal verhandelte

man mit dem Kaiserlichen Rat, dem die Holländer abermals die Bitte um Handelsfreiheit in mehreren chinesischen Hafenstädten unterbreiteten. Die Gastgeber hielten sich noch bedeckter als bei den Malen zuvor, forderten wie üblich die Botschafter auf, an den drei Festgelagen teilzunehmen und machten sie darauf aufmerksam, dass sie sich nach Ende des dritten Mahls unverzüglich zu entfernen hätten. Auf die beharrlichen Nachfragen der Holländer antworteten sie ausweichend und händigten den Besuchern schließlich einen versiegelten Brief des Kaisers an den Generalgouverneur von Batavia aus.

Am 1. August verließen die Botschafter Peking, reisten nach Süden zu den eigenen Schiffen und trafen am 7. Januar des darauf folgenden Jahres schließlich in Batavia ein. Das Schreiben des Kaisers enthielt zahlreiche ausgesuchte Höflichkeitsfloskeln, jedoch keinerlei Handelsrechte. Erst ganze zwei Jahrhunderte später und nur unter Zwang sollte China den weißen Barbaren seine Tore öffnen.

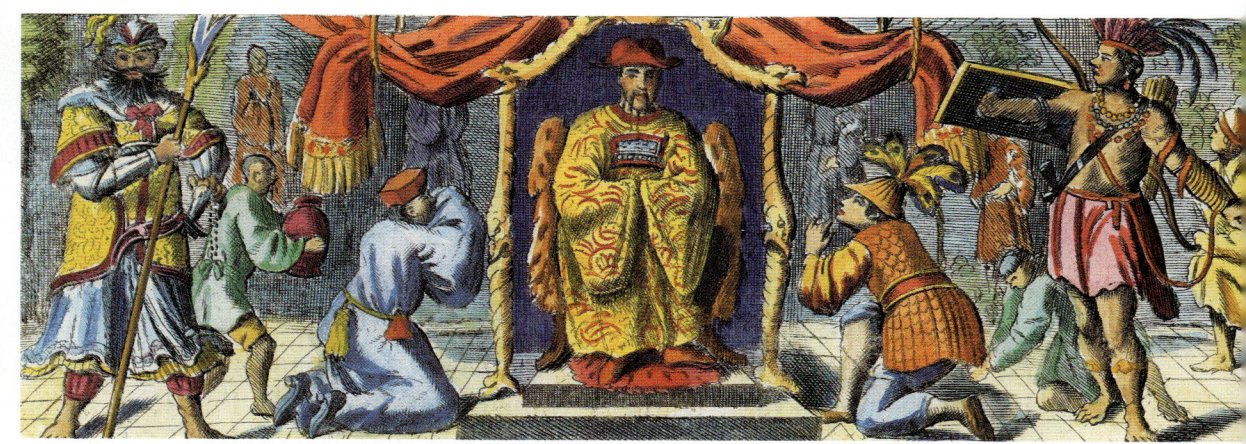

135 unten
Die kaiserlichen Behörden empfingen die Fremden überaus wohlwollend, dennoch kehrten die holländischen Botschafter erneut mit leeren Händen nach Batavia auf Java (hier das große Kontorgebäude) zurück.

Die Mitglieder der dritten Gesandtschaft konnten
sich gar nicht genug über die gewaltige Ausdehnung
des chinesischen Kaiserreiches, über den Reichtum und
die vielköpfige Bevölkerung wundern. Sie versuchten ihre
Eindrücke auf zahlreichen herrlichen Stichen wiederzu-
geben, die ihren Reisebericht begleiteten. Dieser erschien,
gemeinsam mit dem Bericht über eine frühere Gesandt-
schaft, unter dem Titel Gedankwaerdig bedryf der
nederlandsche Oost-Indische maetschappye op
de kuste en in het keizerrijk van Taising of Sina
und enthielt Bilder nach Skizzen, die Teilnehmer der
Reise selbst angefertigt hatten. Sie zeigen ein riesiges,
wohlhabendes und gut verwaltetes Land mit blühenden
Städten wie Jemping — hier von zwei Seiten dargestellt.
Gerade weil China so reich war, war die Enttäuschung
der Botschafter groß, den begehrten Handelsvertrag
wieder nicht erhalten zu haben.

Der Fluss des Schwarzen Drachen

N achdem Kaiser Shunzhi im Jahre 1662 früh verstorben war, bestieg sein Sohn

Kangxi, zu jenem Zeitpunkt ein achtjähriger Knabe, den Thron. Er regierte

fast 60 Jahre und gilt als einer der bedeutendsten chinesischen Herrscher.

Schon früh zeigten sich seine außergewöhnlichen Fähigkeiten: 1667, im Alter

von 14 Jahren, griff er mehr und mehr in die politischen Geschäfte ein, 1669

setzte er den einflussreichen Ersten Minister, Oboi, ab und regierte fortan

allein. Wie sein Vater stand er den Jesuiten wohlwollend gegenüber, versuchte

allerdings, ihren Einfluss auf die Hauptstadt, wo er sie relativ gut kontrollie-

ren konnte, zu begrenzen. Freie Hand ließ er ihnen nur in jenen Bereichen, in

denen ihre Aktivitäten keine religiösen Fragen berührten, etwa in der Mathe-

matik, Astronomie oder bei der Kalenderreform. Auch schätzte er ihre medizi-

nischen Kenntnisse, insbesondere nachdem ein französischer Jesuit 1693 seine

Malariaerkrankung erfolgreich mit Chinin behandelt hatte.

*138 und 139
Unter der Mandschu-
Dynastie standen die
Jesuiten am Hof von
Peking noch höher in der
Gunst als bei den Ming-
Kaisern. Insbesondere
schätzte man ihre mathe-
matischen und astrono-
mischen Kenntnisse, die
jenen der chinesischen Ge-
lehrten deutlich überlegen
waren. Nach dem Tod von
Pater Schall übernahm der
Belgier Ferdinand Verbiest
die Leitung des Observa-
toriums von Peking. Das
Bild links zeigt ihn neben
seinen Instrumenten im
Gewand eines Mandarins
(Aquarell, heute Biblio-
thèque Nationale, Paris).
Oben rechts ein kaiserlicher
Pavillon in Peking.*

Die Position der Missionare in China war gleichwohl stets gefährdet, hing sie doch ausschließlich von der Gunst des Kaisers ab. Und die Erfolge der Jesuiten erhöhten die Gefahren eher noch. Im kaiserlichen Observatorium waren sie es, die über die wissenschaftlich exaktesten Methoden verfügten und Sonnen- oder Mondfinsternisse am genauesten vorhersagen konnten. Damit erweckten sie den Neid und die Feindseligkeit der chinesischen Hofastronomen, die gegen die katholischen Priester zu intrigieren begannen. 1664 wurde ausgerechnet Pater Schall wegen schwerer Vergehen vor Gericht gestellt und im Januar 1665 zum Tod durch den Strang verurteilt; seine Mitbrüder sollten ausgepeitscht und anschließend verbannt werden. Im Berufungsverfahren bestätigten die Richter das Urteil nicht nur, sie verschärften es noch, weil neue Anklagepunkte hinzukamen. Nun sollte Schall sogar geviertelt werden. Doch noch ehe die Schergen ihr Werk verrichten konnten, verwüstete ein heftiges Erdbeben Peking. Tausende von Häusern stürzten ein, man sprach von 300 000 Toten. Im Kaiserpalast brachen schwere Brände aus, und die Stadt versank im Chaos, zumal drei Tage lang immer neue Erdstöße den Boden erschütterten. Der Aberglaube, der zu Schalls Aburteilung wesentlich beigetragen hatte, rettete ihm nun das Leben, denn hohe Beamte, die das Beben für eine Strafe des Himmels hielten, baten die Kaiserinmutter um Gnade für den Jesuitenpater. Diese weigerte sich daraufhin, dem Urteil zuzustimmen. Im Mai ließ man die Missionare frei, doch Schall selbst überlebte das Drama, das ihn vom Gipfel der Macht bis in die tiefsten Abgründe menschlicher Grausamkeit geworfen hatte, nur wenige Monate.

Ferdinand Verbiest, ein Belgier, der 1660 zur Unterstützung von Schall nach Peking gekommen war, trat dessen Nachfolge an. Als Kangxi sich 1671 für den Kalender zu interessieren begann, rief man Verbiest herbei, der rasch beweisen konnte, dass Schalls Gegnern nach dessen Tod im Lauf der Jahre schwere Fehler unterlaufen waren. Unter anderem hatte man einen zusätzlichen Monat eingeschoben, den es nun wieder zu entfernen galt. Die Beamten wandten ein, dass eine solche Veränderung die Autorität des Kaisers, der für den Kalender verantwortlich zeichnete, gefährden würde. Doch Verbiest entgegnete, dass man bei mangelnder Übereinstimmung zwischen

dem Himmel und dem Kalender allenfalls den Kalender, niemals aber den Himmel verändern könne. Bei dieser Antwort lächelte der Kaiser und stimmte der Reform zu. Nach diesem Erfolg der abendländischen Wissenschaft erhielten die Jesuiten wieder die Oberaufsicht im Bereich der Astronomie und wurden überdies mit dem lang ersehnten Toleranzedikt belohnt, das die Ausübung der christlichen Religion offiziell gestattete. In seiner Funktion als oberster Hofastronom sollte Verbiest unter anderem Mathematikunterricht erteilen und neue, exaktere Instrumente für das Observatorium von Peking herstellen. Außerdem musste er, wie bereits vor ihm Schall, leichte Kanonen bauen, mit denen man gegen die Rebellen vorgehen konnte, die sich in den Bergen verschanzt hatten. Verbiest genoss die Gunst des Kaisers, bis er 1688 im Alter von 64 Jahren starb.

Im darauf folgenden Jahr erhielten seine Mitbrüder einen bedeutenden Auftrag: Sie sollten als offizielle Dolmetscher an den Verhandlungen teilnehmen, die Russland und China über den gemeinsamen Grenzverlauf führten. Es handelte sich dabei um den ersten Vertrag, den China mit einer westlichen Macht schloss.

Im 17. Jahrhundert hatten die Russen ihren Einflussbereich immer weiter nach Osten ausgedehnt, und um 1650 war ein regelrechter Wettlauf um die Eroberung der entlegensten Teile Sibiriens ausgebrochen. Die Gouverneure russischer Städte wie Tobolsk, Tomsk, Jenissejsk oder Jakutsk, die nach und nach jenseits des Urals entstanden waren, organisierten bald eigene Expeditionen, nachdem sich Gerüchte über die fantastischen Reichtümer verbreitet hatten, die in den unermesslichen Weiten schlummern sollten. 1649

140 und 141
Kangxi, der bedeutendste Kaiser der Mandschu-Dynastie, herrschte 60 Jahre lang über China. Er liebte Wissenschaft und Künste, unterstützte Pater Verbiest (rechts zu sehen auf einem Holzschnitt des japanischen Künstlers Kuniyoshi Utagama aus dem 19. Jahrhundert) im Streit um die chinesische Kalenderreform und ließ sich von ihm in Mathematik unterrichten. Zum Dank für die Verdienste der Jesuiten erließ der Kaiser ein Toleranzedikt für Katholiken.

142/143

Ende des 17. Jahrhunderts schien die mongolische Gefahr wiederzukehren. Galdan, der Khan der Dsungaren, schloss zahlreiche Nomadenstämme unter seinem Kommando zusammen und zog gen Osten. Gerüchten zufolge wollte er Peking einnehmen und China erobern.

Kangxi zog mit mehreren Einheiten gegen ihn, die er persönlich anführte. Nach Galdans Tod zerfiel dessen Reich, doch der Krieg dauerte unter seinen Nachfolgern noch mehrere Jahre an. Dieses Bild zeigt den Einmarsch der Mandschu-Armee in die Stadt Kiang Han 1699.

143

*Die Feldzüge Kangxis und seiner Generäle führten zur
Unterwerfung der Äußeren Mongolei und brachten die
Nomadenstämme des Mandschu-Reichs unter Kontrolle.
Die Bilder rechts zeigen zwei Etappen des Feldzugs von
1699. Sie stammen von Jiao Bingzhen (1661–1722)
und befinden sich heute in der British Library, London.*

erreichten aus Jakutsk entsandte Truppen den Pazifik und gründeten die Stadt Ochotsk.

1646 war Kolesnikow mit seinen Kosaken nach Süden bis zu einem riesigen Gewässer im Herzen des Kontinents vorgestoßen, dem Baikalsee, den die sibirischen Tungusen und Burjaten als heilig verehrten. Zwei Jahre später umrundete ein anderer Kosake, Galkin, den See und stieß am Ostufer auf ein unerforschtes Gebiet, in dem es von Hermelinen und Zobeln nur so wimmelte. Der See schien keinen Grund zu haben, Stürme waren hier gefährlicher als auf dem Meer, und im Wasser tummelten sich Seehunde und Lachse wie im Nordpolarmeer. Die Tungusen erzählten vom »Schwarzen Fluss«, an dem Stämme siedeln sollten, die über reiche Silbervorräte verfügten; und vom Land Daurien, in dem Weizen in Hülle und Fülle reifte. Diese Nachricht stieß besonders in Jakutsk auf großes Interesse, musste man das Korn, das die Stadt dringend benötigte, doch bislang über Tausende Kilometer über Flüsse und auf dem Landweg aus Westsibirien einführen, was, wenn überhaupt, nur im Sommer möglich war. Im Jahr zuvor

hatte es in Jakutsk zehn Monate lang überhaupt kein Getreide gegeben, und alle lebten in der Angst vor einer weiteren Hungersnot.

Der Gouverneur der Stadt betraute den Kosaken Pojarkow mit einer Expedition, die das Land Daurien aufspüren sollte. Mit von der Partie waren 150 Kosaken, 15 Jäger, zwei Schreiber, zwei Dolmetscher, ein Schmied und ein tungusischer Führer. Sie folgten zunächst dem Aldan stromaufwärts, überquerten einen Gebirgszug und stießen auf einen weiteren Fluss, die Seja, die in die entgegengesetzte Richtung, nach Süden, floss. Hier überwinterten sie, doch war die Entbehrung so groß, dass die Kosaken schließlich Jagd auf die Eingeborenen machten und sich von Menschenfleisch ernährten. Dennoch verhungerte die Hälfte der Expeditionsteilnehmer. Im Frühjahr bauten sich die Überlebenden Schiffe und fuhren den Fluss hinunter, der in einen anderen, noch größeren – den Amur – mündete. Als sie am Ufer anlegen wollten, ging ein Pfeilhagel auf sie nieder. Zu beiden Seiten des »Flusses des Schwarzen Drachen«, wie die Anrainer ihn nannten, dehnten sich tatsächlich reiche Felder

aus, doch ansonsten erwies sich die Gegend als wenig einladend. Unter großen Mühen erreichte Pojarkow das Meer, fuhr Richtung Norden an der Küste entlang, überwinterte abermals, brach im Frühjahr nach Westen auf und traf nach fast drei Jahren wieder in Jakutsk ein. Er hatte fast alle seine Gefährten verloren, brachte aber eine Menge kostbarer Pelze mit.

Zwei Jahrhunderte gelang es keinem mehr, denselben Weg zu nehmen. Da man aber Daurien entdeckt und festgestellt hatte, dass dort tatsächlich Getreide wuchs, machten sich bald neue Abenteurer auf den Weg. Im März 1649 fand Chabarow einen weiteren Weg, als er dem Lauf der Lena und ihres Zuflusses Oljokma folgte, die Wasserscheide überquerte und ebenfalls auf den Amur stieß. 1650 kehrte er mit der guten Nachricht zurück, dass man binnen weniger Wochen das Korn von Daurien nach Jakutsk bringen könne. Dann rüstete er eine zweite Expedition mit Pferden, Soldaten und Kanonen aus und machte sich auf den Weg nach Albasin, der Hauptstadt von Daurien, eroberte und plünderte sie, tötete alle Männer und versklavte die Frauen und Kinder.

144
Die von Kosaken durchgeführte Erschließung Sibiriens durch die Russen war den dort lebenden Menschen alles andere als zuträglich. Viele wurden getötet oder – vergleichbar den Indianern Nordamerikas – von Seuchen wie den Pocken dahingerafft, gegen die sie keine Abwehrkräfte besaßen. Die Ostjaken (hier Volksangehörige in typischen Trachten) lebten in Westsibirien am Lauf des Ob, wo sie fischten und Pelze an die Russen verkauften.

145
Zeitgenössische Schriften beschreiben die Ostjaken als »abergläubisch, scheu, sanft und faul«. Sie verehrten einen höchsten Gott, doch jede Familie betete außerdem zu einer Schutzgottheit, die in ihrer Hütte in Form einer »schlecht geschnitzten Marionette« mit Speiseopfern bedacht wurde. Wenn ein Unglück hereinbrach, warfen sie die Marionette ins Feuer, weil sie ihnen nicht geholfen hatte, und hängten eine neue auf.

Er überwinterte an Ort und Stelle und fuhr im Frühling den Amur bis zu der Stadt hinunter, die später ihm zu Ehren den Namen Chabarowsk erhielt. Hier jedoch wurden die Russen von einer aus Peking entsandten Armee angegriffen, denn die Kunde von neuem Ärger mit irgendwelchen Weißen Teufeln, die diesmal zur Abwechslung aus der Kälte kamen, war bis in die Hauptstadt gedrungen.

Die Mandschu, die wenige Jahre zuvor die Macht in China übernommen hatten, glaubten leichtes Spiel mit den Abenteurern zu haben, doch Chabarows 200 Kosaken kämpften erbittert und schlugen tatsächlich mehrere tausend chinesische Soldaten in die Flucht. Diese ließen Kanonen, Pferde und vor allem Proviant zurück, von dem sich die Sieger den ganzen Winter lang ernährten. Dann traf Verstärkung aus Russland ein, doch die Kosaken wollten sofort mit ihren Hermelin- und Wolfspelzen nach Hause zurückkehren. Sie widersetzten sich ihrem Anführer und zwangen ihn zur Heimreise. Leichen pflasterten dabei ihren Weg, denn die Kosaken hatten sich über den Winter einen ganzen Harem zugelegt und

warfen die Frauen nun einfach in den Fluss oder banden sie im Wald an Bäume und ließen sie dort als Fraß für die Tiere zurück.

Andere Kosakenführer versuchten sich in der Folge ihren Anteil an den Pelzen zu sichern, doch die Mandschu, die nach ihrer Niederlage ernsthaft in Besorgnis gerieten, griffen nun zu härteren Mitteln. Sie besetzten Albasin und brannten die Stadt 1658 nieder, danach fingen die kaiserlichen Truppen jede kleine Gruppe von Kosaken ab, die sich in das Gebiet wagte. Die Russen trauten sich jetzt nicht mehr direkt bis zum Amur, zogen sich aber auch nicht weit zurück. Noch im gleichen Jahr, in dem Albasin fiel, gründeten sie am Argun, dem Quellfluss des Amur, die Stadt Nertschinsk.

Sechs Jahre später ermordete ein polnischer Abenteurer, Tschernikowski, den Gouverneur von Ilimsk (Ust-Jlimsk), der ihm die Frau geraubt hatte, und suchte dann mit einer Bande von 46 Getreuen, die ihm bei seiner Tat geholfen hatten, auf dem Amur das Weite. Er ließ sich in den Trümmern von Albasin nieder, baute eine Festung und begann, von den Eingeborenen Tributzahlungen in Form von Pelzen

zu fordern. Die kostbarsten Stücke schickte er mit einer Sonderdelegation nach Moskau, wo man sich gerade anschickte, ihm den Prozess zu machen. Tschernikowskis Rechnung ging auf, denn man verurteilte ihn zwar in Abwesenheit zum Tod, doch weil die Pelze wirklich außergewöhnlich schön waren und die Russen nun endlich wieder am Amur Fuß gefasst hatten, gewährte der Zar dem Polen Straferlass.

Im Juni 1682 griffen die Mandschu Albasin, wo man mittlerweile einen Statthalter eingesetzt und eine russisch-orthodoxe Kirche errichtet hatte, erneut an. Diesmal schossen sie mit Kanonen auf die Stadt und töteten bereits am ersten Tag hundert Menschen. Der Statthalter Tolbusin erkannte, dass Albasin nicht zu halten war, ergab sich und überließ den Chinesen die Stadt, die sie abermals in Brand steckten.

Tolbusin, der eigentlich nach Jenissejsk hätte zurückkehren müssen, um seine Niederlage zu erklären, ertrug die Schande nicht und beschloss, seine Ehre und die des russischen Reiches zurückzugewinnen. Die Trümmer von Albasin rauchten noch, als man mit dem Wiederaufbau der Stadt begann. Sie geriet wesent-

lich besser als die beiden vorigen, denn diesmal leitete ein deutscher Ingenieur die Bauarbeiten, der den gesamten Ort befestigte und in den russischen Quellen stets unter dem Namen Athanasius Iwanowitsch Baidon auftaucht.

Natürlich schickte Kangxi zum dritten Mal Truppen aus, die im Juli 1686 vor den Toren der Stadt standen. Bei einem Ausfallsversuch kam Tolbusin ums Leben, doch Baidon nahm seinen Platz ein und hielt die Stadt, bis die Soldaten des Kaisers im Mai 1687 nach zehn Monaten Belagerung abzogen. Zu diesem Zeitpunkt hatten die Regierungen in Moskau und Peking bereits Kontakt aufgenommen, um das Problem auf dem Verhandlungswege zu lösen.

1687 brach eine Gesandtschaft unter der Leitung von Fedor Golowin aus Moskau auf. Sie sollte einen dauerhaften Frieden mit den Chinesen schließen und einen Handelsvertrag vereinbaren. Golowin, der dem Zaren bereits wertvolle Dienste geleistet hatte, kannte Sibi-

rien gut, denn er war der Sohn des Statthalters von Tobolsk und hatte seine Jugendjahre dort verbracht. Im Lauf der Reise, die zwei Jahre dauerte, erhielt er allerdings auf Grund der veränderten politischen Lage neue Instruktionen. Wollten die Russen anfänglich die Grenze am Amur festlegen, so waren sie nun bereit, auf Albasin zu verzichten, das wieder einmal in die Hände der Chinesen gefallen war.

An der Spitze der chinesischen Delegation stand der Mandschu-Fürst Songgotu, Befehlshaber der Palastwachen bzw. – laut eines Beglaubigungsschreibens, das die Jesuiten für ihn in lateinischer Sprache abgefasst hatten – *Praetorianorum Militum Praefectus, Interioris Palatii Palatinus, Imperii Consiliarius*. Er wurde vom Onkel des Kaisers, Tong Guogang, und vier Mandarinen erster Klasse begleitet. Zu jedem dieser Würdenträger gehörte ein 30-köpfiges Gefolge, darunter Schirm-, Schwert- und Pfeifenträger. Alles in allem rückten die Chinesen

mit rund tausend Personen an, die Russen mit fast der gleichen Zahl. Unter den Seidengewändern der Mandarine stachen zwei schwarze Ornate hervor, denn auch der französische Jesuitenpater Gerbillon und sein portugiesischer Mitbruder Pereyra gehörten zu der Abordnung. Beide zählten zu den klügsten und gebildetsten Köpfen, die die Gesellschaft Jesu je hervorgebracht hatte, beide waren ausgezeichnete Geografen und Astronomen und beherrschten sowohl die chinesische als auch die mongolische Sprache.

Die Gesandten beider Reiche trafen sich am 12. August 1689 in einer Ebene zwischen dem Fluss Schilka und der Stadt Nertschinsk. Fünf Fanfaren und ein berittener Tambour gingen Golowin voraus, dann folgte eine Leibwache aus 260 Füsilieren. Die Russen trugen mit schwarzem Zobelpelz gefütterte Brokatgewänder, die Chinesen golddurchwirkte Mäntel mit Seeotter- und Biberpelzbesatz. Die Russen saßen hoch zu Ross, während die Chinesen sich in ihren Sänften räkelten. Sie wussten, dass in Nertschinsk nur noch 1000 Soldaten standen, während sie selbst am anderen Flussufer eine Armee von 15 000 Mann aufgestellt hatten.

In einem großen Pavillon, den man eigens zu diesem Zweck errichtet hatte, gruppierten sich die Parteien um einen Tisch, den ein kostbarer, aus Seiden- und Goldfäden gewebter Teppich bedeckte. Darauf standen ein silbernes Tintenfass und eine Uhr. Golowin ergriff das Wort und sprach von wechselseitiger Freundschaft und von unglücklichen Missverständnissen, von einem dauerhaften Vertrag und der Notwendigkeit, eine klare Grenze, nämlich den Amur, zwischen beiden Reichen festzulegen. Nachdem man die Rede übersetzt hatte, sprach Songgotu, der den Wunsch der Chinesen nach Frieden und Freundschaft bekräftigte, dann jedoch erklärte, nicht der Amur bilde die passende Grenze, sondern vielmehr die Lena. Den Russen blieb der Mund offen stehen, beanspruchten die Chinesen doch ganz Ostsibirien für sich. Auch die Jesuiten waren bestürzt. Auf dieser Basis konnte man unmöglich zu einer Einigung gelangen, und das bedeutete Krieg. Die Brüder, die sich aus religiöser Überzeugung (und sicher auch, weil Golowin sie bei seiner Ankunft mit Geschenken überschüttet und ihnen versprochen hatte, beim Zaren um die Erlaubnis für die Entsendung von Missionaren nach Sibirien zu bitten) für den Frieden einsetzten, bemühten sich, die Chinesen zu einer Rücknahme ihrer Forderungen zu bewegen. Offenkundig mit Erfolg, denn beim nächsten Treffen verlangte Songgotu nur noch die Schilka bis nach Nertschinsk, während Golowin den Amur bis nach Albasin anbot. Hierüber wurde mehrere Tage verhandelt, bis die beiden Jesuiten als Kompromiss vorschlugen, die Grenze entlang der Gorbiza, eines Schilka-Zuflusses, verlaufen zu lassen. Hiervon wollten wiederum die Russen nichts wissen und machten sich zur Abreise bereit.

Inzwischen hatten die Chinesen jedoch ihre Soldaten rund um Nertschinsk zusammengezogen und drohten, die Stadt im Sturm zu nehmen, wenn sie sich nicht freiwillig ergebe. Die Vertreter des Zaren blieben noch zwei Wochen lang standhaft, während sich zu den Chinesen immer mehr Burjaten gesellten, die

sich bei der Plünderung der Stadt einen Anteil sichern wollten. Daraus wurde letztlich nichts, denn Golowin rang sich dazu durch, die Schilka als chinesisch-russische Grenze anzuerkennen. Dieser Abschnitt war somit als einziger klar definiert – nach Westen hin verlor sich die Grenze im Niemandsland der mongolischen Wüsten und nach Osten hin im Labyrinth der Berge, die sich bis zum Ochotskischen Meer zogen. Der gesamte Amur gehörte nach wie vor dem Reich der Mitte, und Golowin musste persönlich der schmachvollen Zerstörung von Albasin beiwohnen. Immerhin erreichte er aber, dass russische Kaufleute fortan Handel in China treiben durften.

Auf dem Rückweg nach Peking trafen die chinesischen Botschafter auf den Kaiser, der sich mit einer Jagdgesellschaft acht Tagesreisen vor der Hauptstadt aufhielt. Kangxi empfing die Jesuiten in seiner Unterkunft und zeigte sich überaus zufrieden mit ihrem Verhandlungsgeschick, das seiner Meinung nach zum

Friedensschluss geführt hatte. Drei Jahre später trat in China das vom Kaiser erlassene Toleranzedikt für den christlichen Glauben in Kraft, und man überließ den Missionaren ein Grundstück im Innern der Verbotenen Stadt, auf dem sie eine bis 1827 benutzte Kirche erbauten.

Von den 35 Söhnen und 20 Töchtern Kangxis ließen sich mehrere taufen. Der Kaiser begeisterte sich bald so sehr für den katholischen Glauben, dass er der bizarren Idee verfiel, verwandtschaftliche Beziehungen zu dessen Oberhaupt zu knüpfen, indem er eine Enkelin des Heiligen Vaters zur Frau nehmen wollte. Zu diesem Zweck verfasste er den folgenden Brief, der auch tatsächlich nach Rom gelangte:

»Für Dich, der Du gesegnet bist unter allen Päpsten, heiliger und großer Herrscher über die christliche Kirche und die europäischen Könige, Du Freund Gottes.

Der Mächtigste aller Mächtigen der Erde, der größer als alle Monarchen unter der Sonne und dem Mond ist, jener, der auf dem Smaragdthron des Kaiserreiches von China regiert, welcher sich auf hundert Goldstufen erhebt, jener, der über Leben und Tod von 115 Reichen und 170 Inseln befiehlt, schreibt Dir diesen Brief mit einer jungfräulichen Straußenfeder.

Gegrüßt seist Du, und ein langes Leben sei Dir beschieden! Es ist die Zeit gekommen, in welcher die Blüte unserer kaiserlichen Jugend die Frucht unseres Alters zur Reife bringen muss, damit sich der Wunsch unserer treuen Untertanen erfüllt und wir zu ihrem Schutz einen Thronfolger ernennen. Wir haben daher beschlossen, uns mit einer schönen und vornehmen Jungfrau zu vermählen, welche die Milch einer mutigen Löwin und eines zarten

Rehs getrunken hat. Da aber das römische Volk nach unserer Kenntnis stets solche tüchtigen, keuschen und unübertrefflichen Frauen hervorgebracht hat, strecken wir unsere mächtige Hand aus, um eine von ihnen zum Weib zu nehmen. Wir hoffen, dass es möglich ist, uns eine von Deinen Nachkommen oder die eines anderen Priesters zu schicken, die Gott im Himmel wohlwollend betrachtet. Sie möge die Augen der Taube haben, die den Himmel und die Erde betrachtet, die Lippen einer Muschel, die sich von der Morgendämmerung nährt, sie sollte nicht älter sein als 200 Monde, ihre Figur sei die einer jungen Kornähre, ihre Gestalt die einer Handvoll trockenen Korns ...«

Im 16. Jahrhundert wusste man wenig über Sibirien. Diese Karte aus dem Atlas von Abraham Ortelius zeigt ein stark verkleinertes Land, das im Westen vom Gebiet der Tataren und im Osten von Nordchina (hier Cathay

genannt) begrenzt wird. Das eigentliche China ist im unteren Teil der Karte zu sehen. Die japanischen Inseln bedecken die Hälfte des Nordpazifiks und befinden sich in der unmittelbaren Nähe von Kalifornien.

Der dänische Seefahrer Vitus Bering stand in den Diensten der Russen. Er entdeckte die Meerenge zwischen Asien und Amerika und zeichnete 1729 diese Karte von Sibirien mit dem Doppeladler des Zaren und einigen Eingeborenen.

Leider wurde aus der Jahrhunderthochzeit nichts, weil der Papst den ihm zugedachten Part nicht erfüllte, doch der Kaiser blieb den Jesuiten zu deren Glück trotzdem gewogen.

Kangxis Freude über den Vertrag von Nertschinsk, das erste Abkommen, das China überhaupt mit einer westlichen Macht schloss, beruhte vor allem auf der Tatsache, dass der Kaiser auf diese Weise ein Bündnis zwischen den Russen und den mongolischen Stämmen, die er bereits seit langer Zeit zu unterwerfen trachtete, vereitelt hatte. Galdan, der Khan der Dsungaren, der die muslimischen Oasen in Turkestan unterworfen hatte, rückte nämlich immer weiter in die Äußere Mongolei, bis zum Fluss Kerulen, vor. Flüchtlinge, die Schutz bei den Mandschu-Soldaten gesucht hatten, berichteten, dieser neue Dschingis Khan plane einen Vorstoß bis nach Peking. Nun, da Kangxi von

verbanden. In der Hauptstadt, die höchstens 200 Russen gleichzeitig betreten durften, hatte man für sie — ähnlich wie für die Botschafter der tributpflichtigen Völker — Unterkünfte eingerichtet. Die Jesuiten dienten als Dolmetscher, weshalb nahezu ein Jahrhundert lang Latein die Verkehrssprache bei allen chinesisch-russischen Verhandlungen bildete.

Zu Beginn des 18. Jahrhunderts gab es in Peking eine kleine russische Gemeinde, die nicht nur Kaufleute, sondern auch Gefangene und Deserteure umfasste, etwa Kosaken vom Amur, die eine Rechnung mit der Justiz des Zaren zu begleichen hatten und als Söldner in die Dienste der Mandschu getreten waren. Unter dem Vorwand, diesen verlorenen Seelen Beistand zu bieten, hatte Moskau auch einige orthodoxe Priester mit den Karawanen nach Peking geschickt. Den Chinesen kamen die

durch die Steppen der Burjaten und Tungusen, die in jenen Jahren schwer unter einer Pockenepidemie litten, eine jener Seuchen, die überall auf der Welt unter den Eingeborenen wüteten, wenn sie erstmals mit der so genannten Zivilisation in Kontakt kamen. Verlassene Zelte und Leichen säumten den Weg der Gesandten, die am 4. Juni 1720 endlich bei Selenginsk die Grenze erreichten. Man sandte eine Nachricht nach Peking mit der Bitte, China betreten zu dürfen. Einen Monat später traf die Erlaubnis ein, doch kurz vor der Abreise entdeckten die wachsamen Mongolen in dem Tross mehrere Frauen. Der Fürst von Urga, der sich auf Grund der strategischen Lage seiner Stadt als eine Art kaiserlicher Oberzollmeister fühlte, ließ Ismailow wissen, dass es in Peking bereits mehr als genug Frauen gäbe und der Import weißer Frauen ohnehin nicht erlaubt sei.

russischer Seite keine Schwierigkeiten mehr zu befürchten hatte, konnte er sich mit aller Macht auf den neuen Feind konzentrieren.

1696 führte er persönlich eine große Armee von 80 000 Soldaten an, die sich in mehrere Verbände gliederte und durch die endlosen Weiten der Mongolei bis zum Kerulen zog. In einer historischen Schlacht vernichtete das Artilleriefeuer der Mandschu die feindlichen Reiter. Die Steppennomaden hatten gegen die technischen Neuerungen, die die Chinesen einsetzten, keinerlei Chance. Galdan zug sich in die Dsungarei zurück und starb ein Jahr später.

Die russischen Handelskarawanen, die seit Abschluss des Vertrags nach China reisen durften, durchquerten nun die Mongolei und gelangten über Urga nach Peking. Sie trugen stets offizielle Geleitbriefe mit sich und wurden häufig von Gesandten begleitet, die Handel und diplomatische Mission miteinander

Missionare gerade recht, bildeten sie doch einen Gegenpol zu den Jesuiten, die man bei Hof nach wie vor misstrauisch beäugte.

1719 beschloss Zar Peter der Große, eine größere diplomatische Abordnung nach China zu entsenden. Sie brach im Juli von der neuen Hauptstadt St. Petersburg auf — zu jener Zeit noch eine sumpfige Baustelle, die alljährlich zur Schneeschmelze im Frühjahr von der Newa überflutet wurde. Rund 60 Personen, darunter eine vollständige Militärkapelle und eine Dragonereskorte, gehörten zu der Gesandtschaft, die unter der Leitung von Wachkapitän Ismailow stand. Fünf Wochen lang musste die Gruppe in Kasan warten, bis es aufhörte zu schneien und sie die Reise per Schlitten durch das weite, eiskalte Sibirien fortsetzen konnte. Von Tobolsk, wo die reichen Pelzhändler lebten, die den Handel mit China beherrschten, führte der Weg nach Tomsk. Dann ging es

Daraufhin schickte man die Frauen mit dem entbehrlichen Teil der Eskorte zurück, die übrigen überquerten die Tola und machten sich auf den Weg durch die mongolische Wüste.

Die Landschaft war so karg und eintönig, dass ein Reisender begeistert »Land in Sicht« rief, als am 22. November in der Ferne die Türme der chinesischen Mauer auftauchten. Bis nach Peking brauchte die Gruppe nun noch einen knappen Monat. In der Hauptstadt empfing sie eine Abordnung von Mandarinen, darunter fünf Jesuiten, die sogleich in lateinischer Sprache mit den Dolmetschern zu verhandeln begannen.

Im Dezember gewährte der Kaiser den Russen die erwünschte Audienz. Letzteren blieb es nicht erspart, die üblichen neun Verbeugungen zu absolvieren, die bei europäischen Besuchern stets auf Widerstand stießen. Kangxi behandelte die Gesandten jedoch überaus freundlich und ließ sich sogar dazu herbei, dem Zaren Ratschläge zu geben. Seine kaiserliche Majestät, so Kangxi, setze sich großen Gefahren aus. Zwar wisse er, dass der Zar gerne mit Schiffen reise, doch solle er besser an Land bleiben und Wind und Wellen meiden. Dann erhielt Ismailow das übliche Höflichkeitsschreiben und durfte wieder abreisen.

Während die Russen noch in Peking weilten, traf Kardinal Mezzabarba, ein Nuntius von Papst Clemens XI., ein. Er sollte im so genannten »Ritenstreit« vermitteln. Der anfängliche Erfolg der Jesuiten in China hatte über weite Strecken darauf beruht, dass sie das Christentum zunächst als eine Art philosophische Weltanschauung präsentiert hatten, die sich problemlos mit dem Konfuzianismus vertrug. Die Missionare anderer Orden, vor allem Dominikaner und Franziskaner, lehnten

auf den Ahnenkult zu verzichten hätten, und das chinesische Wort *tianzhu* (Herr des Himmels) wurde als verbindliche Übersetzung für Gott festgeschrieben. Ein junger Legat, der Franzose Maillard Tournon, war daraufhin nach China gereist, um den Beschluss zu verkünden. Er blieb von 1705 bis 1710 im Reich des Himmlischen Friedens und entfachte in dieser Zeit so viele Streitigkeiten und Intrigen, dass sich das positive Bild vom Christentum, welches die Jesuiten mühevoll gezeichnet hatten, stark eintrübte. Schließlich schaltete sich Kangxi persönlich ein und ordnete an, dass jene Brüder, die ihre Arbeit im Geiste Matteo Riccis fortsetzen wollten, in China bleiben sollten, während alle übrigen das Land unverzüglich zu verlassen hätten. Tournon wurde auf Befehl des Kaisers nach Macau ausgewiesen und starb dort 1710 im Kerker.

Rivalen, die ihm den Thron streitig machen wollten. Desgleichen beargwöhnte er die christlichen Missionare. In den Provinzen ließ er Kirchen schließen, an manchen Orten kam es sogar zu Christenverfolgungen. In Peking durften die Jesuiten bleiben, da man sie als nützlich erachtete, doch sie lebten fortan in einer jederzeit widerrufbaren rechtlichen Grauzone. Eine weitere Gesandtschaft des Papstes reiste unverrichteter Dinge überstürzt wieder ab, und die portugiesische Mission, die König Johann V. 1727 nach China schickte, durfte erst ins Land, nachdem sie zugesagt hatte, keine religiösen Fragen anzuschneiden. Man war die ewigen Streitereien unter den Christen endgültig leid.

Im selben Jahr traf in Peking eine riesige russische Delegation ein. Sie bestand aus einer Eskorte von 1500 Mann sowie rund 100 Dolmetschern, Handelsvertretern, Kartografen, orthodoxen Priestern und Gelehrten und hatte Uhren, riesige zerbrechliche Spiegel, Pistolen und Gewehre bei sich, die allerdings nicht nur für den Kaiser selbst, sondern auch als Bestechungsgeschenke für die Hofbeamten gedacht waren. Die Gaben erfüllten ihren Zweck: Nach sechs Monaten zog sich der Anführer der Gruppe, Wladislawitsch, mit seinen Leuten nach Kjachta an der mongolisch-sibirischen Grenze nördlich von Urga zurück, wo wenig später ein neuer Vertrag geschlossen wurde. Die Russen erhielten das Recht, in ihrem Außenposten Kjachta regelmäßig Handel zu treiben sowie alle drei Jahre Karawanen nach Peking zu entsenden. Darüber hinaus durften sie in der Hauptstadt eine orthodoxe Missionsstation unterhalten, eine Kirche bauen und Gelehrte zum Chinesisch-Studium schicken.

dieses Modell jedoch klar ab. Die »Ritenfrage« stand dabei geradezu symbolhaft für die pragmatische Haltung der Jesuiten. Die Chinesen pflegten ihren verstorbenen Ahnen am Familienaltar zu huldigen, eine Praxis, die die Jesuiten als »bürgerliche Einrichtung« bezeichneten und auch getauften Christen gestatteten. Ihre Gegner hielten genau diese Ehrenbezeugungen für ein heidnisches Kultelement, auf das Konvertiten in jedem Fall zu verzichten hatten. Daneben gab es eine Reihe weiterer Streitpunkte, die vor allem die Definition theologischer Sachverhalte betrafen. Wie übersetzte man zum Beispiel das Wort »Gott« korrekt ins Chinesische? Konnte man althergebrachte Begriffe wie *Shangdi*, »Herr in der Höhe«, oder *tian*, »Himmel«, verwenden? Die Jesuiten meinten ja, die Dominikaner waren strikt dagegen.

Nach langem Hin und Her hatte die Inquisition in Rom entschieden, dass Christen

In der Zwischenzeit hatte Kangxi einige Jesuiten mit Dokumenten für den Papst nach Rom gesandt. Der Heilige Vater hielt zwar an den zuvor getroffenen Entscheidungen fest, schickte aber zunächst einen weiteren Missionar, besagten Mezzabarba, nach China. Der alte Kaiser empfing ihn höflich, ließ ihn aber wissen, dass die katholische Kirche sich nicht in die inneren Angelegenheiten seines Landes einzumischen habe. Zudem schätze er die Jesuiten sehr und betrachte Angriffe auf sie als persönlichen Affront. Im Übrigen handele es sich bei den angesprochenen Problemen wohl eher um Scheingefechte rivalisierender Orden — eine Feststellung, die der Realität wohl recht nahe kam. Die Situation verbesserte sich nicht im Geringsten, als Kangxi 1722 starb und sein 14. Sohn, Yongzheng, die Nachfolge antrat.

Der neue Kaiser misstraute seinen zahlreichen Brüdern bei Hofe und betrachtete sie als

Wenig später geschah das Unglaubliche: Die Chinesen, die im Konflikt mit den Mongolen auf Russlands Neutralität angewiesen waren, rüsteten 1731 eine Gesandtschaft nach Moskau, 1732 eine weitere nach St. Petersburg aus. Offenbar hatte der Sohn des Himmels erkannt, dass sich seine Herrschaft auf Ostasien beschränkte und der Zar einen ähnlichen Rang bekleidete wie er selbst. Jedoch galt diese Einschätzung nicht für andere europäische Mächte, was sich als folgenreich erweisen sollte.

148/149
Yongzheng — hier bei der »Öffnung der ersten Furche«, einer Zeremonie, die die Zeit des Pflügens einleitete — war den Jesuiten weit weniger wohlgesonnen als Kangxi; häufig hatten sie unter Intrigen des Hofes zu leiden.

CHINA EN VOGUE

Obwohl die Jesuiten, allen voran Matteo Ricci, sich redlich bemüht hatten, den

Chinesen die Geografie der Erde näher zu bringen, interessierten sich diese im

Grunde kaum für Europa und wussten praktisch nichts über diesen Konti-

nent. Bereits 1623 hatte ein weiterer italienischer Missionar, Pater Aleni, mit

dem *Zhifang waiji* (Geografischer Abriss der ganzen Welt) ein Werk in chinesi-

scher Sprache verfasst, das nicht nur Europa, sondern auch Asien, Afrika und

das seinem Leserkreis bis dahin völlig unbekannte Amerika zum Thema hatte.

Die revolutionären Aussagen zur Kosmografie der Erde ernteten Skepsis, und

noch ein Jahrhundert später, im Jahre 1747, bezeichnete die große kaiserliche

Enzyklopädie der Hanlin-Akademie die Informationen der Jesuiten als

»fantastische Erzählungen«. Gemäß der offiziellen Geschichtsschreibung der

Ming-Dynastie, die 1750 erschien, lagen Holland und Portugal irgendwo in

der Nähe von Malakka. Die Chronik unterstrich jedoch zugleich, dass der

150 und 151
Im 18. Jahrhundert kam in Europa unter dem Einfluss des von den Jesuiten idealisierten Chinabildes die so genannte Chinamode auf. Bald gab es in jedem Palast einen chinesischen Salon, in den großen Parks standen Pagoden oder Teesalons. Tapeten oder Wandteppiche wie dieser aus der Manufaktur von Aubusson (Louvre, Paris) hatten Szenen aus dem Alltag im Himmlischen Kaiserreich zum Motiv, die jedoch mehr dem Mythos als der Realität entsprangen. Die vergoldeten Figuren rechts zierten den chinesischen Teesalon im Park von Sanssouci in Potsdam.

Großeunuch Zheng He die Meere in jenen Breiten mehrfach durchquert habe, ohne auf eines dieser Länder gestoßen zu sein.

In etwa um die gleiche Zeit begann man sich hingegen in Europa – dank des Wirkens der Jesuiten – für China zu begeistern. Hier galt das Himmlische Kaiserreich als Inbegriff eines aufgeklärten Staates, regiert von einem Philosophen auf dem Thron, der umgeben ist von einer Schicht gebildeter Beamter. Zwischen 1702 und 1776 erschienen in Frankreich die *Lettres édifiantes et curieuses* (Lehrreiche und interessante Briefe), in denen Missionare der Gesellschaft Jesu aus allen Teilen der Welt – von Armenien bis Paraguay – berichteten. Da man China nach wie vor als zentralen Missionsbereich ansah, bezogen sich die meisten Beiträge auf dieses Land, und es ging durchaus nicht grundsätzlich darum, vermeintliche oder tatsächliche Fortschritte bei der Christianisierung zu dokumentieren. Vielmehr behandelten die Schreiber auch Aspekte wie die Geschichte, Religion und Wirtschaft des Reichs der Mitte und entwarfen dabei ein lebendiges Bild der Menschen und Sitten dort. Pater Jean-Baptiste du Halde ordnete die Briefe schließlich und fasste sie in vier Bänden zusammen, die er 1735 unter dem Titel *Description géographique, historique, chronologique, politique et physique de l'empire de la Chine et de la Tartarie chinoise* (Beschreibung des chinesischen Kaiserreichs) veröffentlichte. Zwischen 1772 und 1785 folgten diesem Werk die 13 Bände der *Histoire générale de la Chine* (Allgemeine Geschichte Chinas) von Pater de Mailla.

152/153

Zu den Werken, die das europäische Chinabild am stärksten geprägt haben, gehörte die Description de l'Empire de la Chine *des französischen Jesuitenpaters du Halde von 1735. Sie beruhte auf den Berichten seiner Mitbrüder in Peking und enthielt zahlreiche Illustrationen; diese hier zeigt verschiedene Schiffstypen.*

Jene Jesuiten, die sich wie du Halde in Europa mit der Publikation der Berichte ihrer Brüder im Fernen Osten befassten, trafen natürlich eine Vorauswahl und veränderten jene Aussagen, mit denen die Gesellschaft Jesu Anstoß erregt hätte. In den *Lettres édifiantes* etwa strich man alles, was irgendwie auf Aberglauben hindeutete oder mit dem Verhalten der Chinesen im Alltag zu tun hatte. Ein 1687 in Paris erschienenes Handbuch der Pekinger Missionare über die Lehren von Konfuzius mit dem Titel *Confucius Sinarum Philosophus* wurde kurzerhand so umgeschrieben, dass der Eindruck entstand, schon die alten Chinesen hätten an einen einzigen Gott und die Unsterblichkeit der Seele geglaubt. Der deutsche Philosoph Leibniz sammelte über ein Jahrzehnt lang

Material aus unterschiedlichsten Quellen über China, darunter Berichte, die Missionare ihm aus Peking schickten. 1697 gab er den Band *Novissima Sinica* heraus, in dem er das Himmlische Kaiserreich pries: »Heute kann China, das genauso viele bebaute Flächen besitzt wie Europa und wesentlich mehr Einwohner hat, es in vielen Bereichen mit uns aufnehmen, so dass manchmal wir ihnen, dann wieder sie uns überlegen sind ... Alle Gesetze der Chinesen haben, im Vergleich zu denen anderer Völker, nur den einen Zweck: den öffentlichen Frieden zu wahren und die soziale Ordnung zu stabilisieren.«

Dieses Idealbild von China, das vielen als eine Art reale Utopie erschien, spielte in den großen Disputen über die europäische Kultur, die den Beginn der Aufklärung einleiteten,

eine wichtige Rolle. Die Jesuiten stellten das Reich der Mitte als ein Land dar, in dem eine der christlichen Morallehre vergleichbare Denkrichtung vorherrschte – und zwar unabhängig davon, welcher Glaubensgemeinschaft die Menschen angehörten. Damit lieferten sie den Deisten Argumente, die eine natürliche Religion als Alternative zur traditionellen christlichen Theologie propagierten und China als Beispiel für die positiven Auswirkungen eines solchen Modells anführten.

Ausgerechnet die Jesuiten, die ansonsten zu den eifrigsten Verfechtern der römisch-katholischen Lehre gehörten, lieferten deren Gegnern also die Munition zu polemischen Angriffen auf das Papsttum und zu einer Infragestellung der Autorität der Bibel.

Gelehrte wie La Peyrère oder Tyssot fanden in den chinesischen Annalen eine Bestätigung ihrer Kritik an der Schöpfungsgeschichte des Buches Genesis. Und Vossius meinte, hier den Beweis für seine These zu entdecken, dass die Sintflut nicht die ganze Welt betroffen habe, denn in den ältesten asiatischen Quellen war niemals von einer solchen Überschwemmung die Rede. François La Mothe de Vayer verglich Konfuzius mit Sokrates, da beide eine natürliche Morallehre mit dem Glauben an ein höchstes Wesen verbunden hatten. Pierre Bayle, einer der Wegbereiter des neuen Skeptizismus, hob die Unterschiede zwischen dem Sonnenkönig und dem Kaiser von China hervor: Ludwig XIV. schicke, so meinte er, Missionare nach Peking, die dort für Toleranz

werben sollten, während er selbst in Frankreich die Hugenotten verfolgte; der Sohn des Himmels hingegen, der die katholische Religion im Grunde als »falsch« empfand, gewährte den Jesuiten wohlwollend Aufnahme an seinem Hof.

Kein französischer Philosoph jener Zeit begeisterte sich indes so sehr für China wie Voltaire, der im *Dictionnaire philosophique* nicht nur Konfuzius pries, sondern auch behauptete, die staatliche Ordnung des chinesischen Kaiserreichs sei die beste der Welt, da sie sich nicht darauf beschränke, Vergehen zu bestrafen, sondern auch die Tugend belohne. In der Einleitung zu seinem *Essai sur les Mœurs et l'esprit des Nations* verlieh er seiner Bewunderung für China Ausdruck – jenes Land, das bereits zivilisiert gewesen sei, als andernorts noch Wilde

*Die Pracht der kaiserlichen Zeremonien begeisterte die
Europäer des Barock und Rokoko und fand sich auf vielen
Illustrationen wieder, welche die Jesuiten ihren Berichten
beifügten. Einige stammten von den Patern selbst, andere
von chinesischen Künstlern in ihren Diensten.*

gelebt hätten, das hervorragende Gesetze und einen höheren Sinn für Moral besitze und in dem die Geschichtsschreiber ihre Berichte nicht durch Wundermärchen ergänzten. Auch das Drama *L'Orphelin de la Chine*, das 1755 in Paris uraufgeführt wurde und auf einer antiken chinesischen Tragödie beruhte, zeugt von Voltaires Wertschätzung für China. Im Vorwort griff der Philosoph Rousseau an, der die Chinamode rundweg ablehnte und die Chinesen als ein Volk von Feiglingen, Heuchlern und Scharlatanen bezeichnete, die viel redeten, ohne etwas zu sagen, viel Geist, aber keinerlei Genie besäßen, reich an Etikette, aber arm an Gedanken seien – kurzum, höflich, förmlich, geschickt, listig und betrügerisch.

Im Unterschied zu anderen Philosophen gründete Rousseau sein Urteil nicht auf die Briefe der Jesuiten, sondern auf den Bericht des englischen Seefahrers Anson, der 1743 nach Macau gekommen war und bei den dortigen Chinesen teuer für Proviant und Werkzeug bezahlen musste, die er nach der langen Überfahrt benötigte. Dieser Anson hatte aus seinem Erlebnis den Schluss gezogen, dass das Himmlische Kaiserreich von einer Hand voll Schurken regiert wurde. Allerdings widersetzte sich nicht allein Rousseau der Chinamode. Bereits der Geschichtsphilosoph Bossuet hatte den chinesischen Chroniken jeden Wert abgesprochen, Malebranche und Renaudot wehrten sich gegen die These von der chinesischen Überlegenheit und für Fénelon existierte ohnehin keine andere bedeutende antike Kultur als jene der Griechen und Römer. Er erging sich in Polemiken gegen die Chinesen, und da er ihnen gewisse Erfindungen nicht absprechen konnte, leugnete er deren Bedeutung: »Der Buchdruck ist lediglich eine Annehmlichkeit für die Gelehrten, das Schießpulver birgt mannigfaltige Gefahren, und was das Porzellan anbetrifft, so gelingt es mit Hilfe der Natur zuweilen auch den barbarischsten Völkern, in ihren Ländern etwas herzustellen, das andere Nationen nicht zu erzeugen vermögen.«

Einige Philosophen schlugen einen Mittelweg ein und stellten sich auf keine der beiden Seiten. Montesquieu etwa lobte einige Aspekte der chinesischen Gesellschaft, bezeichnete das politische System jedoch als Despotie. Er fragte sich, ob sich die Jesuiten nicht von einem Schein von Ordnung täuschen ließen, und kam zu dem Schluss: »Der Stock regiert China.«

Der Disput erlebte in Frankreich seinen Höhepunkt, doch beteiligten sich Intellektuelle aus allen Teilen Europas daran. Einigen gereichte ihre Schwärmerei für chinesisches Gedankengut zum Nachteil. Der Deutsche Christian Wolff, der in Halle Mathematik und Philosophie lehrte, hielt 1721 eine Vorlesung mit dem Titel *De Sinarum philosophia practica* (Über die praktische chinesische Philosophie). Darin versuchte er anhand einiger Lehrsätze von Konfuzius den Beweis zu führen, dass die menschliche Vernunft in der Lage sei, moralische Wahrheiten aus eigener Anstrengung heraus zu erkennen. Die Hallenser Theologen empörten sich über diese »atheistischen« Behauptungen und entfachten einen solchen Streit, dass König Friedrich Wilhelm I. den Philosophen zwang, binnen 48 Stunden das Land zu verlassen. Die Briten diskutieren eher gelassen darüber, ob die chinesische Sprache vielleicht die lange gesuchte Ursprache der Menschheit sei, die vor dem Turmbau von Babel alle Völker geeint habe. Während Doktor Johnson und der Dichter Alexander Pope, der eine Konfuzius-Biografie verfasste, sich für China begeisterten, sprachen andere, etwa Daniel Defoe, der Autor von *Robinson Crusoe*, mit beißender Ironie von dem fernöstlichen Reich.

Ähnlich verhielt es sich in Italien, wo ein Gelehrter wie Paolo Mattia Doria die friedfertige Natur der Chinesen pries, die »weich und empfindsam sind und allen Waffenübungen feindlich gegenüberstehen, weil sie Ruhe und den Frieden schätzen und jene Kultur besitzen, die nur dann entsteht, wenn ein Reich das Studium der Schriften als universelles Gut pflegt«. Gianbattista Vico hingegen kritisierte die konfuzianische Philosophie als ungehobelt und plump und wandte sich gegen alle, die die chinesische Schrift als Beweis für das hohe Alter der Weisheit und Wissenschaft dieses Landes anführten, bewiesen die Schriftzeichen doch gerade die Rückständigkeit des Volkes: »Hieroglyphen kennzeichnen die Anfänge der Entwicklung einer Kultur.«

Während sich im Bereich der Wissenschaft Anhänger und Gegner Chinas also in etwa die Waage hielten, standen die Künstler des 18. Jahrhunderts dem Fernen Osten durchweg positiv gegenüber. Der Import von Seidenstoffen, Elfenbein, Porzellan und Lackobjekten prägte den europäischen Geschmack tief greifend und führte während des Rokoko zu einer regelrechten Imitationswelle, die unter dem Namen »Chinoiserie« in die Kunstgeschichte einging. Den Anfang machte das Porzellan, das bereits im 16. Jahrhundert mit portugiesischen Schiffen nach Europa gelangt war und dort als Rarität gehandelt wurde. Als neue Getränke wie Tee, Kaffee und Schokolade in Mode kamen und deren Genuss im 18. Jahrhundert in der Oberschicht zu einer unverzichtbaren Gewohnheit wurde, verbreitete sich auch der Gebrauch des Porzellans. Denn mit den exquisiten Tassen und Kannen konnte das Bürgertum seinen Reichtum und erlesenen Geschmack angemessen zur Schau stellen.

Natürlich versuchte man auch in Europa, Porzellan herzustellen – umso mehr, als man den dekorativen Wert des Materials erkannte. August von Sachsen etwa ließ Decken und Wände mit Porzellan verzieren und sogar Porzellanmöbel anfertigen. Es war ebenfalls in Sachsen, dass ein geschickter Handwerker, Johann Friedrich Böttger, schließlich das Geheimnis des Porzellans herausfand. In Meißen eröffnete er die erste europäische Porzellanmanufaktur, die chinesisches Niveau erreichte. Als Nächstes kam der typische chinesische Lack, der Holz versiegelte und ihm einen unvergleichlichen Glanz verlieh, in Mode. Ende des 17. Jahrhundert wurden in Frankreich die

156 und 157
Die Europäer faszinierte auch das chinesische Porzellan. Ganze Schiffsladungen wurden aufgekauft, bis der sächsische Handwerker Johann Friedrich Böttger im 18. Jahrhundert das Geheimnis der Herstellung entdeckte und in Meißen die berühmteste deutsche Porzellanmanufaktur gründete. Links chinesische Porzellantassen auf einem Stillleben des Holländers Pieter Gerritszoon van Roestraten (um 1630–1700) und einer Intarsienarbeit im Palazzo Pitti, Florenz. Rechts eine chinesische Vase mit Blumen von Giovanna Garzoni (1600–1670), Gabinetto dei Disegni e delle Stampe, Uffizien, Florenz.

158 und 159

Die großen französischen Teppichmanufakturen schufen mehrere Serien mit chinesischen Motiven. Auf dieser Seite zieren einen Teppich aus Beauvais drei Bittsteller, die sich vor dem thronenden Kaiser verneigen; dahinter ein weißer Elefant in einem reich verzierten Pavillon.

Rechts oben stellt ein weiterer Teppich aus Beauvais einen Ausflug des Kaisers unter einem Baldachin dar, eskortiert von einigen Reitern. Unten nehmen ein chinesischer Edelmann und ein Edelfräulein gemeinsam zwischen Kindern und Dienern ihren Tee im Garten ein.

ersten Imitate auf den Markt gebracht, und etwa zeitgleich fanden Seide und Tapeten Verbreitung, Letztere vor allem in England. Dort kreierte der Tischler Thomas Chippendale auch einen nach ihm benannten Möbelstil, in den chinesische Elemente einflossen, und stattete die Wohn- und Schlafzimmer britischer Adelshäuser mit seinen Erzeugnissen aus. Bald schon zierten Pagoden, Kioske und chinesische Teepavillons Parks und Gärten in ganz Europa. Sogar die Gartenanlagen selbst orientierten sich an chinesischen Vorbildern. Der königliche Architekt William Chambers, der die Pagode für die Kew Gardens entwarf, und der Franzose François Joseph Belanger, von dem das Lustschloss Bagatelle für den Grafen von Artois stammte, gelten als Weg-

bereiter jener Mode, die die europäische Gartenarchitektur grundlegend veränderte. »Die Chinesen«, schrieb Joseph Addison, »lachen zu Recht über unsere Gärten, denn jedermann kann Bäume in geraden Reihen pflanzen.« Die Chinesen wussten jedoch vermutlich gar nicht, dass man in Europa ihre Landschaftskunst studierte, und auch nicht, wie hoch im Kurs ihr Land seinerzeit stand.

1781 wurde in Paris eine *Redoute Chinoise*, ein Festgelände im chinesischen Stil, eröffnet, auf dem regelmäßig Feuerwerke – auch eine chinesische Erfindung – stattfanden. Wenig später gab es in der französischen Hauptstadt auch ein chinesisches Café, in dem die Kellner Tee in weiten Seidengewändern servierten. Im Anschluss konnte man sich in den Chi-

nesischen Bädern am Boulevard des Italiens vergnügen. Kurz vor der Französischen Revolution setzten die Adligen noch Goldfische in ihre Gartenteiche, und in den Salons beklatschte man chinesische Schattenspiele. Oper, Ballett, Pantomime – China war überall präsent. Auf den Bühnen wandelten Mandarine und Eunuchen mit Papierlaternen, kaiserliche Konkubinen wurden in Sänften umhergetragen. Der britische Schauspieler David Garrick beklagte sich darüber, dass das Publikum nur noch Pantomimen und keinen Shakespeare mehr sehen wollte, beugte sich 1755 jedoch selbst der vorherrschenden Mode und organisierte im Drury Lane Theatre ein chinesisches Festival nach dem Vorbild der *Fêtes Chinoises*, die ein Jahr zuvor die Pariser begeistert hatten.

160 oben
Die Chinamode hielt auch im Theater Einzug: Man verfasste Melodramen, Tragödien, Komödien und Ballettwerke, die vom Himmlischen Kaiserreich handelten oder dort spielten. Bei Festlichkeiten durften Feuerwerke, eine alte chinesische Erfindung, nicht fehlen. Oben ein von Herzog Richmond auf der Themse organisiertes Feuerwerk.

160 unten
In Paris entstanden zwei berühmte chinesische Einrichtungen, ein Café und ein Badehaus (hier ein Aquarell, das heute im Musée Carnavalet aufbewahrt wird), die Lenoir im Jahre 1792 am Boulevard des Italiens gründete. Beiden war großer Erfolg beschieden, sie wurden jedoch schon 1856 wieder abgerissen.

161
Kioske, Pavillons und Pagoden verschönerten die Parkanlagen und Gärten europäischer Paläste. Dieses Aquarellbild zeigt den Querschnitt, Aufriss und Grundriss eines chinesischen Pavillons aus Versailles. Das Werk stammt aus einem für den späteren russischen Zaren, Peter I., angefertigten Album.

Façade du Kiosque du Coté de la Principale Entrée

Plan
du
Kiosque

Der Zeitvertreib
des Himmelssohns

Während die Chinabegeisterung in Europa ihren Höhepunkt erreichte und die abendländischen Fürsten in ihren Gärten Pavillons und Pagoden aus Porzellan errichten ließen, nahm der Einfluss der Jesuiten in China rasch ab. Nach dem Tod von Yongzheng, der 1735 von einer Frau ermordet wurde, deren Gatten man wegen Verrats zum Tode verurteilt hatte, bestieg Qianlong, der vierte Sohn des Kaisers, den Thron. Unter seiner Herrschaft begann man die christlichen Missionare zu verfolgen, verjagte sie aus den Provinzen und verurteilte sie in einigen Fällen sogar zum Tode. Viele Mönche versteckten sich, und die Zahl der Bekehrten sank rapide. Beim einfachen Volk säte man Misstrauen gegenüber den Christen, indem gezielt Gerüchte von rituellen Menschenopfern der Priester in die Welt gesetzt wurden. Doch wenn Qianlong auch das Christentum in China auslöschen wollte, weil er es als fundamentalen Widerspruch zur

162
Qianlong, der vierte Sohn von Yongzheng, bestieg 1735 den Thron. Hier sitzt er in der Pose eines Eroberers, gekleidet in eine reich verzierte Rüstung, auf dem Pferd. Er verfolgte einerseits die zum Christentum bekehrten Chinesen, schätzte aber die wissenschaftlichen und technischen Kenntnisse der Jesuiten bei Hofe.

163
Während seiner Herrschaft bekämpfte Qianlong die westlichen Mongolen. Der Jesuit Giuseppe Castiglione sollte den Feldzug schriftlich festhalten und den Westen darüber informieren.

eigenen Kulturtradition empfand, schätzte er doch nach wie vor die Dienste der Jesuiten, die bei Hof als Astronomen, Dolmetscher, Kartografen, Maler, Graveure und Architekten noch immer einen ausgezeichneten Ruf genossen. Zu den Günstlingen des Kaisers, der als Förderer der schönen Künste galt, gehörten etwa die Jesuitenpater Attiret, Gherardini, Panzi, Sallusti, Poirot, Sichelbart und vor allem der Mailänder Giuseppe Castiglione, der zwischen 1715 und 1766 in Peking lebte. Er schuf zahlreiche Porträts von Mitgliedern der kaiserlichen Familie und erhielt gemeinsam mit dem Franzosen Michel Benoît den Auftrag, mehrere Gebäude des Sommerpalasts – eine Art Manchu-Versailles unweit der Hauptstadt – im Barockstil zu planen. Der Garten des Lustschlosses, in dem sich zahlreiche Pavillons und Tempel erhoben, übertraf an Schönheit und Größe die kühnsten Vorstellungen. Da die Natur den Launen des Kaisers nicht genügte, hatte man künstliche Berge, Hügel, Täler, Wälder und Flüsse angelegt. Kleine und große Bäche flossen die Hänge hinunter, bildeten spektakuläre Wasserfälle, sammelten

sich in lauschigen Tälern und verbreiterten sich zu Seen, auf denen Prachtboote lagen. Im Zentrum der größten Wasserfläche dehnte sich auf einer Insel, die wie ein Felsen steil emporragte, der Palast mit über hundert Zimmern aus. Durch die Fenster blickte man auf weitere Gebäude mit insgesamt noch einmal 200 Räumen. Galerien, Wege, Amphitheater, Marmorbrücken und Blumenrabatten verzückten jeden Betrachter. In einer Senke, die von dichtem Wald umgeben war, damit sie sich den Blicken vollständig entzog, hatte der Kaiser eine kleine künstliche Stadt nach seinen Plänen anlegen lassen. Sie besaß eine eigene, turmbewehrte Mauer, Straßen, Plätze, Tempel, Märkte, Häuser, Läden und sogar einen Hafen.

Wenn der Sohn des Himmels die Lust verspürte, zu sehen, wie seine Untertanen lebten, verkleideten sich Hunderte von Eunuchen als Handwerker, Kaufleute, Soldaten und Frauen, beluden Karren, trugen Lasten und verrichteten Arbeiten. Dann fuhren Boote in den Hafen ein, die Läden öffneten sich, Gruppen von Menschen bevölkerten die Teesalons und Plätze und die Marktleute priesen ihre Waren an.

Die Soldaten liefen Patrouille, die Bettler baten um Almosen, die Betrunkenen prügelten sich und die Taschendiebe raubten Passanten aus, wurden verhaftet und vor den Richter geführt, der sie zu Stockschlägen verurteilte.

Eine riesige Anzahl von Künstlern war unermüdlich damit beschäftigt, die Auftragsarbeiten des Kaisers zu erfüllen, und unter ihnen gehörten die Jesuiten zu den am meisten gesuchten. Eines Tages wollte Pater Thibault, der die Begeisterung des Kaisers für mechanische Objekte kannte, dem Herrscher eine Überraschung bereiten. Er konstruierte einen mechanischen Löwen, überzog ihn mit dem Fell eines echten Tieres, und ließ ihn, als Qianlong vorbeiging, plötzlich aus seinem Versteck springen. Der Kaiser war so begeistert, dass Thibault noch einen Tiger baute, während ein anderer Jesuit, Pater Sigmund, einen mechanischen Menschen entwarf, der mit einer Art Uhrwerk angetrieben werden sollte. Der Herrscher war von diesem Plan derart fasziniert, dass er Stunden in der Werkstatt des Missionars zubrachte und sich genau nach jeder Einzelheit des Mechanismus erkundigte.

Die Jesuiten präsentierten ihr mechanisches Meisterwerk anlässlich des 60. Geburtstags der Kaiserinmutter. Alle Maler, Bildhauer, Architekten und Zimmerleute Pekings waren monatelang mit den Vorbereitungen zu diesem Ereignis beschäftigt, galt es doch, die gesamte Straße, die vom Sommerpalast zur Verbotenen Stadt, der eigentlichen kaiserlichen Residenz, führte, mit eleganten und prachtvollen Holzkonstruktionen zu verzieren. Zu beiden Seiten des mit Kies bestreuten, über zehn Kilometer langen Weges erhoben sich Tempelchen und Pavillons, die Kapellen und Chöre, Gaukler und Artisten beherbergen sollten. Auch hatte man künstliche Hügel errichtet, auf denen Hirsche und Steinböcke weideten und als Affen verkleidete Kinder ihr Spiel treiben sollten. Es gab lange, mit kostbarer Seide ausgeschlagene überdachte Passagen, in denen weitere, mit Federn geschmückte Kinder an den Decken hingen und fliegende Vögel imitierten.

Die Pater beschlossen, sich erneut selbst zu übertreffen, und entwarfen eine Hebebühne, die einer der Brüder so beschrieb: »Auf jeder Seite gab es drei aufsteigende Bühnen, und im Hintergrund stand eine Figur in chinesischer Kleidung, die in den Händen eine geschriebene Glückwunschbotschaft hielt. Vor jeder Bühne befanden sich chinesische Statuetten,

die in der rechten Hand einen Kupfergong und in der linken einen Klöppel hielten. Vor der Bühne zog sich ein künstliches Wasserbecken aus Kristall entlang, an dessen Seiten ein Zifferblatt mit europäischen und chinesischen Schriftzeichen zu sehen war. Im Wasser schwamm eine künstliche Gans. Alle Teile wurden von verborgenen Federn in Gang gesetzt, und ein Magnet, der rund um das Zifferblatt lief, zog die Gans an, so dass sie stets die richtige Uhrzeit anzeigte. Zur vollen Stunde bewegte sich die Statue mit der Schriftrolle nach vorne und verneigte sich, dann schlugen die übrigen Statuen eine nach der anderen ihren Gong, so dass eine Melodie ertönte.«

Qianlong war von diesem Kunstwerk so hingerissen, dass er es in seine Privatgemächer bringen ließ und es dort für den Rest seines Lebens wie einen Schatz hütete. »Man kann also sagen«, schloss der Jesuit seinen Bericht, »dass wir die Gunst des Kaisers zum Vorteil der Religion zu erlangen versuchen, indem wir ihm nützliche und notwendige Dienste erweisen. Wenn wir ihn auch nicht dazu bringen können, die Christen zu bevorzugen, so erreichen wir immerhin, dass er sie nicht verfolgt.« Tatsächlich hatten die 9000 in Peking lebenden Christen wenig zu befürchten, und selbst die Mandarine in den Provinzen, die die Order

166 und 167
Von 1755 bis 1757 führte Qianlong einen erfolgreichen Feldzug gegen die Dsungaren und bat die Jesuiten, dieses Ereignis in einem Album mit Kupferstichen (Les Conquêtes de Qianlong) festzuhalten, das er nach Europa schicken wollte. Die hier abgebildeten Tafeln zeigen die Zeremonie, mit der der Kaiser vor seinem Aufbruch um die Gunst des Himmels bittet. Oben begibt er sich an die Gräber seiner Ahnen und ersucht sie, bei den Göttern für den Erfolg in der Schlacht zu bitten; oben rechts eine Weihrauchzeremonie, unten überbringt eine Delegation von westlichen Mongolen aus dem Dsungarenreich Gaben zum Zeichen ihrer Unterwerfung.

168 unten
Der Kaiser versammelt in Peking seinen vielköpfigen
Hofstaat (linkes Bild), um sich wie üblich in dessen
Begleitung zu den Gräbern der Mandschu-Ahnen in
Chengde (rechts) unweit der Hauptstadt zu begeben.

168/169
Im Verlauf einer Reise erwiesen immer wieder
Menschenmassen dem Kaiser die Ehre. Hier hat man
für ihn einen prächtigen Pavillon errichtet, der an die
Jurten erinnert, in denen die Mandschuren, ebenso wie
die Mongolen, vor der Eroberung Chinas lebten.

169 unten
An den Festlichkeiten, die zu Ehren des Kaisers abgehalten wurden, nahmen die Stadt- und Dorfältesten
sowie alle hochrangigen Persönlichkeiten teil.

170 und 171

Hauptverantwortlich für den Sieg über die Dsungaren im Jahre 1759 war General Zhaohui, der das Kommando führte und hier auf mehreren Schlachtszenen zu sehen ist. Zhaohui trieb die Feinde mehrfach in die Flucht und zwang ihren Anführer Amursana, auf russisches Gebiet auszuweichen, wo er schließlich an Pocken starb. Der General befriedete danach die Region, indem er alle Rebellen, deren er habhaft wurde, hinrichten ließ.

hatten, gegen jede Form der christlichen Glaubensbekundung einzuschreiten, drückten oft beide Augen zu. Schließlich beauftragte der Sohn des Himmels Pater Castiglione und andere Jesuiten, eine Serie von Kupferstichen nach europäischem Vorbild anzufertigen, um den von ihm zwischen 1755 und 1757 geführten Feldzug gegen die Dsungaren zu feiern, der diese endgültig zum Rückzug gezwungen hatte. Qianlong wollte die Bilder, die die Macht des Himmlischen Kaiserreiches illustrieren sollten, an alle bedeutenden europäischen Höfe schicken, damit die ganze Welt den Glanz seines Reiches sähe.

Die architektonischen Spielereien des Sommerpalasts, von dem nach dem britisch-französischen Überfall ein Jahrhundert später nur noch Ruinen übrig blieben, und die Bilder von den Eroberungen des Kaisers gehören zu den schönsten Ergebnissen des langjährigen Aufenthalts der Jesuiten in China. Sie stellten zugleich eine Art Schwanengesang der genialen

172 und 173

*Zhaohui richtete seine Aufmerksamkeit sodann auf die
Khanate von Kashgar und Jarkand, deren Unterwerfung
1759 den Feldzug beendete. Die Tafeln zeigen ein Lager
der Mandschu-Armee (links), den Überraschungsangriff
auf ein Eingeborenendorf (oben rechts) und die kaiserliche Dankeszeremonie (unten). Zhaohui hatte die Wüste
mit wenigen tausend Mann durchquert und vor Jarkand
gewartet, bis die kaiserlichen Truppen eintrafen und die
Stadt im Februar 1759 einnahmen. Im Juli war
Kashgar an der Reihe. Die letzten Unbeugsamen flohen
in das Pamir-Gebirge. Der Kaiser setzte in der Region
Mandschu-Statthalter ein und gründete Bauernkolonien.*

174/175

Die wachsende Bedeutung des China-Handels führte dazu, dass die britische Regierung Botschafter ins Reich der Mitte entsandte. Lord Macartney, hier beim »Vizekönig« von Kanton am 19. Dezember 1793, leitete die erste Mission.

175

Macartney, ein begabter Diplomat, erwarb sich zwar die Sympathie der kaiserlichen Beamten, erzielte aber keinerlei brauchbares Ergebnis. China war noch nicht bereit, den Forderungen nach einem Handelsvertrag nachzugeben.

Wissenschaftler und Missionare dar. Als der Papst die Gesellschaft Jesu 1773 auflöste, wurden die letzten in Peking verbliebenen Jesuiten abberufen und eine Epoche der chinesisch-europäischen Annäherung fand ihr Ende.

Im 18. Jahrhundert entwickelte sich der Tee zum Massengetränk. Der Export von Teeblättern über den Hafen von Kanton stieg unaufhörlich, bis der Tee schließlich die Haupteinnahmequelle der Britischen Ostindischen Kompanie bildete. Ein Verband chinesischer Kaufleute – von den Europäern Cohong genannt – besaß das Monopol für den Handel

mit dem Abendland. Diese Gruppe war den Behörden gegenüber für die Schiffe verantwortlich, die in den Hafen einfuhren. Für jedes von ihnen musste eine Bürgschaft bzw. »Versicherung« eines dieser »verantwortlichen Kaufleute« vorliegen. Ausländer unterlagen vielerlei Beschränkungen: Sie durften ihre Ehefrauen nicht mitbringen, nicht in Sänften reisen, die Stadt nicht betreten und vieles mehr. Die Vertreter der britischen Kompanie versuchten, einige der Steine aus dem Weg zu räumen, die ihnen Kaufleute und kaiserliche Beamte in den Weg gelegt hatten, und bemüh-

Dreistigkeit dieses Ausländers in Zorn, ließ den chinesischen Dolmetscher töten, der es gewagt hatte, das Schriftstück zu übersetzen, und sperrte Flint für drei Jahre ins Gefängnis, um ihn darauf des Landes zu verweisen.

Einige Zeit später geriet die britische Regierung angesichts der Berichte der Kompanie mehr und mehr in Sorge, zumal amerikanische Unternehmer, kaum dass das Land seine Unabhängigkeit erkämpft hatte, dem einstigen Mutterland Konkurrenz machten. 1793 beschloss man daher, erstmals einen britischen Botschafter nach China zu entsenden. Er sollte eine weitergehende Handelsbefugnis erwirken, die nicht mehr allein Kanton, sondern auch Ningbo, Tianjin und andere weiter nördlich gelegene Häfen umfasste. Außerdem wollten die Briten einige Inseln als Warenlager nutzen und ersuchten darum, dass keine anderen als die vom Kaiser festgesetzten Steuern erhoben würden. Die milden Gaben an ortsansässige Mandarine waren in den Augen der Briten reine Wegelagerei oder gar Diebstahl.

Lord Macartney, der sich bereits als Diplomat in Russland und in Madras als Gouverneur bewährt hatte, erhielt den Auftrag, in China vorstellig zu werden. Er reiste mit einem Stab von hundert Personen, darunter zwei chinesischstämmige Priester, die am Jesuitenkolleg von Neapel studiert hatten und sowohl die italienische als auch die lateinische Sprache perfekt beherrschten. Die Geschenke für den Kaiser füllten 600 Kisten, und man benötigte für deren Transport 3000 Träger und 40 Wagen, die von 200 Pferden gezogen wurden. Ein schier unendlicher Zug begab sich also vom

ten sich, die Bestechungsgelder zu umgehen, die nach und nach zum ungeschriebenen Gesetz wurden. Eine seltsame Persönlichkeit, ein gewisser James Flint, der von 1736 bis 1762 in China lebte, versuchte seine Landsleute ein für alle Mal von diesen Gefälligkeiten zu befreien und begab sich 1759 nach Tianjin, um eine Petition an den Kaiser einzureichen. Flint war davon überzeugt, dass der Sohn des Himmels der Korruption und dem Treiben der Beamten in Kanton Einhalt gebieten würde, sobald er davon erfuhr. Leider täuschte er sich – Qianlong geriet angesichts der unverschämten

Hafen Tianjin – wo Macartney von Bord eines mächtigen Kriegsschiffs gegangen war, das er gewählt hatte, um die Chinesen zu beeindrucken – in die Hauptstadt. In Peking deklarierten die Beamten die Geschenke als Tributzahlungen eines jener Barbarenländer in Übersee, das um jeden Preis Handel treiben wollte. Dann erklärte man den Reisenden, dass sie die Etikettevorschriften einzuhalten hätten, insbesondere, was die Verbeugungen vor dem Sohn des Himmels beträfe.

Zu diesem Zeitpunkt hielt sich Qianlong in seinem Jagdschloss im mandschurischen Chengde auf, und hierhin begaben sich nun die Gesandten. Bei der Ankunft herrschte noch Unstimmigkeit über das Procedere, denn Macartney war nur bereit, sich vor dem Kaiser zu verneigen, wenn ein gleichrangiger Mandarin sich vor einem Bild des Königs von England verbeugte. Nach langen Diskussionen war er schließlich bereit, dem Sohn des Himmels dieselbe Ehre zu erweisen wie seinem eigenen Herrn. Diesem Verfahren stimmte Qianlong endlich zum Ärger der Höflinge zu, und am 14. September in den frühen Morgenstunden – der Herrscher hatte es eilig, zur Jagd zu kommen – beugte Macartney vor dem Kaiser von China das Knie. Dieser überreichte ihm ein Schreiben, in dem er Georg III. »für seine ehrerbietige Bereitschaft, sich zu unterwerfen« dankte und erklärte, das Himmlische Kaiserreich besäße alle Gaben Gottes im Überfluss, weshalb es nicht nötig sei, neben Kanton weitere Häfen für die Europäer zu öffnen.

Kaum war Macartney von seiner erfolglosen Mission zurückgekehrt, da schickten bereits

176 und 177

Die britische Delegation ging in Tianjin von Bord und reiste auf dem Landweg nach Peking. Sie umfasste über hundert Personen sowie 3000 chinesische Träger, 40 Wagen und 200 Pferde, welche die 600 Kisten mit den Geschenken für den Kaiser und die wichtigsten Würdenträger bei Hof transportierten. Genau wie die Holländer 150 Jahre zuvor, waren auch die Briten begeistert von dem, was sie unterwegs sahen und erlebten. Nach der Heimkehr veröffentlichten mehrere Delegationsteilnehmer Reiseberichte, einige davon mit schönen Illustrationen ausgestattet, die Auskunft über die Wunder Chinas gaben. Auf dieser Seite wird ein Mandarin in einer Sänfte zu den Fremden getragen, die Bilder auf der rechten Seite zeigen verschiedene Dschunkentypen.

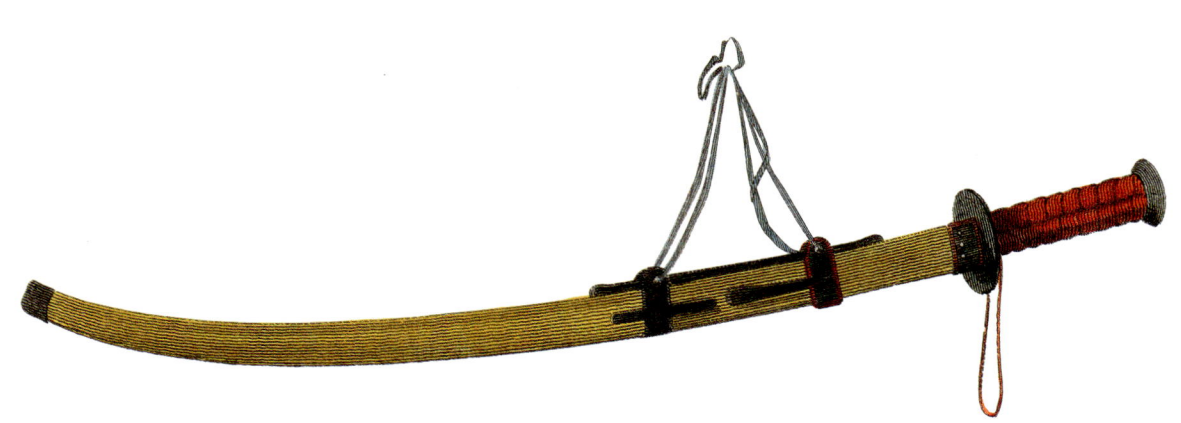

178, 179 und 180, 181

Macartney traf in Chengde ein, als der Kaiser gerade dort weilte. Die Etikette verlangte den Kotau – mehrere tiefe Verbeugungen vor dem Sohn des Himmels –, was den Briten sehr in Verlegenheit brachte. Nach endlosen Verhandlungen mit den Mandarinen erreichte er zur großen Empörung der Höflinge und weil der Kaiser sich milde zeigte, dass er lediglich niederknien musste. Er wurde mit einem Schreiben an König Georg III. betraut und musste China ohne jede konkrete Zusage verlassen. Die folgenden Seiten zeigen Illustrationen aus den Reiseberichten der Botschafter: Links haben chinesische Soldaten vor einer Festung Aufstellung bezogen, rechts reitet ein Mandarin in einem Zeremonialgewand. Nachfolgend ein Mann mit Halseisen (links unten) sowie eine Theateraufführung.

die Holländer erneut Botschafter zum Kaiser. Offiziell sollten sie dem Herrscher zu dessen 60. Geburtstag gratulieren, in Wirklichkeit ging es einmal mehr darum, endlich die ersehnten Handelsvorteile zu erhalten, die die Chinesen den Briten gerade verweigert hatten. Die Niederländer unter der Führung von Isaac Titzing hatten keinerlei Probleme damit, die vom Protokoll geforderten Verbeugungen zu machen, doch betrachtete man sie wie die Engländer als Tributpflichtige aus entlegenen Grenzgebieten des Reiches, so dass auch sie mit leeren Händen heimkehrten, nachdem sie auf der Hin- und Rückreise zahlreiche Demütigungen der Mandarine hatten erdulden müssen.

Die Frage der rituellen Verbeugung geriet gleichwohl zu einem Symbol des grundlegenden Wandels, welcher sich im Verhältnis zwischen China und den europäischen Mächten zu jener Zeit vollzog. Letztere sahen nämlich immer weniger ein, warum sie sich als Bittsteller präsentieren und demütig beim Kaiser nach einer Handelsbefugnis fragen sollten. Und nachdem auch noch die Jesuiten, die sonst immer zwischen den Parteien vermittelt hatten, die Verbotene Stadt verlassen hatten, schwand das gegenseitige Verständnis füreinander.

Deutlich zeigte sich diese Entwicklung im Jahre 1805, als an der eisig kalten Grenze der Mongolei eine russische Gesandtschaft von Zar Alexander I. auftauchte. Sie wurde von Graf Golowkin angeführt, einem Höfling, der weder über diplomatisches Geschick noch über herausragende Intelligenz verfügte, immerhin aber von einem der wachsten Geister der europäischen Aufklärung begleitet wurde: dem polnischen Grafen Jan Potocki, einem Autor fantastischer Romane, dessen Bücher noch heute viele Leser begeistern.

Die Russen waren sehr zahlreich erschienen, und der »Vizekönig« von Urga, der sie alle beherbergen musste, erhielt aus Peking die Anweisung, nicht mehr als die Hälfte – 120 von 240 Personen – weiterzuschicken. Der Gouverneur ließ daraufhin große Jurten aufstellen und entfachte in der Mitte ein mächtiges Feuer, das allerdings die Kälte kaum vertrieb. Wie immer dauerte es lange, bis die Erlaubnis zur Weiterreise der Botschafter eintraf, und in der Zwischenzeit konnten sie kaum die Nase aus ihren Zelten stecken, wenn sie nicht erfrieren wollten. In den Jurten brannte zwar eine Feuerstelle, doch das Holz warf Funken, so dass die Schlafenden nachts

Gefahr liefen, in Brand zu geraten, und man stets Wachen aufstellen musste. Natürlich war es nicht die Schuld der Mongolen, wenn die Russen mitten im Winter kamen, doch verbreitete sich unter den Europäern, die sich zwischen Qualm und Eis wie Gefangene fühlten, eine gewisse Nervosität, die zunahm, je länger man über Fragen des Protokolls diskutieren musste. Anlässlich eines Festbanketts führte der »Vizekönig« den Botschafter vor einen Altar, auf dem duftende Kerzen entzündet waren. Er erklärte ihm, die Kerzen seien heilige Symbole des Kaisers, und forderte ihn auf, die rituelle Verbeugung zu absolvieren. Golowkin weigerte sich rundweg und meinte, vor einer Wachskerze würde er allenfalls den Hut ziehen. Die Zeremonie wurde unterbrochen, die Chinesen argumentierten höflich, aber bestimmt, doch die Russen verschlimmerten die Lage durch verbale Ausfälle, die in Urga jeder verstand. Die Chinesen hatten mit ihrer Bitte lediglich sicherstellen wollen, dass Golowkin die Verbeugung in Peking nicht verweigern würde. In den folgenden Tagen versuchte der Gouverneur zu vermitteln und riet dem Gesandten, einen Brief zu schreiben, in dem er sich vorab zu der rituellen Verbeugung vor

182 oben
Die zweite britische Gesandtschaft, die China im Jahr 1816 unter Lord Amherst aufsuchte, hatte keineswegs mehr Erfolg. Die Botschafter mussten sofort abreisen, als der Kaiser erfahren hatte, dass der Lord sich einmal wegen der späten Nachtstunde hatte verleugnen lassen.

182 unten
Auch die zweite Gesandtschaft ging in Tianjin (hier der Kaiserpalast), dem Seehafen von Peking, an Land.

dem Kaiser bereit erklärte, wenn er diesem persönlich gegenüberstände. Insgesamt galt es sich gemäß der höfischen Etikette zweimal zu verneigen, einmal während und einmal am Ende der Audienz. Diese an und für sich unbedeutende Kleinigkeit erzürnte Golowkin jedoch über die Maßen, und er lehnte abermals jede Ehrenbekundung gegenüber dem Sohn des Himmels ab. Wenige Stunden später brachten von Soldaten eskortierte Träger die Geschenke, die die Gesandtschaft dem Gouverneur überreicht hatte, ins Lager zurück, stellten sie auf den Boden, legten auf eine der Kisten einen Brief und gingen schweigend davon. Die Nachricht war kurz und eindeutig: »Ihr seid eine Bande von ausgemachten Sturköpfen. Kehrt nach Hause zurück.« Aus Trotz und um zu demonstrieren, dass das Scheitern der Mission ihm gleichgültig war, ließ Golowkin seine Dragoner die ganze Nacht über singen und machte sich am folgenden Tag auf den Heimweg durch Sibirien.

Noch katastrophaler endete zehn Jahre später die zweite britische Gesandtschaft, die 1816 auf Druck der Kaufleute unter der Leitung von Lord Amherst nach Peking aufbrach. Kaum hatte er China betreten, als er auch schon gefragt wurde, ob er bereit sei, sich zu verbeugen. Amherst verwies auf seinen Vorgänger Macartney und weigert sich strikt, sich neunmal vor dem Kaiser zu verneigen. Zu jener Zeit herrschte der intelligente und fähige Jiaqing, der den Thron im Jahre 1796 nach dem Tod seines Vaters bestiegen hatte. Das Problem wurde auf dem gesamten Weg von Tianjin nach Peking hin und her gewälzt, ohne dass man zu einem Ergebnis gelangt wäre. Zu allem Unglück trafen die Briten in einem ziemlich ungünstigen Moment ein, denn ihre in Indien stationierte Armee führte soeben einen Feldzug gegen Nepal, einen Staat, der Tribut an China zahlte. Gleichwohl schienen die Mandarine zu gewissen Zugeständnissen bereit. Als der Zug jedoch in der Nacht vom 28. auf den 29. August die Hauptstadt erreichte, forderte man Lord Amherst auf, augenblicklich vor den Kaiser zu treten. Dies empfand der Botschafter als unannehmbare Dreistigkeit und ließ sich unter dem Vorwand einer Unpässlichkeit entschuldigen. Daraufhin erging vom Sohn des Himmels die Aufforderung, die Gruppe brauche die Koffer gar nicht erst auszupacken, sondern möge China auf der Stelle wieder verlassen.

Mehr als über die Weigerung, sich zu verbeugen, hatte sich Jiaqing über die Lüge des Engländers geärgert, dem er sogar seinen Leibarzt geschickt hatte, als er von dessen angeblicher Krankheit erfuhr. Der Arzt musste dem Kaiser aber wenig später mitteilen, dass er Lord Amherst bei bester Gesundheit angetroffen hatte. »Den Kaiser von China belügt man nicht«, lautete die Botschaft.

Dennoch bedeutete der Zwischenfall keineswegs den Abbruch der diplomatischen Beziehungen, und die Engländer wurden auf der langen Heimreise überaus ehrerbietig behandelt. Der Eklat und der Misserfolg der Gesandtschaft zeigten jedoch vor allem, dass sich die Perspektive verändert hatte. Die Europäer bewunderten China mittlerweile nicht mehr, wie dies die Philosophen noch kurz zuvor getan hatten. Vielmehr hielten sie es für eine schwache asiatische Monarchie, die ihre Größe überschätzte, sich zu überheblich zeigte und die es mit Gewalt zu erobern galt. Nur wenig später waren erstmals Kanoneneinschläge vor den Toren der Verbotenen Stadt zu hören, und die Europäer holten zu einem ersten mächtigen Schlag des beginnenden imperialistischen Zeitalters aus.

183 links
Zur Zeit von Lord Amhersts Besuch herrschte in China Jiaqing (1796–1821). Das hier abgebildete kaiserliche Siegel weist noch Spuren von rotem Siegellack auf.

183 rechts
Die Mandarine – hier ein Beamter im Zeremonialgewand – bildeten eine Kaste von Beamten-Gelehrten, die in der Regel keinerlei Interesse an einem Kontakt Chinas zu Europa hatte und diesen sogar zu verhindern trachtete.

DAS GIFT DER ZIKADEN

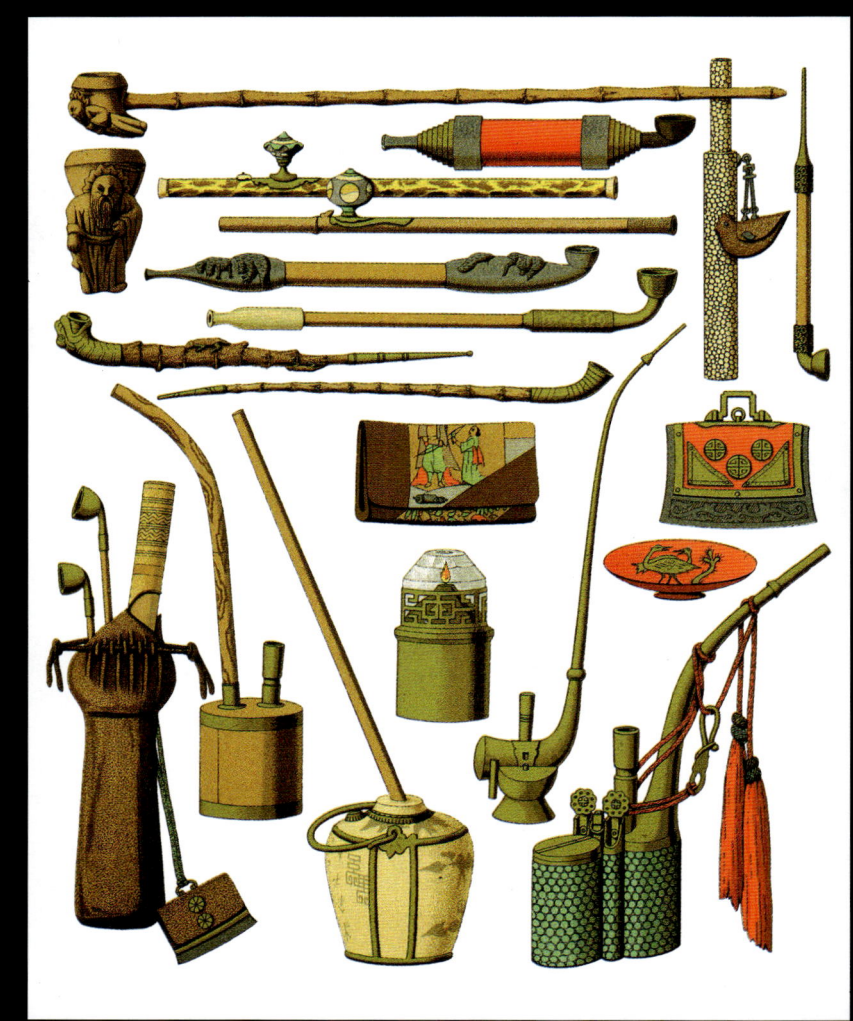

Der 60-jährige Xie Qinggao hatte fast alle Meere befahren, bevor er erblindete

und sich in Macau zur Ruhe setzte. Um das Jahr 1820 erzählte er dem Ge-

lehrten Yang Bingnan seine Jugendabenteuer, und dieser fand sie so lehrreich,

dass er sie niederschrieb und unter dem Titel *Hailu* (Beschreibung der Meere)

veröffentlichte. Das Buch gliederte sich nicht in Kapitel, sondern in »Meere«

und enthielt eine Fülle interessanter Beobachtungen zu seltsamen Leuten, denen

der Protagonist in den verschiedenen Kontinenten (Asien, Afrika, Europa

und Amerika) begegnet war. Vieles hatte Xie Qinggao in den europäischen

Häfen erstaunt, in denen seine Schiffe vor Anker lagen – der Hochmut und

die Niedertracht der Spanier, der ernsthafte und aufrichtige Charakter der

Franzosen, die Reinlichkeit der Portugiesen. Er begriff auch, warum den

europäischen Frauen der Zutritt nach China verwehrt blieb – sie waren zu

184
Die Portugiesen aus dem verruchten Macau wiesen den Chinesen, die Opium bis dahin nur zu medizinischen Zwecken gebraucht hatten, den Weg in das Scheinparadies, das die Droge suggerierte. Opiumpfeifen zeigte zum Beispiel der Band Les costumes historiques *von A. Racinet (Paris, 1888).*

185
Die Red Rover *war einer der englischen Segler, die regelmäßig Opium über stürmische Meere nach China transportierten.*

186

*Nach Macau entwickelte sich Kanton (hier zwei Stadt-
ansichten) zum wichtigsten Handelszentrum für Opium,
das in Indien angebaut und in China vornehmlich von
britischen Händlern verkauft wurde. Diese finanzierten
mit dem Drogengeschäft den Tee-Export nach England.*

187

*Kaiser Daoguang, der von 1821 bis 1850 regierte,
erließ mehrere Dekrete gegen den Opiumkonsum.
Er konnte aber keine Verbesserung erwirken, weil auch
viele chinesische Beamte in den Handel verwickelt
oder gar selbst vom Opium abhängig waren.*

zügellos, wozu sie im Übrigen angeblich von ihrer Religion getrieben wurden. Denn »wenn eine Frau Ehebruch begeht oder sich von ihrer Fleischeslust hinreißen lässt, kann sie die eigene Schuld leicht abwälzen. Sie betritt einfach einen Tempel und verlangt nach einem Priester. Dieser setzt sich in eine Art Hütte und zieht einen Vorhang vor. Dann fängt die Frau an zu reden, und der Priester vergibt ihr. Auf diese Weise kann sie mehrfach sündigen, ohne Folgen befürchten zu müssen.«

Am stärksten zeigte sich der chinesische Seemann von Lun-lun, London, beeindruckt, wo »das Wasser des Flusses mithilfe eines Systems von Rädern ins Innere von Rohren geleitet wird, die sich überall verzweigen. Wer dieses Wasser benutzen möchte, muss lediglich ein Rohr von einer der Hauptleitungen zu seinem Haus legen lassen. Das Wasser, welches eine Familie verbraucht, wird allerdings berechnet, und man muss eine Gebühr dafür entrichten.« Das Mekka der Hydraulik war nach Ansicht des Chinesen zugleich die Seehandelshauptstadt der Welt: »Hier leben reiche Familien, die sich fast ausschließlich mit dem Seehandel beschäftigen. Wann immer sich eine Möglichkeit bietet, mit irgendeiner Ware zu handeln, schicken sie ihre Schiffe dorthin.«

In diesem Zusammenhang machte der Autor die chinesischen Leser darauf aufmerksam, dass die Briten aus reiner Geldgier auch gefährliche und schädliche Güter vertrieben, stapelten sich doch in den Lagerhallen von Kanton seit Jahren Kisten mit Opium – einem in Indien angebauten Rauschgift, das jeden, der es rauchte, zu seinem Sklaven machte. Der Matrose schloss seinen Bericht über die Briten mit einem bemerkenswerten Vergleich: Die englischen Seeleute mit ihren horizontal gestreiften Hemden glichen, so meinte er, geschäftigen Bienen, während die langen Rockschöße der Offiziere an Zikaden erinnerten. Doch seien diese Zikaden giftiger als Skorpione.

Tatsächlich wurde Opium in China seit undenklichen Zeiten verwendet – jedoch ausschließlich als Medizin. Die Portugiesen aus Macau zeigten den Chinesen, wie man Opium rauchte, doch erst die Britische Ostindische Kompanie begann mit dem Massenvertrieb des Rauschgifts, das auf bengalischen Plantagen angebaut wurde. Mit dem Gewinn erwarben die Engländer chinesischen Tee, der sich mittlerweile zum britischen Nationalgetränk entwickelt hatte und zu jener Zeit in großen Mengen von Kanton nach Großbritannien verschifft wurde.

Auf diese Weise entstand ein typischer Dreieckshandel zwischen Indien, China und England, in dem das Opium eine tragende Rolle spielte. Um das Jahr 1750 lieferte man 400 Kisten pro Jahr nach China, 1821 waren es bereits 5000, 1839 gar 40 000. Das Opiumrauchen hatte sich zu einem Laster entwickelt, das ganze Gesellschaftsschichten erfasste. Nach einem Bericht aus dem Jahre 1835 waren in China zwei Millionen Menschen vom Opium abhängig, die meisten gehörten als Kaufleute und Beamte der Oberschicht an. Die Bauern schienen gegen die Droge immun zu sein, litten aber am stärksten unter ihren Auswirkungen. Das Opium wurde in Silber bezahlt. Von 1820 bis 1839 gab China hundert Millionen Unzen Silber für Opium aus, und zum ersten Mal in der Geschichte des Himmlischen Kaiserreichs lag der Wert der Importe über dem der Exporte. Der Abfluss von Silber, das nun in großen Mengen in Europa landete, erhöhte den Wert des Metalls im Vergleich zu den einfachen Kupfermünzen, mit denen die Bauern ihre Grundsteuer bezahlten. Da die Abgabe jedoch in Silber berechnet wurde, mussten die Bauern, obgleich man die Steuer offiziell nicht erhöhte, sehr viel mehr Kupfermünzen entrichten, um auf die gleiche Summe zu kommen.

Die klügsten Mandarine erkannten sehr schnell, in welchem Maße das Opium das chinesische Kaiserreich nicht nur in moralischer, sondern auch in ökonomischer Hinsicht bedrohte. Sie unterbreiteten verschiedene Vorschläge, angefangen beim schlichten Handelsverbot, die jedoch allesamt nicht fruchteten. Im Jahr 1836 schlug Xu Naiji vor, den Import der Droge zu legalisieren, diese fortan in Waren anstatt in Silber zu bezahlen und sie wie jeden anderen Importartikel zu versteuern. Auch kam man auf die Idee, Opium in China selbst anzubauen, um das Geld im Land zu halten, und wollte das Opiumrauchen zumindest den Staatsbeamten verbieten. All diese kühnen Vorschläge stießen nur bei den Mandarinen von Kanton auf Zustimmung, die ohnehin fast alle in den Opiumhandel verwickelt waren.

Gegen sie erhob sich zwei Jahre später ein bedeutender Mandarin, Jiang Tingfu. Er verfasste eine Denkschrift an Kaiser Daoguang, der 1821 den Thron bestiegen und bereits mehrere Gesetze gegen die Droge erlassen hatte. Jiang Tingfu beschrieb die Missstände, insbesondere die Korruption, die aus dem Opiumhandel resultierten: »In jeder Präfektur des Landes gibt es Opiumstuben, und fast immer werden sie von den Vollzugsbeamten der Richter oder von Soldaten geleitet. Diese locken die jungen Nachkommen der reichsten Familien an, die sich dem Laster ungestraft hingeben, denn auch der größte Teil der Beamten und Richter ist dem Opium verfallen. Ich bitte Eure Majestät, eine Frist von einem Jahr festzusetzen, nach der alle, die dem Laster weiter anhängen, zum Tode verurteilt werden. Denn alle werden bereit sein, die Qualen des Entzugs zu ertragen, wenn sie wissen, dass sie dafür in ihrem Bett sterben dürfen und nicht auf dem Richtblock landen.«

Der Kaiser leitete das Schreiben an die Provinzgouverneure weiter und bat sie um ihre Meinung. Einige äußerten sich sehr skeptisch, zum Beispiel der Statthalter von Zhili, der meinte: »Wenn jeder sich strafbar macht, nur, weil er eine Opiumpfeife raucht, werden die Häftlinge bald die Straßen füllen, denn kein Gefängnis kann so viele Rechtsbrecher aufnehmen.« Andere jedoch zeigten sich begeistert, insbesondere Lin Zexu, der Vizekönig der Provinzen Hubei und Hunan. Er führte bereits seit einiger Zeit einen verzweifelten Kampf gegen das Laster, ließ Opiumlieferungen beschlagnahmen, schloss illegale Opiumhöhlen und unterstützte all jene, die von der Sucht loskommen wollten. Wenn seine Sänfte vorbeigetragen wurde, warfen die Frauen sich zu Boden, um ihm dafür zu danken, dass er ihre Männer und Söhne vor dem Verderben gerettet hatte. Der Kaiser hielt den integren und willensstarken Lin für den geeigneten Mann, um gegen den verhängnisvollen Handel vorzugehen, und entsandte ihn im März 1839 als Hochkommissar an den neuralgischen Punkt des Kommerzes: nach Kanton, von wo aus das Opium nach ganz China gelangte.

Der Opiumschmuggel war, ähnlich wie der Alkoholschmuggel in den Vereinigten Staaten zur Zeit der Prohibition, perfekt organisiert. Schiffe sämtlicher europäischer Länder waren darin verwickelt, wenngleich die Briten unangefochten als Rädelsführer galten. Zunächst

hatte man Macau als Ausgangsbasis genutzt, doch als die Portugiesen die Droge mit hohen Zöllen belegten, umgingen die Händler diese Abgaben, indem sie die Waren von bewaffneten Schiffen aus verschoben, die irgendwo im Labyrinth der Inseln vor der Küste, zum Beispiel in Hongkong oder Lingding, ankerten. Die Frachter, die das Opium aus Indien brachten, luden es auf diese Schiffe um, und wenig später trafen chinesische Dschunken ein, wiesen eine Quittung für die Zahlung vor, die ein chinesischer Reeder an einen in Macau ansässigen Weißen entrichtet hatte, und nahmen die Ware in Empfang. Anschließend brachten die Chinesen das Opium aufs Festland, entweder heimlich oder auch ganz offen, nachdem sie den zuständigen Beamten bestochen hatten. Die Korruption war unter den Staatsdienern so weit verbreitet, dass keiner sich Sorgen machte, als Lin auf der Bildfläche erschien. Es hieß, er kämpfe seit 40 Jahren auf verlorenem Posten und seine Aufgabe bestünde darin, gewisse Formalitäten durchzusetzen, um das Gesicht des Kaisers zu wahren.

188 und 189
Im Jahre 1839 befragte der Kaiser die Statthalter aller Provinzen, wie der Opiumhandel einzudämmen sei. Dann ernannte er einen von ihnen, den Mandarin Lin Zexu, zum Hochkommissar von Kanton und gab ihm die Order, den Kommerz mit allen Mitteln zu unterdrücken. Das Laster hatte sich so weit verbreitet, dass der Import

von 400 Kisten im Jahr 1750 auf 40 000 im Jahr 1839 gestiegen war. Das Bild unten zeigt verschiedene Phasen der Opiumverarbeitung. Nach der Ernte wurde es gewogen und mit Tabak vermischt. Oben rechts eine typische Opiumhöhle; hier rauchten Angehörige der Oberschicht, auf Matten ausgestreckt, ihre Opiumpfeifen.

Der Hochkommissar nahm seine Aufgabe indes durchaus ernst. Eine Woche nach seiner Ankunft befahl er den ausländischen Händlern, alles Opium abzuliefern, das sich noch in ihrem Besitz befand. Damit jeder merkte, dass er nicht zu scherzen beliebte, ließ er die Wohnviertel der Europäer von seinen Soldaten umstellen, untersagte jeden Kontakt mit der Außenwelt und verbot den chinesischen Dienern, weiterhin für ihre Herren zu arbeiten.

350 Weiße Teufel, die gewohnt waren, dass man sie wie Könige behandelte, mussten Besen und Kochtöpfe selbst in die Hand nehmen, und dieser Angriff auf ihre Würde verletzte sie so tief, dass sie nach 30 Tagen aufgaben. Der britische Handelsinspekteur, Kapitän Charles Elliot, der die Aufgaben eines Konsuls wahrnahm, bat seine Landsleute, sämtliche Opiumkisten herbeizuschaffen und übergab sie Lins Beamten. Es dauerte 23 Tage, bis man den Inhalt aller 20 300 Kisten vernichtet hatte. Der Kaiser beglückwünschte Lin und versprach seine baldige Beförderung, doch der war sich bewusst, dass der Kampf gerade erst begonnen hatte. Die gedemütigten britischen Kaufleute dachten natürlich gar nicht daran, den Opiumhandel einzustellen, sie hatten sich

nach Macau zurückgezogen und versuchten ihre Regierung zu einem blutigen Vergeltungsschlag gegen China zu bewegen. Der Handel zwischen den beiden Ländern kam bald völlig zum Erliegen. In der Öffentlichkeit gab sich Lin gelassen und behauptete, dass die Briten, wenn ihnen erst der Tee und der Rhabarber, mit dem sie ihre Magenverstimmungen behandelten, ausging, zur Vernunft kommen würden. In seinem Büro las er jedoch aufmerksam Bücher und englische Zeitungen, die er sich übersetzen ließ, und begriff ziemlich schnell, dass die chinesische Streitmacht der britischen im Fall der Fälle wenig entgegenzusetzen hatte. Dies minderte allerdings nicht seinen Kampfgeist. Als britische Matrosen bei einem Streit in Hongkong einen Chinesen töteten, befahl er die sofortige Auslieferung des Schuldigen, um ihn nach chinesischem Recht mit dem Tod zu bestrafen. Elliot weigerte sich, woraufhin Lin Boten nach Macau schickte, die auf allen Märkten verkündeten, dass niemand mehr Lebensmittel an die Engländer verkaufen dürfe.

Am 20. August beschlossen die Briten, die portugiesische Kolonie zu verlassen und sich auf ihre vor Hongkong ankernden Schiffe zurückzuziehen, während Kommissar Lin der

Stadt in Begleitung einer vielköpfigen Militäreinheit einen offiziellen Besuch abstattete. Damit unterstrich er den chinesischen Hoheitsanspruch auf das Gebiet und erinnert die Portugiesen daran, dass sie lediglich Gäste waren und die Geduld des Kaisers ihre Grenzen hatte. Dann verbot er den Bewohnern Hongkongs, die Engländer mit Proviant zu versorgen. Als Elliot einen Kutter und zwei weitere kleine Schiffe zum Festland schickte, um den Behörden ein Ultimatum zu stellen – Lebensmittel binnen einer halben Stunde oder Krieg –, hielten es die Beamten nicht einmal für nötig zu antworten, so bescheiden nahmen sich die Schiffe, mit denen die Briten die Insel verteidigen wollten, gegenüber ihren eigenen Dschunken aus. Das Ultimatum lief am 4. September 1839 um 14.30 Uhr ab, und die englischen Kanonen eröffneten das Feuer auf die Dschunken, die kräftig dagegenhielten. Der Kampf dauerte bis zum Abend, und die Chinesen waren deutlich überlegen. In Peking wertete man den Ausgang als großen Sieg, und auch der kluge Lin glaubte zunächst, man könne die Europäer mit Gewalt aus dem Land treiben.

In Großbritannien riefen die Opiumhändler jedoch immer lauter nach einer militärischen

190
Nach den drastischen Maßnahmen von Hochkommissar Lin, der das gesamte in Kanton gelagerte Opium konfiszieren und vernichten ließ, gab die britische Regierung dem Druck der Kaufleute nach und holte im Namen der Handelsfreiheit zu einem Militärschlag gegen Chinas noch mit mittelalterlichen Waffen ausgerüstete Armee aus. Auf dem Bild sieht man kaiserliche Wachen vor Daoguang.

191
Die britische Flotte erreichte den Hafen von Kanton im Juni 1840. Unten wird das Feuer auf die Stadt eröffnet. An mehreren Orten gingen auch Truppen an Land. Auf dem Aquarell oben richten britische Seeleute und Artilleristen ihre Kanonen aus, während die Kavallerie auf die Befestigungsmauern von Chuanbi bei Kanton zureitet. Britische Soldaten beschießen derweil die Stadt.

Antwort auf die, wie sie sagten, unerträglichen Schikanen der Chinesen, die die Frechheit besaßen, das hochwertige Rauschmittel aus dem Ausland abzulehnen. Im Namen der Handelsfreiheit stimmte Regierungschef Lord Palmerston einem Vergeltungsschlag zu, und wenig später überbrachte ein schneller Klipper Elliot die Nachricht, dass binnen weniger Monate Soldaten der Royal Navy notfalls mit Gewalt das Recht wiederherstellen und die beschmutzte Ehre der Briten sühnen würden.

Anfang Juni 1840 erreichte die Flotte chinesische Gewässer. Während ein Teil Kanton blockierte, fuhr eine Einheit mit fünf großen Kriegsschiffen, drei Dampfern und 21 Transportbooten mit insgesamt 3000 Männern der britisch-indischen Armee gen Norden und setzte die Soldaten auf der Insel Zhoushan unweit der Mündung des Jangtsekiang ab. Der Hauptort, Dinghai, eine kleine Stadt mit 50 000 Einwohnern, einer alten Stadtmauer und einem Graben, wurde von einer Miliz von 1600 Männern verteidigt. Es handelte sich überwiegend um Fischer und Matrosen, die sich einmal im Jahr trafen, und eine Militärübung mit Pfeil und Bogen abhielten. Ansons-

ten beherrschten sie vor allem die Kunst des Grimassenschneidens, denn fürchterliche Fratzen, mit denen man den Feind erschrecken sollte, galten in der kaiserlichen Armee als wirkungsvolles Kampfmittel. Die Chinesen besaßen sechs Kanonen, doch das Pulver war so schlecht, das die Kugeln – mittelalterliche Steingeschosse – direkt hinter dem Rohr zu Boden fielen. Der Befehlshaber dieser bescheidenen Einheit wurde an Bord eines britischen Schiffes gebeten, damit er sich einen Eindruck von der Überlegenheit seiner Gegner verschaffen konnte. Dennoch erklärte er würdevoll: »Ich werde kämpfen.«

Bei Tagesanbruch des 5. Juli begann die Schlacht. Geschosse hagelten auf die Dschunken nieder, die den Zugang zum Hafen und zur Stadt versperrten. Am Abend hatten sich der chinesische Kommandeur und viele seiner Männer aus Verzweiflung das Leben genommen, und Tausende wehrloser Einwohner flohen ins Umland. Als die Briten durch Dinghai marschierten, entdeckten sie bis an den Rand mit Reiswein gefüllte Lager. Die Befehlshaber versuchten das Schlimmste zu verhindern, doch die Männer waren schneller, und wenig später

fielen betrunkene Soldaten und Matrosen über die Stadt her, raubten alles, was sie in die Hände bekamen, und steckten anschließend die Häuser in Brand. »Niemals habe ich eine so vollständige Plünderung erlebt«, schrieb ein Augenzeuge. 2000 Chinesen kamen bei dieser ersten von zahlreichen Razzien ums Leben.

Während Lin verzweifelt versuchte, die veraltete Kriegsmaschinerie der Chinesen auf Vordermann zu bringen und dem Feind so viele Tricks wie möglich abzuschauen – unter anderem ließ er eine Raddschunke konstruieren, die in Ermangelung einer Dampfmaschine durch menschliche Kraft angetrieben wurde –, betrachtete ihn der Kaiser nicht mehr als den großen Sieger, sondern als Sündenbock für die Niederlage von Dinghai: »Wie könnten wir, bei dem Gedanken daran, was Ihr verursacht habt, unseren Zorn zügeln?«, schrieb er Lin, als er erfuhr, dass die britische Flotte in den Golf von Zhili vorgedrungen war. Dann beauftragte er den Statthalter der bedrohten Provinz, den Mandarin Qishan, der Lins Vorgehen gegen die Opiumhändler von Anfang an missbilligt hatte, das Problem mit den Engländern zu lösen.

Qishan nahm sogleich Verhandlungen mit Elliot auf und verharmloste dem Kaiser gegenüber das Vorgehen der Briten. Im Grunde, meinte er, seien die Forderungen der Europäer durchaus vernünftig und maßvoll. Man müsse lediglich das Unrecht wieder gutmachen, das ihnen durch Lin widerfahren sei. Kaiser Daoguang setzte Lin unverzüglich ab und machte Qishan zum neuen Hochkommissar. Der reiste ohne Verzug nach Kanton, nachdem er Elliot davon überzeugt hatte, sich ebenfalls in die große Hafenstadt zu begeben. Die britischen Schiffe fuhren nun also wieder nach Süden – zur großen Erleichterung der Kapitäne, die die Winterstürme in diesen Breiten fürchteten.

Im November hatte Qishan den Verteidigungsapparat von Kanton abgerüstet und die örtliche Miliz aufgelöst, die sein glückloser Vorgänger zusammengestellt hatte. Man nahm den Handel – Opium eingeschlossen – wieder auf, doch nun fühlten sich die Briten so überlegen, dass sie von den Chinesen die Übergabe von Hongkong und die Öffnung zweier weiterer Häfen in der Provinz Fujian, Xiamen und Fuzhou, forderten. Der Gedanke, China könne einer Fremdmacht Teile seines Territoriums,

und seien sie auch noch so klein, freiwillig überlassen, war so ungeheuerlich, dass der Kaiser am 27. Januar 1841 ohne weitere Antwort ein Dekret erließ, in welchem er die Vernichtung der englischen »Rebellen« forderte und auf den Kopf von Elliot eine Prämie im Wert von 50 000 Dollar aussetzte.

Einen Monat später griffen 500 von Schiffskanonen unterstützte britische Soldaten Kanton an. Qishan, der keine Möglichkeit zur Gegenwehr sah, musste die auferlegten Bedingungen akzeptieren. Doch als die Nachricht von seiner Kapitulation in die Verbotene Stadt drang, wurde der Kaiser rasend und befahl, ihn in Ketten in die Hauptstadt führen zu lassen. Der Sohn des Himmels übertrug nun seinem Vetter Yishan die oberste Heeresleitung und ließ Truppen aus allen Teilen des Landes in die bedrohte Provinz bringen. Doch Yishan war kein erprobter Kriegsherr und kümmerte sich als typischer Mandschu-Fürst mehr um die Volksmilizen, die sich spontan überall bildeten und die er im Verdacht hatte, etwaigen Rebellen Schutz zu bieten. Auch seine Offiziere waren keine Spur besser. So kam es, dass der Artilleriekommandeur seine Kanonen zu weit

von der Küste entfernt aufstellte, als dass er den britischen Schiffen hätte Schaden zufügen können, und dafür auch noch eine gute Ausrede fand: »Hier befinden sich unsere Geschütze auf festem Boden, während die Kanonen der Barbaren auf dem Wasser schaukeln. Wenn sie dennoch treffen, während wir unser Ziel verfehlen, so kann es dafür nur die Erklärung geben, dass unsere Feinde mit ihrer abartigen Religion über Zauberkräfte verfügen.«

Die in Kanton ansässigen Familien erhielten daher den Befehl, die Nachttöpfe der Frauen vor die Fenster zu hängen, da Hexerei »sich wirkungsvoll durch weibliche Gerüche bekämpfen lässt«. Leider erwies sich die Maßnahme als untauglich, und die Briten gingen abermals an Land. Am 27. Mai 1841 akzeptierte Yishan die Bedingungen der Europäer und zahlte sechs Millionen Dollar in Silber, damit sie Kanton verschonten. Um den Zorn seines kaiserlichen Cousins zu mäßigen, ließ er ihn wissen, seine Truppen hätten kapitulieren müssen, weil ein riesiger weißer Geist sich plötzlich vom Himmel herab auf die Stadt gesenkt habe.

Die britische Regierung mochte sich mit dem Erreichten allerdings noch nicht zufrieden

geben und schickte einen neuen Bevollmächtigten, Sir Henry Pottinger, nach China, der am 10. August 1841 eintraf und Hongkong 14 Tage später mit einer weiteren Einheit Richtung Norden verließ. Denn auch in der Hauptstadt der unbeugsamen Asiaten sollte man das Brüllen des britischen Löwen hören.

Xiamen wurde nach kurzem Widerstand erobert; Zhoushan wurde erneut besetzt, doch diesmal schlugen sich die Chinesen tapferer als je zuvor. Die Soldaten gingen auch in Ningbo und Shanghai an Land, wo die Einwohner 300 000 Dollar zahlten, um einer Plünderung zu entgehen. Am 6. Juli nahmen auf dem Jangtsekiang 15 Großschiffe, zehn Dampfer und 50 Transportkähne mit insgesamt 9000 Mann an Bord Kurs auf die alte Kaiserhauptstadt Nanking. Es gab keine Zwischenfälle, bis die Briten Zhenjiangfu erreichten, wo der große Kaiserkanal, der die reichen südlichen Provinzen mit Peking verband, nach Norden abzweigte. Die Stadt, in der überwiegend Mandschu-Tataren lebten, wurde binnen zwei Stunden eingenommen.

Wie viele andere Chinesen vor ihnen nahmen sich die Besiegten aus Verzweiflung über die Niederlage oder aus Angst vor den Grausamkeiten des Feindes das Leben, nachdem sie zuvor ihre Frauen und Kinder getötet hatten. »Durch die Türritzen konnten man sehen, wie Männer ihren Ehefrauen die Kehle durchschnitten und die Kinder in Brunnen warfen«, schrieb ein Augenzeuge. Und Kapitän Loch vermochte in einem an seine Familie gerichteten Brief sein Grauen nicht zu verbergen: »Nachdem wir uns einen Weg durch einen Berg von Mobiliar gebahnt hatten, das man aufgehäuft hatte, um die Tür zu verbarrikadieren, betraten wir einen Hof, dessen Boden mit schönen Stoffen bedeckt war und vor getrocknetem Blut starrte. Auf den Stufen, die zum Ahnenaltar führten, lagen die kalten und steifen Leichname zweier junger Tataren, die Brüder zu sein schienen. Zu ihren Füßen sahen wir zwei ältere Männer, denen man die Kehle von einem Ohr zum anderen durchschnitten hatte. Rechts versuchten zwei junge und hübsche Mädchen einen noch lebenden Soldaten hinter sich zu verstecken. Ich blieb stehen, entsetzt von dem Grauen, das mir hier begegnete. Die kalte und unaussprechliche Verzweiflung auf dem Gesicht der Mutter wich einem Ausdruck, in dem sich glühender

Hass und Verachtung paarten. Schließlich schleuderte sie uns Beschimpfungen entgegen, um im nächsten Augenblick in Tränen auszubrechen. Sie kam näher, ergriff meinen Arm und wies mit zusammengebissenen Zähnen und einem Furcht erregenden Blick auf die Toten, ihre beiden Töchter, ihr prachtvolles Haus und dann auf sich selbst. Dann trat sie einen Schritt zurück, faltete die Hände und begann, wenn ich recht verstand, von ihrem Unglück, ihrem Hass und – so glaube ich jedenfalls – von ihrer Rache zu sprechen. Ich versuchte ihr mit Gesten meine Hilfe anzubieten, die sie aber voller Empörung zurückwies.«

Wenige Tage später fuhr die Flotte erneut den Blauen Fluss hinauf und nahm Aufstellung vor Nanking. Es kam jedoch nicht zur Beschießung der Stadt, die Chinesen hatten genug und wollten verhandeln. Elf Tage später, am 29. August 1842, wurde auf einem briti

schen Kriegsschiff der Vertrag von Nanking unterzeichnet, der erste jener »ungleichen Verträge«, die das China der letzten Mandschu-Kaiser so demütigen sollten. Hongkong war fortan unmittelbar der britischen Krone unterstellt, Kanton, Xiamen, Fuzhou, Ningbo und Shanghai standen englischen Kaufleuten offen, die von nun an direkt mit ihren chinesischen Kunden Geschäfte abschließen durften. Das Himmlische Kaiserreich verpflichtete sich zu Reparationszahlungen in Höhe von 21 Millionen Silberdollar und zur Festsetzung »angemessener« Zölle. Vom Opium sprach allerdings keine der beiden Parteien. In London stellte man im Wachsfigurenkabinett von Madame Tussaud die Puppen von Kommissar Lin und seiner Lieblingskonkubine auf, gehüllt in prächtige Seidengewänder. China hatte sich endlich geöffnet. Es glich einer Auster, die darauf wartete, verspeist zu werden.

194/195
Die britische Flotte fuhr den Jangtsekiang hinauf, um
Nanking, die alte Kaiserstadt, zu erreichen. In Zhen-
jiangfu mussten die Soldaten die Stadt mühsam erobern.
Nach dem Sieg begingen die meisten Einwohner, fast
ausschließlich Mandschu-Tathe, kollektiven Selbstmord.

195 oben
Die Zerstörung von Nanking konnte in letzter Sekunde
verhindert werden, als die kaiserlichen Behörden Verhandlungsbereitschaft erkennen ließen. Hier begegnen
sich die Unterhändler beider Länder.

195 unten
Die schwer bewaffneten britischen Schiffe konnten den
chinesischen Dschunken bei jeder Begegnung mühelos
eine Niederlage beibringen. Der Konflikt endete mit der
Abtretung von Hongkong an Großbritannien und der
Öffnung von fünf weiteren Häfen für den Handel.

Der kleine Bruder Jesu

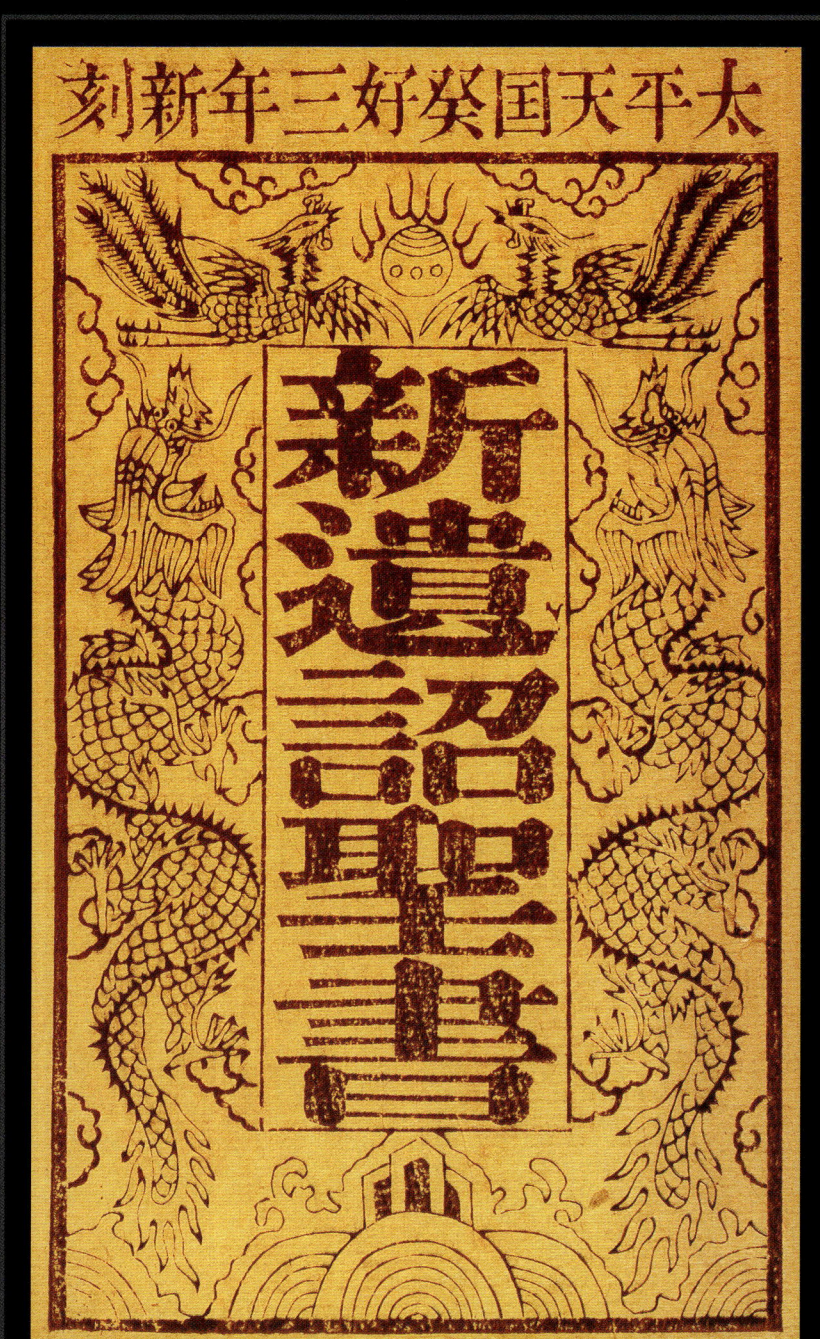

Die Vereinigten Staaten und Frankreich zögerten nicht, für sich sogleich ähnliche Handelsrechte zu fordern, wie die Briten sie erzwungen hatten – und erhielten sie 1844 tatsächlich. Zwar empfanden die Chinesen ihre Niederlage als schwere Demütigung, doch betrachteten sie zu ihrem Unglück ausgerechnet jene Klauseln der Verträge für wenig bedeutend, die ihre nationale Souveränität am schwersten verletzten. Im »gerechten Vertrag« über die Zölle hatte man eine Summe von fünf Prozent des Wertes der importierten Waren festgesetzt. Weil der kaiserliche Schatzmeister bislang nur vier Prozent einbehalten hatte, während ein mindestens genauso hoher Betrag in die Taschen der geldgierigen Mandarine von Kanton geflossen war, glaubte man in Peking, einen guten Schnitt gemacht zu haben. Die Tatsache, dass die Ausländer von nun ab nicht mehr der chinesischen Gerichtsbarkeit, sondern jener ihrer Heimatländer

196 und 197
Mit der Öffnung von fünf Freihandelshäfen erlebte die chinesische Wirtschaft einen Aufschwung. Doch die massive Einfuhr europäischer Güter nach China stürzte auch viele einheimische Betriebe in die Krise. Arbeitslosigkeit und Unzufriedenheit trieben die Menschen den Taiping in die Arme, deren revolutionäre Ideen sich mit christlichen Elementen verbanden. Auf der linken Seite eine Ausgabe der Taiping-Bibel, die das Evangelium des Johannes ausschloss. Rechts zwei Bauern bei der Tee-Ernte.

*Nach dem Opiumkrieg vermochten die chinesischen
Behörden der Einfuhr des Rauschgiftes nichts mehr
entgegenzusetzen, und es fand massenhafte Verbreitung.
Allein in Kanton wurden innerhalb weniger Monate
Hunderte von Opiumstuben eröffnet. Nach der Ober-
schicht gab sich nun auch das einfache Volk der Sucht hin.*

unterstanden, wurde ebenfalls positiv aufgenommen, weil man sich einer Quelle ständiger
Ärgernisse enthoben sah. Und als die Engländer
1845 vom Mandarin von Shanghai ein Stück
Land dauerhaft pachteten, um dort ihre Häuser
zu errichten, meinte man, durch kluges Taktie-
ren die Weißen Teufel von den Einheimischen
separiert zu haben. Derweil wuchs die Fremdenfeindlichkeit: Mehrere Jahre lang weigerten
sich die Einwohner von Kanton, Europäer in
ihre Stadt zu lassen.

Jene Beamten, die die Verträge ausgehandelt
hatten, beharrten darauf, dass man einige Kom-
promisse habe eingehen müssen, um sich der
übermächtigen, aber nicht sehr klugen Invasoren auf Dauer zu entledigen. Nachdem China
auch den französischen und amerikanischen
Forderungen nachgegeben hatte, verkündete
etwa der Mandarin Qiying voller Stolz: »Wir
haben den englischen Barbaren geschmeichelt,
und in diesem Jahr sind die amerikanischen
und französischen Barbaren gekommen. Ich
habe versucht, auch sie bei Laune zu halten.
Sie sind in fremden Ländern geboren und
erzogen worden und daher unfähig, die Angelegenheiten des Reichs der Mitte zu verstehen.
Sie versammeln sich gerne in großer Runde, um
zu essen und zu trinken. Ich habe ihnen die
Ehre erwiesen, sie zu einem Mahl einzuladen,
dann wurde ich meinerseits zu ihnen eingeladen. Alle haben sich um die Ehre gestritten,
mir Speisen und Getränke anzubieten. Diese
Barbaren zeigen große Zuneigung zu ihren
Ehefrauen, manche haben sie sogar mit hierher
gebracht. Als ich sie aufsuchte, um geschäftliche

Dinge mit ihnen zu verhandeln, erschienen diese Frauen sogleich, um mich zu begrüßen. Ich
fühlte mich äußerst unwohl dabei, aber sie wirkten hocherfreut, woran man erkennt, dass von
diesen Barbaren, was Etikettevorschriften betrifft, nicht das Geringste erwartet werden darf.
Es ist auch sinnlos, sie über ihre Unwissenheit
aufzuklären ... Genauso wenig bringt es, mit
ihnen über ihre Forderungen zu streiten, besser
gesteht man ihnen unbedeutende Kleinigkeiten
zu und versucht, in den wichtigen Dingen die
Oberhand zu behalten.«

Zu diesen unbedeutenden Kleinigkeiten,
welchen die mehr auf die Form denn auf den
Inhalt bedachten chinesischen Beamten wenig
Beachtung schenkten, gehörten gerade das
Hauptanliegen der Europäer: die Möglichkeit,
in dem riesigen Reich mit seiner enormen Bevölkerung – einem Drittel der Menschheit –
Handel zu treiben. Wenn jeder Chinese – so
berechnete ein scharfsinniger Ökonom im Zuge
der Begeisterungswelle nach Abschluss der
Verträge – auch nur eine einzige baumwollene
Schlafmütze im Jahr kaufen wollte, könnten die
britischen Baumwollspinnereien der Nachfrage
nicht Herr werden. Ein Londoner Klavierfabri-
kant nahm ihn beim Wort, kalkulierte rasch
und veranschlagte, dass von 200 Millionen
chinesischen Frauen mindestens eine Million
sich für die viktorianische Kultur begeistern
müsste. Sie alle würden unweigerlich binnen
kürzester Zeit ein Klavier, das zu jedem gehobenen Haushalt gehörte, besitzen wollen. Und
so schickte er, seinem Erfolg vorauseilend, eine
Schiffsladung Klaviere nach Hongkong. Dort

verstaubten sie dann, gemeinsam mit anderen
vorschnell gelieferten Produkten: etwa einem
Arsenal an Messern und Gabeln aus Sheffield,
denen es nicht gelang, die Essstäbchen aus den
chinesischen Reisschalen zu verdrängen.

Doch abgesehen von solchen kleinen Irr-
tümern erlebte der Handel tatsächlich einen
immensen Aufschwung. Auch das Opium hielt
erneut Einzug: Allein in Kanton gab es bald
500 bis 600 Opiumhöhlen. Wäre da nicht der
wachsende Konsum der Droge gewesen, die
Öffnung der Häfen hätte China enorm berei-
chert, denn die Nachfrage nach Produkten
aus Fernost erreichte in Europa und Amerika
Schwindel erregende Zahlen. Allein der Tee-
Export stieg von siebeneinhalb Millionen Ki-
logramm im Jahre 1843 auf 70 Millionen im
Jahre 1856; die Ausfuhr von Seide vervierzehn-
fachte sich zwischen 1843 und 1850. Doch
während Seidenwebereien und Teeplantagen
prosperierten, zeitigte der Wirtschaftsboom bei
den ärmeren Schichten eher negative Auswirkungen. Nun, da die Schiffe auch jene Häfen
anfahren konnten, die den Produktionsstätten
am nächsten lagen, wurde das gesamte Trans-
portnetz mit Tausenden von Trägern, die zuvor
Waren nach Kanton gebracht hatten, überflüs-
sig: »Familien, die über Generationen hinweg
auf diese Weise ihren Lebensunterhalt verdient
haben, fragen sich, was aus ihnen werden soll«,
notierte ein besorgter Mandarin. Zeitgleich
warf die europäische Industrie massenhaft Er-
zeugnisse auf den chinesischen Markt, die in
Konkurrenz zu einheimischen Gütern standen,
so Baumwollstoffe aus Lancashire oder Nägel,

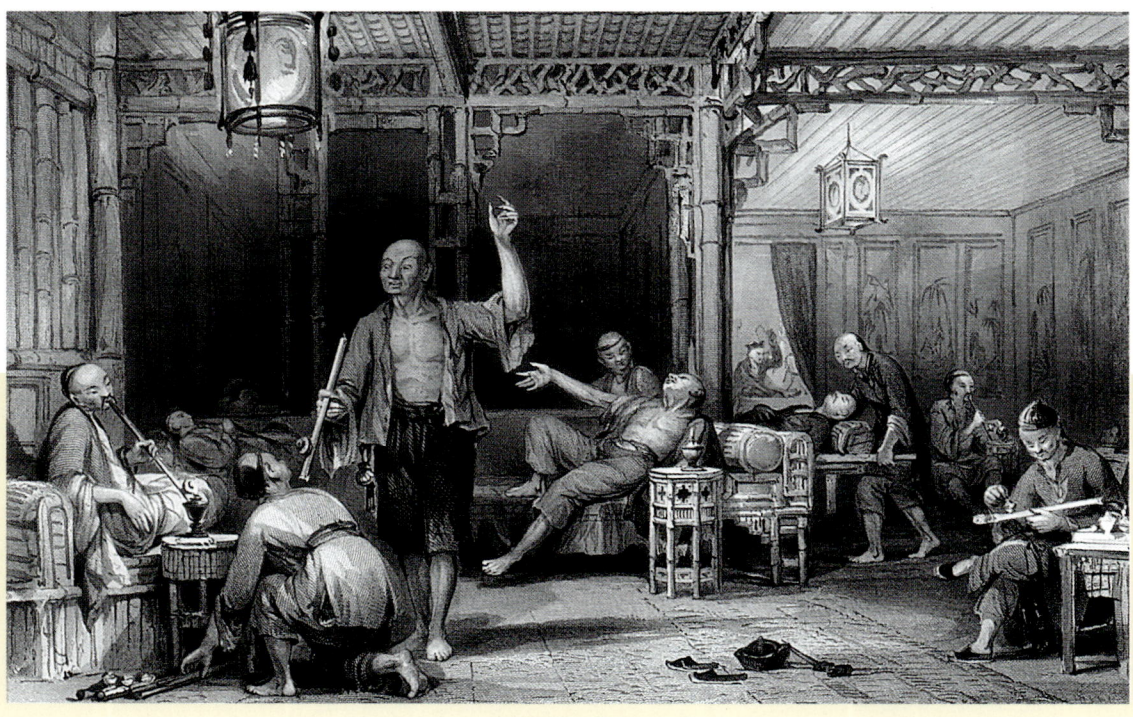

*Auf diesem englischen Druck sind Arbeiter mit dem
Waschen und Trocknen von Seidensträngen beschäftigt.
Wie die Teeplantagen profitierten auch die Seidenhersteller
von der Ausweitung des Handels mit dem Westen. Sie
konnten jedoch den Niedergang anderer Industrien nicht
kompensieren. Zu jener Zeit begann der Massenexodus
von Chinesen nach Übersee, vor allem nach Amerika.*

was zur Schließung einer Schmelze bei Kanton führte, in der Tausende Männer arbeiteten.

In diesem schwierigen Jahrzehnt schien sich auch noch die Natur gegen die Chinesen verschworen zu haben: Zwischen 1841 und 1843 durchbrach der Gelbe Fluss dreimal die Deiche und forderte Millionen Opfer; 1849 kam es am Jangtsekiang zur verheerendsten Flutkatastrophe des Jahrhunderts. Heuschreckenplagen, Dürre und sintflutartige Regenfälle suchten mehrere Provinzen heim, während gleichzeitig die Steuern angehoben wurden, damit der Staat die Reparationsforderungen Großbritanniens erfüllen konnte. Naturkatastrophen, wirtschaftliches Chaos und die Geldgier der Weißen Teufel ließen einen ganz neuen Wirtschaftszweig entstehen: den Handel mit Kulis, wie die Engländer die chinesischen Tagelöhner nannten, die die niedrigsten und am schlechtesten bezahlten Arbeiten übernahmen. Seit einiger Zeit verboten Gesetze den Sklavenhandel, England und Frankreich hatten 1833 bzw. 1848 die Sklaverei in ihren Kolonien abgeschafft, und Patrouillenschiffe beider Mächte fuhren die afrikanischen und amerikanischen Küsten ab, um den Menschenhändlern das Handwerk zu legen. Doch die Nachfrage nach billigen Arbeitskräften für Plantagen, Bergwerke und den Eisenbahnbau stieg. Bis jemand auf die Idee kam, die Schwarzen durch Chinesen zu ersetzen, und da die Sache Profit zu bringen versprach, machten sich die Reeder jener Handelsschiffe, die die Häfen Chinas ansteuerten, an die Arbeit.

Tausende halb verhungerter, elender Gestalten ließen sich auf Zeitkontrakte in Übersee

ein. Ihr Daumenabdruck besiegelte ein Papier, mit dem die Kapitäne das Risiko umgingen, sich des Sklavenhandels verdächtig zu machen, obgleich das, was sie trieben, letztlich nichts anderes war – der Dreieckshandel hatte lediglich einen neuen Bezugspunkt gesucht und gefunden. Viele Chinesen gingen nicht freiwillig auf die Schiffe, sondern wurden in betrunkenem Zustand oder unter Drogen »shanghait« – so lautete fortan die Bezeichnung für das vor allem in Shanghai angewendete Verfahren – und erwachten in Ketten in einem dunklen Laderaum mitten auf dem Meer, wo man ihnen den Vertrag unter die Nase hielt, den sie angeblich bei vollem Bewusstsein unterzeichnet hatten.

Der Schweinehandel (*Pig trade*), wie man die Verschiffung von Chinesen im Unterschied zum *Poison trade* (Gift-, d. h. Opiumhandel) nannte, geschah mit solch menschenverachtender Grausamkeit, dass sich bald viele darüber empörten. 1852 erstattete der britische Konsul in Kanton, John Bowring, dem Außenminister Lord Malmesbury voller Abscheu Bericht; er beschrieb die Baracken, in denen man die Unglücklichen zu Hunderten sammelte, und erzählte, dass man ihnen befahl sich auszuziehen, um ihnen dann auf den Rücken je nach Bestimmungsort den Buchstaben C (Kalifornien), P (Peru) oder S (Sandwichinseln, Hawaii) einzubrennen. Selbst die Opiumhändler lehnten den Handel mit Kulis ab, nicht zuletzt, weil ihr Schmuggel nur möglich war, wenn die Behörden beide Augen zudrückten und die Beamten sich angesichts des Grauens, das man ihren Landsleuten antat, hätten stur stellen können.

An Bord der Schiffe waren die Bedingungen so menschenverachtend, dass bis zu 40 Prozent der Kontraktarbeiter starben – doch für die Reeder lohnte sich das Geschäft trotzdem. Gelegentlich zettelten die Kulis mit dem Mut der Verzweiflung eine Rebellion an. Auf dem amerikanischen Schiff *Robert Bowne*, das Xiamen am 21. März 1852 mit Kurs auf Kalifornien verließ, erkrankten acht der 410 an Bord befindlichen Chinesen, und da sie nun keinen kommerziellen Nutzen mehr hatten, warf man sie kurzerhand ins Meer. Ihre Gefährten brachten daraufhin das Schiff gewaltsam unter ihre Kontrolle und steuerten eine Insel des Ryukyu-Archipels an, wo sie anlegten und bei den Einheimischen Hilfe und Unterstützung fanden. Der amerikanische Kapitän kehrte jedoch nach Xiamen zurück, bezichtigte die Kulis der Piraterie, und wenig später liefen drei Kriegsschiffe – ein amerikanisches und zwei britische – aus, fingen die Flüchtigen ein und übergaben sie den chinesischen Behörden. Diese ließen indes Gnade walten, so dass fast alle in ihr Heimatdorf zurückkehren konnten.

Eine besonders infame Spielart des *Pig trade* war der Handel mit Frauen. Tradition und Gesetz verboten den Frauen, das Himmlische Kaiserreich zu verlassen, doch die Pflanzer übten Druck auf die Kaufleute aus und verlangten lauthals nach Frauen, mit denen die Kulis billige Nachkommen zeugen sollten. Genau wie bei den schwarzen Sklaven rechnete sich das Geschäft nämlich umso mehr, wenn neue Arbeitskräfte im Geist des Evangeliums gleich vor Ort produziert wurden. Einige besonders

skrupellose Händler raubten Frauen oder kauften Kinder Eltern ab, die zu arm waren, um sie zu versorgen; doch dieses Geschäft war häufig sogar abgebrühten Seeleuten zuwider. 1855 beschwerte sich die Besatzung eines britischen Schiffes, der *Inglewood*, beim Konsul in Xiamen, weil sie chinesische Kinder verschiffen sollte, die das achte Lebensjahr noch nicht vollendet hatten. Dieser ließ die Fracht beschlagnahmen und brummte dem Kapitän eine Strafe von 100 Pfund Sterling auf. Vier Jahre später, als man Kinder auf offener Straße entführte, um ein französisches Schiff zu beladen, brach in Shanghai eine Revolte aus.

Die Katastrophen, die nun in immer kürzeren Zeitabständen über China hereinbrachen, machten viele Menschen glauben, der Kaiser, der sich Sohn des Himmels nannte, habe das Wohlwollen der Götter verwirkt. Das himmlische Mandat, das seine Anwesenheit in der Verbotenen Stadt sowie die Macht, die er über seine Untertanen ausübte, rechtfertigte, schien zu bröckeln. In weiten Teilen des Reiches galten die Mandschu zudem nach wie vor als fremde Usurpatoren und waren nicht gerade beliebt. In dieser Situation gründete der aus einfachen Verhältnissen stammende Hong Xiuquan, der die Gaben eines Propheten mit jenen eines politischen Reformers vereinigte, eine Geheimgesellschaft, die sich die Unzufriedenheit der Menschen zunutze machte und einen der größten Aufstände in Chinas Geschichte entfachte.

Hong hatte 1814 in einem Dorf etwa 50 Kilometer von Kanton entfernt das Licht der Welt erblickt. Seine Familie gehörte zu den Hakka, einem Nomadenvolk aus dem Norden, das immer wieder vertrieben worden war und mittlerweile im Südosten Chinas siedelte. Die Familie konnte von der Landwirtschaft einigermaßen leben. Der Vater, der von den üblichen Hühnern, Schweinen und Enten abgesehen auch zwei Büffel besaß, mit denen er die Felder bestellte, genoss bei den anderen Bauern eine gewisse Autorität und träumte von einer Beamtenlaufbahn für seinen Sohn Hong. Der Knabe schien begabt und intelligent zu sein; aufmerksam studierte er die konfuzianischen Klassiker, bestand mit 13 Jahren die Eingangsprüfungen, fiel jedoch beim offiziellen Examen durch, was angesichts von über hundert Kandidaten für ein Dutzend Posten nicht weiter überraschte. Hong ließ sich von diesem Misserfolg nicht abschrecken und nahm weitere

Anläufe. Zu jeder neuen Prüfung musste er nach Kanton fahren, und irgendwann drückte ihm dort jemand auf der Straße eine Broschüre in die Hand, mit der ein protestantischer Missionar für das Christentum warb. Niemand weiß, ob Hong sie überhaupt las, doch als echter Chinese, der jedes Schriftstück respektvoll behandelte, nahm er das Heft mit nach Hause und legte es zwischen seine Bücher.

Einige Zeit später stürzte er nach einem weiteren missglückten Versuch, das Examen zu bestehen, in eine tiefe Krise und erkrankte schwer. 40 Tage lang lag er im Bett und hatte während dieser Zeit wiederholt eine eindringliche Vision: Ihm war, als brachte man ihn in einen prunkvollen Palast, in dem ein bärtiger Greis auf einem Thron saß. Dieser reichte ihm ein prächtiges Schwert und befahl ihm, damit die Dämonen zu töten, die seine Brüder und Schwestern quälten. An der Audienz nahm auch eine andere Person teil, in der Hong mit der Gewissheit der Träumenden einen großen Bruder erkannte, der ihn im Kampf gegen die Mächte des Bösen unterstützen sollte. Die Schlacht begann augenblicklich, denn der junge Mann sprang im Delirium aus dem Bett und focht mit dem unsichtbaren Schwert in der Hand gegen ebenso unsichtbare Feinde, bis es seinen echten Brüdern gelang, ihn zu beruhigen.

Als einige Monate nach Hongs Genesung ein Vetter zufällig in seinen Büchern stöberte, fiel dem jungen Mann die Broschüre wieder in die Hände. Diesmal las er sie aufmerksam und plötzlich glaubte er, seinen Traum interpretieren zu können: Der alte Mann auf dem Thron war Gott selbst, der große Bruder Jesus Christus, und er selbst, der jüngere Bruder, war vom Himmel gesandt, um die Teufel abzuwehren, die China ins Verderben zu stürzen versuchten – zweifellos die Mandschu und ihre Anhänger. Die Erklärung klang so überzeugend, dass auch der Cousin ihr nichts entgegenzusetzen wusste, und die beiden besiegelten ihre ganz persönliche Bekehrung zum Christentum, indem sie sich gegenseitig tauften. In seinem Dorf fand Hong bald weitere Anhänger, darunter seinen alten Schulfreund Feng Yunshan. Als Hong jedoch zur Tat schritt und unter anderem eine Gedenktafel für Konfuzius zerstörte (in einer weiteren Vision hatte die himmlische Dreifaltigkeit Konfuzius als »Hauptverantwortlichen der menschlichen Korruption« gegeißelt), machte er sich schnell so unbeliebt, dass er

vorsichtshalber seine Heimat verließ und zunächst an anderen Orten predigte.

Zunächst reiste er mit Feng in die Nachbarprovinz Guangxi, wo er Anhänger für seine neu gegründete »Gesellschaft der Gottesverehrer« gewann und mit ihnen einen taoistischen Tempel verwüstete. Dann trennten sich die Wege von Feng und Hong, denn Letzterer kehrte nach Hause zurück, um zu meditieren und die grundlegenden Texte seiner neuen Lehre niederzuschreiben, was immerhin drei Jahre in Anspruch nahm. 1847 begab er sich dann in Begleitung seines treuen Vetters nach Kanton und suchte dort Issachar Roberts auf, einen amerikanischen Presbyter-Missionar, der ihn in der christlichen Lehre weiter unterweisen sollte. Als er Roberts jedoch über seine angeblich verwandtschaftlichen Beziehungen zu Jesus Christus aufklärte, weigerte sich der Reverend,

ihn noch einmal nach offiziellem Ritus zu taufen. Hongs Enttäuschung hielt sich in Grenzen, denn Feng verzeichnete in der Zwischenzeit erste Erfolge. Hong beeilte sich, die Führung der neuen Gemeinde zu übernehmen, rief Gebote aus, predigte und feierte Gottesdienste, in denen sich christliche, buddhistische und taoistische Elemente mischten. Zugleich organisierte er seine Anhänger in paramilitärischen Gruppen, die in jeder Hinsicht streng egalitär lebten.

Wie zahlreiche andere Sekten und Geheimbünde jener krisengeschüttelten Zeit fand die Gesellschaft der Gottesverehrer ihre Anhänger vor allem bei den untersten sozialen Schichten und den ethnischen Minderheiten, die von jeher gegen die ortsansässigen Eliten kämpften. Innerhalb von wenigen Jahren scharte Hong 30 000 Schüler um sich, darunter Lastenträger und Köhler, Bauern, Flussschiffer und Banditen.

Wie häufig in der Geschichte revolutionärer Bewegungen erhielt das ganze Unternehmen eine neue Qualität, als ein Angehöriger der feindlichen Klasse in die Gesellschaft eintrat. Der Grundbesitzer und Wucherer Wei Changhui schloss sich der Sekte vermutlich anfangs nur aus Ärger über seine Nachbarn an — Grundbesitzer wie er, die ihn aber ablehnten, weil er kein Chinese war, sondern dem Volksstamm der Miao angehörte. Wei unterstützte die Gruppe finanziell und bot ihr mit seiner großen Fabrik, um die er eine Mauer und einen Graben ziehen ließ, eine regelrechte Militärbasis. Dahinter schmiedete man Schwerter und Lanzen, um bewaffnete Überfälle auf die reichen Grundbesitzer der Region zu verüben.

Die Provinz Guangxi gehörte offensichtlich zu den am schlechtesten verwalteten des gesamten Reiches. Statthalter der alten Schule

200/201
Soziale und nationalistische Anliegen prägten den Taiping-Aufstand, der die Grundfesten des Landes erschütterte. Die Rebellen bekämpften unter anderem die Herrschaft der Mandschu über die Chinesen. Das Bild zeigt eine Schlacht zwischen Aufständischen und Regierungstruppen bei Tianjin.

lösten einander ab, und diese Liebhaber der Literatur, der Kalligraphie und Kunst, die sich die Zeit damit vertrieben, Landschaften auf Seide zu malen, Gedichte zu schreiben und Bankette abzuhalten, überließen ihren brutalen und korrupten Beamten die Tagesgeschäfte. Vom Versagen der Politik profitierten aber nicht nur die Wohlhabenden, sondern auch die Verbrecher. Anfänglich verwechselte man denn auch die Strafexpeditionen von Hongs Bewegung mit den gewöhnlichen Überfällen von Diebesgesindel. Nachdem sich die Taiping, wie man die Gesellschaft der Gottesverehrer nun landläufig nannte, mit anderen antimandschurischen Geheimbünden zusammengeschlossen hatten, brach 1850 eine offene Rebellion aus.

1851 eroberten die Aufständischen das Bergdorf Yongan (»Ewiger Frieden«). Hong hielt den Ort mit dem viel sagenden Namen für einen überaus geeigneten Stützpunkt und gründete, einen theokratischen Staat, den er Taiping, »Himmlisches Reich des allgemeinen Friedens«, nannte. »Das Land gehört allen«, hieß es im ersten Paragraphen der von Hong ausgearbeiteten Verfassung, »die Völker der Welt müssen es gemeinsam bestellen ... Alle sollen an dem Glück teilhaben, das Gott, der Himmlische Vater, uns schenkt: Land, Nahrung, Kleidung und Geld sollen allen gemeinsam gehören, damit keine Ungleichheit mehr herrscht und es niemandem an etwas fehlt.« In Hongs Staat galten Frauen so viel wie Männer, der Privatbesitz wurde abgeschafft, Luxus wurde als Sünde betrachtet. Die Taiping verurteilten das Einbinden der Füße bei jungen Mädchen und Frauen und schnitten sich zum Zeichen der Opposition gegen die Mandschu den Zopf ab.

Wirkliche Gleichheit herrschte dennoch nicht, den Hong selbst ließ sich zum »Himmlischen König« ausrufen und erhob auch gleich noch seine fünf engsten Vertrauten zu Königen. Letztlich existierte eine strenge Hierarchie, und die einfachen Sterblichen mussten genau darauf achten, dass sie gegen keine der Regeln verstießen. Wer zum Beispiel nicht am Straßenrand niederkniete, wenn einer der Oberbefehlshaber vorbeiging, wurde augenblicklich enthauptet. Bald schon führte Hong an seinem Hof die

alten Zeremonien der Ming-Dynastie ein – oder besser gesagt, eine Verballhornung dieser Sitten, wie man sie aus dem Volkstheater kannte. Zugleich wurde er nicht müde, die Mandschu zu beschimpfen, jene Fremdherrscher, gegen die jeder Chinese sich zu empören hatte: »Heute stehlen die Mandschu-Dämonen unsere schönsten Mädchen, um sie zu ihren Sklavinnen und Konkubinen zu machen. 3000 von ihnen mussten sich das Gesicht pudern und die Augenbrauen nachziehen, ehe diese Hunde sie beschmutzten. Eine Million geschminkter Gesichter teilen das Lager dieser schamlosen Wölfe ... Jedes Mal, wenn eine Überschwemmung oder Dürre uns heimsucht, rühren die Mandschu keinen Finger. Sie schauen zu, wie wir verhungern, und tun noch nicht einmal so, als ob sie Mitleid mit uns hätten. Denn im

Grunde wünschen sie sich, dass die Zahl der Chinesen abnimmt. Sie schicken ihre geldgierigen und korrupten Beamten ins ganze Land, damit sie uns bis auf die Knochen ausbeuten, und an den Straßenrändern sieht man weinende Männer und Frauen. Das alles geschieht, weil die Mandschu sich wünschen, dass wir Chinesen noch ärmer werden. Wenn wir nach der Herkunft dieser Mandschu-Tataren fragen, so erfahren wir, dass ihr Urahn aus der Verbindung zwischen einer weißen Wölfin und einem gelbbraunen Hund entstand, und es verwundert nicht, dass dabei ein Ungeheuer herauskam!«

Der Himmlische König verlangte von seinen Untertanen eine streng puritanische Lebensweise. Während der militärischen Operationen wurden Männer und Frauen in den Taiping-Lagern strikt voneinander getrennt, selbst Sexualkontakte zwischen Eheleuten wurden mit dem Tod bestraft. Der König und seine

Mitregenten hielten sich dagegen riesige Harems und erfanden die seltsamsten Titel für ihre zahlreichen Konkubinen.

Die religiösen Elemente der neuen Lehre, die Unzufriedenheit in der Bevölkerung und das allgemeine Chaos im Kaiserreich sicherten dem Himmlischen Reich des allgemeinen Friedens zunächst großen Zulauf. Peking schickte zwar in aller Eile große Truppenverbände nach Guangxi, doch diese wurden so schlecht befeligt, dass die Rebellen den Ring der Soldaten mühelos durchbrachen und nach Hunan marschierten, wo die armen Bauern sie jubelnd als Befreier empfingen. Zwar fielen zwei der Vizekönige, Feng und Xiao, in den nachfolgenden Kämpfen, doch der zum König des Ostens ernannte Holzkohlenbrenner Yang, der in seinen Visionen mit Gott selbst zu sprechen meinte, erwies sich als ungewöhnlich begabter Stratege.

Im November 1852 marschierten die Taiping-Einheiten – anfänglich rund 10 000 Männer und Frauen – nach Norden. Unterwegs schlossen sich ihnen so viele Menschen an, dass die Armee schließlich rund 200 000 Soldaten umfasste. Sie überquerten den Jangtse auf unzähligen Booten und umstellten Wuhan, die Hauptstadt der Provinz Hubei. Die Bergarbeiter, die zu Hongs fanatischsten Anhängern gehörten, gruben einen Tunnel und sprengten einen Teil der Stadtmauer in die Luft. Am 12. Januar 1853 drangen die Rebellen durch die Bresche in die Metropole ein. Innerhalb der letzten 27 Monate hatten sie damit über 2000 Kilometer zurückgelegt, was der Strecke zwischen Paris und Moskau entsprach.

In Peking brach jetzt Panik aus, und wenn die Taiping in diesem Moment auf die Stadt zumarschiert wären, hätte niemand sie aufhalten können. Sie waren jedoch mittlerweile am Rand der reichsten Region Chinas angelangt, dem Jangtsekiang-Tal. Genau dort hatte der charismatische Gründer der Ming-Dynastie, als dessen legitimer Nachfolger sich die Führungsclique fühlte, einst seine Hauptstadt errichtet, nachdem er die Mongolen vertrieben hatte. Diese historische Verbindung und der Hunger nach Kriegsbeute führten dazu, dass Hongs Truppen dem Lauf des großen Flusses folgten und am 8. März wie ein riesiger menschlicher Ameisenhaufen die Stadt Nanking einschlossen. Elf Tage später vollendeten die Bergleute ihre Arbeit und die zweite große chinesische Stadt fiel in die Hände der Taiping, die sie sogleich »Himmlische Hauptstadt« tauften. Die Besiegten durften nicht auf Gnade hoffen. Man befahl den chinesischen Familien, sich in ihre Häuser einzuschließen, auf die Tür das Schriftzeichen *shun* (»Unterwerfung«) zu schreiben und auf den Tisch drei Tassen Tee zu stellen, zum Zeichen dafür, dass die Eindringlinge willkommen waren. Anschließend durchstreiften die Taiping die Straßen und metzelten systematisch Mandschu-Soldaten, reiche Bürger und Beamte nieder. Über 20 000 Leichen warf man in den Fluss; sie kündeten den weiter stromabwärts gelegenen Städten davon, was sie erwartete, wenn sie sich nicht freiwillig ergaben. Während sich die Straßen mit einer jubelnden Menschenmenge füllten, die christliche Lieder sang, steckten die Soldaten den Palast in Brand.

Am 30. März zog Hong im Triumphzug in Nanking ein. Er ruhte in einer gelben Sänfte (jener Farbe, die dem Sohn des Himmels vorbehalten war), und hinter den 16 Trägern ritten 36 seiner Konkubinen. Hong zog sich sogleich in den Gouverneurspalast zurück, der jedoch nicht seinem Geschmack entsprach. Er ordnete an, ihn abzureißen, und an seiner Stelle eine Verbotene Stadt von fünf Kilometern Durchmesser zu errichten – seiner Meinung nach die angemessene Residenz für den kleinen Bruder Jesu. 10 000 Maurer führten die Arbeiten durch, und als das Meisterwerk vollendet war, verließ Hong es kaum mehr, sondern ließ sich von seinen 300 Domestiken bedienen, pflegte seinen Bart und begann – zumindest auf dem Papier – seinen Staat zu organisieren.

Am ehrgeizigsten war die von ihm angestrebte Agrarreform, die aber letztlich reine Theorie blieb. Das Land sollte entsprechend seiner Fruchtbarkeit in unterschiedlich große Parzellen gegliedert werden, und die Zuteilung sollte sich nach der Zahl der männlichen Mitglieder jeder Familie richten. Je 25 Familien bildeten die Kerneinheit der neuen Gesellschaft. Eine solche Gemeinschaft verfügte über eine eigene Kapelle, verwaltete gemeinsam ihren Besitz und wurde von zwei gewählten Ältesten geleitet. Die Männer bestellten die Felder, die Frauen sollten Seidenraupen züchten. Keine Familie durfte mehr als fünf Hühner und zwei Schweine besitzen. Auf Privatbesitz und den Genuss von Opium stand die Todesstrafe. Im Jangtse-Tal, das leichten Zugang zum Meer bot, war die Droge jedoch so weit verbreitet, dass es in der Region Zehntausende von Süchtigen gab. Hongs Befehl, sie mit Gewalt zu eliminieren, ließ sich unmöglich ausführen. Immerhin bekamen es die europäischen Händler mit der Angst zu tun. Vermutlich waren sie es, die die ersten Horrorgeschichten über den Himmlischen König verbreiteten, weil sie fürchteten, abendländische Missionare könnten sich auf die Seite der »christlichen« Taiping stellen. So hieß es zum Beispiel, die Taiping würden katholische Jungfrauen für Hongs Harem rauben.

Im Mai 1853 brach eine Taiping-Einheit zum, wie man glaubte, letzten Feldzug auf – der Eroberung Pekings und Vertreibung der Mandschu. Im Oktober standen die Rebellen hundert Meilen vor der Hauptstadt. Die kaiserlichen Generäle meldeten sich einer nach dem anderen krank. 30 000 reiche Familien flohen aus der Stadt, und Kaiser Xianfeng ließ die Koffer packen, um notfalls auf die andere Seite der Chinesischen Mauer in die Mandschurei fliehen zu können. Ein einziger Kommandant, der Mongole Senggerinchin, zog mit 4500 Reitern aus der heimatlichen Steppe nach China und kämpfte tapfer gegen die Feinde, die bis zu diesem Zeitpunkt lediglich eine aus Gesindel zusammengestellte Fußtruppe hatten besiegen müssen und nun gegen die kriegerischen Reiter, die einst ganz Asien erobert hatten, den Kürzeren zogen.

Die eigentliche Schuld an der Niederlage der Taiping trug jedoch der Winter, der wesentlich früher und heftiger hereinbrach als sonst üblich. Die unerbittliche Kälte lähmte die Taiping, hinzu kam, dass sie anstelle von Reis mit Hirse vorlieb nehmen mussten. Die Soldaten verloren an Kampfesmut und zogen sich im Januar 1854 nach Süden zurück.

In der Himmlischen Hauptstadt gab sich Hong in seiner nahezu ausschließlich von Frauen bewohnten Residenz derweil immer noch fleischlichen Gelüsten, theologischen Konzepten und der Entwicklung neuer Utopien hin und bemerkte kaum, wie die Macht allmählich in die Hände des »Ostkönigs« Yang überging. Dieser hatte inzwischen zahlreiche Beamte eingesetzt, die pro Tag bis zu 300 zumeist sehr harte Verfügungen erließen. Kein Tag verging, ohne dass in der Stadt Glücksspieler, Vagabunden, Gaukler und Betrunkene geköpft wurden, und wenn die Massen sich vergnügen wollten, band man die Verurteilten an einen Pfahl und verbrannte sie bei lebendigem Leib als »himmlische Fackeln«. Wenig später – die beiden anderen Vizekönige führten in der Ferne einen Feldzug gegen den Mandarin Zeng Guofan, der das Jangtse-Tal zu erobern versuchte – forderte der Ostkönig, der auf seine persönliche Beziehung zu Gott und seine unangefochtene Machtposition pochte, die Gleichstellung mit Hong. Dieser schickte eilig Botschafter aus, um die Könige zurückzuholen. Wei, der sich näher an Nanking befand, traf als Erster ein. Am Abend des 1. September 1856 betrat er die Stadt mit einem Trupp ausgewählter Soldaten, die in Yangs Haus eindrangen und ihn töteten. Wenig später formierten sich jedoch Yangs Anhänger. Hong und Wei griffen daraufhin zu einer List. Der Himmlische König ließ verkünden, dass Wei einsehe, einen Fehler begangen zu haben, und, um diesen gutzumachen, in Anwesenheit aller Anhänger Yangs seine Strafe empfangen werde. 20 000 Zuschauer fanden sich im riesigen Hof des königlichen Palasts ein, nachdem sie ihre Waffen abgelegt hatten, um dem Heiligen Ort die Ehre zu erweisen. Als die Menge versammelt war, schloss man die Tore; Weis Soldaten stürzten sich auf die Unbewaffneten und machten sie alle nieder.

Die Streitigkeiten in der Führungsspitze, das dekadente Gebaren der Könige und ihre Unfähigkeit, die angestrebten Reformen auch tatsächlich umzusetzen, kostete die Taiping viele Anhänger. Die Niederlage des Himmlischen Königreichs war aber erst besiegelt, als die Westmächte ihre ökonomischen Interessen bedroht sahen und auf der Seite der Mandschu in den Konflikt eingriffen. 1864 gelang den kaiserlichen Truppen die Rückeroberung von Nanking, woraufhin der Himmlische König sich das Leben nahm. Bis zur endgültigen Niederschlagung der letzten Reste der Bewegung sollten jedoch noch mehrere Jahre vergehen.

202

Die Taiping drangen in die zentralchinesischen Provinzen vor und bedrohten sogar Shanghai, einen der fünf vertraglich geöffneten Freihäfen. Nach der Einnahme von Nanking, der zweitwichtigsten Stadt Chinas, richteten die Rebellen dort ihren Hauptsitz ein. Alle Mandschu wurden getötet, anschließend ließ sich Hong einen riesigen Palast erbauen, von dem aus er die eroberten Gebiete regieren und seine Agrarreform umsetzen wollte. Der Marsch auf Peking scheiterte jedoch, während Streitigkeiten zwischen Hongs Führern die Macht der Taiping schwächten.

DER GRAF VON AMUR

Der Vertrag von Nanking hatte Russland in Sorge versetzt. Dort fürchtete man, die Öffnung der chinesischen Häfen würde sich zu Gunsten der Seemächte auswirken und den Handelsfluss über Sibirien einschränken. Nach wie vor transportierten Karawanen jedes Jahr eine Million Kisten mit Tee in die Stadt Kjachta an der mongolischen Grenze. Hatten sie diese passiert, füllte man die Teeblätter in Säcke aus ungegerbten Tierhäuten um und lud sie auf die Rücken von Yaks, die dann gemächlich gen Westen zogen. Auf dem langen Weg von der Mongolei bis zum Ural tränkte der Schweiß der Lasttiere die Säcke und verlieh dem Getränk jenes unvergleichliche Aroma, weswegen Kenner den Tee der russischen Karawanen jedem anderen vorzogen. Über Kjachta gelangten auch andere Güter wie Seide, Rhabarber, Papier, Zucker und eine weniger begehrte Teesorte, bei der die Blätter mit Ochsenblut zu Briketts gepresst wurden,

204 und 205
Eine Säule auf einem Felsvorsprung verdeutlichte symbolisch, dass die Russen nun über den Amur herrschten, jenen mächtigen Strom, der im äußersten Osten Sibiriens Russland und China trennte. Das riesige umliegende Gebiet, auf das die Chinesen Anspruch erhoben, obwohl sie es nie vollständig besiedelt hatten, ging dank Nikolai Murawjows Entschlossenheit in den Besitz der Russen über.

ins Zarenreich. China importierte im Gegenzug Zinn, Woll- und Leinenstoffe sowie wunderschöne sibirische Pelze (Hermelin, Kaninchen, Wolf, Marder, Zobel, Luchs und Vielfraß) und Felle arktischer Tiere (Walross, Robbe und Eisbär). Als besonders einträglich erwies sich der Handel mit Elfenbein. In den eisigen Gletscherspalten der arktischen Flussufer hatten sich die Knochen von Mammuts über Zehntausende von Jahren perfekt erhalten. Ab 1650 entwickelte sich die Suche nach ihren Stoßzähnen zu einem regelrechten Industriezweig, und innerhalb weniger Jahrhunderte trugen geschickte, wagemutige Sammler über 40 000 der 70 bis 90 Kilo schweren Zähne zusammen. Hauptabnehmer waren die Chinesen, die gemahlenes Elfenbein als Bestandteil traditioneller medizinischer Heilmittel verwendeten und fest davon überzeugt waren, dass es sich bei den Mammuts um arktische Riesenratten handelte, die Erdbeben erzeugten, wenn sie durch ihre unterirdischen Gänge wuselten.

Dieses fantastische Gerücht fand über verschlungene Wege auch nach Europa. So zitierte ein holländischer Forscher im 18. Jahrhundert diese Auslegung in einer dicken Abhandlung über Asien als reine Wahrheit und fügte hinzu, man finde die armen Tiere stets halb im Schnee vergraben. Gelegentlich würden sie nämlich den Kopf aus ihren Gängen stecken, doch sei der Kontakt mit der Luft tödlich für sie. Katharina die Große las das Buch, schenkte der Legende Glauben und ließ Voltaire in einem Brief wissen, sie hege die Hoffnung, ihre Jäger würden eines Tages in einer sibirischen Höhle ein noch lebendes Mammut entdecken.

Irkutsk war zur bedeutendsten Stadt Ostsibiriens, einer Provinz von der Größe Indiens, aufgestiegen. Es zählte 15 000 Einwohner und rühmte sich dank des Handels mit China der »luxuriösesten Geschäfte und prachtvollsten Karossen ganz Russlands«. 1847 traf hier ein neuer Generalstatthalter ein, der sich stark von seinen Vorgängern unterschied. Er war kaum 38 Jahre alt, hatte erfolgreich gegen die Türken und die kaukasischen Stämme gekämpft und sich als Gouverneur von Tula durch seine Intelligenz und umsichtige Verwaltung Meriten erworben. Angeblich vertrat er liberale Ideen, bewunderte die Demokratie der Vereinigten Staaten und setzte sich für die Abschaffung der Leibeigenschaft ein. Er hieß Nikolai Murawjow und wirkte trotz seiner Uniform ziemlich friedliebend, ein kleiner, pausbäckiger Mann mit rotem Haar, der den Arm wegen einer alten Kriegswunde stets in einer Binde trug. Am Tag der Amtseinführung zeigte sich allerdings, von welchem Kaliber der neue Herr war, denn als die dienststeifrigen Beamten sich ihm anbiederten, griff er sich einen als besonders geldgierig bekannten Staatsdiener heraus, sagte nur: »Ich bin sicher, Sie wollen Ihren Dienst nicht mehr fortführen« und machte auf dem Absatz kehrt. Unter den korrupten Beamten machte sich Angst breit, und schon bald trafen Beschwerdebriefe in Sankt Petersburg ein. Murawjow bereiste derweil das ihm anvertraute Gebiet und ließ jeden auspeitschen, der es wagte, ihm Bestechungsgeschenke anzubieten. Zar Nikolaus I. ließ hingegen alle Denunzianten wissen, Murawjow genieße sein uneingeschränktes Vertrauen.

Dieser mochte sich indes nicht damit begnügen, die Beamtenschaft auf Vordermann zu bringen, sondern verfolgte weit höhere Ziele. Immer noch schien ihm das Problem mit dem Amur nicht zur Zufriedenheit gelöst: Als »einen völlig unnützen Fluss« hatte ihn der Zar bezeichnet, der sich durch unschiffbare Sümpfe und Morast zog, ehe er ins Meer mündete. Es gab jedoch Leute, die trotz der Berichte einiger Expeditionen an dieser Version zweifelten. So auch der Marinekapitän Gennadj Newelskoj, der nicht glauben wollte, dass ein 3000 Kilometer langer Strom mit einem zwei Millionen Quadratkilometer großen Becken irgendwo in einem Rinnsal versandete. Die russische Admiralität übertrug Newelskoj das Kommando über ein Transportschiff, die *Baikal*, die von Kronstadt an der Ostsee um die halbe Welt reisen musste, um eine Ladung nach Petropawlowsk auf die Halbinsel Kamtschatka zu bringen. Newelskoj bat darum, die Mission mit der Erforschung der Amurmündung verbinden zu dürfen. Dies wurde ihm jedoch verweigert, weil man fest davon überzeugt war, dass der Fluss gefährliche Untiefen barg.

In geheimer Absprache mit Murawjow beschloss Newelskoj, sich über diesen Befehl hinwegzusetzen. Er brach 1849 auf, während Murawjow unter dem Vorwand, er müsse den äußersten Osten seiner riesigen Provinz kennen lernen, auf die Halbinsel Kamtschatka reiste, um ihn dort zu treffen. Der Gouverneur war seit über 200 Jahren der erste Beamte, der seinen Fuß auf diese Halbinsel im Beringmeer setzte. Er schiffte sich in Ochotsk ein, besuchte Kamtschatka, kehrte dann um und hoffte

206
Zu den wichtigsten Gütern, die aus Sibirien nach China exportiert wurden, gehörten Stoßzähne von Mammuts, deren Körper im Eis perfekt erhalten geblieben waren. Die Chinesen zerstießen die uralten Zähne zu feinem Pulver, das gegen diverse Krankheiten helfen sollte.

inständig auf die Ankunft von Newelskoj. Dieser befand sich irgendwo zwischen Ochotsk und dem äußersten Norden der Insel Sachalin, die man damals für eine zu Asien gehörende Halbinsel südlich des Amur hielt.

Endlich tauchte unweit der Bucht von Ajan, wo Murawjow ankerte, die *Baikal* am Horizont auf. Murawjow sprang in ein Boot, ließ sich zu dem Schiff rudern und rief dem Ankömmling entgegen: »Wo wart Ihr? Woher kommt Ihr?« »Ich habe alles entdeckt!« schallte es ihm begeistert entgegen. »Sachalin ist eine Insel. Schiffe können sowohl von Norden als auch von Süden her in den Amur einfahren!«, schrie Newelskoj und fügte, da er ja immerhin dem Generalgouverneur einer Provinz Bericht erstattete, eilig ein »Euer Exzellenz« hinzu.

Murawjow schickte zunächst seinen Bericht und dann Newelskoj selbst nach Sankt Petersburg, doch dieser wurde, kaum dass er eingetroffen war, zum einfachen Matrosen degradiert, weil er sich starrköpfig einem Befehl widersetzt und die unumstößliche Gewissheit seiner Vorgesetzten nicht nur in Zweifel gezogen, sondern sogar widerlegt hatte. Zum Glück bekam der Zar Wind von der Angelegenheit, rehabilitierte Newelskoj und sandte ihn mit dem Auftrag nach Ochotsk, eine Siedlung an der Amurmündung zu gründen. Allerdings verbot er dem Kapitän ausdrücklich – ganz im Einklang mit dem 1689 mit dem chinesischen Kaiserreich geschlossenen Vertrag von Nertschinsk –, den Amur hinaufzufahren.

Newelskoj war mittlerweile viel zu sehr von seiner Sache überzeugt, um noch Rücksichten auf irgendwelche Abkommen zu nehmen. Er

ging nördlich der Flussmündung von Bord und richtete in Petrowskoje ein Winterlager ein. Dann fuhr er den Fluss hinauf und rammte auf dem linken Ufer den ersten Pfahl einer neuen Stadt in die Erde. Am 1. August 1850 wurde die russische Fahne über dem Gelände, auf dem die Siedlung Nikolajewsk entstehen sollte, gehisst. Der Himmel schien den Russen gewogen zu sein, denn plötzlich brach ein Gewitter los, und große Tropfen fielen zur Erde, während gleichzeitig die Sonne strahlte. Wenig später tauchte eine Gruppe von Giljaken auf, die nicht gerade begeistert von der Annexion ihrer Heimat zu sein schienen. Als man ihnen jedoch Tee und Kasha (Getreidebrei) anbot, gaben sie sich zufrieden und legten ihre Waffen ab. Und weil sie nun Untertanen des russischen Zaren waren, schenkte man ihnen gleich noch etwas Tabak sowie blauen und rosafarbenen Kattun-Stoff, den sie rasch in Streifen rissen, um sich die Haare damit zu schmücken.

Der russische Außenminister, Graf Karl Robert Nesselrode, war über Newelskojs eigenmächtige Vorgehensweise sehr erzürnt. »Murawjow und Newelskoj rühren eine üble Suppe an, und wir müssen sie später auslöffeln«, wetterte er, denn er fürchtete Ärger mit China. Und Fürst Gortschakow ging noch weiter: »Wir müssten sogar dann auf den Amur verzichten, wenn die Chinesen ihn uns selbst anbieten würden«, schrieb er dem Zar. »Der Amur würde eine Tür nach Sibirien öffnen. Wie viele neue Ideen, wie viele Männer würden auf diesem Wege hereinströmen? Wir müssen weniger die feindlichen Kriegsschiffe fürchten, die den Fluss hinauffahren könnten,

sondern das Gedankengut, die Ideen!« Trotzdem stellte sich Nikolaus I. auch in diesem Fall hinter Murawjow und erklärte: »Dort, wo die russische Flagge einmal weht, darf man sie nicht mehr einholen.«

Die internationale Politik schien Murawjows Expansionsplänen Recht zu geben. 1852 tauchte eine amerikanische Einheit unter der Führung von Matthew Perry in der Bucht von Nagasaki auf und zwang Japan, seine Häfen für den ausländischen Handel zu öffnen. Immer mehr europäische Schiffe kreuzten durch die fernöstlichen Meere, und Russland musste sich sputen, wenn es sich im Zeitalter des Imperialismus einen Anteil vom Kuchen sichern wollte. Am 21. August 1853 hisste Vizeadmiral Putjatin daher nach dem Vorbild von Perry die Flagge des Zaren im Hafen von Nagasaki.

Zwei Monate später brach zwischen Russland und dem Osmanischen Reich der Krimkrieg aus. Die Briten und Franzosen – später auch das Königreich Sardinien – stellten sich auf die Seite des Sultans und schickten Truppen auf die Krim, weil sie ihre Interessen auf dem Balkan bedroht sahen. Murawjow, der fürchtete, die mächtige britische Flotte, die die Weltmeere beherrschte, könne die sibirische Küste angreifen, beschloss, seine Garnisonen in dem riesigen und wenig gesicherten Gebiet zu verstärken. Im Mai 1854 brach eine Flotte von 75 Lastkähnen voller Kosaken, Fußsoldaten, Artilleristen, Pferde, Ochsen und Yaks zur Fahrt den Amur hinunter auf, während die Militärkapelle am Ufer eine Hymne zu Ehren des Zaren anstimmte. An der Spitze fuhr das erste in Ostsibirien hergestellte Dampfschiff,

207
1850 gründete Marinekapitän Newelskoj die Stadt
Nikolajewsk am Amur (hier die Anfänge der Siedlung).
Der russische Außenminister missbilligte Newelskojs
Vorgehen, da er Konflikte mit China befürchtete, doch
Zar Nikolaus I. stellte sich hinter den Pionier.

die *Argun*, auf der Murawjow reiste. Er trank ein Glas Flusswasser auf den Erfolg des Unternehmens und reckte dann eine Marienikone empor, die man 1686 aus den Ruinen von Albasin gerettet hatte. Der Konvoi war über zwei Kilometer lang, und als die Nacht hereinbrach, entzündete man auf jedem Schiff ein Feuerwerk, dessen Schein sich im schwarzen Wasser widerspiegelte, um etwaige chinesische Spione zu beeindrucken, die Murawjow am anderen Ufer vermutete. Als das Korps schließlich die Amurmündung erreichte, schickte der Kommandeur seine Männer los, um die verschiedenen Garnisonen an der Küste zu verstärken. 400 Soldaten entsandte er nach Petropawlowsk auf der Halbinsel Kamtschatka, wo sie gerade noch rechtzeitig eintrafen, denn wenige Tage später tauchten tatsächlich sechs britisch-französische Schiffe vor der Hafeneinfahrt auf. Die Westeuropäer waren überzeugt, dass ihnen die Russen an diesem einsamen Vorposten keinerlei Widerstand leisten würden, und wunderten sich daher sehr, als es vom Festland her plötzlich Kanonenkugeln hagelte. Franzosen und Engländer verstärkten ihren Beschuss und bereiteten eine Landung für den 30. August vor, doch am Morgen dieses Tages schoss sich der Kommandant, Admiral Price, aus nie geklärten Gründen eine Kugel in den Kopf. Jedenfalls entstand eine heillose Verwirrung, weshalb man die vorgesehene Landung erst einmal verschob. Als sie dann am 4. September endlich stattfand, hatten die Russen genügend Zeit gehabt, sich auf die Angreifer vorzubereiten, und brachten den Alliierten eine vernichtende Niederlage bei.

Murawjow, der in der Zwischenzeit nach Irkutsk zurückgekehrt war, beschloss nach diesem aus seiner Sicht großartigen Erfolg einen weiteren Feldzug für das darauf folgende Jahr vorzubereiten. 40 Kanonen wurden vom Ural mehr als 4000 Kilometer durch die unendlichen sibirischen Weiten bis nach Transbaikalien geschleppt. Dort ersetzte man die 60 Pferde,

welche die Einzelteile transportierten, durch Ochsen. Bei steilem Gefälle versuchten die Männer die Last mit Seilen zu bremsen, dennoch wurde der vorderste Ochse jedes Mal niedergetrampelt. Die burjatischen Führer verspeisten das anfallende Fleisch an Ort und Stelle, was sie zwar stärkte, den Marsch aber endlos in die Länge zog. Als die Karawane schließlich den Amur erreichte und das Material auf Flöße verladen wurde, gingen diese mitsamt ihrer viel zu schweren Fracht in den Fluten unter. Man musste sie mühsam aus dem Wasser fischen und neue, robustere Kähne bauen. Anfang Mai machte sich dann Murawjows zweite Flotte aus 130 Flößen und zwei Dampfschiffen auf den Weg.

Zwei Monate zuvor, am 2. März 1855, war Nikolaus I., der mächtige Fürsprecher des Gouverneurs, gestorben. Sein Sohn, Alexander II., folgte ihm auf dem Thron und schien zunächst geneigt, die Fernostpolitik des Vaters fortzusetzen. Diesmal sahen Murawjows Pläne ganz anders aus: Er konzentrierte alle Kräfte auf die Festung von Nikolajewsk, die Newelskoj fünf Jahre zuvor gegründet hatte, denn er erwartete einen Angriff auf die Amurmündung. Und wieder sollte er Recht behalten, denn die Schiffe, die die Soldaten aus Petropawlowsk an den Amur brachten, wurden von einer britischen Einheit verfolgt, die versuchte, sie aufzubringen. Als der englische Kommandant sah, wie die Russen in die Amurmündung einbogen, glaubte er, sie in der Falle zu haben.

Er wusste nichts von Newelskojs streng geheim gehaltener Entdeckung. Erst am nächsten Tag stellten die Briten fest, dass die Russen sich in Luft aufgelöst zu haben schienen.

Alexander II. schloss wenig später Frieden mit den Türken, Franzosen und Engländern. Als Murawjow 1857 neue Kolonien an beiden Ufern des Amur gründete, wurde Admiral Putjatin nach Peking entsandt, um dort über einen Grenzvertrag zu verhandeln, der die faktischen Gegebenheiten festschreiben sollte. 22 000 russische Soldaten sicherten die neue Grenze, zwei Kanonenboote patrouillierten auf dem Fluss. Die Chinesen, die zu jener Zeit völlig vom Taiping-Aufstand und neuerlichen Drohgebärden der Franzosen und Engländer in Anspruch genommen waren, erklärten sich nach den üblichen Verzögerungen zu Gesprächen bereit und schlugen den Mai 1858 als Termin und die Stadt Aigun, von der aus man auf den umstrittenen Fluss blickte, als Ort vor.

Am 11. Mai legte General Murawjow seine Galauniform mit sämtlichen Orden an, überquerte den Fluss und betrat in Begleitung eines Unterhändlers, eines Dolmetschers und einiger weiterer Männer chinesischen Boden. In Aigun erwartete ihn Prinz Yishan, ein Cousin des Kaisers, der ihn mit einem Festmahl empfing. Dann folgte eine eher belanglose Konversation, bei der sich der Russe nach der Gesundheit der kaiserlichen Familie erkundigte und den Fürsten einlud, Transbaikalien zu besuchen. Ganz nebenbei erwähnte er, wie viel Mühe ihm der Bau einer Binnenflotte von 40 Kriegsschiffen bereitet hatte. Yishan lobte Murawjows militärische Erfolge, lehnte dessen Einladung allerdings mit der Bemerkung ab, die Einquartierung seiner 300 000 längs des Flussufers aufmarschierten Soldaten würde sicher Probleme bereiten … Erst am darauf folgenden Tag begannen die eigentlichen Verhandlungen, die sich über vier Tage hinzogen. Bei ungezählten Tassen Tee diskutierte man Vorschläge und Gegenvorschläge. Murawjow war jedoch kein Diplomat, und die endlosen

Dispute bereiteten ihm heftige Kopfschmerzen. Schließlich erklärte er die Sitzung für beendet und stellte ein Ultimatum. Er wusste ganz genau, dass die Truppen, von denen Yishan gesprochen hatte, reine Fantasie waren. Noch bevor der Dolmetscher seine Worte übersetzt hatte, verließ Murawjow den Raum, sprang auf sein Pferd und galoppierte zu seinem am Ufer wartenden Boot. Ein stürmischer Wind türmte hohe Wellen auf, schwarze Wolken zogen sich drohend zusammen. Yishans Sekretär eilte dem Russen hinterher und bat ihn im Namen seines Herrn, sein Leben bei dem schlechten Wetter nicht durch ein Übersetzen zu riskieren. Der wütende Murawjow aber antwortete nicht einmal. Wegen des ungünstigen Windes

landete er gut sieben Kilometer unterhalb der Anlegestelle und fluchte auf der gesamten Passage in einer Heftigkeit, die sogar seine hart gesottenen Männer erstaunte, zumal er bemerkt hatte, dass er seinen brillantverzierten Alexander-Newskij-Ordensstern verloren hatte.

Am folgenden Tag unterzeichnete Yishan den in aller Eile aufgesetzten Vertrag, der eine freie Fahrt auf den Flüssen Amur, Sungari und Ussuri auf Russen und Chinesen begrenzte. Das Gebiet zwischen dem Ussuri und dem Pazifischen Ozean wurde vage als »gemeinsamer Besitz« beider Reiche definiert. Dies gab den Russen gewissermaßen freie Hand, und 1860 siedelten sie dort 40 000 Kolonisten an, darunter zahlreiche Kosaken und Bauern. Im

gleichen Jahr sprach ein weiterer Vertrag Russland nicht nur diese Region endgültig zu, sondern auch einen langen Küstenstreifen, der sich bis hinunter zur koreanischen Grenze zog.

Murawjow, den der lange Kampf um Sibirien ausgezehrt hatte, bat um seine Versetzung in den Ruhestand, die ihm anstandslos gewährt wurde. Der Zar dankte ihm für seine Verdienste mit einem neuen Titel – er durfte sich fortan Graf von Amur nennen – und ernannte ihn zum Mitglied des Staatsrates. Murawjow jedoch beschloss seine politische Laufbahn und übernahm keine weiteren Aufgaben mehr. Seine verbleibenden Jahre verbrachte er in Paris, nur gelegentlich kehrte er nach Russland zurück. Sibirien sah er niemals wieder.

208 und 209
Bis 1849 dachte man, die Mündung des Amur, dessen Lauf auf dieser 1860 in Irkutsk veröffentlichten Karte (links) zu sehen ist, sei auf Grund von Sandbänken nicht schiffbar und die Insel Sachalin sei mit dem Festland verbunden. Kapitän Newelskoj erforschte die Gewässer und widerlegte diese Annahmen, wurde aber wegen

Ungehorsams zunächst degradiert. Der Zar rehabilitierte ihn, und Newelskoj kehrte noch mehrfach in den Fernen Osten zurück. Das Foto oben zeigt sein Schiff im Hafen von Ochotsk während des Krimkriegs 1856; damals griff eine britische Einheit russische Militärstützpunkte an. Unten typische Boote von Einheimischen auf dem Amur.

Die Plünderung des Sommerpalasts

Die Chinesen waren von den Folgen des Taiping-Aufstands so stark in Anspruch genommen, dass sie den Forderungen der europäischen Barbaren wenig Aufmerksamkeit schenkten. Diese wiederum beharrten aber auf der buchstabengetreuen Umsetzung der Verträge. Am meisten ärgerte die Fremden, dass ihnen der Zugang zur südchinesischen Stadt Kanton, den man auf dem Papier längst gewährt hatte, in der Praxis verwehrt blieb. Sie erhoben Beschwerde, doch der 1855 zum kaiserlichen Kommissar ernannte Mandarin Ye Ming-chen gab sich völlig gleichgültig und weigerte sich, die europäischen Vertreter überhaupt zu empfangen. Solange der Krimkrieg andauerte, konnten auch Frankreich und Großbritannien sich nicht um China kümmern, doch 1856 vereinbarten die beiden Regierungen, sich notfalls gewaltsam Respekt zu verschaffen. Ye selbst lieferte, ohne es zu beabsichtigen, den Vorwand für die

210 und 211
Die Umsetzung der Klauseln des Vertrags von Nanking durch die Chinesen erwies sich als schleppend, was 1856 weitere Militäroperationen Großbritanniens zur Folge hatte. Im Zweiten Opiumkrieg (1858–1860) kämpften die Briten gemeinsam mit den Franzosen. Links ein Druck aus einem Buch über die Kampagne von 1860. Es zeigt französische Soldaten beim Vormarsch auf eine chinesische Stadt. Rechts die Einnahme Pekings durch europäische Truppen.

Machtprobe: Er bezichtigte zwölf chinesische Seeleute, die auf einem in Hongkong unter britischer Flagge registrierten Schiff angeheuert hatten, der Piraterie und ließ sie verhaften. Das Schiff gehörte zwar einem chinesischen Kaufmann, doch die Briten mochten sich von derlei juristischen Spitzfindigkeiten nicht weiter aufhalten lassen und beschlossen, die Gunst der Stunde zu nutzen. Nach einer Reihe von Anfragen, ablehnenden Antworten und Drohungen fuhren drei Schiffe Ihrer Majestät, der Königin Victoria, den Fluss von Kanton hinauf und eröffneten das Feuer auf die Mauern und die Residenz von Ye Mingchen, um den Mandarin zur Verzweiflung zu treiben.

Modell angefertigt, das ein amerikanischer Ingenieur einige Jahre zuvor in der Abgeschiedenheit eines chinesischen Klosters entwickelt hatte. Zwar entdeckten die Europäer diese Torpedovorläufer und stoppten sie, doch schien es den Engländern geboten, die Anker zu lichten und nach Macau zurückzukehren. Zu diesem Zeitpunkt stand fest, dass man die Chinesen nur im Rahmen einer größeren Militärexpedition würde besiegen können. Auch Frankreich erklärte sich zur Teilnahme bereit, beklagte man doch die Ermordung eines Missionars im Landesinnern und außerdem wollte man den Briten die Früchte des Unternehmens nicht allein überlassen.

Die siegreiche alliierte Armada fuhr nun weiter in nördliche Richtung, drang in den Golf von Bei Zhili ein und folgte dem Fluss Beihe, nachdem sie zuvor Fort Dagu gestürmt hatte. Am 31. Mai 1858 erreichten die Schiffe Tianjin. Der Weg in die Hauptstadt stand nun offen, und der Sohn des Himmels beeilte sich, den vorrückenden Abteilungen seine Unterhändler entgegenzusenden. Der Vertrag vom 27. Juni gestand die Öffnung von weiteren zehn Häfen zwischen der Mandschurei und Formosa zu. Darüber hinaus wurde den christlichen Missionaren das Predigen im ganzen Land gestattet und die Europäer waren nun befugt, Botschafter in Peking zu akkreditieren.

Dieser reagierte auf seine Weise: Während im Hof die Geschosse der Weißen Teufel einschlugen, saß er in aller Seelenruhe unter einem Baum und las ein Buch.

Am Nachmittag des folgenden Tages, des 29. Oktober 1856, erstürmten ein Trupp Matrosen und eine Einheit Marinesoldaten die Stadt und marschierten zu Yes Palast. Sie fanden ihn leer und kehrten daher auf ihre Schiffe zurück. Dort setzten sie ihre Beschießung fort, das die Chinesen einige Tage später beantworteten, indem sie die Lagerhäuser der britischen Kaufleute plünderten und zerstörten. Im Januar holte Mandarin Ye zu einem groß angelegten Gegenschlag aus, als er Boote mit Sprengladungen stromabwärts auf die Schiffe der Briten zutreiben ließ. Sie waren nach einem

Es kam zu Verzögerungen, da im Sommer 1857 der große indische Aufstand (Mutiny) gegen die britische Herrschaft ausbrach und die für China bestimmten Truppen nach Indien umgelenkt werden mussten. Erst im November erreichte eine britisch-französische Flotte Hongkong und bereitete die Blockade Kantons vor. In dieser Lage beschloss der Mandarin Ye, die Ahnen um Rat zu fragen, und diese ließen ihn wissen, das Problem löse sich ohne sein Zutun binnen kürzester Zeit von alleine. In gewissem Sinne lagen die Vorfahren nicht ganz falsch, denn am 27. Dezember wurde die Stadt erneut scharf attackiert. Am 5. Januar marschierten die Europäer ein, nahmen Ye gefangen und brachten ihn nach Kalkutta, wo er im Folgejahr, vermutlich aus Gram, starb.

Die Parteien kamen überein, den Vertrag von Tianjin im darauf folgenden Jahr in der Hauptstadt zu ratifizieren, dann zogen sich Briten und Franzosen zurück. Abermals beglückwünschten sich die Chinesen und glaubten, den Europäern ein Schnippchen geschlagen zu haben. Im Juli erließ der Kaiser ein Edikt in dem er seinen Untertanen den Sachverhalt auseinander setzte: »Nachdem die Barbaren sich mit ihren Schiffen bis nach Tianjin vorgewagt haben«, hieß es dort, »sind unsere Abgesandten ihnen mit unerbittlicher Härte entgegengetreten und haben sie davon überzeugt, dass es besser für sie ist, abzureisen.«

Im Juni 1859 tauchten Frederic Bruce und der Baron Gros, die Vertreter der britischen und der französischen Regierung, an der Einfahrt zum Beihe auf, um sich nach Peking zu begeben und den Vertrag zu ratifizieren. Im Schlepptau hatten sie den mittlerweile üblichen Tross von Kanonieren. Der Fluss jedoch war mit einer Kette und mit Holzpfählen versperrt. An den Ufern regte sich nichts, lediglich einige Milizionäre patrouillierten auf und ab, und kein höherer Beamte ließ sich sehen. Mit großer Mühe trieb man einen Mandarin niederen Ranges auf. Der tat zunächst so, als würde er nicht verstehen, was das Problem sei, dann reagierte er mit Ausflüchten auf den Befehl der Alliierten, die Wasserstraße sofort freizugeben. Die Europäer hatten bald genug und beschlossen, mit Gewalt vorzugehen. Am

mütige Bittsteller an ihrem Hof vorstellig würden. Deshalb hatten sie den Beihe verbarrikadieren lassen, denn so hätten die Weißen durch Sümpfe und das kleine Dorf Beitang nach Peking kommen müssen. Diesen Weg wählte etwa der amerikanische Botschafter Ward, der ohne Zwischenfälle in die Hauptstadt gelangte. Die Vertreter Napoleons III. und Königin Victorias konnten eine solche Schmach natürlich nicht hinnehmen, und nachdem sie mehrfach erfolglos eine Entschuldigung verlangt hatten, erklärten Frankreich und Großbritannien am 8. April 1860 den Krieg.

Ende Juli fuhren 200 Kriegs- und Transportschiffe in den Golf von Bei Zhili ein.

tigen: Die Alliierten gingen von Bord, nahmen ohne größere Schwierigkeiten Fort Dagu ein und besetzten am 24. August Tianjin, das Senggerinchin am Vortag geräumt hatte, nachdem ihm der Kaiser geraten hatte, er sollte »sich selbst im Kampf gegen die abstoßenden Barbaren nicht unnötig in Gefahr bringen«. Eine Woche später fand sich ein Minister namens Guiliang vor den Toren von Tianjin ein, der den Auftrag hatte, »die Grundlage für einen ewig währenden Frieden« zu schaffen. Er gestand widerspruchslos alles zu, was die Franzosen und Briten forderten, sogar den triumphalen Einzug von Lord Elgin und Baron Gros, die mit jeweils tausend Soldaten im

25. Juni zerstörten die Kanoniere die Barrikaden unterhalb von Fort Dagu, das verlassen schien. Als die Schiffe weit genug vorgedrungen waren, ließen die Chinesen plötzlich ihre Tarnung fallen, und es hagelte Geschosse auf die Europäer, die schwere Verluste erlitten. Sie zogen sich nach Shanghai zurück und leckten ihre Wunden, während ein kaiserliches Schreiben verkündete: »Die britischen Barbaren haben gegen uns aufbegehrt, und französische Barbaren haben sich mit ihnen zusammengetan, um Unheil anzurichten. Ihre Vergehen verdienen den Tod. Unsere Berater haben uns überzeugt, dass wir Härte walten lassen müssen, damit ihrer Niedertracht endlich Einhalt geboten wird.«

Letztlich war es die Absicht der Chinesen gewesen, dass die Europäer wie früher als de-

An Bord befanden sich 10 000 britische und 6000 französische Soldaten sowie eine Vielzahl hochrangiger Persönlichkeiten, denn keine der beiden Großmächte wollte hinter der anderen zurückstehen. Die Engländer wurden von General Sir Hope Grant, Admiral Hope und Lord Elgin angeführt, die Franzosen hatten General Montauban, Admiral Charner und Baron Gros entsandt. Die chinesischen Truppen wurden von Fürst Senggerinchin befehligt, dessen Namen die Engländer zu Sam Collinson verballhornten. Er hatte den Auftrag, die Barbaren unbehelligt landen zu lassen – vielleicht, weil man in Peking noch immer hoffte, die Europäer würden nur mit dem Säbel rasseln, damit man ihre Botschafter gnädig aufnahm. Diese Hoffnung sollte sich indes nicht bestä-

212

Im Dezember 1857 beschoss die britisch-französische Flotte die Hafenstadt Kanton, die wenige Tage später besetzt wurde. Dann fuhren die Europäer an der chinesischen Küste entlang bis nach Tianjin. Der Kaiser musste schließlich in einem weiteren Vertrag die Öffnung von zehn zusätzlichen Häfen und die Missionsfreiheit für christliche Priester zusichern.

213

Da der Vertrag von Tianjin nicht ratifiziert worden war, stießen die Europäer 1859 bis zur Mündung des Beihe vor und fuhren den Fluss in Richtung der Hauptstadt Peking hinauf. Den chinesischen Truppen blieb allerdings genügend Zeit, um mehrere Blockaden zu installieren. Während die Europäer die Sperren aus dem Weg räumten, wurden sie von Fort Dagu aus beschossen und mussten sich zunächst zurückziehen.

214 und 215

Die Briten und Franzosen nahmen die Kämpfe 1860
mit einem 16 000 Mann starken Expeditionskorps
wieder auf. Sie landeten an der Mündung des Beihe,
nahmen Tianjin ein und marschierten auf Peking zu.
Dort baten die Chinesen um Verhandlungen, setzten
dann aber die europäischen Gesandten gefangen. Der
Gegenschlag der Europäer ließ nicht auf sich warten:
Die vor der Stadt aufmarschierten kaiserlichen Truppen
wurden bei der Baliqiao-Brücke vernichtend geschlagen.
Links zwei Phasen der Begegnung – oben kämpfen die
King's Dragoon Guards gegen die Mandschu-Kavallerie,
unten besetzen französische Soldaten die Brücke. Rechts
legen Ingenieure eine Behelfsbrücke über den Beihe.

Schlepptau in Peking einmarschieren wollten.
Das Ende des Krieges schien bereits besiegelt.
Doch dann erhoben sich warnende Stimmen:
Guiliang besitze die Vollmachten gar nicht,
deren er sich rühmte, und die Verhandlungen
seien eine Finte, um Zeit zu gewinnen. In
Wirklichkeit hofften die Chinesen, der harte
Winter werde die Feinde zum Rückzug zwin-
gen. Eine wütende Delegation begab sich zur
Residenz des Ministers, der letztlich zugeben
musste, dass er zwar ein kaiserliches Siegel, je-
doch keine unumschränkte Vollmacht besaß.

Die erzürnten Invasoren beschlossen, zu
einem weiteren Militärschlag gegen Peking
auszuholen. Am 11. September standen sie
bereits 20 Kilometer vor der Stadt. Mehrfach
wurden weitere Mandarine vorstellig, die im
Namen dieses oder jenes Mitglieds der kaiserlichen Familie auftraten, Guiliangs Verhalten
missbilligten und versuchten, die Europäer zur
Rückkehr nach Tianjin zu bewegen. Schließlich stimmten die Chinesen zu, eine Gruppe
britischer und französischer Unterhändler in
Peking zu empfangen, die den Text für einen
Friedensvertrag vorbereiten sollten. Sie brachen
in Begleitung einer kleinen Eskorte von Soldaten auf, wurden aber schon nach einem Tag,
der mit viel versprechenden Verhandlungen begonnen hatte, unter dem Vorwurf des Hoch-
verrats ins Gefängnis geworfen. Einigen von
ihnen gelang die Flucht und Rückkehr zu ihren Landsleuten. Nun kannte der Zorn der
Briten und Franzosen keine Grenzen mehr.
Sie griffen die kaiserliche Armee an, die sich
vor den Mauern der Hauptstadt versammelt
hatte, und schlugen sie am 21. September an
der Baliqiao-Brücke. Am darauf folgenden Tag
präsentierte sich an einem alliierten Vorposten
ein weiterer Unterhändler, »ein kleiner Mandarin mit Silberknöpfen und einer Fahne in der
Hand«. Er kam im Auftrag von Prinz Gong,
einem Bruder des Kaisers, der sich als eine der

letzten hochrangigen Persönlichkeiten noch in
Peking aufhielt. Der Sohn des Himmels selbst
hatte die Stadt mittlerweile verlassen und war
nach Jehol in der Mandschurei geflüchtet. Die
Europäer verlangten die sofortige Freilassung
der Geiseln, doch wie üblich zogen sich die
Verhandlungen endlos in die Länge und Prinz
Gong erboste seine Feinde noch mehr, als er
nachfragen ließ, »warum das Fehlen einiger
Offiziere zwei so große Reiche wie Frankreich
und Großbritannien überhaupt störe«. Wenig
später ließ er die Wartenden wissen, dass die
Gefangenen ernsthafte Konsequenzen zu befürchten hätten, wenn die Europäer ihre Feindseligkeiten wieder aufnähmen. Franzosen und
Engländer schäumten vor Wut, verstärkten die
Drohungen und setzten ihren Marsch fort.

Am Morgen des 6. Oktober erhielten die
Aufklärer, die nun bereits in der Ferne die
Türme von Peking sehen konnten, die Nachricht, der Feind ziehe sich in den berühmten
Sommerpalast im Osten der Stadt zurück, zu
dessen Bau die Jesuiten ein Jahrhundert zuvor
so tatkräftig beigetragen hatten. Man zwang
einen chinesischen Bauern, den Weg zu der
besagten Residenz zu weisen, und er führte
sie durch ein Labyrinth von Villen, Wäldchen
und verwinkelten Pfaden. Franzosen und Engländer verloren sich wenig später aus den Augen. Bei Einbruch der Dämmerung überquerten
die Franzosen eine Marmorbrücke und erreichten eine mit Granitstein gepflasterte Straße, an
deren Ende sich hinter einer kleinen Waldung
prächtige Bauten inmitten eines schier unendlichen Parks erhoben. Die Mandschu gaben von
der Einfriedungsmauer aus einige Schüsse ab,
verschwanden dann aber plötzlich im Schatten
der heraufziehenden Nacht. Die Franzosen bi-
wakierten direkt vor dem Sommerpalast und
erwarteten ungeduldig den Morgen, um in die
fremdartige Welt vorzudringen, in der sich wer
weiß wie viele Chinesen verbergen mochten.

Kaum zeigte sich die Sonne am Horizont, als General Montauban mit seinem Generalstab die gewaltige kaiserliche Residenz betrat. Währenddessen durchforstete eine Einheit von Füsilieren Gärten, Wälder und Kioske. Sie fand zwar keine Menschenseele, entdeckte dafür aber hinter jeder Tür neue märchenhafte Kostbarkeiten. Die Tributzahlungen aus den Provinzen, Geschenke der Untertanen, konfisziertes Eigentum von Rebellen, Gaben von Prinzen aus Zentralasien, alles türmte sich hier zu riesigen Bergen: Gold, Silber, Edelsteine, Seidenstoffe, Kristall, Porzellan, Elfenbein lagen in heilloser Unordnung durcheinander, als hätte der ewige Überfluss nichts als Übersättigung und Gleichgültigkeit bewirkt. Nach einigen Stunden kehrten die Soldaten, die sich gleichwohl nicht übermäßig weit vorgewagt hatten, zurück in ihr Lager. Die Augen gingen ihnen über, so viele Leuchter, Weihrauchkessel, Vasen aus massivem Gold, Statuen von Fabeltieren und unbekannten Göttern, Intarsien, ziselierte, gravierte und lackierte Gegenstände hatten sie gesehen. Montauban sorgte dafür, dass alles streng bewacht wurde, und ließ die Engländer benachrichtigen, um die Kriegsbeute mit ihnen zu teilen.

Als die Briten eintrafen, setzte man eine gemischte Kommission ein, welche die Schätze des Himmlischen Kaiserreiches katalogisieren und verteilen sollte. Die schönsten und wertvollsten Stücke wollte man Königen, Fürsten und Museen überlassen, Gold- und Silberbarren sollten die Regimentskassen füllen, Generäle und Offiziere durften auf ein kostbares Erinnerungsstück hoffen usw.

Alles schien in schönster Ordnung voranzugehen. Doch unter den Männern, die müßig vor den Toren warteten und nur gelegentlich einen Soldaten mit besonders kostbaren Objekten, bestimmt für das Zelt irgendeines Offiziers, herauskommen sahen, wuchs die Unzufriedenheit. Und als sich das – vermutlich haltlose – Gerücht verbreitete, dass die Chinesen aus den umliegenden Dörfern die Mauern erkletterten, um sich ihrerseits einen Anteil an den Schätzen zu sichern, gab es kein Halten mehr. Von allen Seiten stürmten die Mannschaften in den Palast, und schließlich blieb den Offizieren nichts anderes übrig, als sie gewähren zu lassen.

Mehr noch als die eigentliche Plünderung des Sommerpalasts brannte sich das schreckliche Zerstörungswerk in das kollektive Bewusstsein der Chinesen ein. Die Soldaten, fassungslos über den Reichtum, gerieten völlig außer sich. Sie rissen an sich, was ihnen gerade in die Hände fiel, griffen wahllos nach dem nächsten Gegenstand, luden sich die Arme mit allem voll, was sie zu tragen vermochten, und verloren unterwegs einen Teil davon, so dass der Boden des Parks von Seidenfetzen bedeckt war. Die Männer zertraten Edelsteine, die in den Sand gefallen waren, und tanzten in den Gewändern der kaiserlichen Konkubinen herum. Die Zelte platzten schier aus den Nähten, das ganze Lager glich einem riesigen Basar unter freiem Himmel, und überall stolzierten auf groteske Art verkleidete Einheiten herum, die belachten, verschacherten, verschenkten und zerstörten, was ihnen nicht gehörte.

Die Briten, die sich erst später in das Getümmel stürzten, benahmen sich nicht anders als ihre Verbündeten. Robert Swinhoe, der als Dolmetscher an dem Feldzug teilnahm, schrieb in sein Tagebuch: »Was sie nicht davontragen konnten, brachen sie in Stücke. In einem leeren Raum sah ich Offiziere und Soldaten, die den Kopf in eine Truhe steckten, ihren Inhalt mit vollen Händen ausschöpften und ihn überall verstreuten. In einem anderen Zimmer entdeckte ich eine Horde, die sich um die Garderobe des Kaisers scharte. Andere vergnügten sich damit, Leuchter als Zielscheiben zu benutzen, riesige Haufen mit Seidenstoffen anzuzünden oder Gemälde und Wandbehänge mit dem Bajonett aufzuschlitzen.« Später schrieb Lord Elgin: »Einen Ort wie diesen zu plündern, war an sich schon von Übel, doch viel schwerer wogen die angerichteten Schäden. Ich glaube, dass von all den Gegenständen im Gesamtwert von einer Million Pfund Sterling höchstens 50 000 Pfund übrig blieben.«

Inmitten des Chaos stieß man auf Spuren der europäischen Geiseln: einen britischen Sattel und eine französische Uniform. Was aber war mit ihnen geschehen? In den darauf folgenden Tagen konnte man sich die Wahrheit aus den Briefen von Fürst Gong zusammenreimen, der von »Verwundeten« und »Verschwundenen« sprach. Was damit gemeint war, klärte sich auf, als ein chinesischer Mandarin von »würdigen Bahren« sprach. Wenig später brachte man die Särge ins Lager der Europäer. Viele der Gefangenen hatte man gefoltert und anschließend getötet. Lord Elgin gab daraufhin den Befehl, den Sommerpalast in Brand zu stecken. Baron Gros protestierte gegen den sinnlosen Racheakt, doch vergeblich: Am 18. Oktober um fünf Uhr nachmittags stieg dichter Rauch zum Himmel auf und die Flammen erhellten die ganze Nacht lang die umliegenden Felder.

Immerhin wurde dem chinesischen Fürsten angesichts dieses ebenso unsinnigen wie barbarischen Werkes klar, dass ihm nur ein Weg blieb: Am nächsten Tag akzeptierte Prinz Gong alle westlichen Forderungen bedingungslos. Der Vertrag von Tianjin wurde bestätigt; neben den bereits vereinbarten Städten wurde auch dieser Ort für den internationalen Handel geöffnet, und die Halbinsel Kowloon vor Hongkong fiel Großbritannien zu. Nachdem in der restaurierten Pekinger Kathedrale ein Tedeum zelebriert worden war, kehrten die Soldaten Ende Oktober in die Heimat zurück.

Der britische Kapitän Hart Dunne hatte im Sommerpalast auch eine seltsame Hunderasse entdeckt. Nach der Heimkehr bat er darum, Königin Victoria einen dieser »Pekinesen« verehren zu dürfen. Der kleine Lootie, (nach *loot* = »Kriegsbeute«) tobte noch bis 1872 durch die Gemächer der Queen.

216

Im Osten von Peking befand sich der Sommerpalast, ein weitläufiges Labyrinth von Pavillons und Gärten, in das sich der Kaiser und sein Hofstaat während der Sommermonate zurückzogen. Die beiden Stiche zeigen einige Gebäude des riesigen Areals: links die Haupt- fassade des Palasts des heiteren Meeres, den Jesuiten einst in einem seltsamen Mischstil aus europäischem Barock, durchsetzt mit chinesischen Elementen, entworfen hatten. Rechts die Stätte ohne Nebenbuhler, ein von Kaiser Qianlong in Auftrag gegebener Komplex.

217

Die Plünderung des Sommerpalasts, der vielfältige Schätze beherbergte, sowie seine anschließende Zerstörung durch Lord Elgin demütigte die Chinesen zutiefst und bestätigte das Bild, das sie seit jeher von den europäischen Barbaren hatten. Auf diesem Stich vergnügen sich fran- zösische Soldaten – gekleidet in chinesische Gewänder, die sie in den Gemächern des Palasts entdeckt hatten.

218 und 219

Briten und Franzosen feierten ihren Triumph mit einer Parade, die sie durch die Straßen von Peking führte. Der Kaiser beeilte sich, die Bedingungen der Sieger zu akzeptieren. Sie forderten nun auch die Öffnung von Tianjin und verlangten, dass ihre Missionare im ganzen Land Kirchen errichten durften. Großbritannien verleibte seinem weltumspannenden Kolonialreich die Halbinsel Kowloon vor Hongkong ein. Links ziehen britische Soldaten durch die große Prachtstraße, die vom Tor des Himmlischen Friedens in die Tatarenstadt führt. Oben rechts der Einzug der Franzosen am darauf folgenden Tag, unten eines der letzten Scharmützel vor den Mauern der Hauptstadt.

DIE HURE ASIENS

Als Kaiser Xianfeng an seinem Rückzugsort in Jehol von der Zerstörung des

Sommerpalasts erfuhr, packte ihn eine maßlose Wut. Schon vorher hatte er

einen Botschafter nach dem anderen nach Peking geschickt und befohlen, die

Europäer ein für alle Mal aus China zu verjagen. Als er von der Kapitulation

seines Bruders Gong erfuhr, weigerte er sich rundweg, in die Hauptstadt zurück-

zukehren, um nicht die diplomatischen Vertreter jener Nationen empfangen

zu müssen, die sein Land so tief gedemütigt hatten. Er blieb in seinem weit

entfernten und sicheren Jagdschloss in der Mandschurei, das in einem von

hohen Zedern überschatteten Park inmitten von Bergen lag, die den kalten

Nordwind vom Palast fern hielten. Der Sohn des Himmels war kaum 35 Jahre

alt, doch um seine Gesundheit stand es schlecht, und die Ausschweifungen,

220
Nach Abschluss des Vertrags von Nanking (1842) begann der kometenhafte Aufstieg Shanghais von einer unbedeutenden Kreisstadt zur Handelsmetropole. Das Gemälde zeigt eine Ansicht des Shanghaier Hafens (um 1860).

221
Kurz nach der Plünderung des Sommerpalasts starb Xianfeng im Alter von 35 Jahren. Von nun an lenkte für ein halbes Jahrhundert seine zweite Frau, Cixi, die Staatsgeschäfte.

denen er sich hingab, trugen wenig zur Verbesserung seines Zustandes bei. Der Hof war eine Brutstätte für Intrigen. Jeder wartete auf den Tod des Kaisers und Spekulationen über die Nachfolge machten die Runde. Für das Amt in Betracht kamen zum einen zwei Lieblingscousins des Kaisers, die Prinzen Yi und Cheng, die sich mit dem Großmandarin Sushun verbündet hatten, zum anderen Yehe Nara, eine Mandschu-Frau, die der Kaiser von der Lieblingskonkubine zur zweiten Ehefrau gemacht hatte, nachdem sie ihm einen Sohn geschenkt hatte. Der Sohn von Yehe Nara, die nach der Geburt den Namen Cixi, Ehrenwerte Mutter, angenommen hatte, galt als Thronerbe. Sie selbst verfügte über nahezu uneingeschränkte Autorität bei Hofe und wurde in ihren Machtbestrebungen durch das Dreigespann des Großeunuchen, des Kommandanten der kaiserlichen Garde, Ronglu (der angeblich ihr Geliebter war), sowie von Prinz Gong unterstützt.

Die erste Ehefrau des Kaisers, Cian, verhielt sich zunächst neutral und wurde von beiden Fraktionen umworben, denn als Kaiserinwitwe wurde ihr automatisch die Regentschaft übertragen, sofern der dahinscheidende Kaiser nicht ausdrücklich etwas anderes befahl. Genau dies jedoch gelang dem Triumvirat um Mandarin Sushun, denn tatsächlich unterzeichnete der Herrscher kurz vor seinem Tod einen Erlass, in dem er ihnen die Regentschaft sowie die Vormundschaft für den kaum fünfjährigen Thronfolger übertrug. Cixi verfiel daraufhin auf einen ebenso einfachen wie genialen Plan: Sie versteckte das kaiserliche Siegel, ohne das kein Dokument rechtsgültig war.

Wenig später, am 22. August 1861, bestieg der Kaiser »den Rücken des Drachen, um ins Land des Allerhöchsten zu reisen«, wie die offizielle Umschreibung für das Ableben des Herrschers lautete. Keiner der im Audienzsaal versammelten Höflinge wusste zu diesem Zeitpunkt, wer das Reich der Mitte fortan regieren würde. Gong war zur Unterstützung Cixis, die sich nun Kaiserinmutter nennen durfte, aus Peking herbeigeeilt, und auch Cian stellte sich schließlich auf deren Seite. Die Beerdigungszeremonie sollte in der Verbotenen Stadt stattfinden, und die beiden Frauen wollten mit dem kleinen Kaiser Tongzhi bereits einige

Zeit vorher in die Hauptstadt fahren, um dort die Ankunft des riesigen, sich langsam vorwärts schiebenden Leichenzugs mit dem von 120 Trägern geschulterten gelben Prunksarg, den unzählbaren Fahnen- und Wappenträgern, den Mandschu-Wachen und der langen Reihe der weiß gekleideten Begleiter – darunter die drei designierten Regenten – zu erwarten.

Das Verschwörer-Trio war froh darüber, dass die Frauen mit dem Prinzen vorausgeeilt waren, denn sie hatten einen Hinterhalt angeblicher Räuber organisiert, die ihre Gegnerinnen töten und Cixi das kaiserliche Siegel entreißen sollten. Der Plan wurde jedoch verraten, und der treue Ronglu verließ den Zug bei Einbruch der Dunkelheit, galoppierte mit seinem Pferd durch die Nacht, erreichte die Reisegruppe und stellte ihr seine Leibwache zur Verfügung.

Als wenige Tage später die Trauerzeremonie beendet war, wurden die drei Verräter verhaftet. Sushun starb unter dem Fallbeil, den beiden Mandschu-Fürsten erlaubte man großzügig, sich selbst zu richten. Cian und Cixi übernahmen die Macht, Erstere mit dem Titel der Kaiserinmutter des Ostpalasts, Letztere als Kaiserinmutter des Westpalasts. Fürst Gong diente fortan als persönlicher Berater der Krone.

Die Mandschu-Dynastie schien gestärkt aus den Streitigkeiten um die Nachfolge hervorgegangen zu sein, nicht zuletzt, weil einige Mandarine sich ernsthaft bemühten, in den Provinzen für Ordnung zu sorgen. Die größte Gefahr für den Thron drohte nach wie vor

von den Taiping-Rebellen, die aber viel von ihrem anfänglichen Elan verloren hatten und auf Grund interner Konflikte unter den Führern erste Symptome des Zerfalls an den Tag legten, letztlich aber immer noch ein riesiges Gebiet besetzt hielten. Zwar hatte der kriegserprobte Mandarin Zeng Guofan ihnen erste Niederlagen im Westen beschert, doch nahmen sie die Offensive im Osten unter dem Kommando des nicht minder genialen Feldherrn Li Xiucheng wieder auf – eines Sohnes armer Bauern, der für seine erfolgreichen Militärschläge von den Taiping mit dem Titel des Treuen Königs ausgezeichnet wurde. Lis Truppen besetzten im Juni 1860 die etwa 60 Kilometer von Shanghai entfernte Stadt Suzhou, von der aus die französischen und englischen Einheiten während des Opiumkriegs den Vormarsch nach Norden organisiert hatten. Es schien, als müssten die Umstände ein Bündnis zwischen den Taiping und den Europäern gegen ihren gemeinsamen Feind, die Mandschu-Dynastie, begünstigen. In Wirklichkeit waren die Briten und Franzosen aber gar nicht an einem Regierungswechsel interessiert, sondern wollten China lediglich dem Weltmarkt und dem Einfluss der Europäer öffnen. Ein Bürgerkrieg bedeutete jedoch eine ernsthafte Gefahr für einen Aufschwung des Handels.

Die kaiserlichen Beamten in Shanghai atmeten auf, als Briten und Franzosen Truppen zum Schutz der Vororte zur Verfügung stellten. Sie waren noch mehr erleichtert, als einige chinesische Kaufleute, die die Weißen Teufel mittlerweile gut kannten, vorschlugen, man könne aus den Abenteurern, die von überall her in die Stadt strömten, um hier größtmöglichen Nutzen aus dem Zerfall des Landes zu schlagen, eine Söldnertruppe rekrutieren. Als man für diese Dienste eine reiche Entlohnung in Aussicht stellte, fand sich unter der Führung des Amerikaners Frederick Townsend Ward rasch eine Gruppe verwegener Gestalten aus Europäern, Amerikanern und Filipinos zusammen. Die gut ausgerüsteten Männer unternahmen einen Überraschungsangriff auf die Taiping und eroberten die Stadt Songjiang zurück, doch der Treue König reagierte rasch und brachte den Söldnern seinerseits schwere Verluste bei. Dann schickte er den westlichen

Ungeachtet aller Intrigen am Kaiserhof gelang es Cixi mit der Unterstützung des Kommandanten der kaiserlichen Wache, Ronglu, des Gouverneurs von Peking, Fürst Gong, und des Großeunuchen Li Lianying (Bild oben), die Regierungsmacht an sich zu reißen.

Cixi stammte von den Mandschu ab. Als Konkubine hatte sie dem Kaiser einen Sohn geboren und war zu dessen legitimer Frau aufgestiegen. Sie besaß genügend Energie und Intelligenz, um sich gegen ihre Rivalen durchzusetzen. Die chinesische Farblithografie zeigt sie auf dem Thron.

Konsuln in Shanghai einen Brief, in dem er sein Erstaunen darüber ausdrückte, dass ausgerechnet seine Brüder im Herrn ihn angegriffen hatten. Aus Zorn über das, was er als Verrat empfand, drohte er, Shanghai einzunehmen, musste aber wenig später seine Kräfte gegen Zeng Guofan zusammenziehen, der ihn im Jangtse-Tal stromaufwärts von Nanking stellte. Seit dem Tod von Xianfeng und der Machtübernahme von Cixi konnte Zeng auf die volle Unterstützung Pekings vertrauen. Mithilfe seiner besten Strategen, Li Hongzhang und Zuo Zongtang, den Gouverneuren der Provinzen Jiangsu und Zhejiang, gelang es ihm, den Taiping-Aufstand endgültig niederzuschlagen.

Li rekrutierte 6000 Männer aus seiner Provinz, mietete Schiffe chinesischer Kaufleute an und ließ die Soldaten unter dem Schutz einer britischen Eskorte nach Shanghai bringen.

Auf diese Weise gelang es ihm, unbehelligt das Jangtse-Tal zu durchfahren, das die Rebellen besetzt hielten. In Shanghai angekommen, ließ der Mandarin seine Rekruten von den Europäern ausbilden, erwarb im Ausland moderne Waffen und stellte europäische Techniker ein, die die chinesische Kriegsmaschinerie auf Vordermann bringen sollten. Zur gleichen Zeit machte auch Wards Söldnerheer eine radikale Veränderung durch: Unter dem Namen »Immer Siegreiche Armee« kämpften nun chinesische Soldaten, befehligt von weißen Offizieren, gegen die Taiping. Ward fiel 1862 in einer Schlacht, und seinen Posten übernahm zunächst ein Amerikaner namens Burgevine, auf den im Frühjahr 1863 der britische Offizier Charles George Gordon folgte. Auch in Zhejiang zogen Europäer in den Kampf — ein hervorragend mit Artillerie ausgerüstetes

französisches Korps –, hier allerdings unter dem Befehl des Mandarins Zuo. In den Augen der Europäer stellten die Feldzüge ihrer Landsleute, speziell die von Gordon, natürlich die Leistungen der Chinesen bei weitem in den Schatten – ja es schien, als hätten letztlich sie alleine den Taiping-Aufstand beendet. In Wirklichkeit spielten die Söldner eine eher untergeordnete Rolle, lag doch die Organisation der Kampagne gegen die Rebellen nach wie vor in den Händen von Zeng, der bereits im August 1862 Wards Vorschlag abgelehnt hatte,

gemeinsam Nanking einzunehmen, wenn die Europäer dafür die Hälfte der Kriegsbeute erhielten. Gordon, den seine Biografen zum archetypischen Kriegshelden stilisierten, war nämlich – ähnlich wie die Söldnerführer des Mittelalters – unermüdlich bestrebt, seinen Leuten größtmögliche Anteile zu sichern.

Im Dezember 1863 ergab sich der Führer jener Taiping, die Suzhou erobert hatten. Er überließ den kaiserlichen Truppen im Austausch für sein Leben und das seiner Gefährten die Stadt. Gordon verlangte von Li den Sold

von zwei Monaten für seine Männer, dafür wollten sie auf die Plünderung der Stadt verzichten. Li fand diese Forderung unmäßig und unterbreitete einen für die Europäer inakzeptablen Gegenvorschlag. Die Gemüter erhitzten sich, und als Gordon erfuhr, dass Li entgegen seiner Zusage die Rebellen hatte hinrichten lassen, rannte er mit gezückter Pistole durch das Lager, bereit, Li zu erschießen. Nur mit Mühe ließ er sich beruhigen, nachdem man ihm eine großzügige Entlohnung sowie das Anrecht, die nächste eroberte Stadt alleine zu

plündern, versprochen hatte. Cixi persönlich stellte eine Prämie in Höhe von 10 000 Dollar in Aussicht, die Gordon nach langem Zögern annahm. Dafür war ihm die Bewunderung seiner Männer sicher: Wenn er während des Kampfes aufrecht – mit einer Zigarre zwischen den Lippen und einem Spazierstock in der Hand – das Geschehen überwachte, während ihm die Kugeln um die Ohren flogen, schien er unverwundbar. Auch die Chinesen fürchteten ihn wie einen antiken Kriegsgott. Als er eines Tages sah, wie sich einer seiner Söldner während eines Gefechts aus dem Staub machen wollte, packte er ihn, drehte ihn um und zwang ihn, mit seinem Gewehr von Gordons Schulter aus zu feuern, wobei der Kommandeur selbst als Schutzschild diente. Im März 1864 wurde bei einer unglückseligen Begegnung unweit von Jintan auch der Unverwundbare verletzt, und wenig später löste er die »Immer Siegreiche Armee« mit der Begründung auf, die kaiserlichen Truppen seien nunmehr in der Lage, die letzten Rebellen alleine zu verjagen.

Tatsächlich hatten Zuo und seine französischen Artilleristen bereits die große Stadt Hangzhou zurückerobert, und Zengs Heer marschierte auf Nanking zu, wo sich Anfang Juni der verzweifelte kleine Bruder Jesu mit Gift das Leben nahm. Sein Sohn, der im Kindesalter die Nachfolge antrat, regierte nur wenig mehr als einen Monat: Am 19. Juli nahmen Zengs Soldaten Nanking ein. Den ganzen Tag lang verteidigten sich die letzten Rebellen verbissen, so dass die Sieger Straße um Straße, Haus um Haus erobern mussten. Bei Einbruch der Dunkelheit scharte sich das Häuflein der letzten Getreuen um den kleinen König. Mit schier übermenschlichen Kräften gelang es ihnen, sich einen Weg durch die Reihen der Feinde zu bahnen und aufs offene Feld hinaus zu fliehen. Zu ihnen gehörte Li Xiucheng, der Treue König, der in diesem Augenblick seinem Titel Ehre machte: Als er sah, dass das Pferd des jungen Herrschers lahmte, überließ er ihm sein eigenes Tier, blieb zurück und wurde gefangen genommen. Zeng Guofan behandelte den König, eine der wichtigsten Symbolfiguren der Taiping-Bewegung, mit ausgesuchter Höflichkeit. Er ordnete an, ihn in Nanking vor Gericht zu stellen, schob die Vollstreckung des Todesurteils jedoch auf, bis der Gefangene seine Lebensbeichte niedergeschrieben hatte.

Ein Jahr zuvor hatte man König Shi Dakai, einen anderen großen Rebellenführer, verhaftet und hingerichtet, obgleich dieser geschworen hatte, keinen Fuß mehr in die von Intrigen und Morden erschütterte Himmlische Hauptstadt zu setzen. Noch vier Jahre lang fing man immer wieder kleine versprengte Rebellengruppen ein, die das Werk des Himmlischen Königs fortsetzen wollten. Der Aufstand hatte Chinas wohlhabendste Regionen verwüstet, und seine brutale Niederschlagung hatte noch schwerere Schäden angerichtet. In Nanking gibt es noch heute große Freiflächen, auf denen Gras über den Ruinen der zerstörten Paläste wuchert.

Der Niedergang der jahrtausendealten Hauptstadt des Südens, die ihre glanzvollste Zeit unter der Ming-Dynastie erlebt hatte, vollzog sich zeitgleich mit dem Aufstieg von

224 und 225
Die chinesischen und europäischen Kaufleute aus Shanghai stellten ein Söldnerheer auf, das bei der Niederschlagung der Taiping mit den kaiserlichen Truppen zusammenarbeitete. Die »Immer Siegreiche Armee« bestand aus chinesischen Soldaten, die Offiziere waren Europäer. Das Bild links zeigt die Einheit gemeinsam mit britischen Artilleristen beim Angriff auf eine Stadt. Ab 1863 wurde sie von Charles Gordon (hier im Gewand eines chinesischen Militärführers) befehligt.

Shanghai, wo die Europäer dank ihrer Exterritorial-rechte über große »Pachtflächen« verfügten, entwickelte sich zu einer der bedeutendsten Städte Asiens. Dieses Aquarell zeigt den Bund, den von prächtigen Gebäuden gesäumten langen Kai am Fluss Huangpu.

Shanghai. Seit 1843 gab es hier britische, französische und amerikanische Konsuln, die auf der Grundlage der geschlossenen Verträge große Areale für ihre Landsleute beanspruchten. Ihre Forderungen beruhten auf den so genannten Exterritorialrechten, die man ihnen zugebilligt hatte. Die Briten erhielten 1843 ein Gebiet am Zusammenfluss zwischen Huangpu und Wusong; 1863 wurde es zum internationalen Besitz erklärt. Südlich davon befand sich ab 1847 das Gebiet der Franzosen, 1895 erhielten die Japaner im Norden ein Stück Land. Die Stadt an der Mündung des Jangtse mit direktem Zugang zum Kaiserkanal bildete fortan das Tor nach China. Wenn die Schiffe der Europäer dem Lauf des großen Flusses, der das Reich in Nord und Süd teilte, stromaufwärts folgten, konnten sie ihre Waren (und Kanonen) bis ins Herz des Landes bringen.

Bereits in den 1860er Jahren galt Shanghai als wahre Hauptstadt der Weißen Teufel in China und als Gegengewicht zu Peking, zumal sich die aufsteigende Metropole in atemberaubender Geschwindigkeit dem Westen anpasste. Das britische Gebiet bildete das Zentrum des Handels. Der Bund, wie man die Kaianlagen der Stadt nannte, wurde von Prachtbauten im viktorianischen Stil gesäumt. Sie alle besaßen die angesichts des oft feuchtheißen Klimas unverzichtbare Veranda. Die Fassaden spiegelten sich im Wasser des Flusses Huangpu, auf dem ungezählte Dschunken zwischen einem dichten Netz von Bootsstegen schaukelten. Jenseits davon blickte man auf die großen Schiffe: weiß gestrichene zweistöckige Raddampfer der amerikanischen Schifffahrtsgesellschaft, die den Fährdienst auf dem Jangtse betrieb, Dampfer der französischen Postlinie mit schwarzen Schornsteinen, Korvetten des österreichischen Lloyd-Ablegers aus Triest, britische Passagierdampfer aus London, Liverpool und Glasgow mit roten oder orangefarbenen Schloten und die letzten Segelschiffe, die das Kap der Guten Hoffnung umrundeten und nach der Öffnung des Suezkanals immer seltener wurden.

Dazwischen trieben unzählige Sampans, deren Segel mit Furcht einflößenden Drachen oder nie gesehenen Vögeln geschmückt waren. Den Bug dieser typisch asiatischen Boote zierten zwei weit aufgerissene Augen, die böse Meeresgeister vertreiben und gefährliche Wirbelstürme fern halten sollten. Ein stetiger Strom von Menschen schob sich am Ufer entlang, zu Fuß, zu Pferd, in der Kutsche oder im *jaunting-car* (Ausflugswagen), einem ursprünglich aus Irland stammenden einrädrigen Gefährt, das von einem Chinesen gezogen wurde und zwei Rücken an Rücken sitzenden Personen Platz bot. Die Besitzer der großen Handelsgesellschaften fuhren in prunkvoll ausgestatteten Karossen aus, um zu zeigen, dass sie die eigentlichen Herren Chinas waren. Ihre Mitarbeiter folgten ihnen wie ein Zug von Feldwebeln auf herrlichen Reitpferden. Die mongolischen Rösser waren nach und nach eleganteren Tieren gewichen, die man zu Schwindel erregenden Preisen aus Australien und vom Kap einführte. Die Pacific Company erwirtschaftete hohe Gewinne durch den Import kalifornischer Gäule.

In den ersten Jahren gab es viel zu wenige Frauen, die die Bedürfnisse der multikulturellen Schar von Weißen im steifen Gehrock und Asiaten in Seide hätten befriedigen können. Allerhöchstens fanden sich ein paar Chinesinnen, und Europäerinnen fehlten fast gänzlich. Ortsansässige wie Besucher beklagten diesen eklatanten »Mangel mit traurigen Konsequenzen« und forderten vehement Abhilfe für diesen untragbaren Zustand. Jene, die auf Urlaub in ihre Heimatländer fuhren, kehrten immer häufiger mit einer Gemahlin im Schlepptau zurück, die sie mit allerlei Versprechungen in den Fernen Osten gelockt hatten. Die Anwesenheit der Damen sorgte zwar für eine gewisse Aufrechterhaltung der Moral, doch zugleich breitete sich das Laster, anstatt sich in einige dunkle Ecken zurückzuziehen, immer weiter aus. Mit den züchtigen viktorianischen Gattinnen gingen nämlich auch aufreizende Geschöpfe von Bord, die nur darauf warteten, den vielen lüsternen Männern bei nächster Gelegenheit ihre frivolen Dienste zu erweisen. In den Freudenhäusern konnte man sich erlaubten und weniger erlaubten Vergnügungen hingeben, neben der Prostitution kamen auch Opium und Glücksspiel zu ihrem Recht, und bald schon trug Shanghai den wenig ehrenvollen Beinamen »Hure Asiens«.

Der Bund glich einer Bühne, auf der man die Tragikomödie des imperialistischen Triumphes aufführte. In den letzten Jahrzehnten der europäischen Vorherrschaft in China entstand dort eine Vielzahl von Prestigebauten, mit denen die Großmächte ihrer Überlegenheit symbolhaft Ausdruck verleihen wollten: Da gab es etwa den Deutschen Club oder das Palace Hotel mit einem großen Hängegarten, die russisch-asiatische Bank und das Zollgebäude im Tudorstil mit einem schlanken Uhrturm, der eine Art chinesischen Big Ben verkörperte. Dazwischen standen Monumente, die an die

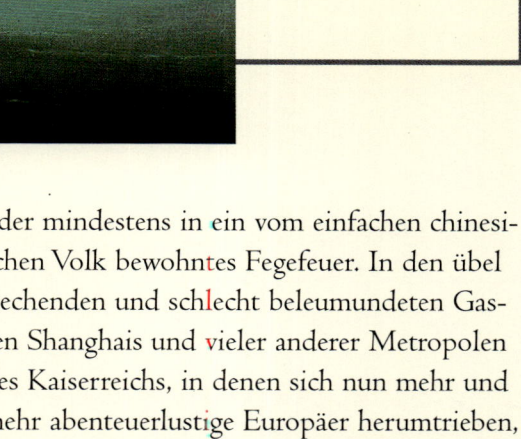

Einmischung der Europäer in die inneren Angelegenheiten des Landes erinnerten und den Hass der Chinesen schürten: so das Mahnmal für Margary, einen Briten, der 1873 bei einem Aufstand in Yunnan ums Leben gekommen war. Oder das Sir-Harry-Parkes-Denkmal, das dem britischen Botschafter in Peking huldigte, und eine Statue von Sir Robert Hart, dem Leiter der Zollbehörde, die nunmehr gänzlich in ausländischer Hand lag. Ein gebrochener Mast aus Bronze erinnerte an den Untergang des deutschen Kanonenschiffs *Iltis*, und auf einer Pyramide zu Ehren der »Immer Siegreichen Armee« hatte man alle Namen der im Kampf gefallenen Europäer eingraviert.

Hinter der glänzenden Skyline war eine Stadt nach britischem Vorbild entstanden, einige Winkel mochten auch an einen französischen Provinzort erinnern. Große Warenhäuser säumten die Straßen, noch größere Villen der Kaufleute lagen in herrlichen Parks versteckt, breite Prachtboulevards beschworen die Oxford Street, Restaurants den Piccadilly Circus, Theater und Kaffeehäuser die Canton Road herauf. Neugotische Kirchen und das Jesuitenkolleg sorgten für die Verbreitung des Christentums; hier lernten die Söhne der Mandarine das Vaterunser auf Französisch zu rezitieren. Straßenbahnen tingelten durch die Stadt, und in kleinen Reihenhäusern mit perfekt getrimmten Rasenflächen brachten jene Kindermädchen, die von Indien bis Neuschottland und von Jamaika bis Borneo zur Personifizierung der britischen Kultur geworden waren, ihren hübsch frisierten blonden Zöglingen bei, wie man nach englischer Art Tee trank und die schwere Bürde der Verantwortung für die unzivilisierte Welt trug.

Die chinesische Stadt, die abgeschlossen innerhalb des alten Mauerrings mit sieben Toren lag, wirkte wie die eingeborene Magd der weißen Herrin. Wer zum ersten Mal nach China kam, fühlte sich auf einen Jahrmarkt versetzt und streifte voller Erstaunen durch das Labyrinth der schmalen Gassen, in denen seltsame Gestalten ihr Tagwerk unter freiem Himmel verrichteten. Man bewunderte die Pagode, die in einem Steingarten lag, die Teehäuser, Opiumhöhlen und Wechselstuben, die kleine Silberbarren abwogen. Händler boten Papier und Tinte feil, duftende Räucherstäbchen, Särge und Lichter für die Opfertische der Ahnen, Porzellan und Seide. Daneben gab es unzählige Esswaren, deren Anblick und Geruch die Europäer zugleich befremdete und entzückte, denn sie kannten kaum eine der Blüten, Früchte, Fische und Gemüsesorten, die in die Töpfe und Pfannen wanderten. Entsetzlich fanden die Weißen auch die Kinderbrunnen, in die die Eltern die Leichen ihrer Söhne und Töchter warfen, wenn diese zu jung verstorben waren, um Anrecht auf eine ordentliche Bestattung zu haben. Und die bedrohlichen Barbiere, die mitten auf der Straße ihre Kunden mit einem winzigen viereckigen Messer rasierten. Dazwischen jonglierten Gaukler und wälzten sich halb nackte Bettler im Staub, die sich freuten, wenn sie einen toten Hund fanden, den sie zum Abendessen vertilgen konnten. Gelegentlich sah man in einem Käfig aus Bambusstäben den Kopf eines Sträflings aus einem hölzernen Pranger ragen.

Wenn die Reisenden in ihre Heimat zurückgekehrt waren, schilderten sie ihre Erlebnisse als eine Art Abstieg in Dantes Inferno oder mindestens in ein vom einfachen chinesischen Volk bewohntes Fegefeuer. In den übel riechenden und schlecht beleumundeten Gassen Shanghais und vieler anderer Metropolen des Kaiserreichs, in denen sich nun mehr und mehr abenteuerlustige Europäer herumtrieben, entstand die schwarze Legende des geheimnisumwitterten und unergründlichen China mit seiner mandeläugigen gelben Brut, stets bereit zu jeder Schandtat und unendlich erfindungsreich, was grausame Foltermethoden anbetraf.

Auf dieser Grundlage formte sich ein zunächst durch die Literatur, dann auch durchs Kino verbreiteter und mit Klischees durchsetzter Mythos, der in der Person des teuflischen Doktor Fu Manchu seinen wohl stärksten und symbolhaftesten Ausdruck fand. Schon in den 1920er Jahren wurden mit *Das Geheimnis des Doktor Fu Manchu* und *Die Folterkammer des Doktor Fu Manchu* zwei Filme gedreht, die den Chinesen als Inkarnation des Bösen darstellten. Noch in den 1960er Jahren kamen weitere Episoden mit Christopher Lee in der Hauptrolle auf die Leinwand. Filmfreunde erinnern sich vielleicht auch an eine der berühmtesten Szenen aus dem 1932 von Josef von Sternberg gedrehten Streifen *Shanghai Express*. »Was wollen Sie in Shanghai?«, fragt der undurchsichtige Mr. Chang, der wie der Inbegriff der Gelben Gefahr wirkt, Marlene Dietrich, die »Shanghai-Lily«. »Mir einen Hut kaufen«, lautet die Antwort der Blondine. Fast ein Jahrhundert Geschichte liegt in diesem einen Satz: Binnen 90 Jahren hatte sich Shanghai zum einzigen Ort östlich von Suez gemausert, in dem auch die anspruchsvollste Europäerin eine passende Kopfbedeckung finden konnte.

Wundersamer Dampf

228
Die erste, 1880/1881 gebaute chinesische Eisenbahnlinie verband Tianjin mit einem Kohlebergwerk. Hier posierten Lokführer und Mechaniker für ein Erinnerungsfoto.

229
Als Folge des Kriegs von 1860 mussten die Chinesen den Siegern die Einrichtung ständiger Botschaften in der Hauptstadt gestatten. So entstand das Pekinger Gesandtschaftsviertel. Der amerikanische Diplomat Burlingame erfreute sich in China bald großer Beliebtheit und wurde beauftragt, die erste Gesandtschaft des Reichs der Mitte auf ihrem Besuch in die USA zu begleiten. Das Foto zeigt die Teilnehmer dieser diplomatischen Mission; Burlingame ist hier stehend zwischen zwei chinesischen Würdenträgern zu sehen.

D ie vernichtende Niederlage durch das englisch-französische Expeditionskorps

1860 veranlasste die wachsten Geister am Kaiserhof dazu, sich zu fragen, wie

man sich in Zukunft den Europäern gegenüber verhalten sollte. Prinz Gong

war angenehm überrascht, dass die Sieger die Hauptstadt Peking unmittelbar

nach Ratifizierung der Verträge verlassen hatten, anstatt dort zu bleiben und

den Platz der regierenden Dynastie einzunehmen, wie es bis dato sämtliche

Eroberer – die Mandschuren eingeschlossen – getan hatten. Er schlug einen

radikalen politischen Wandel vor: Anstatt so zu tun, als würde man die Ver-

träge annehmen, um sie anschließend zu unterlaufen, sollte man sie vielmehr

gewissenhaft einhalten, um den Weißen keinen Vorwand für weitere Strafmaß-

nahmen zu liefern. »So werden sie in den kommenden Jahren«, schrieb Gong

in einem Memorandum, »zwar gelegentlich Forderungen an uns richten, jedoch nicht urplötzlich großes Unglück über uns bringen.« So wurde den verhassten Barbaren, die den Sommerpalast verwüstet hatten (was ihnen Cixi niemals verzeihen sollte), gestattet, ihre Botschaften in Peking einzurichten – in einem Viertel, das an die Verbotene Stadt angrenzte und später Stadt der Gesandtschaften genannt wurde. Den vier Hauptmächten Großbritannien, Frankreich, Russland und USA schlossen sich bald Preußen, Belgien, Italien, Österreich-Ungarn, Spanien, Japan und die Niederlande an. 1861 wurde das *Zongli geguo shiwu yamen*, das »Hauptamt für die Verwaltung der auswärtigen Angelegenheiten«, gegründet und Prinz Gong unterstellt. Es war eine Art Auswärtiges Amt, dem aber auch das 1863 eingerichtete Seezollamt angegliedert wurde, das jene Häfen verwalten sollte, die für den Handel mit dem Ausland geöffnet waren. Sir Robert Hart leitete diese Behörde 50 Jahre lang mit beispielhafter Ehrlichkeit und Kompetenz, und avancierte in dieser Zeit zum einflussreichsten Ausländer im Reich der Mitte. Ferner war dem »Hauptamt« noch das Dolmetscherinstitut *Tongwen guan* untergeordnet, in dem Chinesen in den wichtigsten westlichen Sprachen ausgebildet wurden; neben dem Sprachunterricht wurden hier auch Fachgebiete gelehrt, die im traditionellen chinesischen Bildungswesen keine Rolle spielten: Mathematik, Geologie, Metallurgie, Mechanik, internationales Recht, Wirtschaftswissenschaft, Biologie.

Von den Weißen Teufeln konnte man offenkundig auch etwas lernen, zumindest auf dem Gebiet der Technologie, schrieb Li Hongzhang in einem Bericht, den er 1864 an Gong sandte. »Unsere Beamten sind auf dem Gebiet der Interpretation literarischer Klassiker sehr versiert, während unsere militärischen Führer in der Mehrzahl stur und dumm sind ... Wir verachten die Erfindungen der Fremden, weil wir ihnen keinen Wert beimessen, und wenn sich Schwierigkeiten abzeichnen, behaupten wir, dass es uns unmöglich sei, den Umgang mit diesen Entdeckungen zu erlernen. Früher glaubten Großbritannien und Frankreich, mit Japan nach Gutdünken verfahren zu können, doch die Bewohner dieses Landes schöpften aus ihrer Empörung Mut und schickten ihre hervorragendsten jungen Leute ins Ausland, um in den Fabriken und Werften zu lernen. Die Japaner erwarben Maschinen, mit denen sie in ihrem eigenen Land Waffen herstellen konnten. Mittlerweile sind sie in der Lage, Schiffe mit Dampfkraft fahren zu lassen und Kanonen zu bauen – gerade jenes Volk, das die Ming-Dynastie verachtete und einen Stamm von Zwergen nannte ... Ich glaube, dass wir, um aus China ein starkes Land zu machen, uns die Technik der Herstellung und des Einsatzes moderner Waffen aneignen müssen.«

Die weisen Ratschläge fanden Gehör: In Shanghai und Suzhou wurden Kanonengießereien und Arsenale gegründet, 1866 entstand

eine von französischen Ingenieuren geleitete Schiffswerft, und europäische Ausbilder wurden angeheuert, um das chinesische Heer zu modernisieren. Während europäische Technologie im militärischen Bereich akzeptabel und sogar notwendig erschien, stieß der Fortschritt auf allen übrigen Gebieten auf starke Ablehnung. Selbst der aufgeklärte Prinz Gong erwiderte einem französischen Botschafter, der versucht hatte, ihm die Bedeutung des Schienensystems nahe zu bringen, mit süffisantem Lächeln: »Ich habe sehr wohl verstanden; in Europa bedient ihr euch der Eisenbahn, um von einem Ort zum anderen zu reisen. In China erreichen wir das gleiche Ergebnis, indem wir Karren benutzen. Wir kommen damit zwar langsamer voran, aber wir haben es auch nicht eilig.«

Der chinesische Widerwille gegen die Eisenbahn hatte in Wirklichkeit einen anderen Hintergrund: Während die meisten Toten in Europa auf Friedhöfen bestattet wurden, waren die Gräber in China überall verstreut: Es wäre unmöglich gewesen, auch nur einen Kilometer Gleise zu legen, ohne dabei auf ein Grabmal zu stoßen; Gräber, die der Streckenführung im Weg waren, hätten versetzt werden müssen, was einer Entweihung gleichgekommen wäre und die Geister der Ahnen erzürnt hätte. Die Ablehnung des Telegrafen hatte ähnliche Gründe: Nachdem die ersten Masten aufgestellt und die Kabel gespannt worden waren, entlockte der Wind den Drähten herzzerreißende »Schreie«;

sie rosteten im Regen, so dass von ihnen rötlich braunes Wasser tropfte. Bald hieß es, die Geister der Luft seien durch die teuflischen Neuerungen gequält worden. Es waren keineswegs nur ungebildete Bauern, die so dachten; als vorgeschlagen wurde, zwischen Kanton und Hongkong eine Telegrafenlinie einzurichten, protestierten die Mandarine der betroffenen Gebiete energisch. Kanton galt als »Stadt des Schafs«, Hongkong als Stadt der »Neun Drachen«: Wie konnte man nur das Schaf in den Rachen der Neun Drachen treiben? Und schließlich war die Sehnsucht nach Geschwindigkeit, die zur Erfindung von Eisenbahn und Telegraf geführt hatte, der Mentalität der kaiserlichen Beamten völlig fremd. Der Einbruch europäischer Eile und Geschäftigkeit in die beschauliche Welt der Bürokraten war nur mit dem eines Elefanten in einen Porzellanladen zu vergleichen. Weit weniger Widerwillen erregten dagegen die Dampf-

schiffe: Die Geister, die im Meer und in den Flüssen lebten, hatten offenbar stärkere Nerven und ließen sich nicht so leicht erschüttern.

So gelang es Li Hongzhang – der sich für die Schaffung eines Eisenbahnnetzes einsetzte, das Peking mit den wichtigsten Städten des Reiches verband – erst 1881, einige wenige Kilometer Gleise zwischen Tianjin und einem nahe gelegenen Kohlebergwerk legen zu lassen. Dabei hatte er 1872 in Shanghai die Chinesische Dampfschifffahrtsgesellschaft aus der Taufe gehoben, die bereits fünf Jahre später über mehr als 30 Schiffe verfügte und verwegen genug war, den Engländern und Amerikanern auf dem Jangtse Konkurrenz zu machen. Von China aus fuhren Linienschiffe Japan, Manila und Singapur an, und es wurde versucht, eine transpazifische Strecke einzurichten, die Honolulu und Kalifornien bediente. Sie wurde jedoch nach wenigen Probefahrten aufgegeben.

230

Das chinesische Kaiserreich übernahm die in der europäischen industriellen Revolution entwickelten Teufeleien nur äußerst widerwillig und sehr verzögert. Schließlich stand zu befürchten, dass die Geister der Erde und der Lüfte daran Anstoß nehmen würden. Das Militär wurde als Erstes einer Modernisierung unterzogen, denn die Kette der erlittenen Niederlagen gegen die Europäer hatte überdeutlich gemacht, wie notwendig Investitionen in diesem Bereich waren. So wurden Arsenale gegründet, und die Werften legten erstmals eigene Dampfschiffe auf Kiel – wie dieses, das in den 70er Jahren des 19. Jahrhunderts in Kanton fotografiert wurde (links). Das rechte Foto zeigt in der Waffenfabrik von Nanking hergestellte Kanonen.

231

Li Hongzhang war der eifrigste Befürworter der Modernisierung und besonders des Baus von Eisenbahnen. Hier sehen wir ihn bei der Einweihung einer Bahnlinie bei Tianjin inmitten von Honoratioren der Stadt.

Zwischen den kaiserlichen Beamten und den in der Hauptstadt niedergelassenen westlichen Diplomaten herrschte in diesen Jahren eine Harmonie, die man beinahe als idyllisch hätte bezeichnen können. Am beliebtesten bei Hofe war der US-Botschafter Anson Burlingame, der sehr bemüht war, Beziehungen aufzubauen, die von echter Freundschaft und Zusammenarbeit geprägt waren. Als er nach der Rückkehr von einem Heimaturlaub 1866 dem Hauptamt für die Verwaltung der auswärtigen Angelegenheiten mitteilte, Washington erbete den Besuch eines diplomatischen Vertreters, wurde vorgeschlagen, er möge diese Mission selbst übernehmen. Bald stand er einer kaiserlichen Gesandtschaft vor, die nicht nur Amerika, sondern auch Europa besuchen sollte. Als Oberhaupt einer Gruppe von 30 Personen – darunter ein sehr hoher chinesischer und ein ihm gleichgestellter mand-schurischer Mandarin – überquerte Burlingame 1868 den Pazifik. Die pittoreske Delegation erregte überall Aufsehen. Nach dem zufrieden stellenden Abschluss mehrerer Abkommen über die Einrichtung von Konsulaten sowie die Ein-wanderung von Chinesen in die USA schifften sich die Diplomaten an der Ostküste ein, um die Hauptstädte Europas zu besuchen, darunter London und St. Petersburg, wo Burlingame an einer Lungenentzündung erkrankte und starb.

Bereits 1866 war eine kleine Gruppe, die aus dem Beamten Binchun und drei Studenten des Dolmetscherinstituts bestanden hatte, nach Europa gefahren. Es handelte sich um keine diplomatische Mission, sondern eine Bildungs-reise. Sowohl diese Männer als auch Burlin-games Begleiter führten Reisetagebücher, in denen sie von den Wundern berichteten, die die Zivilisation des Dampfes bereithielt.

All diese Besucher zeigten sich beeindruckt von den fantastischen Maschinen der Weißen Teufel. Ihr Staunen begann schon beim Betreten der gigantischen Eisenfische namens Dampf-schiff. Diese wurden von Rädern vorwärts geschoben, die sich drehten, sobald in einem Kessel Wasser kochte und schwarzer Rauch aus dem Kamin quoll. An Bord lagen schwimmfä-hige Kringel bereit; falls das Schiff sinken soll-te, genügte es, sie sich umzuhängen, ins Wasser zu springen und dort auf Rettung zu warten. Ein Wagenrad wurde von Männern nach rechts oder links gedreht, je nachdem, wohin sie das Schiff lenken wollten. Es gab kleine Zimmer

aus Eisen mit übereinander gestellten Betten, Bronzelampen mit Eisendeckeln, in denen Feu-er brannte, Messingrohre, in denen kaltes und warmes Wasser floss, das aus Drachenmäulern strömte, die sich nach Gutdünken öffnen lie-ßen. Man aß an mit weißem Stoff bedeckten Tischen; jeder Gast erhielt ein Messer zum Schneiden der Speisen, ein Gerät, um sie auf-zuspießen, sowie einen Löffel, einen Teller und drei Gläser. Vor allem aber gab es auf dem Schiff die Passagiere, die viele verschiedene Sprachen sprachen. »Jede Person erscheint von Aussehen und Kleidung her auf eine andere Weise fremdartig«, schreibt Binchun. »Manche sind groß; andere sind Kolosse von hundert Kilo Gewicht. Wieder andere haben einen Bart bis hinauf zu den Schläfen und zerzaustes Haar. Ihre Kleider bestehen meist aus mehrfarbigen Stoffen, wie jene, die bei Kampfschauspielen getragen werden, oder wie jene, die Anhänger der lamaistischen Sekte überziehen, wenn sie Dämonen austreiben ... Die Frauen sind schön und tragen Kleider aus leichter Seide oder Or-ganza. Von ihren Ehemännern gestützt, steigen sie auf die Schiffsbrücke und legen sich dort auf lange Rohrstühle. Die Männer verharren den ganzen Tag an ihrer Seite, um sie zu bedie-nen, und gehorchen wie Zofen ihrem kleinsten Wink. Nach den Mahlzeiten gehen sie, erneut gestützt von den Männern, spazieren und wenn sie müde sind, ruhen sie auf zueinander gestell-ten Liegestühlen. Sie zwitschern wie Schwalben und legen die Flügel an wie Mandarinenten, ohne sich im Geringsten zu genieren.«

Nach einer langen und meist qualvollen Überfahrt – Festlandschinesen neigten dazu, seekrank zu werden – sahen sie sich in Europa wie Amerika weiteren bizarren Produkten des weißen Erfindergeists gegenüber: große, unter-einander durch Haken verbundene Schränke auf Rädern, mit Türen, Sitzen und Glasfens-tern ausgestattet, die auf Eisenstäben laufend ganze Kontinente durchquerten. Die Schrank-reihe wurde von einer großen zylindrischen Dose angeführt; sobald man unter der Dose Feuer anzündete und dreimal eine Glocke läu-tete, setzte sich der gesamte Konvoi schnaufend in Bewegung. Durch die Fenster sah man Häu-ser und Felder an sich vorbeiziehen, so schnell, dass der Blick nicht auf ihnen ruhen konnte.

In den Städten gab es sehr hohe Häuser. Um in ihnen nicht die Treppen hinauf- oder

hinuntersteigen zu müssen, genügte es, in eine kleine Holzkammer einzutreten, die durch ein System von Gegengewichten bis unter das Dach gezogen werden konnte. Jene, die es eilig hat-ten, bewegten sich außer in Kutschen auch auf Geräten mit zwei durch eine Längsstange ver-bundenen Rädern fort. »Die Person nimmt auf der Stange Platz und setzt mit den Füßen einen Mechanismus in Gang, der die Räder dreht.«

In Paris waren alle Straßen aus Stein und von Bäumen gesäumt; unter jedem dritten Baum stand eine Bank, an jedem zweiten eine Glasla-terne, die von der Form her an den Hut eines buddhistischen Mönches erinnerte. Neben je-dem zehnten Baum fand sich ein zylindrischer Raum, »... in dem die Passanten Pipi machen können. Man kann sich denken, wie sauber die Straßen sind. Niemand verkauft seine Waren unter freiem Himmel. Auf den Straßen trifft man nur kleine Jungen mit Kisten an. Weil die Schuhe der Passanten vom Staub beschmutzt werden, reiben diese Jungen die Schuhe mit Spucke blank, und die Schuhe glänzen wie neu. Die Geschäfte haben keine Schilder; die Ware ist in Fenstern ausgestellt und man kann von außen in den Laden hineinschauen. Die Besit-zer sind allesamt bärtige Männer, die Verkäu-ferinnen attraktive Frauen, ohne die vermutlich das ganze Jahr über nichts verkauft werden würde. Auch wenn das Geschäft keine Schön-heitsprodukte feilbietet, kann der Kunde dort die Schönheiten der Stadt antreffen. Dies ist Teil der Sitten und Bräuche. In einem Hand-schuhgeschäft z.B. muss eine hübsche Frau be-dienen. Sie lächelt immer und nennt den Kun-den ständig *Mossieu* ... Wenn es ans Zahlen geht, wagt er nicht, zu feilschen, und bezahlt ohne zu klagen eine astronomisch hohe Summe. Jetzt ist die Frau besonders herzlich und wünscht sich, dass der Kunde bald wiederkommt. Ein eifriger Kunde kann die schönste Verkäuferin zum Sonntagsspaziergang einladen ...«

Wunder über Wunder: Am Himmel über Paris »... fliegen Gegenstände umher, die wie Krüge geformt sind und unter denen tassen-förmige Behältnisse hängen. Es sind Himmels-schiffe, die in der Luft schwimmen, wie Holz auf dem Wasser schwimmt«. In London wim-melt es förmlich von Zügen. »Das Land ist so dicht besiedelt und die Häuser stehen so nah beieinander, dass es für die Eisenbahn keinen Platz gibt. Deshalb bauen sie aus gewaltigen

233
Der Brite Sir Robert Hart wurde 1864 zum Leiter des Seezollamts ernannt und baute es nach europäischem Vorbild auf. Fast ein halbes Jahrhundert lang war *er der wichtigste »Weiße Teufel« im Reich des Himmels, und Diplomaten wandten sich immer wieder Rat suchend an ihn. Der Stich zeigt ihn in seinem Pekinger Büro.*

Steinblöcken Brücken, die über die Dächer und Schornsteine Tausender Häuser emporragen. Diese Brücken sind mit Eisenplatten gepflastert, die wiederum mit Sand und Erde bedeckt sind. Leute, die in 30 Meter hohen Palästen schlafen, hören häufig über ihren Köpfen den Lärm der vorbeifahrenden Züge, der so ähnlich wie Donner klingt. Sitzt man im Zug und blickt nach unten ... erscheinen die Straßen der Stadt wie tiefe Abgründe ... Man fährt an den Turmspitzen vorbei, und würde man sich hinunterbeugen, könnte man beinahe die Spitzen der Schiffsmasten berühren. Nach meiner Ankunft in London war ich ziemlich eingeschüchtert«, schreibt Liu Xihong 1877.

Zhang Deyi, der 1866 Binchun begleitete, fand dagegen alles sehr amüsant. Er besuchte einen Ball im Buckingham Palace, probierte in einem Aquarium persönlich eine Taucherglocke aus und besichtigte Werkshallen, von denen eine seltsamer als die andere war; in der Fabrik der »weichen Dinge« etwa stellte man aus einem Kautschuk genannten indischen Harz Regenmäntel, Kissen und Radiergummis her. Zhang Deyi nahm auch an einer Messe teil, bei der die Menschen den Kopf senkten und »tun, als ob sie weinten; ich allein saß da, ohne irgendetwas zu machen«. In Brüssel betrank er sich mit Bier, in Stockholm begeisterte er sich in einem Vergnügungspark für das Karussell-

fahren. Er widerstand mutig den Versuchen des schwedischen Königs, ihn bei einer Audienz zum Rauchen zu überreden. Als der König ihm eine Hand voll Zigaretten schenkte und sagte, er solle sie sich in die Tasche stecken, erwiderte Zhang, die Chinesen hätten keine Taschen. »Wie unpraktisch!«, rief der König erstaunt. Bei einem Spaziergang in Berlin wurde er von neugierigen Preußen bis in ein Geschäft hinein verfolgt; um sie loszuwerden, schwenkte er drohend einen Schirm. Nach einer Audienz bei der Königin beendete er aus reiner Neugier den Abend in einem Luxusbordell: »In der Mitte stand ein sechseckiger Pavillon voller Blumen, in dem sich berühmte Kurtisanen aufhielten. Sie hatten nackte Arme und Schultern, bodenlange Röcke, kirschförmige Münder mit leicht geöffneten Lippen und eine schmale Taille. Sie kamen mir wie Blumen vor, die die Gabe der Rede besaßen, wie kostbare Jade von betörendem Duft, inbrünstigster Ehrerbietung würdig. Die Besucher tranken mit ihnen zusammen, und die Mädchen blieben so unbefangen, als wäre nichts dabei; oder sie tanzten und drehten sich so schnell, dass Wind aufkam; oder aber sie entfernten sich mit ihnen Hand in Hand. Irgendwann näherten sich uns einige Mädchen mit verführerischem Verhalten, doch wir ignorierten sie. Daraufhin fragte uns ein Engländer, wozu wir überhaupt hergekommen seien.«

In der Schlussbemerkung seines Berichts über seinen Europabesuch bringt Liu Xihong die einstimmige Meinung all dieser Gesandten aus dem Reich des Himmels nach ihrer Grand Tour durch den Westen auf den Punkt: Die Weißen Teufel sind keine reinen Barbaren. Allerdings ist in ihrem Land alles genau verkehrt herum: »In der Politik laufen die Strukturen vom Volk auf den Herrscher zu. Die Gesetze, die die Familie betreffen, ehren die Frau und messen dem Mann wenig Bedeutung bei. Man feiert die Geburt von Mädchen und macht um die Geburt eines Jungen wenig Aufhebens, bei Empfängen findet der Hausherr mehr Beachtung als die Gäste. Die Schrift verläuft von links nach rechts, die Bücher beginnen auf der letzten Seite und enden beim Deckblatt. Bei den Mahlzeiten wird zuerst gegessen und dann getrunken. Tatsächlich liegt ihr Land unter dem Mittelpunkt der Erde, und über ihm hängt der Himmel des unteren Teils des Planeten; deshalb ist bei ihren Bräuchen und Einrichtungen das Unterste zuoberst gekehrt. Auch Tag und Nacht sind vertauscht: In England hinkt die Zeit acht Stunden hinterher. Wenn es in China Abend ist, ist es dort erst Mittag und wenn bei ihnen die Sonne aufgeht, ist bei uns Nachmittag. Oft arbeiten die Engländer nachts hart und ruhen sich tagsüber aus. Könnte es sein, dass das Prinzip des Yang dort nachts aktiv ist?«

VAGABUNDEN DES GLAUBENS

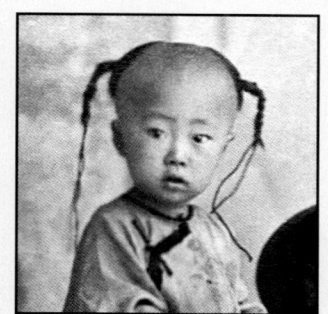

234
Das zaristische Russland nutzte die militärische Schwäche Chinas, um seinen Machtbereich nicht nur in Fernost, sondern auch in Zentralasien zu erweitern und unterwarf nacheinander die Khanate Kokand, Chiwa und Buchara. Das Foto zeigt eine Militärparade, die 1871 vor dem Palast Khudayar Khans, des Emirs von Kokand, abgehalten wurde.

235
Guangxu, der vorletzte Kaiser Chinas, wurde im zarten Alter von drei Jahren von seiner Tante Cixi auf den Thron gehievt.

Bereits 1842, nach dem siegreichen Ende des Ersten Opiumkriegs, gingen in jenen Häfen, die für den Handel mit dem Ausland geöffnet worden waren, Menschen an Land, die nach Ansicht der Chinesen mit einer Droge handelten, die keineswegs weniger gefährlich war als das Opium und die geeignet war, die Grundfesten ihrer Gesellschaft zu unterminieren. Es ist die Rede von den katholischen und protestantischen Missionaren. Aus dem Kontakt zwischen ihren Doktrinen und chinesischer Fantasie war, wie wir gesehen haben, die Taiping-Bewegung hervorgegangen. Dies hätte an sich schon genügt, um die Missionare bei den örtlichen Behörden in Misskredit zu bringen. Hinzu kam, dass die den Chinesen 1860 aufgezwungenen Verträge diesen »religiösen Vagabunden«, wie man sie verächtlich nannte, erlaubten, bis in den letzten Winkel des Riesenreichs auszuschwärmen.

Eine Klausel des mit Frankreich geschlossenen Abkommens, die später auch für alle anderen Länder Gültigkeit besaß, gestattete den Missionaren nicht nur das Predigen, sondern auch, überall in China Grundstücke für den Bau von Kirchen zu erwerben. Es kam sofort zu Differenzen, weil die betreffende Klausel nur im chinesischen und nicht im französischen Text, der allein als offiziell bindend galt, zu finden war. Trotzdem konnten die chinesischen Beamten nichts dagegen unternehmen, dass nun Priester aller christlichen Glaubensrichtungen in China einfielen, die wild entschlossen waren, die dort lebenden Heiden vor der Verdammnis zu retten. Die Überbringer des Evangeliums waren in ihrer Mehrzahl äußerst intolerant und überheblich und wussten nicht das Geringste über die Kultur der Menschen, die sie bekehren wollten. Ihre Auftritte verliefen stets katastrophal, vor allem, wenn sie Dörfer und Städte im Hinterland aufsuchten, wo man noch nie zuvor einen Weißen gesehen hatte und lediglich davon gehört hatte, dass die fremden Teufel China angegriffen und überwältigt hatten. Überzeugt, im Besitz der allein selig machenden Wahrheit zu sein, legten katholische wie protestantische Missionare den gleichen kurzsichtigen Fanatismus an den Tag. Sie verhöhnten den tief verwurzelten Ahnenkult ebenso wie die konfuzianische Lehre, betraten Tempel, in denen gerade Zeremonien abgehalten wurden, um dort Schimpftiraden gegen den Götzendienst zu schwingen, und beleidigten selbst die harmlosesten Alltagsbräuche. Die wenigen Bekehrten – meist arme Leute, die hofften, sich auf diese Weise eine tägliche Schüssel Reis zu sichern – zwangen sie, die Kontakte zu allen Verwandten und Nachbarn abzubrechen, die der Religion ihrer Vorfahren treu geblieben waren.

Äußerst irritierend fand man auch die Angewohnheit der Neuankömmlinge, besonders der Katholiken, gewaltige Gebäude zu errichten – gerade so, als ob sie durch ihre Bauwerke zeigen wollten, dass sie dieses Land erobert hatten. Westliche Journalisten beschuldigten die Chinesen wiederholt der Xenophobie; in Wirklichkeit jedoch müssen sie sehr tolerant gewesen sein, denn sie ertrugen jahrzehntelang die Handelsreisenden einer Religion, die ihrer Mentalität zutiefst fremd war. Zwischenfälle waren unvermeidlich, doch man muss sich wundern, dass es ihrer so wenige waren.

Der schwerste ereignete sich am 21. Juni 1870 in Tianjin. Hier hatten die Franzosen, die die Stadt nach dem Ende des Krieges drei Jahre lang besetzt hielten, ein Konsulat eingerichtet und auf den Ruinen eines zerstörten konfuzianischen Tempels eine Kirche mit dem wenig diplomatischen Namen »Unsere Liebe Frau der Siege« errichtet. Die Schwestern vom Orden des heiligen Vinzenz von Paul gründeten ein Waisenhaus. Um möglichst viele Kinder im christlichen Glauben erziehen zu können, hatten sie eine kleine Belohnung ausgesetzt, die jeder bekam, der ihnen verlassene Kinder brachte. Schnell witterten ein paar Kriminelle ein gutes Geschäft: Sie durchkämmten die Armenviertel, kauften den Familien für geringe Summen ihre Kinder ab und verschacherten sie mit Gewinn an die Nonnen weiter. Oder sie stahlen die Kinder einfach. Der Aberglaube tat ein Übriges, und bald breitete sich das Gerücht aus, die Weißen Teufelinnen würden mit den Leichen der Kinder schwarze Magie betreiben. Ein junger Mann, der sich zum katholischen Glauben bekehrt hatte und verdächtigt wurde, ein Entführer zu sein, wurde gefoltert und legte ein entsprechendes Geständnis ab. Es kam zu Unruhen und die örtlichen Behörden baten den französischen Konsul Henri Fontanier, in der Angelegenheit zu ermitteln. Dieser weigerte sich nicht nur, der Bitte nachzukommen, sondern bedrohte die Mandarine. Um seinen Standpunkt zu verdeutlichen, feuerte er im Büro des Gouverneurs einen Schuss ab. Beim Verlassen des Gebäudes wurde er dann von einer wütenden Menge in Stücke gerissen, die anschließend sowohl das Konsulat als auch das Waisenhaus in Brand steckte. Fünf französische Beamte, zwei Priester (einer davon Chinese), zehn Nonnen, ein zufällig anwesender russischer Kaufmann und seine Gattin sowie mehrere Kinder starben in den Flammen.

Frankreich verlangte und erhielt natürlich Genugtuung: Die Schuldigen wurden bestraft, eine Gesandtschaft überbrachte eine offizielle Entschuldigung und es wurde eine Entschädigungssumme gezahlt. Von nun an mussten die Mandarine die Weißen Teufel vor Angriffen schützen, gleichgültig, ob sie die Einheimischen zuvor provoziert hatten oder nicht. Die Missionare nutzten diese Immunität weidlich aus und wollten sie auch den frisch Bekehrten zukommen lassen. Die chinesischen Beamten mussten

236 und 237

*Viele der katholischen und protestantischen Missionare,
denen das Reich des Himmels unfreiwillig Einreise
und Aufenthalt gestatten musste, benahmen sich äußerst
arrogant und rücksichtslos. Viele verachteten die chinesische Kultur, ohne sich je mit ihr befasst zu haben, und
versuchten mit allen Mitteln, möglichst viele Bekehrungen
zu erzielen. Man ging sogar so weit, Kinder käuflich zu
erwerben, um sie im christlichen Glauben zu erziehen.
Ohne lang nach Waisen Ausschau zu halten, boten bald
skrupellose Chinesen den Missionaren Kinder zum
Kauf an, die zuvor von ihren Familien geraubt worden
waren. In Reaktion auf diese Praktiken kam es wiederholt zu grausamen fremdenfeindlichen Aufständen, wie
auf dem Druck unten dargestellt. Das Foto oben zeigt
eine Missionarin im Kreise ihrer Schäfchen*

auch in dieser Frage nachgeben, riskierten sie doch andernfalls Repressalien der europäischen Mächte bzw. beim Kaiser in Ungnade zu fallen. Dies alles bewirkte, dass der schwelende Hass auf die Missionare ständig zunahm und sich 30 Jahre später im Boxeraufstand entlud.

Inzwischen lernte die noch sehr kleine westliche Diplomatenkolonie die geheimnisvollen Zeremonien kennen, die das Leben in der Verbotenen Stadt bestimmten. Die Botschafter erhielten etwa die Ankündigung der Hochzeit des jungen Kaisers Tongzhi, und zusammen mit ihr die Mitteilung, sie möchten ihren Landsleuten untersagen, den Weg des Hochzeitszugs zu kreuzen, der auf Empfehlung der Astrologen hin in der Vollmondnacht vom 15. auf den 16. Oktober 1872 die Stadt durchqueren würde. Der Zug durfte durch die Blicke von Sterblichen – gleich ob Chinese oder Ausländer – nicht entweiht werden; selbst die begleitenden Wachen würden ihm den Rücken zuwenden.

Der schottische Zeichner William Simpson, den die *Illustrated London News* mit dem schwierigen Auftrag nach China geschickt hatte, über dieses Ereignis zu berichten, versteckte sich am betreffenden Abend in einer Opiumhöhle. Sie lag an der gesperrten Straße, die für das bevorstehende Ereignis fein säuberlich geglättet und mit gelbem Sand bestreut worden war (die Farbe Gelb war für den Sohn des Himmels reserviert). Am Nachmittag hatte den kaiserlichen Palast ein Zug verlassen, der die für die Braut bestimmte Phönixsänfte mit sich führte. Die Spitze bildeten die Mandschu-Prinzen in Festtracht, 30 Schimmel mit gelben und goldenen Schabracken und Männer, die Unmengen von Fahnen und dreistöckigen Sonnenschirmen trugen, darunter auch den brühmten Drachenschirm. In den vorangegangenen Tagen hatten die Träger unermüdlich trainiert, bis es ihnen endlich gelungen war, die Sänfte anzuheben, ohne auch nur einen einzigen Tropfen Wasser aus dem randvollen Krug zu verschütten, der bei der Übung den Platz der Braut einnahm.

Um elf Uhr abends robbten Simpson und seine Begleiterinnen – zwei neugierige englische Fräulein und eine alte Chinesin, die großzügig bestochen worden war – aus dem Hinterzimmer des Etablissements zwischen den Körpern der berauscht auf ihren Matten liegenden Opiumraucher hindurch zu den Fenstern aus Ölpapier, in die sie mit den Fingern Löcher bohrten. Im Licht des Mondes und einiger weniger Laternen erkannten sie unmittelbar unter sich eine Gruppe Soldaten, von denen einige eintraten, um sich Opium für ihre Pfeifen zu holen.

Gegen Mitternacht lief ein einsamer Hund vorbei. Dann kam eine Kavalleriepatrouille, gefolgt von nervösen Mandarinen, die mit Stöcken auf einen Soldaten einschlugen, der eingenickt war. Endlich verkündete ein Herold: »Niemand wage, den Blick zu heben!« Die Wachen drehten sich zur Mauer und standen nun Auge in Auge mit den heimlichen Beobachtern, doch die Briten blieben unbemerkt. Aus dem Dunkel tauchten jetzt die kaiserlichen Schimmel auf, die Fahnen, die Sonnenschirme, 200 Laternen, die das Schriftzeichen »Glück« trugen, das Zepter und das Siegel des Monarchen, der dreifache Sonnenschirm des Drachen und die Sänfte, in der die Himmlische Gattin den Platz des Krugs eingenommen hatte. In den Fenstern der Sänfte hingen schwere Vorhänge und die junge Frau trug eine prachtvolle, unbequeme Staatsrobe. Neben der Sänfte marschierte ein Astrologe mit einem Räucherstäbchen, dessen Kerben die bereits vergangene Zeit anzeigten. Sein Auftrag war es, das Tempo des Zugs nach Bedarf zu verlangsamen oder zu beschleunigen, denn die Braut hatte den Palast exakt zu dem von den Wahrsagern angegebenen Zeitpunkt zu betreten. Als das Ende der Prozession im Dunkeln verschwunden war, stürzten die Soldaten in die Opiumhöhle und frönten befriedigt ihrem Laster.

Da Tongzhi 1872 volljährig geworden war, baten die Diplomaten noch im selben Jahr um eine kollektive Audienz, da sie der kaiserlichen Majestät ihre Glückwünsche überbringen wollten. Der Hof ahnte, dass es kaum möglich sein würde, ein derartiges Ersuchen zurückzuweisen, doch es stellte sich erneut die Frage des Kotaus – des Kniefalls vor dem Herrscher. Man brauchte ein ganzes Jahr, um die Einzelheiten der Zeremonie festzulegen. Schließlich wurde beschlossen, den Kniefall durch eine Reihe von Verbeugungen zu ersetzen, doch die Beamten trugen Sorge dafür, dass die Audienz nicht zu einer Demonstration europäischer Macht wurde. Die Diplomaten wurden in dem Saal empfangen, der für die »tributpflichtigen Fürsten« bestimmt war. Zugleich wurde ein Bericht in Umlauf gebracht, der bemerkte, die Europäer seien in Gegenwart des Sohnes des Himmels befangen und scheu gewesen, nachdem sie sich bei der Generalprobe unverschämt benommen hatten: »Jeder sollte der Reihe nach den Brief verlesen, mit dem er im Reich der Mitte akkreditiert worden war. Der englische Botschafter kam als Erster dran. Kaum hatte er einige Worte gesprochen, als er so stark zu zittern begann, dass er nicht mehr fortfahren konnte.

Vergeblich richtete der Kaiser gütig einige Fragen an ihn. Er konnte nicht antworten. Die anderen kamen an die Reihe, doch wurden auch sie von derartiger Furcht ergriffen, dass sie ihre Briefe fallen ließen und weder lesen noch sprechen konnten. Prinz Gong befahl daraufhin den Palastdienern, man möge jene unter den Achseln stützen, um ihnen beim Hinabsteigen der Treppe behilflich zu sein. Ihre Ergriffenheit war so mächtig, dass sie sich schweißgebadet auf den Boden setzen mussten, um sich wieder zu erholen ... Dabei war der Empfang mit einem Minimum an Gepränge abgehalten wurden. Die Diplomaten mussten zugeben, dass die transzendente Ausstrahlung des Kaisers sie in Angst und Schrecken versetzt hatte. So sind sie also, diese eitlen Menschen: erst Angeber, dann Feiglinge!«

Während sich der Hof also alle Mühe gab, seinen Untertanen aus Propagandagründen den Fortbestand einer chinesischen Überlegenheit vorzugaukeln, schritt die Erosion des riesigen Reichs fort, ausgehend vor allem von den entlegeneren Provinzen. Selbst Japan, jenes von den Chinesen verachtete »Land der Zwerge«, trat 1874 auf den Plan. Zur Verblüffung des Hauptamtes für die Verwaltung der auswärtigen Angelegenheiten traf eine japanische Delegation in Peking ein und forderte Reparationszahlungen für die Ermordung einiger Seeleute aus dem Land der Aufgehenden Sonne durch Eingeborene der Insel Formosa (Taiwan). Es sollte sich herausstellen, dass die angeblich japanischen Opfer Untertanen des Königs der Ryukyu-Inseln waren. Dieser Archipel war seit undenklichen Zeiten dem chinesischen Kaiser tributpflichtig gewesen, unterhielt aber seit dem 17. Jahrhundert auch eine Vasallenbeziehung zum Herrn der japanischen Stadt Satsuma. In ihrem Antwortschreiben brachten die Mandarine ihre Verwirrung zum Ausdruck: »Wir verstehen nicht, welches Interesse Japan am Schicksal der Bewohner der Ryukyu-Inseln haben könnte, die unserer Herrschaft unterstehen. Jedenfalls kann das Reich des Himmels nicht für die Taten von Wilden verantwortlich gemacht werden, die jenseits der Grenzen der Zivilisation leben.« Es war eine unvorsichtige Antwort, denn die Japaner nahmen sich in der Folge das Recht, den östlichen Küstenstreifen von Formosa zu besetzen. Die hiesigen Kopfjäger, die die japanischen Schiffbrüchigen auf dem Gewissen hatten, lebten also »jenseits der Zivilisation« und damit auch jenseits des Geltungsbereichs der chinesischen Gerichtsbarkeit! Peking sah dies als offene Provokation an und

schickte ein größeres Truppenaufgebot in die Provinz Fujian, der Formosa vorgelagert ist, während die japanischen Besatzer von tropischen Krankheiten dezimiert wurden. Dank der Bemühungen der Briten konnte ein Krieg verhindert werden. Die Japaner ließen sich zu einem Rückzug überreden, verlangten dafür jedoch die Öffnung Formosas für den internationalen Handel. Vier Jahre später ging Japan erneut auf Konfrontationskurs, indem es den König der Ryukyu-Inseln daran hinderte, Peking den gewohnten Tribut zukommen zu lassen, und 1879 gab es offiziell die Annexion des Archipels durch die Präfektur von Okinawa bekannt. Der in China aufflammende Zorn legte sich erstaunlich rasch. Viele prominente Mandarine, unter ihnen Li Hongzhang, waren der Ansicht, »man könne auf diese Inseln sehr gut verzichten«. Außerdem schwelte ein wesentlich ernsterer Konflikt mit Russland um das zentralasiatische Turkestan.

Im Jahre 1862 hatten die Muslime der Dsungarei und Gansus gegen die chinesische Herrschaft rebelliert. Der Khan von Kokand, der selbst damit beschäftigt war, zu verhindern, dass die Russen ihren Eroberungszug in Zentralasien weiter fortführten, schickte seinen Glaubensbrüdern in China eine kleine Gruppe von Männern unter der Leitung seines Freundes Hodscha Buzurg Khan zu Hilfe. Mit dabei war ein Krieger, der sich bereits einen Namen gemacht hatte: Yakub Beg. Als Knabe war er ein *batcha*, also so etwas wie eine männliche Odaliske, in einem Teehaus in einem gottverlassenen Winkel Zentralasiens gewesen. Die Eindringlinge in den fernen Westen Chinas waren nur 66 an der Zahl, erhielten aber bald Zulauf durch Scharen unzufriedener Bürger Kashgars, einer verfallenden Oasenstadt

und Karawanenstation an der alten Seidenstraße. So kam die Siedlung 1865 in die Hand der Muslime, ohne dass ein Tropfen Blut geflossen war. Anschließend griffen die Sieger die Festung von Yangi Shahr an – Residenz des *amban* bzw. chinesischen Gouverneurs. Die Belagerung war bereits seit einer Weile im Gange, als He Buyun, der Kommandant der Garnison, Yakub Beg anbot, die Festung zu übergeben, wenn ihm und den Seinen freier Abzug gewährt würde. Nachdem man sich handelseinig geworden war, wurde der *amban* informiert. Der war vom Verrat seines Untergebenen so erschüttert, dass er die Festung in die Luft sprengte und mitsamt seiner Familie unter den Trümmern begraben wurde. Die Stadt wurde sieben Tage lang geplündert. Dann ließ sich Yakub Beg auf den Ruinen einen *urda* oder befestigten Palast erreichten, in dem er mit

Anlässlich der Volljährigkeit von Kaiser Tongzhi baten die westlichen Diplomaten, ihm ihre Aufwartung machen zu dürfen. Es dauerte über ein Jahr, das Zeremoniell festzulegen: Verbeugungen ersetzten den Kniefall vor dem Kaiser.

großem Pomp seine Hochzeit mit der Tochter He Buyuns feierte. Von dem ebenso unverhofften wie überwältigendem Erfolg seiner Expedition berauscht, schloss sich Hodscha Buzurg Khan in einem gut bestückten Harem ein und überließ sich dortselbst den Freuden der Ausschweifung. Yakub Beg nutzte diese Unvorsichtigkeit seines Heerführers, um ihn abzusetzen, gefangen zu nehmen und nach Kokand zurückzuschicken – und verfuhr so mit ihm weitaus

milder, als es sonst in Innerasien üblich war. Nun war Yakub Beg alleiniger Herr über das gesamte östliche Turkestan, ein Gebiet, das sich von der Wüste Gobi bis zu den Bergen des Tianshan erstreckte. Er nannte sich fortan Emir Mohammed Yakub Khan, Oberhaupt der Rechtgläubigen, Verteidiger des Glaubens. Er unterstellte sich dem direkten Schutz des Sultans von Konstantinopel, in dessen Namen er auch Dekrete erließ und Münzen prägte.

Das Auftreten eines neuen und scheinbar mächtigen muslimischen Staatswesens in Zentralasien erregte in London und St. Petersburg einiges Interesse, und man schickte mehr oder weniger offizielle Gesandte los. Besonders die Briten überschätzten die Bedeutung Yakub Begs, in dem sie eine Art nachgeborenen Tamerlan sahen, der sich den russischen Eroberern vielleicht entgegenstellen könnte. Die Chinesen bereiteten inzwischen allmählich die Rückeroberung der Dsungarei vor, mit der Zuo Zongtang betraut wurde, dem 1873 bereits die Befriedung von Gansu gelungen war. Zuo stieß in Peking auf größere Hindernisse als in Turkestan. So hatte sich etwa Li Hongzhang gegen diese Unternehmung gestellt, da er davon überzeugt war, dass die chinesische Armee nicht in der Lage sein würde, diese Region zurückzuerobern.

Darüber hinaus vertrat er die Ansicht, die Entstehung einer Reihe zentralasiatischer Staaten, die als Puffer dienten, würde zum Schutz der Grenzen des Reichs beitragen und die Aufmerksamkeit der Briten und Russen auf sich ziehen. Zuo musste in Shanghai private Kredite aufnehmen, um seine Männer bezahlen zu können. Er rückte mit äußerster Geduld vor und verbrachte ganze Jahreszeiten an einer Etappe. Er ließ Getreide für die Ernährung

240 und 241

Als Kaiser Tongzhi an Pocken starb, war seine Frau
schwanger; sollte das Kind ein Junge sein, wäre es der
rechtmäßige Thronfolger gewesen. Doch Tongzhis Mutter, der Kaiserinwitwe Cixi, gelang es, die Regentschaft
zu behalten, indem sie Guangxu, den dreijährigen
Sohn ihrer Schwester, zum Kaiser ausrufen ließ.

Die junge Gattin Tongzhis starb unter ungeklärten
Umständen vor der Geburt. Das Foto oben zeigt den
kleinen Guangxu zu Pferd. Für das Foto darunter
posierte er — schon etwas älter — zusammen mit
einem jüngeren Bruder. Auf dem Foto rechts ist
Guangxu als Halbwüchsiger zu sehen.

der Truppen aussäen, wartete, bis es reifte, und zog erst nach der Ernte weiter. 1876 kontrollierte er bereits den größten Teil der Dsungarei, deren Bevölkerung den Despoten Yakub Beg ablehnte. Im folgenden Frühjahr wurden die Rebellen in einer Schlacht in offenem Gelände geschlagen. Als Yakub Beg sein Ende nahen sah, legte er sein Schicksal dem Zufall in die Hände. Er ließ sich Kaffee in zwei vollkommen gleiche Tassen einschenken; in eine davon gab er ein tödliches Gift. Dann stellte er die Tassen so oft um, bis er nicht mehr wusste, welche den vergifteten Kaffee enthielt. Er verließ den Raum, kehrte nach einer Weile zurück, ergriff die ihm am nächsten stehende Tasse und trank sie leer. Der Zufall hatte seinen Tod beschlossen. Anstatt den vorrückenden Chinesen entgegenzutreten, kämpften seine beiden Söhne erbittert gegeneinander um den wackligen Thron. Schließlich trafen sie zu einer offiziellen Versöhnung zusammen; als sie aber aus dem Sattel stiegen und einander umarmten, zog einer der Brüder seine Pistole heraus und erschoss den anderen.

Kashgar war nicht mehr zu halten, und 1878 war die Zerstörung des Reichs des Yakub Beg abgeschlossen. In den vergangenen Jahren hatten die Russen das Tal des Ili unter dem Vorwand besetzt, ihre Grenzen auf diese Weise gegen die Rebellen abschirmen zu müssen; nun weigerten sie sich, China das Tal zurückzugeben, das man als Entschädigung für die entstandenen Kosten behalten wollte. Auch hier hatten es die Chinesen der britischen Intervention zu verdanken, dass sie das Gebiet 1881 zurückerhielten. Allerdings war eine übertrieben hohe Entschädigungssumme festgesetzt worden. Auf Zuos Empfehlung hin wurde Turkestan in den Rang einer vollwertigen Provinz erhoben, genannt Xinjiang oder »Neue Domäne«. In der Hauptstadt Urumchi wurde ein Garnisonsposten von 8000 Mann eingerichtet.

Inzwischen war die Verbotene Stadt von dramatischen Ereignissen erschüttert worden. Gegen Ende des Jahres 1874 hatte sich der

junge, frisch verheiratete Kaiser Tongzhi die Pocken geholt — wie gemunkelt wurde, auf einem seiner Ausflüge in die Vergnügungsviertel der Hauptstadt. Seine Mutter Cixi, die die eigentliche Macht in Händen hielt, da sich ihre Mitregentin Cian nicht für Politik interessierte, sah ihre Stellung gefährdet: Die Ehefrau des Kaisers war schwanger, und wenn sie nach einem etwaigen Tod Tongzhis einen Jungen gebären würde, wäre dieser der rechtmäßige Thronerbe. Die junge Mutter wäre nun selbst Kaiserinwitwe und hätte das Anrecht, die neue Regentin zu werden.

Unterstützt von den Palasteunuchen, von Ronglu und Li Hongzhang, die die Truppen der Hauptstadt und der umliegenden Provin-

zen befehligten, wählte Cixi, während ihr Sohn mit dem Tod rang, einen Nachfolgekandidaten aus, an den niemand gedacht hatte und dessen zartes Alter ihr erlauben würde, weiterhin Regentin zu bleiben: den dreijährigen Sohn ihrer Schwester und des Prinzen Shun, des jüngeren Bruders ihres verstorbenen Gatten Xianfeng. Nachdem sie sich das Kind geholt hatte, kehrte Cixi rasch in die Verbotene Stadt zurück und ließ es zum postumen Adoptivsohn von Xianfeng erklären, um ihm den ersten Rang in der Thronfolge zu sichern. Tongzhi starb noch am gleichen Abend, und sofort riefen die Eunuchen den kleinen Jungen zum Kaiser aus; er nahm die Ärabezeichnung Guangxu an. Die ersten Reaktionen von Cian und den mandschurischen Adeligen auf diesen Staatsstreich waren heftig. Anstatt ihren Willen mit Gewalt durchzusetzen, wodurch sie die kaiserliche Familie auf irreparable Weise entzweit hätte, inszenierte Cixi geschickt eine Tragikomödie und tat, als würde sie zum letzten Mittel greifen, mit dem eine Frau in China ihren Standpunkt klar machen kann: dem Selbstmord. Nachdem sie verkündet hatte, dass sie mit dem Tod des Sohnes nicht mehr leben wolle — und einen Eunuchen ihres Vertrauens beauftragt hatte, sie im richtigen Moment zu retten —, hängte sie sich in ihrem Zimmer mit einer Seidenschnur auf.

Die aufgewiegelten Truppen bekundeten inzwischen ihre Ungeduld, einen neuen Kaiser zu erhalten, und verkündeten, dass sie keineswegs warten wollten, bis die Witwe des Kaisers entbunden hatte, zumal das Kind auch weiblich sein könnte. Cian, die keinen persönlichen Ehrgeiz besaß und die Ruhe vorzog, bekundete Verständnis für die Soldaten und überzeugte die anderen Familienmitglieder. Am Folgetag erklärte der Rat Guangxu zum neuen Kaiser und bestätigte Cian und Cixi in ihrem Amt als Regentinnen. Zwei Monate später starb Tongzhis Gattin, bevor sie ihr Kind zur Welt bringen konnte. Der offiziellen Version zufolge hatte sie Selbstmord begangen, indem sie eine goldene Haarnadel hinunterschluckte.

Am Hof des Alten Buddha

I m Jahre 1881 verstarb auch die alte Kaiserinwitwe Cian. Damit wurde Cixi zur

Alleinregentin bzw. Alleinherrscherin über das Reich des Himmels. Im gleichen

Jahr zeichnete sich im Süden ein Konflikt mit Frankreich um einen tributpflich-

tigen Staat ab. Es handelte sich um Vietnam, dem dieser Name 1803 vom Sohn

des Himmels Jiaqing gegeben wurde. Die Franzosen hatten bereits zur Zeit des

Sonnenkönigs Ludwig XIV. ihre Fühler nach Indochina ausgestreckt und Ende

des 18. Jahrhunderts Kaiser Gia Long in dessen Machtkampf gegen eine rivali-

sierende Dynastie Unterstützung gewährt. Seit 1862 hatte Paris das Protektorat

über Kotchinchina im südlichen Vietnam inne, 1874 waren spezielle Handelsrech-

te in Tongking vertraglich abgesichert worden. Die Chinesen beobachteten diese

Entwicklung mit großer Sorge, befürchtete man doch ein weiteres Vordringen in

242 und 243
Weil die Chinesen die
Japaner traditionell als
ein ihnen kulturell unter-
legenes Volk ansahen,
wurde die Niederlage im
Krieg von 1894/1895
gegen Japan als wesentlich
schmachvoller empfunden
als all die Niederlagen,
die man durch die Weißen
Teufel erlitten hatte. Auf
diesen Seiten sind zeit-
genössische japanische
Drucke mit Schlachtsze-
nen wiedergegeben.

die südlichsten Provinzen, Yunnan und Jiangxi. In dieser Gegend waren irreguläre Truppen aktiv, die sich »Schwarzflaggen« nannten. Sie wurden von Liu Yongfu befehligt, der in seiner Jugend ein Anführer der Taiping gewesen war. Nach dem Zusammenbruch des Himmlischen Reichs war er mit seinen Gefolgsleuten in den Süden geflüchtet, und man hatte ihnen gestattet, sich zu rehabilitieren, indem sie für China kämpften. Auch der vietnamesische Kaiser Tu Duc hatte die Schwarzflaggen gegen die Rebellen im nördlichen Tongking zu Hilfe gerufen. Später hatten sich diese Einheiten mit Piraten, die im Insellabyrinth der Mündung des Roten Flusses operierten, zusammengetan und bedrohten die kleinen französischen Garnisonen von Hanoi und Haiphong.

Die Eingeschlossenen ersuchten um Unterstützung, und um Tu Duc daran zu erinnern, dass es seine Pflicht war, die Abmachungen mit Frankreich einzuhalten, wurde – wie inzwischen üblich – ein Expeditionskorps ausgeschickt. Dessen höchster Offizier, der Schiffskapitän Henri Rivière, wurde vom Gouverneur von Kotchinchina zwar ermahnt, »sich nicht in Gefechte verwickeln zu lassen«, doch kaum hatte er Hanoi erreicht, als er die Mandarine und ihre Milizen aufforderte, die Festung zu evakuieren. Sie weigerten sich, und Rivière befahl den Angriff. Als der Gouverneur davon erfuhr, wies er ihn an, die eroberte Festung ihren rechtmäßigen Besitzern sofort zurückzuerstatten. Inzwischen überquerten Waffen, Munition und Verstärkung die Nordgrenze, und die chinesischen und vietnamesischen Waffengefährten versuchten, den Roten Fluss auf der Höhe von Nam Dinh aufzustauen, um die Verbindung zwischen Hanoi und dem Meer zu unterbrechen. Rivière eroberte kurzerhand Nam Dinh und bemühte sich anschließend, die Blockade von Hanoi aufzuheben, um das sich eine Übermacht von Schwarzflaggen versammelt hatte. Französische Marineinfanteristen und chinesische Freischärler trafen am 19. Mai 1883 in den Reisfeldern

vor der Stadt aufeinander, und die Franzosen unterlagen. Auch Rivière fiel in dieser Schlacht.

Wie alle Niederlagen, die Weißen durch Völker beigebracht wurden, die man als kulturell unterlegen betrachtete, erregte auch dieses im Grunde nebensächliche Ereignis in Frankreich große Aufmerksamkeit. Jules Ferry, dem entschiedenen Fürsprecher des Kolonialismus, fiel es daher nicht schwer, das Parlament von der Notwendigkeit zur Stationierung weiterer Truppen zu überzeugen. Während diese in Tongking an Land gingen, starb Tu Duc in der kaiserlichen Hauptstadt Hue. Die Mandarine und die Kaiserinmutter riefen das Kind Hiep Hoa zum Kaiser aus und zeigten Verhandlungsbereitschaft. Das aufgezwungene Abkommen machte auch Nordvietnam zum französischen Protektorat. Indessen kämpften die Schwarzflaggen zusammen mit regulären chinesischen Truppen unter Li Hongzhang tapfer weiter.

Am Hof von Hue vergifteten Anhänger der antifranzösischen Fraktion den armen kleinen Hiep Hoa und setzten Kien Phuoc ein, der kurze Zeit später ebenfalls unter mysteriösen Umständen verschied. Aus Frankreich kam unterdessen weitere Verstärkung, worauf sich die Chinesen entschlossen, die Verhandlungen wieder aufzunehmen. 1884 verpflichtete sich das Reich der Mitte vertraglich, seine Truppen und Milizen aus Tongking abzuziehen.

Damit schien der Konflikt beigelegt zu sein, doch ein unerwarteter Zwischenfall führte zu neuen Feindseligkeiten: Der Befehlshaber der chinesischen Truppen von Bac Lé, der keine Rückzugsorder erhalten hatte, machte eine französische Abteilung nieder, die den Auftrag hatte, Lang Son zu besetzen. Ferry beschuldigte China des Vertragsbruchs und verlangte eine Reparationszahlung in Höhe von 250 Millionen Franc, die bis zum 31. Juli entrichtet werden sollte. Als die Frist verstrichen war, griff

ein französisches Marinegeschwader einen Hafen auf Formosa an und zerstörte dessen Befestigungsanlagen, während der Großteil der Ostasienflotte unter dem Kommando des Konteradmirals Courbet bei Fuzhou den Fluss Minjiang hinauffuhr und einen chinesischen Verband unter Beschuss nahm, der aus vier Kreuzern, drei Kanonenbooten, neun bewaffneten Dschunken und einigen kleineren Schiffen bestand. Alle chinesischen Gefährte waren aus Holz, und nach nur sieben Minuten waren nur noch Trümmer von ihnen übrig. Einige amerikanische und britische Einheiten, die diesem Gemetzel verblüfft zugesehen hatten, bargen die Überlebenden. Inzwischen war in Tongking ein Expeditionskorps unterwegs zur chinesischen Grenze und kämpfte auf seinem Weg abwechselnd gegen Schwarzflaggen, Soldaten des Himmlischen Reichs und irreguläre vietnamesische Verbände, die man der Einfachheit halber als Piraten bezeichnete. Eine neuerliche französische Niederlage bei Lang Son wurde zur nationalen Katastrophe hochgespielt und führte am 30. März 1885 zum Sturz von Ferrys Kabinett.

Einen Augenblick lang sah es so aus, als hätte Frankreich diese Partie verloren. In der Zwischenzeit aber hatte Admiral Courbet China ein weiteres Mal zur See geschlagen. Anfang Februar war der Großteil der kaiserlichen Flotte aus dem Hafen von Shanghai ausgelaufen: fünf stählerne Kreuzer aus deutscher Produktion, eskortiert von Torpedobooten. Der Franzose, der die Küsten Formosas blockierte, erwartete sie an der Mündung des Minjiang. Am Morgen des 13. Februar machte er am Horizont den Rauch ihrer Schornsteine aus, aber die frisch überholten chinesischen Schiffe waren schneller und entkamen – mit Ausnahme der *Yuyuan* und der *Zhenjiang*, die in einer Bucht unterhalb der Befestigungsanlagen Schutz suchten. Französische Dampfboote entdeckten sie am Folgetag und griffen sie im Schutz der Nacht mit Torpedos an, die an Stangen montiert waren. Die Stangen waren extrem

lang und wurden am Bug schneller Schiffe befestigt. An ihrem äußersten Ende befand sich eine Sprengladung, die bei Kontakt mit dem feindlichen Schiff zur Explosion gebracht wurde. Auf diese Weise wurde das Heck der *Yuyuan* gesprengt. Dies bewirkte ein derartiges Chaos, dass sich die Chinesen plötzlich gegenseitig beschossen: Die Festungen feuerten auf die Schiffe, die Schiffe aufeinander und die *Yuyuan* versenkte die *Zhenjiang*, bevor sie selbst unterging.

Courbet verhängte anschließend eine Reisblockade. Zwischen Februar und März 1885 wurden alle Schiffe, die Reis aus den Anbaugebieten im Süden in den Norden bringen wollten, angehalten. Um besser operieren zu können, besetzte Courbet die Pescadores, eine

zwischen dem Festland und Formosa liegende Inselgruppe, die er Frankreich zuschlagen wollte. Dies rief allerdings die Briten auf den Plan, die wenig geneigt waren tatenlos zuzusehen, wie Paris seinen Machtbereich in Fernost stetig weiter ausdehnte. Nach massivem britischem Druck unterzeichnete China am 9. Juni einen Vertrag, mit dem es das französische Protektorat über Vietnam anerkannte und im Gegenzug die Pescadores zurückbekam. Zermürbt von den Strapazen und dem feuchtheißen Klima, starb Courbet zwei Tage später an Bord seines Flaggschiffs. Zu den Verlierern dieses Krieges gehörte auch Prinz Gong. Cixi nahm das mangelnde Durchsetzungsvermögen seiner Diplomaten zum Vorwand, um ihn los-

zuwerden. Sie befahl ihm, von all seinen Ämtern zurückzutreten — »um seine Gesundheit wiederherzustellen«, wie es offiziell hieß. Auf diese Weise konnte er wenigstens sein Gesicht wahren. Seine Nachfolger wurden im kaiserlichen Rat Li Hongzhang und im *Zongli yamen* Prinz Qing. Zum neuen starken Mann Chinas aber wurde Prinz Chun, der Vater des Kaiserkinds, der Cixis vollstes Vertrauen genoss.

Im Jahr 1885 wurde die Kaiserinwitwe 50 Jahre alt. Um dieses Ereignis gebührend zu feiern, wurde die Verbotene Stadt mit Triumphbögen, Girlanden und Laternen geschmückt, und es wurden zahlreiche Altäre für die Ahnenopfer aufgestellt. Während einer schrecklichen Trockenheit, die auch vor den fruchtbarsten

244 und 245
Von 1883 bis 1885 dauerte der Krieg zwischen Frankreich und China, dessen Auslöser die französische Expansion in Indochina war. Da man befürchtete, die Europäer würden von Tongking aus versuchen, die südlichen Provinzen zu erobern, unterstützten die Chinesen *den vietnamesischen Widerstand, wurden aber geschlagen. Die Abbildung links zeigt den Beschuss der chinesischen Flotte durch die Franzosen bei Fuzhou am 23. August 1884, die Abbildung rechts Überholungsarbeiten an einem chinesischen Kanonenboot im Hafen von Shanghai.*

246

247 links

247 rechts

Kaiser Guangxu (unten) heiratete 1889 seine Cousine Longyu, die Tochter seines Onkels. Weil sie mit aller Macht versuchte, ihrer Familie die Herrschaft zu erhalten, hatte die Kaiserinwitwe Cixi diese Hochzeit arrangiert. Die Feierlichkeiten fanden in der Verbotenen Stadt vor dem Pavillon der Höchsten Harmonie statt (oben).

Der Kaiser entwickelte eine starke Abneigung gegen die Frau, die ihm von Cixi aufgezwungen worden war und die hier auf dem Foto inmitten einer Gruppe von Hofeunuchen zu sehen ist. Während der Hochzeitsfeier kam es zu mehreren kleineren Zwischenfällen, die allgemein als schlechte Vorzeichen gedeutet wurden.

Cixi ließ in jenen Jahren nördlich von Peking einen neuen Sommerpalast errichten, der noch aufwändiger als sein Vorgänger war. Sie bezog den repräsentativen Bau, bevor er fertig gestellt war, und beaufsichtigte die Arbeiten. Dieses Foto zeigt die Regentin bei einer Bootspartie mit ihren Hofdamen auf einem mit Lotos bepflanzten See.

Regionen Chinas nicht Halt gemacht hatte, erbaten Cixi und der gesamte Hof, wie es in derartigen Fällen üblich war, Buddhas Wohlwollen. Wenig später regnete es tatsächlich, und der Großeunuch Li Lianying, ein erfahrener Schmeichler, gratulierte der Kaiserinwitwe für die Promptheit, mit der Buddha ihre Gebete erhört hatte. »Es scheint, dass Eure Macht der Buddhas gleichkommt«, hatte er hinzugefügt und vorgeschlagen, Cixi den Ehrentitel »Alter Buddha« zu verleihen. In der chinesischen Vorstellung bedeutete dies eine doppelte Auszeichnung, da hier die beiden heiligsten Attribute zusammenfanden: Alter und Göttlichkeit. Die Kaiserin war hocherfreut, und bald hatte sich der Beiname fest etabliert.

In jenen Jahren widmete Cixi ihre ganze Aufmerksamkeit dem neuen Sommerpalast, der in einem hügeligen Gelände nördlich von Peking entstand, das »Berg der Zehntausend

als würdiger Ersatz für jenen Palast gedacht war, den die Weißen Teufel zerstört hatten. Mit unermüdlicher Energie leitete die Kaiserinwitwe die gesamten Arbeiten und ließ es sich nicht nehmen, eigenhändig Bäume zu pflanzen oder Gärten und Blumenbeete zu entwerfen.

Ringsumher wurde fieberhaft gemauert, geschnitzt und gemalt. Bienenstöcke und Taubenhäuser wurden aufgestellt, Goldfische wurden in die Teiche gesetzt, und die Dächer wurden mit gelben Keramikziegeln gedeckt. In den schattigen Alleen, den bunt bemalten Kolonnaden und den verglasten Pavillons erhaschte man Blicke auf Hofdamen und Zofen. Über die mit Lotos bepflanzen Kanäle und Seen trieben Boote, zwischen den Bäumen wurden Sänften umhergetragen. Hoch zu Ross und von bewaffneten Eskorten begleitet, kamen ehrwürdige Mandarine, um die Kaiserin auf dem Laufenden zu halten und Befehle entge-

chen schlugen in langsamem Tempo und immer auf die gleiche Stelle, bis die Haut platzte. Der Schmerz musste unerträglich sein. Manchmal verloren die Eunuchen vor Schmerz die Beherrschung und verfluchten den Thron; dann wurden sie enthauptet.«

Kaiser Guangxu hätte eigentlich mit dem Erreichen der Volljährigkeit die Macht übernehmen sollen, doch Cixi blieb noch bis zu seiner Hochzeit, also zwei weitere Jahre, Alleinregentin. Sie wählte eine Ehefrau aus, auf die sie sich verlassen konnte: ihre Nichte Longyu, die Tochter ihres Bruders, womit die Macht in der Familie bleiben würde. Guangxu war diese Cousine, die er gut kannte, weil sie häufig am Hof verkehrte, ausgesprochen unsympathisch, und seine Gefühle beruhten offenbar auf Gegenseitigkeit. Zum Trost wurden ihm zwei junge Mädchen zugestanden, für die er schon zuvor eine Schwäche entwickelt zu haben

Langlebigkeiten« genannt wurde. Zum Palast gehörten neben den eigentlichen kaiserlichen Gemächern eine große Zahl prachtvoller Gebäude, in denen die Hofdamen, die Eunuchen und das Personal untergebracht werden sollten. Für den eigenen Gebrauch hatte die Kaiserinwitwe eine offizielle Residenz errichten lassen sowie ein weiteres Anwesen am Ufer eines Sees, von dem aus eine von 280 Säulen gestützte Kolonnade zu einem großen Marmorschiff in der Mitte des Teichs führte; ferner einen Festpavillon, einen Pavillon, in dem sie schreiben würde, und einen dritten inmitten von Bäumen, der für ihren Mittagsschlaf gedacht war. Außerdem gab es drei Tempel, ein großes Theater und einen Bootsschuppen. Der Alte Buddha konnte es kaum erwarten, diese Herrlichkeit in Besitz zu nehmen, die

genzunehmen. Mandarine des höchsten Rangs trugen auf dem Hut den »roten Knopf«, einen eiförmigen Rubin. Die hell gekleideten Eunuchen arbeiteten in den Blumen- und Gemüsegärten und den Kiosken. Das Leben der Eunuchen von niedrigem Rang war dagegen sehr hart, sie bekamen wenig zu essen und wurden oft geschlagen. In ihren Memoiren erinnerte sich eine mandschurische Prinzessin: »Ein Eunuch wurde wegen eines kleineren Vergehens Ihrer Majestät vorgeführt. Vielleicht hatte er eine Dienerin erschreckt, und die Dienerin hatte geschrien und dadurch die Kaiserin geweckt ... Zur Strafe sollte der Schuldige statt 20 Hiebe 100 erhalten. Der Unglückliche wurde ausgezogen. Andere Eunuchen schlugen ihn mit einer Bambusstange, deren Spitze biegsam war, sodass sie die Haut verletzte. Die Eunu-

schien: die Perlfarbene Konkubine und die Strahlende Konkubine. Mit den beiden verbrachte er so viel Zeit, dass sein Vater ihn ermahnen musste, anstandshalber gelegentlich die Residenz seiner Gattin aufzusuchen. Bei den Hochzeitsfeierlichkeiten war es zu einigen Unglück verheißenden Zwischenfällen gekommen: Der im Garten aufgestellte Baldachin war einem Brand zum Opfer gefallen, das Wetter war regnerisch gewesen und es war nicht gelungen, die Hochzeitskerzen zu entzünden. Am schlimmsten aber wog, dass Braut und Bräutigam sich bei der Zeremonie nicht ein einziges Mal angesehen hatten. Der Alte Buddha war tief beleidigt und entwickelte für diesen Enkel, der die Frau ablehnte, die sie selbst für ihn auserkoren hatte, einen Hass, der in den kommenden Jahren noch Folgen haben würde.

Inzwischen braute sich eine neue Krise in einem Vasallenstaat zusammen, der dem Herzen Chinas wesentlich näher lag: Korea. Japan, das inzwischen vom Abendland die Politik der Kanonenboote erlernt hatte, entsandte 1876 ein Marinegeschwader, das die Öffnung einiger koreanischer Häfen für den Handel mit Japan erzwingen sollte. Das resultierende Abkommen bezeichnete Korea als unabhängigen Staat, der China in keinerlei Hinsicht verpflichtet war. Li Hongzhang riet den Koreanern, »Gift mit Gift« zu bekämpfen. Damit meinte er, sie sollten ihre Häfen auch den Europäern öffnen, damit diese den »Zwergen« entgegentraten. Der Rat wurde angenommen, und das Land schloss Handelsabkommen mit Großbritannien, Frankreich, Deutschland, Italien und Russland. Allerdings konnte sich China schwerlich lange heraushalten. Als der junge König Koreas, der das Reich mithilfe der Japaner modernisieren wollte, 1882 den Thron bestieg, wurde er kurz darauf vom Ex-Regenten, seinem ultrakonservativen Vater, gestürzt. Die aufgehetzte Menge griff das Haus der japanischen Gesandtschaft an und setzte es in Brand. China entsandte ein Truppenkontingent, das von Yuan Shikai befehligt wurde, einem jungen Offizier, der später noch von sich reden machen sollte. Die chinesischen Soldaten stellten die Ordnung wieder her, verhafteten den unloyalen Regenten und brachte ihn in Ketten nach Tianjin. Aber auch Japan hatte Truppen nach Seoul beordert. Nur zwei Jahre später halfen sie den »Progressisten« dabei, einen weiteren Staatsstreich in Szene zu setzen. Die Putschisten töteten alle Mitglieder der feindlichen Fraktion, deren sie habhaft wurden, und nahmen das Königspaar gefangen. Yuan Shikai reagierte schnell: An der Spitze seiner chinesischen Einheiten und koreanischer Truppenteile drang er in den Palast ein und fiel über die Japaner her, überwältigte sie und ließ sich die königlichen Gefangenen übergeben. Zur Belohnung wurde er zum Vertreter der chinesischen Regierung in Seoul ernannt.

Während Li Hongzhang in den folgenden Jahren die von den Franzosen zerstörte Flotte wieder aufbaute und an der Korea gegenüberliegenden Küste in Lüshun (Port Arthur) und Weihaiwai zwei große Marinestützpunkte einrichtete, setzte sich der Zerfall Koreas fort. Die nationalistische, ausländerfeindliche Bewegung Tonghak (»Östliche Lehre«) organisierte 1893 einen Aufstand, der sich rasch ausbreitete. Im Mai des Folgejahres bat der koreanische König Peking um Unterstützung, die ihm bereitwillig zugesagt wurde. Unverzüglich schickte Japan ebenso viele Soldaten auf die Halbinsel, und so standen sich die beiden Schutzmächte des Landes des Warmen Morgens waffenstarrend gegenüber. Ende Juli überstürzten sich die Ereignisse. Die Japaner setzten den König ab, ernannten einen Regenten an dessen Stelle und zwangen ihn, China den Krieg zu erklären. Peking reagierte am 1. August mit einer Kriegserklärung an Japan.

248 und 249
Der Krieg zwischen China und Japan brach 1894 über die Kontrolle Koreas aus. Einige Jahre zuvor waren auf die Halbinsel – seit Jahrhunderten ein Vasallenreich Chinas – Truppen zur Unterstützung der prochinesischen Fraktion entsandt worden. Den Oberbefehl führte Yuan Shikai (links). Die von deutschen Ausbildern nach europäischem Vorbild organisierte japanische Armee landete ebenfalls auf der Halbinsel, besetzte sie ohne größeren Verzug und drang in die Mandschurei vor. Auf dem Bild oben setzt die japanische Infanterie gerade zum Angriff an, während sich rechts im Vordergrund westliche Kriegskorrespondenten ihre Notizen machen.

Die Europäer staunten – und wie sich zeigen sollte, nicht zum letzten Mal – über die Kühnheit Japans und sagten China einen leichten Sieg voraus. In ihren Augen war das Reich der Aufgehenden Sonne eine Kuriosität, eine Kette von Eilanden, deren kleine Bewohner ihre Kimonos abgelegt hatten, um sich mit Zylindern und Fracks zu verkleiden, die mit den Errungenschaften der Industriegesellschaft herumspielten wie Kinder, die sich über neues Spielzeug begeistern. Die Überraschung war groß, als Japan in nur wenigen Tagen Seoul und den gesamten südlichen Teil der Halbinsel erobert hatte. Die Chinesen schickten eiligst Verstärkung an den Grenzfluss Yalu, doch am 16. September nahmen die Japaner Pjöngjang

Wie in den Handbüchern über Marinetaktik empfohlen, ließ er Panzerschiffe, Kreuzer und Kanonenboote in einem großzügig bemessenen Bogen Aufstellung nehmen und auf die Flanke der japanischen Schiffe zielen, die hintereinander in einem Konvoi fuhren. Die Schiffe der japanischen Marine waren zwölf an der Zahl, die des Blauen Drachen dreizehn. Außerdem waren die chinesischen Schiffe etwas besser bewaffnet als die japanischen. Als der Abstand zwischen den Verbänden 3000 Meter betrug, wurden die Kanonen der größeren Schiffe abgefeuert. Der japanische Admiral Ito schickte eine Abteilung gegen die Mitte der feindlichen Positionen los, um Ding zu verwirren, der unglücklicherweise gleich zu Beginn des Gefechts

Eine japanische Armee überquerte den Yalu und drang in die Mandschurei vor. Im Oktober gingen Truppen auf der Halbinsel Liaodong an Land und bedrohten Lüshun. Admiral Ding beeilte sich, den Hafen zu verlassen, um mit den traurigen Überbleibseln seiner Flotte im sichereren Weihaiwai Schutz zu suchen – dem »Lager des Tigers«, wie es die kaiserliche Propaganda nannte, die eher ungeschickt versuchte, die Invasion der »Zwerge« herunterzuspielen. Am 21. November fiel die Festung von Lüshun, und ihre hartnäckigen Verteidiger wurden brutal niedergemetzelt. Im Januar 1895 landeten dann japanische Truppen in der Umgebung von Weihaiwai und eroberten binnen zehn Tagen die äußeren Befestigungs-

ein, die bedeutendste Stadt des Nordens. Am folgenden Tag wurde die chinesische Flotte, die Truppentransporter eskortierte, in der Nähe der Yalu-Mündung von japanischen Schiffen attackiert. Zwei in Deutschland gebaute weiße Panzerschiffe bildeten das Rückgrat des Geschwaders von Admiral Ding, der seinen Rang nicht seiner seemännischen Erfahrung, sondern seiner Ergebenheit gegenüber Li Hongzhang verdankte. Ding war weder dumm noch feige, doch das Glück war nicht auf seiner Seite.

eine Verwundung erlitt. Bei der nun folgenden Schlacht zielten die Japaner genauer und konnten mehrere feindliche Schiffe versenken, mussten aber auch schwere Verluste hinnehmen: Itos Flaggschiff wurde beschädigt, und er war gezwungen, an Bord eines anderen Kreuzers zu gehen. Bei Sonnenuntergang waren nur noch vier chinesische Schiffe übrig, und die Munition ging zur Neige. Ding nutzte die Nacht, um die unglückseligen Gewässer zu verlassen, und flüchtete sich nach Lüshun (Port Arthur).

anlagen. Sodann zerstörten sie systematisch die in der Bucht vor Anker liegende Flotte – zuerst mit Torpedos und dann, nachdem sie die Festungen eingenommen hatten, mit den chinesischen Kanonen. Nur zwei kleine Torpedoboote konnten aus der Falle entkommen. Weihaiwai kapitulierte am 12. Februar, und die Sieger machten beachtliche Beute: 14 Schiffe, darunter ein Panzerschiff, die relativ leicht zu reparieren waren. Ding und einige seiner Offiziere begingen Selbstmord.

Nahe der Mündung des Yalu kam es zu einem Gefecht zwischen der chinesischen und der japanischen Flotte. Die unterlegenen Chinesen suchten zuerst in Port Arthur und später in Weihaiwai Zuflucht. Der Druck des Japaners Migita Toshihide (1862–1925) hält den historischen Moment der Kapitulation von Admiral Ding fest.

Einen Monat später reiste Li Hongzhang in die japanische Stadt Shimonoseki, um sich die Friedensbedingungen vortragen zu lassen. Er glaubte, auf das Schlimmste gefasst zu sein, doch das, was die siegestrunkenen »Zwerge« forderten, überstieg die düstersten Vorhersagen: neben der Souveränität Koreas die Abtretung Formosas und der Pescadores, der Halbinsel Liaodong sowie der Stadt Tianjin; außerdem die Eisenbahntrasse, die von Tianjin zur Großen Mauer führte, wodurch Peking selbst der Gnade der Japaner ausgeliefert gewesen wäre.

Ein unvorhergesehener Zwischenfall und asiatisches Ehrgefühl bewahrten China vor diesem Diktat. Ein Fanatiker verübte einen Anschlag auf Li Hongzhang und verletzte ihn im Gesicht. Japan wurde von der Scham darüber geradezu erschüttert. Ein Japaner hatte gewagt, einen Gast seines Landes anzugreifen! Der Tenno entsandte eine formelle Entschuldigung, die Verhandlungen wurden am Krankenbett des Verletzten weitergeführt und die Bedingungen abgemildert.

Das Abkommen, das am 17. April 1895 unterzeichnet wurde, war trotzdem das härteste, das China bis dahin aufgezwungen worden war. Die Japaner verzichteten zwar auf Tianjin, nicht aber auf die Halbinsel Liaodong, auf Formosa und auf die Pescadores. Darüber hinaus forderten sie hohe Reparationen.

Diese Ansprüche wurden im Westen als überzogen angesehen; der aggressive Konkurrent, der hier plötzlich in Ostasien erwachsen war, bereitete zunehmend Sorgen. Am 23. April informierte ein gemeinsam von Deutschland, Frankreich und Russland verfasstes Kommuniqué die Japaner, dass eine Besetzung der Halbinsel Liaodong »eine Gefahr für den Frieden in Fernost« darstellen würde. Diese diplomatische Warnung wurde von einer bedrohlichen Konzentration von Marinegeschwadern im Gelben Meer unterstrichen. Die Japaner waren nicht darauf vorbereitet, einen neuerlichen Krieg zu führen – gegen Feinde, die wesentlich gefährlicher waren als das Reich des Himmels. Tokio gab nach und erstattete Liaodong an China zurück, bereit, geduldig zu warten, bis sich eine erneute Chance bot.

251

Aus Scham verübte Admiral Ding unmittelbar nach Unterzeichnung der Kapitulation Selbstmord. Der Druck des Künstlers Mizuno Toshikata (1866–1908; oben) zeigt ihn in seinem Arbeitszimmer sitzend, das Glas mit dem Gift bereits in der Hand. Unten sind die Friedensverhandlungen dargestellt, die Li Hongzhang (links), der Leiter der chinesischen Delegation, in der japanischen Stadt Shimonoseki führte. Die von den Siegern gestellten Bedingungen waren zunächst sehr hart, wurden aber durch die Intervention europäischer Mächte, die ein übermäßiges Erstarken Japans befürchteten, abgemildert.

DIE LETZTEN
TAGE VON PEKING

I n das Jahr 1895 fiel der 60. Geburtstag der Kaiserinwitwe. Dies war für die

Chinesen, die gewohnt waren, die Zeit in Zyklen von 60 Jahren einzuteilen,

ein wichtiges Ereignis, das gebührend gefeiert werden sollte. Überall dort, wo

Zeremonien geplant waren, hatte man bereits die Dekorationen angebracht.

An der Straße, die von Peking zum Sommerpalast führte und auf der Kaiser,

Hofstaat und hohe Funktionäre in feierlicher Prozession zum Alten Buddha

gezogen wären, um der alten Dame ihre Ehrerbietung zu erweisen, waren

Altäre und Triumphbögen errichtet worden. Doch das Fest fand nicht statt.

Die niedergeschlagene Stimmung, die von China Besitz ergriffen hatte, schuf

ein Klima, in dem Ressentiments gegen die herrschenden Mandschu hervor-

ragend gediehen. Ihre Generäle, so hieß es, taugten nur für die Paraden, ihre

Admiräle hätten das Meer noch nie gesehen, ihre Diplomaten verstanden es

252 und 253
Die zahlreichen militäri-
schen Niederlagen, und
insbesondere jene im Krieg
gegen Japan, hatten bei
vielen Chinesen die Vor-
stellung entstehen lassen,
der Himmel habe sein
Mandat an die Mand-
schu-Dynastie zurück-
gezogen. Die Unsummen,
welche die Kaiserinwitwe
für den Bau des neuen
Sommerpalasts ausgab —
hier zwei Ansichten der
Anlage —, verstärkten den
Unmut nur noch.

Cixis Sommerpalast war eigentlich ein Ensemble von zehn prunkvollen Gebäuden. Eines davon wurde über einem künstlichen Hügel erbaut, für den tonnenweise Gestein und Erde angehäuft werden mussten (unten).

Der am meisten bewunderte Bau war das große Schiff aus Marmor (oben). Allerdings waren viele der Ansicht, es wäre besser gewesen, das Geld für echte Schiffe auszugeben, die man den Feinden hätte entgegenschicken können.

255 oben und unten
Im Herzen der Metropole Peking lag die Verbotene Stadt, die kaiserliche Residenz, die von mächtigen Mauern umgeben und mit zahllosen Skulpturen geschmückt war – darunter diesen gewaltigen Bronzelöwen.

255 Mitte
Ende des 19. Jahrhunderts begeisterte die Hauptstadt Peking alle ausländischen Besucher. Das Automobil, das auf dieser Fotografie vor einem Triumphbogen wendet, gehörte der französischen Botschaft.

nicht, sich den fremden Eindringlingen entgegenzustellen, kurzum, die Eliten seien unfähig und korrupt. Um Cixi gefällig zu sein, wurde immer wieder gemunkelt, waren für die Marine bestimmte Gelder für den Bau des Sommerpalasts vergeudet und für Schiffe aus Marmor ausgegeben worden anstatt für Schiffe aus Stahl. Es breitete sich das Gerücht aus, die Regierenden hätten die Gunst des Himmels verspielt und damit die einzige Legitimation, die vor den Chinesen Anerkennung fand. Und auch in den aufgeklärtesten Köpfen spukte eine unklare, aber hartnäckige Ahnung herum, dass das Ende des Reichs vor der Tür stand.

Wie alle Metropolen, denen unmittelbar bedeutende Veränderungen bevorstehen, war die Hauptstadt des Reiches des Himmels so attraktiv wie nie zuvor, so als ob sie um ihre drohende Entweihung wüsste und ein letztes Mal ihre Reize zur Schau stellen wollte.

Die Zahl der ausländischen Besucher nahm beständig zu. Sie waren von der Dekadenz der Mandschu-Dynastie wie vom Untergang der ältesten Zivilisation der Welt gleichermaßen fasziniert. »Ich gehe China besuchen, bevor es stirbt«, hatte einer von ihnen geschrieben. Die Reise von Tianjin nach Peking unternahm man auch 1896 noch im Sattel, auf einem Karren oder auf einer Dschunke, die gemächlich den Beihe hinauffuhr. Und tatsächlich war es inzwischen gelungen, einen ersten Schienenstrang auf dem heiligen Boden des Reichs der Mitte zu verlegen; ein Jahr später verlief er bis zu einem Punkt, der bis drei Kilometer an die

Mauern der Hauptstadt heranreichte. Dass die Gleise nicht bis ins Zentrum reichten, war darauf zurückzuführen, dass die Chinesen der Eisenbahn gegenüber immer noch einen unüberwindlichen Widerwillen empfanden. Den Zügen entstiegen Geschäftsleute, Missionare, Beamte der Gesandtschaften, Diplomaten

gattinnen, neugierige Reporter auf der Jagd nach Lokalkolorit und sogar Soldatinnen der Heilsarmee, die in Asien gegen das Laster zu kämpfen gedachten. Die Reisenden bestiegen Rikschas oder von jeweils zwei Maultieren getragene Sänften und näherten sich langsam, inmitten des Gedränges von Bauernkarren, Reit- und Packeseln, Pferden, schwer beladenen mongolischen Kamelen und Sänften (grün für die großen Mandarine, hellblau für die niederen Beamten und schwarz für die einfachen Leute) den dunklen Befestigungsmauern, die sich in der Ferne abzeichneten.

Peking bestand aus zwei riesigen nebeneinander liegenden Rechtecken: der Tatarenstadt im Norden und der Chinesenstadt im Süden, die beide von dicken Wällen und schlammigen Gräben eingefasst waren. In der Mitte der Tatarenstadt lag die Kaiserstadt, die wiederum die Verbotene Stadt umschloss, die Residenz des Sohnes des Himmels, das Herz des Reichs der Mitte, das kein Weißer betreten durfte – mit Ausnahme der diplomatischen Vertreter, die aber auch nur sehr selten geladen wurden. Von den Mauern aus, die die beiden Städte voneinander trennten und die so breit waren, dass auf ihnen vier Karren nebeneinander fahren konnten, überblickte man die schier unendliche Metropole mit all ihrem Glanz und all ihrem Elend: die armseligen Hütten des koreanischen Viertels, die weitläufigen Paläste der Mandarine mit ihren Keramikziegeln und ihren vergoldeten Schnitzereien, die Ladenschilder, große bunte Banner, die im

*In den beiden Teilen, aus denen Peking bestand — der
Tatarenstadt und der Chinesenstadt —, gab es zahlreiche
große Anwesen, die Mandarinen und reichen Kaufleuten
gehörten. Jedes davon war ein von einer Ziegelmauer
umgebener Komplex aus mehreren zweistöckigen Gebäuden und Innenhöfen. Das Foto zeigt den Frauentrakt
des Hauses des Mandarins Yang im Jahre 1872.*

Wind flatterten, die überall verstreuten Gärten und den Wald um den Kaiserpalast mit seinen Kiosken und Seen, die langen, geraden Straßen und die sich dahinschlängelnden verschlammten Rinnsale, das Gewimmel der Menschenmassen. Der Nordwind bestäubte alles mit Sand aus der Mongolei und häufte ihn auf den Ebenen vor der Stadt zu Dünen an, die wie Wellen an die Mauern brandeten und sie zu überspülen drohten. Außerdem beleidigte er die Nasen der Europäer mit dem unerträglichen Gestank einer Stadt, deren Straßen, wie überall in China, als Latrinen dienten und die jeden Morgen von Fäkaliensammlern geharkt wurden, die ihre Ausbeute auf Brachland reifen ließen, um sie später als kostbaren Dünger an die Bauern der Umgebung zu verkaufen.

Die Hauptader, die die Chinesische Stadt durchquerte, wurde scherzhaft »Straße der Kohlstrünke« genannt, weil sie ständig mit Gemüseabfällen übersät war, mit denen die Straßenjungen europäische Passanten bewarfen. Sie wurde von unzähligen Ständen und Läden gesäumt, die Waren aller Art verkauften: Kohle, echte oder gefälschte Ming-Bronzen,

Hermelinfelle und japanische Zigaretten, Trockenfisch und in Holz eingebundene Literaturklassiker, Schuhe und Fasane, Opium und Zwergpfirsichbäume. Auf diesem sandigen Boulevard waren Karren unterwegs, die mit blauer Seide bedeckt und versilberten Ornamenten verziert waren, dazu struppige Kamele, Diener in auffallend bunten Tuniken, streunende Hunde und Kulis, die unter ihren Lasten gebeugt über die Matten stolperten, auf denen die verschiedensten Waren des täglichen Gebrauchs zum Verkauf angeboten wurden. Diese bunte Menge hielt eine wogende Masse von Seidenbändern, Drachenköpfen und mit goldenen Schriftzeichen bedeckte Papierbögen in Bewegung, die möglichst niedrig von Balkons oder Balken über den Köpfen hingen, um die Aufmerksamkeit aller auf sich zu ziehen. Eng gegen die Hauswände gedrückt, schlugen Bettler Gongs, Blinde spielten Flöte, Balladensänger Geige, und vom Himmel schien sich eine geheimnisvolle, allgegenwärtige Musik herabzusenken, die die verwunderten Westler veranlasste, immer wieder den Kopf zu heben: Es waren zahme Tauben, die über

Mit über 1 200 000 Einwohnern war Peking eine sehr
dicht besiedelte Stadt, in der ständig rege Betriebsamkeit
herrschte, zumal ein großer Teil des Alltagslebens im
Freien stattfand. Auf diesem Foto ist eine typische Straße
der Hauptstadt zu sehen. Die unterschiedlichsten Waren
werden feilgeboten und locken ganze Käuferscharen an.

den Passanten flogen und denen man aus kleinen Kürbissen hergestellte Musikinstrumente an die Schwanzfedern gebunden hatte.

Hörner und Tuben verkündeten dagegen das Nahen eines Leichenzugs – ein Anblick, der die Ausländer immer wieder aufs Neue faszinierte. Die pompösesten waren zwei bis drei Kilometer lang, mit Katafalken, so hoch wie Häuser, die mit purpurnen Stoffen behängt und mit Gold und Glas geschmückt waren. 80 Träger waren notwendig, um einen großen Katafalk zu tragen. Ihnen voraus gingen

an die hundert Fahnenträger, Laternenträger, Trommelschläger, Trompetenspieler und Pagen, die aller Welt die Kleidung des verstorbenen Mandarins präsentierten: den mit einem Korallenknopf geschmückten Hut, die bestickten Hoftuniken, die Täfelchen, auf denen seine Titel aufgeführt waren. Hinter dem Sarg gingen die weiß gekleideten Angehörigen und dann die Diener, die Symbole für den Wohlstand des Verschiedenen trugen: Pappmodelle von Pferden, Häusern, Waffen sowie Geldtruhen, die die Erben über dem Grab verbrennen würden.

Der Leichenzug eines Armen behinderte den Straßenverkehr kaum: eine schlichte Kiste auf den Schultern von vier Trägern, die mit eiligen Schritten davonzogen. Am gespenstischsten aber war der mit einer Plane zugedeckte Karren, der hinten ein riesiges schwarzes Schriftzeichen trug und den ein Büffel bei Sonnenaufgang und bei Einbruch der Nacht durch die Straßen der ärmsten Viertel zog. Es war der Leichenwagen der Elendsten, jener, die sich nicht einmal vier Holzbretter leisten konnten, und der Kinder, die vor der Zeit ge-

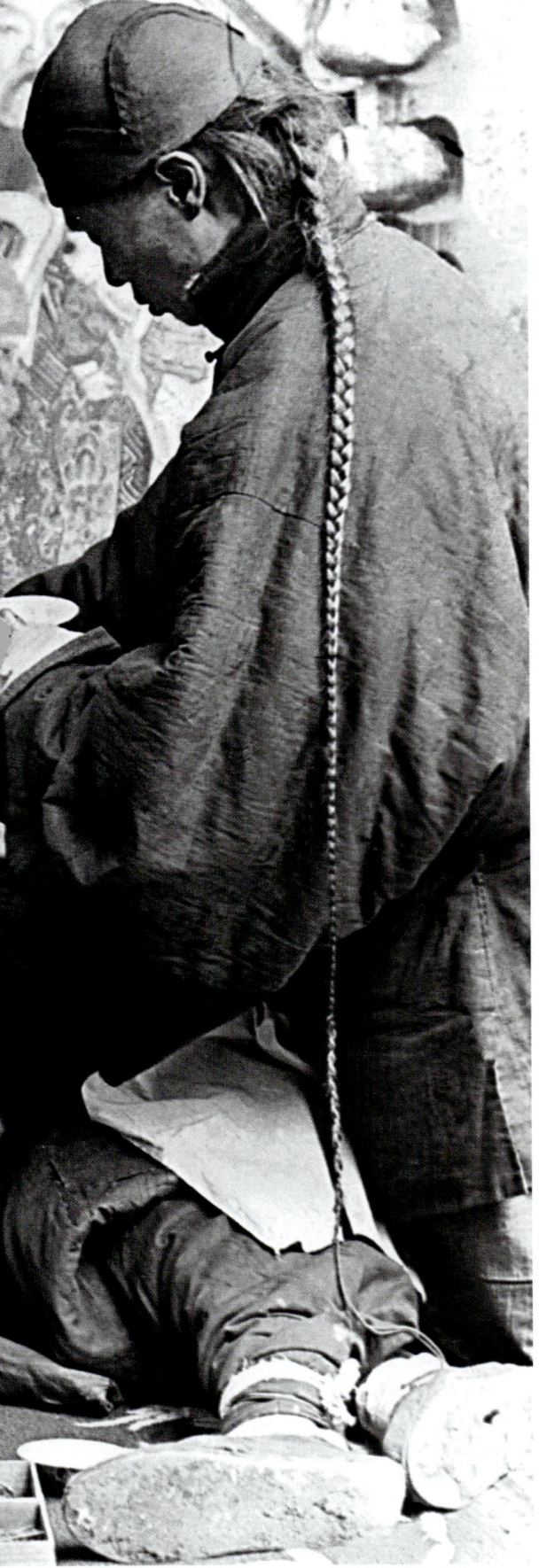

storben waren und die von ihren Eltern nur in eine Matte gewickelt auf die Türschwelle gelegt worden waren. Wenn der Karren die Stadt verließ, um seine Fracht in einer einfachen Grube inmitten der Felder abzuladen, begegnete er Herden halb wilder Ponys und verschreckten Schafherden, die mongolische Hirten mit Peitschenhieben vor sich hertrieben. Er kreuzte auch den Weg von in Ziegenfelle gekleideten Jägern, die einen Marsch von mehreren Tagen auf sich genommen hatten, um das mit Pfeil und Bogen erlegte Wild in Peking zu verkaufen;

und er passierte die Sänften von Kurtisanen, die von einem Vorortamüsement zurückkehrten.

Wie in ganz China gab es auch in Peking keinen wöchentlichen Ruhetag. Wie zum Ausgleich dafür wurde das Neujahrsfest einen ganzen Monat lang gefeiert. Dann verwandelte sich die Stadt in ein Kaleidoskop farbenprächtiger Dekorationen, lärmender Umzüge und üppiger Feste und schmückte sich mit Fahnen, Girlanden, Flitter und fliegenden Drachen. Das Krachen von Böllern hörte nie ganz auf. Tagsüber zogen Prozessionen von Würdenträgern in Galaanzug und vornehme Damen in ihren Sänften inmitten der festlich und farbenfroh gekleideten Menge durch die Straßen. Nachts wurden Laternen in verschiedensten Formen angezündet: Es gab Drachenlaternen, Löwenlaternen, Schmetterlingslaternen, drehbare Laternen, die mehrere Blumengesichter zeigten, Laternen mit den Schriftzeichen für Glück und langes Leben, an denen Schleifen und Bänder hingen. In den Höfen der Paläste bereitete man Feuerwerke vor, und die Raketen stiegen zum Himmel auf, um die Menge, die auf Dächern und Bäumen saß, einen Augenblick lang in ihr buntes Licht zu tauchen.

Europäer, die auf exotische Vergnügungen aus waren, zog es in den zwielichtigen Vorort Qianmenwai, wo Opiumhöhlen, Restaurants, Schankwirtschaften, Theater und Teehäuser auf Kundschaft warteten. In den Teehäusern konnte man aus winzigen Kelchen Rosenwein trinken und sich an der Gesellschaft blutjunger Kurtisanen erfreuen, die so bezaubernde Namen wie Jade der fünf Farben, Erfahrene

Geduld, Blühender Berg, Purpurzweig oder Unbestreitbare Reinheit trugen und so gut wie immer Spioninnen im Sold einer Art Geheimpolizei des Palasts waren. Die Seidengewänder der Mädchen waren aus grauer, graublauer oder violetter Seide, oder von einem Grün, das man als »Farbe des Himmels nach dem Regen« bezeichnete. Sie hatten sanfte ovale Gesichter, die sie weiß einpuderten, und auf ihre Wangenknochen malten sie karmesinrote Punkte. Ihre glänzend schwarzen Haare erinnerten an Rabenschwingen. Sie sangen für die Gäste und spielten dazu auf Instrumenten, die wie lang gezogene Gitarren aussahen, fremdartige Melodien von hypnotisierender Wirkung.

Nach ihren nächtlichen Vergnügungen begaben sich die Europäer meist zum Donghuamen, dem Tor des Blühenden Orients, das sich zur Tatarenstadt hin öffnete. Hier herrschte ein reger Verkehr von Mauleselkarren, Dienern, Eunuchen und Beamten in Amtskleidung, um die Mitglieder des Großen Rats zu sehen, die sich jeden Morgen vor Sonnenaufgang in die Kaiserstadt begaben. An den Schaulustigen zogen dann Standarten tragende mongolische Wachen zu Pferde vorbei, Mandschuren mit langen Zöpfen, Mandarine in ihren Tragsesseln und lange Reihen von Soldaten, die die gleichen Rüstungen wie ihre Vorfahren trugen, kurz: der ganze geheimnisvolle Pomp des alten kaiserlichen China.

Dieses Peking stand am Vorabend seiner Verwüstung. Zu diesem Zeitpunkt waren die Fremden aus dem Westen schon so gut wie überallhin vorgedrungen. Als Antiquitätenjäger,

258 und 259
In den Straßen fanden zu allen Stunden des Tages immer wieder Umzüge statt, die frohe oder traurige Anlässe hatten: Paraden von Mandarinen, Trauerzüge, Hochzeitszüge oder religiöse Prozessionen wie auf dem

Bild rechts, denen Musikinstrumente spielende Bonzen vorausgingen. Natürlich fehlten auch nicht die Vergnügungsviertel, in die sich die kühneren Europäer wagten. Links eine typische Szene in einer Opiumhöhle um 1900.

Bergbauingenieure, Militärkartografen, allgegenwärtige Missionare und abenteuerlustige Touristen hatten sie die abgelegensten Regionen bereist, die selbst den Chinesen kaum bekannt waren. Bereits in den 1860er Jahren waren Leute wie Archibald Little, der ein halbes Jahrhundert lang als Teeverkoster einer deutschen Firma in China lebte, durch das Hinterland gestreift. Little erkundete das Land unter dem Vorwand, die besten Plantagen auszuwählen, und entdeckte auf seinen Reisen zu Fuß, im Tragsessel und auf Dschunken Tempelruinen, die wie gemalt aussahen, und wurde in Städten, in denen vor ihm noch kein Weißer gewesen war, mit Steinwürfen empfangen. Er erlebte, dass sich ihm die ältesten Bewohner abgelegener Dörfer zu Füßen warfen oder aber erst eingeschüchtert werden mussten, damit sie Respekt zeigten. Er sah Hügel, die zu Bildnissen Buddhas geformt worden waren, und Hochzeitszüge, die gewundene Pfade hintergingen wie auf Bildern in Märchenbüchern. Einmal entkam er nur mit knapper Not einer Gefangennahme durch die Taiping.

Ein weiterer Engländer, der in der Teebranche tätig war, Thomas Thornville Cooper, landete 1871 im fernen Sichuan und erlag der Faszination der Stadt Chengdu, in der es überall nach dem Moschus roch, das die Händler aus Tibet brachten. Er nannte die Stadt das »Paris Chinas« und begeisterte sich für ihre Geschäfte, »in denen eine unglaubliche Menge an Kunstgegenständen angeboten wurde. Abnehmer waren die zahlreichen hier ansässigen Mandarine, die der Stadt ein einzigartiges aristokratisches Flair verliehen, das Chengdu von anderen Städten unterschied. Es gab außerordentlich viele Schneider, Seiden- und Buchhändler, und wenn man nach der Anzahl der gut gekleideten Brillenträger urteilte, die in Letzteren ein und aus gingen, so war es offensichtlich, dass die Literatur hier in hohen Ehren gehalten wird.« Nachdem er sich an diesem Mekka der Kultur erfreut und zusammen mit einem Mandarin der Armee eine Oper besucht hatte, musste er sich auf der anschließenden Etappe seiner Reise auf einen Faustkampf mit Soldaten einlassen, die sein

Hotelzimmer besetzen wollten. Er kam mit einem blauen Auge davon und wurde Zeuge des katastrophalen Einmarschs der Armee, die einen Aufstand in Yunnan niederschlagen sollte und wie ein Heuschreckenschwarm alles zerstörte, was auf ihrem Weg lag. Zum Glück waren diese mannhaften Krieger nicht mehr als 150 an der Zahl, wenn auch im Soldbuch 40 000 verzeichnet waren; ihr Befehlshaber erhielt tatsächlich den Sold für 40 000 Mann, abzüglich des Prozentsatzes, den er an den Gouverneur von Sichuan und an weitere Beamte abführen musste, die den Betrug deckten. Dabei hatten die 150 Soldaten schon seit Monaten kein Geld mehr gesehen und hielten sich daher an den Städten schadlos, in denen sie einquartiert wurden. Weil auch Plündern anstrengend war und seine Zeit brauchte, hatten die zukünftigen Befreier Yunnans in sechs Monaten nicht mehr als 46 Kilometer zurückgelegt. Doch der Mandarin war ein Gentleman und Dichter; er erstattete Cooper zurück, was ihm genommen war, und legte ein Billet mit eleganten Versen bei.

Der französische Marineoffizier Francis Garnier fuhr im Sommer 1873 den Jangtsekiang hinauf, begleitet von zwei Jagdhunden und einer beachtlichen Zahl von Kisten, die seine topografischen Instrumente enthielten. Obwohl er Papiere bei sich trug, die bestätigten, dass er sich mit Astronomie befasste und die Geheimnisse des Himmels erforschen wollte, umringte ihn jedes Mal, wenn er seinen Theodoliten aufbaute, eine Menschenmenge, die zuerst neugierig und dann sehr bald feindselig war. Denn sobald einer der Umstehenden durch das Instrument schauen durfte und das umgekehrte Bild sah, beschuldigte er den weißen Hexer, die Welt zu verdrehen. Gelang es ihm dann nicht, die Menge loszuwerden, indem er das Objektiv auf sie richtete und ihnen drohte, sie würden von nun an kopfüber laufen müssen, wenn sie ihn nicht in Ruhe ließen, dann konnte er nur noch sein Instrument schultern und auf die Dschunke fliehen. Am schlimmsten traf es regelmäßig die unschuldigen Jagdhunde, die für die Teufeleien ihres Besitzers mit Stockschlägen bedacht wurden.

Sehr unterschiedliche Erfahrungen machte der junge amerikanische Journalist Thomas Stevens aus San Francisco, der 1884 eine Reise um die Welt auf zwei Rädern unternahm. Von Kanton aus schlug er die Straße nach Guangdong und Hunan ein. Je weiter er sich von der Küste entfernte, desto gefährlicher wurden die Abenteuer: Begrüßte man ihn und sein Fahrrad in den ersten Dörfern noch als Boten der mechanischen Zivilisation mit Gelächter und Applaus, so hagelte es im Landesinneren anstelle des Beifalls Steine. Schließlich saß er eines Abends in einem Innenhof fest, belagert von einer Menschenmenge, die ihn und seine Höllenmaschine in Stücke reißen wollte. Er wurde von einem lokalen Mandarin gerettet, in eine verhängte Sänfte gesteckt und des Nachts zusammen mit seinem Fahrrad auf einen Sampan gebracht, den er erst wieder verlassen durfte, als das Boot das Meer erreicht hatte, über das Stevens gekommen war, um den Frieden des Hinterlands zu stören.

Doch bedurfte es im Allgemeinen keiner optischer oder mechanischer Hexereien, um den Zorn der chinesischen Landbevölkerung auf sich zu ziehen. Es genügte schon, eine ungewöhnliche Sänfte oder extravagante Kleidung zur Schau zu stellen. Als sich Isabella Bird, eine rüstige 64-jährige englische Witwe, 1896 in den Kopf setzte, die von Fremden äußerst selten bereiste Provinz Sichuan zu besuchen, löste ihr Auftritt in einer offenen anstatt geschlossenen Sänfte, der Anblick ihres kegelförmigen Strohhuts nach japanischer Art und der Strohsandalen, die sie über ihren Lederschuhen trug, in der Stadt Luojiachang einen regelrechten Volksaufstand aus. Die Dame wurde mit Steinen und weitaus widerwärtigeren Geschossen beworfen sowie mit Stöcken geschlagen. Ihren Trägern und den Mandarinen, die die Menge von Soldaten zerstreuen ließen, hatte sie es zu verdanken, dass sie mit einer leichten Gehirnerschütterung davonkam. Von diesem Zwischenfall, der kein Einzelfall blieb, ließ sich die unerschrockene Mrs. Bird jedoch nicht abhalten, ihre Reise zu Ende zu führen; allerdings häuften sich in ihrem Reisetagebuch Begriffe wie »Angst«, »Alptraum« und »Entsetzen«.

260

Um die Jahrhundertwende gelang es den Europäern, auch in die entlegensten Winkel Chinas vorzudringen. Viele der Reisenden waren Forscher, wie der französische Marineoffizier Francis Garnier. Die Lithografie einer Orchidee entstand nach einer seiner botanischen Skizzen.

261

Einer der exzentrischsten Besucher im China des 19. Jahrhunderts war mit Sicherheit der Amerikaner Thomas Stevens. Mit dem Ziel, als Erster mit einem Hochrad um die Welt zu fahren, verließ er 1884 San Francisco. Nach Ausflügen auf den japanischen Inseln bestieg er ein Schiff nach Kanton und strampelte durch die südlichen Provinzen des Reichs des Himmels. Je weiter er sich von der Küste entfernte, desto feindseliger war die Stimmung — bis er eines Tages beinahe gelyncht wurde.

DIE FÄUSTE DER GERECHTEN HARMONIE

D ie Xenophobie, die der unglücklichen (und unvorsichtigen) Mrs. Bird in

Sichuan entgegengeschlagen war, war nicht nur auf ihren – sicherlich sehr

exzentrischen – Hut zurückzuführen. Sie war auch keineswegs nur in jener

fernen Provinz anzutreffen, sondern strebte nach der Niederlage gegen die

Japaner im gesamten Reich des Himmels einem Höhepunkt zu. Sogar von den

»Zwergen« von den Inseln geschlagen worden zu sein, stellte für die Chinesen

die größte nur denkbare Demütigung dar. Nun begann der Wettlauf der an-

deren Mächte, die sich neue Vorteile und Gebietsabtretungen sichern wollten.

Die so genannte »Verteilung des Kuchens« setzte ein. Russland machte den

ersten Schritt. Der zur Krönung des neuen Zaren, Nikolaus II., im Juni 1896

eingeladene Li Hongzhang wurde, vielleicht auch mittels großzügiger Geschen-

ke, dazu gebracht, ein russisch-chinesisches Abkommen zu unterzeichnen, das

262
*Auf dieser Anfang des
20. Jahrhunderts entstan-
denen Aufnahme drängen
sich im Hafen von Kanton
Dschunken und große
Dampfschiffe aneinander.*

263
*Während sich die europä-
ischen Mächte Gedanken
über die Aufteilung des
chinesischen Reichs mach-
ten, das für sie nur noch
»der kranke Mann Ost-
asiens« war, wurde der
verletzte Nationalstolz der
Chinesen zu einem idealen
Nistboden für einen aus-
geprägten Fremdenhass.
Die Folge war das Erstar-
ken einer Geheimgesell-
schaft, die sich »Fäuste der
Gerechten Harmonie«
nannte und in Europa
unter der Bezeichnung
»Boxer« bekannt wurde.*

eine Allianz gegen eventuelle japanische Übergriffe, die Öffnung der chinesischen Häfen für die russischen Kriegsschiffe und die Genehmigung für den Bau einer Eisenbahnlinie durch die Mandschurei vorsah. Durch diese Strecke würde auch der russische Hafen Wladiwostok an die Transsibirische Eisenbahn angeschlossen werden. Um die von Japan geforderte gewaltige Reparationszahlung leisten zu können, musste das Reich des Himmels ausländische Kredite aufnehmen. Als Garantie dienten die Einnahmen des Seezollamts, das von Europäern kontrolliert wurde. Als Dank für das freundliche Entgegenkommen musste China also weitere Abstriche in seiner Souveränität hinnehmen.

Frankreich verlangte Handels- und Schürfrechte in Yunnan, Guangxi und Guangdong sowie die Genehmigung, eine Eisenbahnstrecke zu bauen, die diese südlichen chinesischen Provinzen mit seinen angrenzenden indochinesischen Kolonien verband. Dann traten die Deutschen auf den Plan. In der Provinz Shandong waren deutsche Missionare umgebracht worden; zufällig war dies genau die Provinz, in der der Kaiser eine Versorgungsstation einrichten wollte, die für die deutsche Kolonial- und

Expansionspolitik notwendig geworden war. Als Vergeltungsmaßnahme für den Mord an den Missionaren besetzten die Deutschen 1897 den Hafen Jiaozhou, der dann für 99 Jahre gepachtet wurde; als Dreingabe erhielten sie die üblichen Schürf- und Eisenbahnbaurechte.

Wilhelm II. fantasierte schon seit geraumer Zeit von der »Gelben Gefahr«, die 400 Millionen Chinesen angeblich darstellten, ohne je zu berücksichtigen, dass sie niemals Anstalten gemacht hatten, Europa anzugreifen und nur in Ruhe gelassen werden wollten. Um Nikolaus II. von der Realität dieser Bedrohung zu überzeugen, hatte er ihm ein in seinem Auftrag gemaltes Bild geschickt. Auf diesem blickte ein flammender Erzengel Michael von einem hohen Felsen zum einen auf dickliche Matronen hinunter, die die europäischen Mächte symbolisierten (Deutschland, Frankreich und Russland im Vordergrund, daneben Österreich, das ein widerstrebendes England an der Hand hält, und ein etwas überschattetes Italien), zum anderen auf einen Furcht erregenden Buddha, der, auf einem Drachen reitend, bedrohlich näher kam.

Wir wissen nicht, was der Zar von dieser beredten Allegorie hielt. Vielleicht fürchteten

die Russen das Deutsche Kaiserreich mehr als das Chinesische, denn sie beeilten sich, Li Hongzhang ein weiteres Präsent zukommen zu lassen und ihm mitzuteilen, dass das, was gegen Japan abgemacht war, auch für Deutschland gelten sollte. Um den Kanonen der kaiserlichen deutschen Marine die Stirn bieten zu können, erhielt Russland im März 1898 für die Dauer von 25 Jahren den Hafen Lüshun (Port Arthur) und die Bucht Dalian zur Pacht sowie ferner die Erlaubnis, diese Neuerwerbung durch eine weitere Eisenbahnlinie mit dem Zarenreich zu verbinden. Um nicht zu kurz zu kommen, verlangte Großbritannien die Überlassung des Hafens Weihaiwai zu entsprechenden Konditionen und zudem einen weiteren Gebietsstreifen bei Hongkong. Im Mai des gleichen Jahres wurde Frankreich Zhanjiang im Süden der Provinz Guangdong für die Dauer von 99 Jahren als Flottenstützpunkt zugesprochen. Als Italien bemerkte, dass es offenbar genügte, um etwas zu bitten, um es zu bekommen, fasste es eine Pacht der Sanmen-Bucht in der Provinz Zhejiang ins Auge. Dieses Mal ließ sich Peking nicht einmal zu einer Antwort herab und ignorierte auch ein italienisches Ultimatum.

264

Unter dem Vorwand, China gegen weitere japanische Übergriffe zu schützen, ließ sich Russland den Bau einer Eisenbahnlinie in der Mandschurei genehmigen, die Harbin mit dem russischen Marinestützpunkt

Wladiwostok im Osten und in südlicher Richtung mit dem chinesischen Hafen Dalian am Gelben Meer verband. Auf der Fotografie rechts verlegen Arbeiter Schienen in unwegsamem bergigem Gelände.

265 oben
Eine Dschunke bringt eine erfolgreiche Jagdgesellschaft von einer Jagdpartie im Landesinneren in die Küstenstadt Kanton zurück. Die zahlreichen erlegten Enten, von jeher eine begehrte Delikatesse im chinesischen Speiseplan, sind gut sichtbar aufgehängt.

265 unten
Nachdem Russland die Bucht von Dalian in eine militärische Festung verwandelt hatte, übernahm Großbritannien 1898 die Kontrolle über den Hafen von Weihaiwai auf der Halbinsel Shandong. Das Foto zeigt die am Hafen gelegene katholische Mission der Stadt.

266/267

*So sah Kanton an der Schwelle zum 20. Jahrhundert aus:
ein dichtmaschiges Netz aus Kanälen, in denen ständig
Dschunken unterwegs waren, umgeben von überfüllten
Holzhäusern. Kanton, damals auch das Tor zu China
genannt, war als erster Hafen für den Handel mit
Ausländern geöffnet worden und blieb lange Zeit die
einzige westlichen Besuchern bekannte chinesische Stadt.*

267 oben

*Einer der Ersten, der für ein Modernisierungsprogramm
nach japanischem Vorbild eintrat, das ermöglichen sollte,
den »Weißen Teufeln« entschiedener entgegenzutreten,
war ein gebildeter Kantonese namens Kang Youwei,
der in seiner Geburtsstadt eine Schule gegründet hatte
und dem Kaiser mehrere lange Briefe schrieb, in denen
er eine Reihe von Reformenvorschlägen unterbreitete.*

Und da die Italiener nicht die Mittel hatten, in einen Krieg gegen China zu ziehen, blieb ihre Blamage die einzige Konsequenz.

Viele Chinesen waren inzwischen zu der Überzeugung gelangt, dass es unabdingbar geworden sei, das Land von Grund auf zu reformieren. Einer der wichtigsten Wortführer dieser Bewegung war Kang Youwei. Als junger Mann war er von den Aktivitäten der Fremden in Shanghai und Hongkong beeindruckt; später hatte er sich mit westlicher Literatur und Philosophie befasst. Er vertrat die Ansicht, dass China sich nur behaupten konnte, wenn es sich einem Modernisierungsprozess unterzog – so wie Japan es getan hatte. Kang begann seine Reformen im privaten Kreis der Familie, indem er verbot, dass seinen Töchtern die Füße eingebunden wurden, und brachte durch diesem Bruch mit einer jahrhundertealten Tradition die ganze Verwandtschaft gegen sich auf. Doch er ließ sich nicht beirren und gründete eine Liga gegen das Verkrüppeln der Füße, die in Shanghai und Tianjin zahlreiche Anhänger fand. Dann steckte er sich ehrgeizigere Ziele und schickte dem Kaiser Briefe mit Reformvorschlägen. Der Sohn des Himmels empfing ihn nicht, aber Kang eröffnete in Kanton eine Schule und ging dazu über, das zu lehren, was er selbst aus seiner Lektüre gelernt hatte. Bald scharte sich eine Anzahl begeisterter Anhänger um ihn. Im Dezember 1897 übersandte er dem Kaiser ein weiteres Schreiben, das wieder keine Beachtung fand. Doch dieses Mal veröffentlichen Zeitungen von Shanghai und Tianjin Auszüge daraus und erregten damit viel Aufsehen. Kang hatte eine Unterredung mit Li Hongzhang, und Prinz Gong, der in der Krise aus seiner Verbannung zurückgeholt worden war, ordnete an, dass die Schriften des Reformators endlich dem Sohn des Himmels ausgehändigt werden sollten, dem er zugleich zu großer Vorsicht riet.

Im Mai starb der betagte Gong, und der Kaiser entschied, dass der Moment für eine Revolution von oben gekommen war. Ein Reformprogramm wurde angekündigt. Kang wurde zu einer Audienz empfangen und versicherte dem Kaiser, dass China in drei Jahren das schaffen konnte, wozu Japan 30 Jahre gebraucht hatte. Das war die Initialzündung für die so genannte Reform der 100 Tage: Aus der Verbotenen Stadt ergoss sich eine Flut von Erlassen über das Reich. Es folgten eine radikale Veränderung des Schulsystems, bei der die altehrwürdige Dichtkunst durch praktische Fächer ersetzt wurde, und die Gründung einer Universität nach europäischem Modell. Heer und Marine wurden restrukturiert. Es wurden Banken gegründet, Handelskammern, Einrichtungen, die die veralteten Methoden der chinesischen Landwirtschaft modernisieren, geologische Forschungen fördern und die Entstehung neuer Industrien begünstigen sollten. Darüber hinaus wurde die Pressefreiheit eingeräumt.

Die Konservativen gerieten in Panik. Ihre Welt drohte unter diesen Keulenschlägen auseinander zu brechen. Kaiser Guangxu musste verrückt geworden sein. Die Mandarine, die befürchteten, in diesem Sturm gemeinsam mit dem morschen Schiff des alten Regimes unterzugehen, sahen ihre letzte Rettung im Neuen Sommerpalast, von dem aus die Kaiserinwitwe die Geschehnisse beobachtete und verdammte – und Pläne schmiedete, um »ihr« Reich vor dem irrsinnig gewordenen Neffen zu schützen.

267 unten

Kaiser Guangxu wurde zum begeisterten Anhänger der Ideen Kang Youweis und erließ eine Reihe von Anordnungen, die das Reich radikal verändert hätten. Konservative Kreise — denen auch der auf dem Foto zu sehende Stiefbruder des Kaisers, Prinz Gong, angehörte — unterminierten dies, und die Kaiserinwitwe Cixi zwang ihren Neffen, ihr die Regentschaft zu überlassen.

Wie immer war das Heer die Lösung all ihrer Probleme. Der Alte Buddha konnte sich auf die bedingungslose Loyalität Ronglus verlassen, der als Gouverneur von Zhili, der Hauptstadtprovinz, diejenigen Truppen befehligte, die am besten ausgebildet und bewaffnet waren.

Guangxu hingegen glaubte, sich auf Yuan Shikai verlassen zu können, der durch seinen Einsatz in Korea zu so etwas wie einem Nationalhelden aufgestiegen war; auch er verfügte über kampferprobte Soldaten. Der Kaiser berief ihn heimlich zu sich und forderte ihn auf, Ronglu zu töten, weil dieser gegen den Himmlischen Thron konspirierte. Der General gab vor, den Auftrag anzunehmen. Tatsächlich aber verband ihn mit Ronglu eine enge Freundschaft. Außerdem war er davon überzeugt, dass die überstürzten Reformen China in Anarchie versinken lassen würden. Er verließ die Verbotene Stadt bei Sonnenaufgang und eilte nach Tianjin. Als der Kaiser erfuhr, dass sein vermeintlicher Verbündeter abgereist war, ohne auf die letzten Anweisungen zu warten, wurde er misstrauisch und schickte ihm den Mandarin Tan Sitong hinterher, der dem Kaiser treu

ergeben war. Tan hatte Ronglus Todesurteil im Gepäck, und den grünen Pfeil, das Symbol kaiserlicher Macht. Tan holte Yuan in Tianjin ein, ließ sich von ihm jedoch überlisten; der General nahm ihm Todesbefehl und Pfeil ab, ging mit ihm zur Residenz von Ronglu und befahl Tan, draußen zu warten und den Eingang zu bewachen, damit der Verurteilte nicht entkam. Dann informierte er Ronglu über die Vorgänge, und vielleicht fügte er hinzu, dass auch Cixi sterben sollte. Ronglu fuhr mit dem nächsten Zug nach Peking, schnappte sich ein Pferd und ritt eiligst zum Sommerpalast. Hier warf er sich der Kaiserinwitwe zu Füßen und rief: »Rettet das Leben! Rettet das Leben!«

Der Alte Buddha reagierte prompt. Wenige Stunden später war die Verbotene Stadt von ihren Truppen eingekreist. Nachdem sich der Kaiser vor ihr, wie es die Tradition forderte, niedergeworfen hatte, schleifte die furchtbare Alte ihn in ein Zimmer, machte ihm schwere Vorwürfe und schlug ihn in ihrer Wut mit ihrem Fächer. Dann zwang sie Guangxu, einen Erlass zu unterschreiben, in dem er seine eigene Regierungsunfähigkeit zu Protokoll brachte

und erklärte, zugunsten Cixis abzudanken, die damit ihre dritte Regentschaft antrat. Der Sohn des Himmels verbrachte seine verbleibenden Jahre als Gefangener auf der kleinen Insel Yingtai im See des kaiserlichen Parks, bewacht von Eunuchen, die der kleinste Verstoß gegen die Befehle des Alten Buddhas das Leben kosten konnte, und die regelmäßig ausgetauscht wurden, damit sie sich nicht mit dem Gefangenen anfreundeten. Das Zeitalter der Reformen hatte genau 103 Tage gedauert. Der Wortführer Kang Youwei entkam nach Tianjin und wurde von dort aus mit Unterstützung der Briten nach Hongkong gebracht.

Auf diese pathetische Niederlage folgte ein verzweifelter, blutiger und sinnloser Versuch, die Fremden Teufel mit Gewalt loszuwerden: der Boxeraufstand. Von jeher wimmelte es im Reich des Himmels nur so von Geheimgesellschaften. Es waren in der Hauptsache harmlose Vereinigungen armer Bauern oder Stadtbewohner, deren Hauptziel gegenseitige Hilfeleistung war, die aber auch mit komplizierten magischen Ritualen die chinesische Leidenschaft für das Mysteriöse zu befriedigen suchten und den Machtlosen so eine Illusion von Macht verschafften – eine Art Freimaurerloge der Hungernden, in die man eintrat, um vor den Übergriffen der Mandarine und Landbesitzer Schutz zu suchen. Gelegentlich beschränkten sich diese Organisationen allerdings nicht darauf, ihre Mitglieder zu trösten und den Reichen blutige Rache zu drohen, sondern schritten zur Tat und stifteten Bauernaufstände an. Aus diesen Wurzeln, und besonders aus der Sekte des Weißen Lotus, deren Anhänger sich aus der ländlichen Bevölkerung Nordchinas rekrutierten, entwickelte sich gegen Ende des Jahrhunderts eine wesentlich gefährlichere Bewegung. Ihr Motto lautete: »Die Mandschu unterstützen, die Fremden vernichten.« Sie nannte sich *Yihequan*, »Fäuste der Gerechten Harmonie«, und ihre Mitglieder pflegten die Kampfsportarten des Faustkampfs und des Stockkampfs. Die ersten Missionare, die davon hörten und der englischen Tageszeitung von Shanghai darüber Bericht erstatteten, bezeichneten sie als »Boxer«. Zwei Jahre später sollte dieser Begriff in den Schlagzeilen aller europäischen Zeitungen prangen.

Die Wiege der Boxer war Shandong, was vielleicht kein Zufall war, da ausgerechnet diese Provinz 1895 die Landung der Japaner in Weihaiwai erlebt hatte. Von dort aus breitete sich die Bewegung im gesamten Norden aus, besonders in Zhili. Die meisten von ihnen waren Bauern, die durch die vielen Dürren verarmt waren; aber es waren auch Handwerker darunter, die der Import europäischer Produkte arbeitslos gemacht hatte. Ferner gab es Soldaten, die auf Grund der Heeresreform

entlassen worden waren, oder Schiffer, die nichts mehr zu befördern hatten, weil der früher auf den Binnenkanälen abgewickelte Güterverkehr auf Dampfschiffe und Eisenbahnen verlegt worden war. Am meisten faszinierte das einfache Volk, dass die Sektenmitglieder dank eines besonderen Aufnahmerituals angeblich unverwundbar waren. Bei öffentlichen Vorführungen demonstrierten die Boxer, dass ihnen weder die Hiebe mit Spitzhacken noch mit Schwertern etwas anhaben konnten und dass sie die Flugbahn abgefeuerter Kugeln mit einer bloßen Handbewegung ändern konnten. Nicht immer gingen diese Tricks gut aus: Bei einer Gelegenheit wurde ein junger Mann von einer Kanonenkugel regelrecht halbiert. Doch die Zuschauer ließen sich rasch überzeugen, dieser Mann habe nicht fest genug an die Gesellschaft geglaubt oder aber ihre Regeln verletzt. Der Mythos zog nicht nur ungebildete Bauern, sondern auch diverse Persönlichkeiten des Pekinger Hofs in seinen Bann.

Von der Verbotenen Stadt aus beobachtete die Kaiserinwitwe die Bewegung mit gemischten Gefühlen. Sie fürchtete ihre revolutionären Züge ebenso wie die zu erwartende Reaktion der europäischen Mächte, hoffte aber insgeheim, sich der Sekte eines Tages bedienen zu können, um die Weißen endgültig zu verjagen.

Bald gingen die Boxer von Worten zu Taten über. Als Erstes misshandelten sie die »zweitrangigen Teufel«, wie sie die zum Christentum bekehrten Chinesen nannten, und steckten Kirchen und Kapellen in Brand. Dann töteten sie am 31. Dezember 1899 mit dem Briten Brooks den ersten Missionar. Die Mörder

wurden verurteilt und hingerichtet. In einem Erlass der Kaiserinwitwe aber wurde die Gruppierung der Boxer scheinbar legitimiert. Zwar verurteilte sie die »bösartigen Elemente«, lobte aber gleichzeitig die »von ehrlichen und friedliebenden Personen gebildeten Gesellschaften, die sich rüsten, um die eigenen Familien und Dörfer zu schützen«. Ungeachtet der Proteste westlicher Diplomaten wurden die gesamte Provinz Zhili und die Halbinsel Shandong von einer Welle der Gewalt erfasst. Kirchen, Häuser von Christen und Bahnhöfe wurden niedergebrannt. Ende Mai ersuchte das diplomatische Korps von Peking die Befehlshaber der Kriegsschiffe, die vor Dagu lagen, Truppen zum Schutz der Gesandtschaften zu entsenden, während sich die Weißen, die sich in der Hauptstadt oder deren Umland aufhielten, in die Botschaftsgebäude flüchteten. Im Lauf der nächsten Tage trafen knapp 400 Soldaten ein.

Der Hilferuf war berechtigt: Am 4. Juni wurde die Eisenbahnlinie von Tianjin von Boxern teilweise zerstört; sie verbrannten die Schwellen und rissen die Gleise heraus. Über die noch funktionierende Telegrafenlinie wurden die Flottenoffiziere um rasches Eingreifen gebeten. Im Morgengrauen des 10. Juni verließen den Bahnhof von Tianjin fünf Züge, die 2000 Soldaten aus acht Ländern beförderten: Amerikaner, Briten, Franzosen, Deutsche, Österreicher, Italiener, Russen und Japaner. Ebenso wie die diplomatischen Vertreter, die im Botschaftsviertel eine Reihe von Wagen zur Abholung der Truppen bereitgestellt hatten, waren sie davon überzeugt, dass sie noch in derselben Nacht Peking erreichen würden.

Je weiter sich der Konvoi von Tianjin entfernte, desto häufiger musste er anhalten, um die Gleise zu reparieren. Nach drei Tagen hatte das Expeditionskorps erst das 50 km von der Hauptstadt entfernte Langfang erreicht. Hier begannen auch die Attacken der Boxer, die gleich noch eine Brücke demolierten, die die Europäer bereits passiert hatten, um ihnen den Rückweg abzuschneiden. Der britische Admiral Seymour, der die Kolonne befehligte, ordnete an, die getöteten Angreifer nicht zu begraben, um den Menschen zu beweisen, dass die Boxer nicht unverwundbar waren. Er beschlagnahmte einige Dschunken und versuchte, auf dem Fluss Beihe weiterzukommen. Doch seine Männer wurden von regulären chinesischen Truppen angegriffen, zurückgedrängt und von der kaiserlichen Kavallerie verfolgt. Das Heer hatte die Order erhalten, die Boxer zu unterstützen, und konnte verhindern, dass die Europäer Peking erreichten. Seymour befahl, an Bord der Dschunken zu gehen und nach Tianjin zurückzufahren, aus dem beunruhigender Kanonendonner zu hören war.

Tatsächlich wurde das europäische Viertel der Hafenstadt seit dem 15. Juni belagert. Ein junger amerikanischer Bergbauingenieur namens Herbert Hoover, der später Präsident der USA werden sollte, leitete den Bau einer improvisierten Barrikade aus lauter Handelswaren. Hinter Ballen aus Wolle, Baumwolle, Seide und Säcken voller Zucker, Reis und Nüssen versammelte sich die 2400 Mann starke Garnison, die größtenteils aus Russen bestand. Vom 17. Juni an wurden sie von den Kanonen des kaiserlichen Heeres beschossen.

Zwischen der Stadt und der Mündung des Beihe, in der die internationale Flotte vor Anker lag, lagen 50 Kilometer Eisenbahnstrecke, die jederzeit unterbrochen werden konnten. Und die Festungen von Dagu, die den Zugang zum Fluss abriegelten, erhielten Verstärkung und montierten Torpedorohre. Es handelte sich nicht mehr um die veralteten Burgen von 1860, sondern um von deutschen Ingenieuren aus Stahlbeton errichtete Anlagen, die mit Krupp-Kanonen bewaffnet waren. Sie wurden von vier ultramodernen Zerstörern gesichert, die ebenfalls aus deutscher Produktion stammten. Zudem verhinderte die geringe Wassertiefe, dass die größeren westlichen Schiffe nahe genug an die Küste herankamen, um sie unter Beschuss zu nehmen. Deshalb fuhr in der Nacht vom 16. auf den 17. Juni nur eine Formation aus neun kleineren britischen, französischen, deutschen, russischen und japanischen Schiffen in die Mündung des Beihe. Objektiv betrachtet, grenzte diese Operation an Selbstmord, doch die Europäer waren zutiefst davon überzeugt, ihrem Gegner überlegen zu sein. Während zwei britische Schiffe die chinesischen Zerstörer angriffen und in ihre Gewalt brachten, nahmen die anderen die Festungen ins Visier. Das Glück war auf der Seite der Verwegenen, denn ein Geschoss, das hinterher jeder abgefeuert zu haben behauptete, landete als Volltreffer in einem Munitionsdepot, so dass eine der Festungen in die Luft flog. Eine zweite wurde im Sturm genommen, und eine dritte wurde von einer noch heftigeren Explosion erschüttert, als eine Pulverkammer gesprengt wurde. Nun stand der Beihe offen,

und nachdem aus Lüshun russische und aus Hongkong britische Verstärkung eingetroffen war, konnte am 23. Juni eine Kolonne den Belagerten von Tianjin zur Hilfe eilen. Am 26. erreichten auch die Überlebenden von Seymours Expedition die Stadt. Sie hatten sich eine Woche lang ihren Weg freikämpfen müssen und jedes einzelne Dorf mit dem Bajonett erobert. Dann, in der Nacht des 21. Juni, waren ihre Dschunken an der gewaltigen schwarzen Mole einer Festung angelangt, von deren Existenz sie nichts gewusst hatten. Es war das Arsenal von Xigu, das sie mit einem Hagel von Geschossen erwartete. Doch nach einem chaotischen Gefecht im Dunkeln flohen die Chinesen, und die Europäer fanden in der eroberten Burg Kanonen, Maschinengewehre, Unmengen von Munition, Lebensmittel und — was am wertvollsten war — Verbandszeug und Medikamente, mit denen sie die zahlreichen Verwundeten versorgen konnten. Das Häufchen verschanzte sich in der Burg und wurde von kaiserlichen Truppen belagert, bis es am 24. über den Hirsefeldern, die sich, so weit das Auge reichte, über die Ebene erstreckten, die Wimpel der Kosakenkavallerie emporragen sah, die aus Tianjin gekommen war, um sie zu befreien und dorthin zu geleiten. Die meisten von Seymours Männern mussten auf Bahren in die Stadt getragen werden.

Von der Hauptstadt Peking hatte man keine Meldung mehr erhalten. Dort hatten sich die Ereignisse überstürzt. Bei Sonnenaufgang waren die Wagen der Gesandtschaften am 11. Juni zum Bahnhof gefahren, um Seymours Soldaten abzuholen; später hatten sich zahlreiche

268 und 269
Die zunehmend ausländerfeindliche Stimmung entlud sich 1899 in den nördlichen Provinzen mit mehreren Übergriffen auf Missionare. 1900 begann ein regelrechter Aufstand. Das Pekinger Gesandtschaftsviertel, in das sich auch zahlreiche konvertierte Chinesen flüchteten, wurde 55 Tage lang belagert. Links der von Barrikaden geschützte Eingang der US-amerikanischen Botschaft. Rechts wohnen deutsche Soldaten und Offiziere der Hinrichtung eines Boxers bei, der des Mordes an dem deutschen Botschafter von Ketteler beschuldigt wurde.

Europäer zu Pferd zu ihnen gesellt. Doch es fuhr kein Zug ein, und anstatt das Eintreffen der Verstärkung feiern zu können, hatte das Empfangskomitee den Rückzug antreten müssen, der von spöttischen Zurufen der kaiserliche Soldaten begleitet wurde, die in den Parks des Tempels des Himmels und des Tempels der Landwirtschaft kampierten. Am Nachmittag kehrte der Kanzler der japanischen Gesandtschaft in einer Kutsche zum Bahnhof zurück. Er wurde unter dem Beifall der Menge von Soldaten aus der Kutsche gezerrt und auf der Stelle gelyncht. Zwei Tage später, als sich so gut wie alle Chinesen, die im Dienst

der Europäer standen, mehr oder weniger heimlich aus dem Staub gemacht hatten, zeigte sich in der Straße der Gesandtschaften der erste Boxer, »ganz mit Federn bedeckt, mit einem roten Tuch um den Kopf, roten Bändern um Hals und Knöchel und einem leuchtend roten Gürtel, der seine weite weiße Tunika zusammenfasste«. Er saß auf der Deichsel einer Kutsche, die langsam die Straße entlang rollte, und wetzte sein Messer am Stiefelleder. Der deutsche Gesandte Baron von Ketteler konnte diese Provokation nicht ertragen und stürzte sich, mit seinem Spazierstock bewaffnet, auf den Mann. Dieser floh, und der Baron über-

nern, Frauen und Tieren fast ebenso plötzlich, wie sie aufgetaucht war, und die Straße war wieder leer und still.« Bei Sonnenuntergang reckte sich eine gewaltige Flammenwand gen Himmel: Sämtliche Missionsgebäude, die Zollämter, die Häuser der ausländischen Dozenten der Universität brannten, und die katholische Kathedrale des Ostens stürzte mit tosendem Donner ein; sie begrub einen alten französischen Priester und zahlreiche Konvertiten unter sich. Sodann setzte sich ein Fackelzug in Bewegung, um die österreichisch-ungarische Gesandtschaft zu überfallen; die Garben der Maschinengewehre brachten ihn zum Stillstand.

270

Obwohl sie das europäische Viertel im Würgegriff hielten, und zahlenmäßig in der Übermacht waren, gelang es den Chinesen nicht, in die Villen der Diplomaten einzudringen. Vielleicht verhinderte auch der Kaiserhof ein Massaker aus Furcht vor Repressalien. Hier machen sich russische Soldaten an den Trümmern eines niedergebrannten Hauses zu schaffen.

271

Die Boxer bombardierten das belagerte Viertel 28 Tage lang. Das Foto dokumentiert die Auswirkungen der letzten Angriffswelle auf den Eingang der französischen Botschaft.

wältigte dessen Gefährten, der die Kutsche gelenkt hatte, und schlug auf ihn ein.

Am Nachmittag drangen die Boxer in großer Zahl in die Tatarenstadt ein, plünderten Geschäfte und Häuser in der Umgebung des europäischen Viertels und töteten alle, die sich ihnen entgegenstellten. »Noch nie sah ich auf den Straßen Pekings«, schrieb ein Augenzeuge, »so schnell galoppierende Pferde oder ein derart rasantes Rennen von Fahrzeugen, und ich hätte nie gedacht, dass die chinesischen Frauen mit den kleinen Füßen, die auch in der Stadt der großfüßigen Mandschu zahlreich sind, so schnell laufen können. Alle waren von Panik ergriffen. Dann verschwand die Flut von Män-

In der folgenden Nacht brannte die katholische Kathedrale des Südens nieder; sie konnte gerade noch rechtzeitig evakuiert werden.

Am 15. Juni durchkämmten internationale Patrouillen die umliegenden Viertel, um die überlebenden chinesischen Christen in Sicherheit zu bringen. Ihnen bot sich ein entsetzlicher Anblick: in Stücke gerissene Frauen und Kinder, Männer, die man an Pfähle gebunden und denen man Nasen und Ohren abgeschnitten und die Augen herausgerissen hatte. Ohne dass die Garnisonsoldaten es besonders beachteten, breitete sich das Feuer inzwischen weiter aus und zerstörte das gesamte Geschäftsviertel, in dem Pekings Reichtümer gelagert gewesen waren. Auch Qianmen brannte nieder, das über 30 Meter hohe kaiserliche Tor zur Tatarenstadt. Die Wahrsager schlossen daraus auf den bevorstehenden Untergang der Dynastie.

Während das Chaos immer weiter Besitz von der Hauptstadt ergriff, zerfiel der Hohe Kaiserliche Rat in eine Fraktion der Gemäßigten, die einen Abzug der Boxer forderten, und in eine Fraktion der Extremisten, die die Gelegenheit nutzen wollten, um die Fremden endgültig loszuwerden. Die letztere Fraktion, deren Wortführer Prinz Duan war, gewann schließlich die Oberhand, indem sie ein gefälschtes Ultimatum der westlichen Mächte vorlegte, das die Abdankung der Kaiserinwitwe und die Rückkehr Guangxus auf den Thron forderte. Der Alte Buddha reagierte wutentbrannt, wohl auch weil die Nachricht vom Angriff auf die Festungen von Dagu der Beweis dafür zu sein schien, dass die Weißen Krieg wollten. Am 19. teilte sie den Gesandtschaften mit, dass sie Peking innerhalb von 24 Stunden zu verlassen hatten. Die Diplomaten versuchten, Zeit zu gewinnen, denn sie wussten, dass es den sicheren Tod bedeutet hätte, ihr einigermaßen befestigtes Viertel zu verlassen und mit Frauen und Kindern in einer Wagenkolonne durch die von Boxern kontrollierte Provinz Zhili zu fahren. Am folgenden Tag bestieg Baron von Ketteler seine Sänfte mit dem scharlachroten Dach, das seinen Rang anzeigte, um sich zum *Zongli yamen* bringen zu lassen; er wurde von zwei berittenen, uniformierten Leibwachen begleitet. Nur eine Viertelstunde nachdem er im Labyrinth der von rauchenden Trümmern gesäumten Straßen verschwunden war, kam sein schwer verletzter Dolmetscher zurückgelaufen und berichtete, bevor er das Bewusstsein verlor, der deutsche Diplomat sei von einem mandschurischen Soldaten erschossen worden.

Vor Ablauf des Ultimatums zum Verlassen der Hauptstadt kamen am Nachmittag alle in Peking niedergelassenen Ausländer und viele konvertierte Chinesen sowie zahlreiche aus den Provinzen geflohenen Missionare in das Gesandtschaftsviertel, dessen Bevölkerung dadurch auf 3000 Menschen anwuchs. Unter

ihnen waren kaum mehr als 400 Soldaten; ihnen standen etwa 100 unerfahrene Freiwillige zur Seite, die »Freund und Feind gleichermaßen Angst machten«. Es gab vier Kanonen kleineren Kalibers und drei alte Maschinengewehre, Munition und Medikamente waren knapp. Dank einiger Brunnen hatte man reichlich Wasser; außerdem stand ein Lagerhaus voll Weizen, Reis und anderer Lebensmittel zur Verfügung, und die Pferde und Maultiere konnten im Notfall Frischfleisch liefern.

Heftiger Beschuss eröffnete die Belagerung genau in der Minute, in der das Ultimatum abgelaufen war – nämlich am 20. Juni um 16 Uhr. Die äußeren, schwer zu haltenden Stellungen mussten alsbald aufgegeben werden. »Die Fremden sind wie Fische in der Pfanne«, kommentierte die Kaiserinwitwe am folgenden

Tag gegenüber dem Prinzen Duan. Diese Analyse traf den Nagel auf den Kopf, und wenn die am besten bewaffneten und ausgebildeten Truppen des kaiserlichen Heers, also diejenigen, die unter dem Befehl Ronglus standen, entschlossen durchgegriffen hätten, hätten die Belagerten keine Chance gehabt. In Wirklichkeit aber waren sich die chinesischen Befehlshaber nicht einig über das weitere Vorgehen. Ronglu hintertrieb listig den Vormarsch der Boxer und drängte auf Verhandlungen. Li Hongzhang, der zum Gouverneur Zhilis ernannt worden war, unterstützte ihn dabei, und auch Cixi schwankte, ob sie einen unerbittlichen Krieg gegen die Europäer befürworten oder eher eine versöhnliche Haltung einnehmen sollte; einmal ließ sie den Diplomaten aus dem Kaiserpalast sogar Obst schicken. Die Belagerung dauerte 55 Tage. In den ersten vier Wochen wurde fast ununterbrochen geschossen,

und die Eingeschlossenen wurden mehrfach von einer zahlenmäßig weit überlegenen Masse an Gegnern attackiert. Doch die feindliche Artillerie schoss miserabel und die Belagerer waren keine regulären Truppen, sondern eine Horde von Dieben und Mördern, die wohl Peking in Angst und Schrecken versetzt hatten, aber keine Barrikaden einnehmen konnten, die entschlossen verteidigt wurden. Der britische Gesandte Sir Claude Macdonald, dem das Kommando über das Botschaftsviertel anvertraut worden war, erwies sich als überaus entschlossener und fähiger Mann. Er konnte stets verhindern, dass sich Panik ausbreitete. Einer der kritischsten Momente ereignete sich in der Nacht vom 23. Juni, als die Boxer die Gebäude des Hanlinyuan in Brand gesteckt hatten, das unmittelbar neben der Residenz der britischen Gesandtschaft lag. In diesem Komplex aus Sälen und Höfen war auch die älteste Bibliothek der Welt untergebracht. Der Nordwind drohte, die hohen Flammen gegen die Botschaft zu drücken. Man riss eine Mauer ein, und eine lange Menschenkette aus Frauen, Kindern, Missionaren und chinesischen Konvertiten reichte mit Wasser gefüllte Eimer und Suppenschüsseln weiter, um das Feuer zu ersticken – vergebens. Die alten Balken des Hanlin brannten lichterloh und Werke von unschätzbarem Wert gingen für immer verloren, darunter auch das einzige Exemplar des 1407 vollendeten *Yongle dadian*, der umfangreichsten je verfassten Enzyklopädie, die aus 23 000 handgeschriebenen Bänden bestand. Die Europäer verdankten ihre Rettung allein dem Umstand, dass sich der Wind im letzten Augenblick drehte.

Inzwischen war Tianjin vollständig in der Hand der Alliierten, und die Stadt erlebte eine gnadenlose Plünderung. Anfang August dann marschierte eine 20 000 Mann starke Kolonne, die Hälfte davon Japaner und der Rest Russen, Briten, Amerikaner, Deutsche, Österreicher, Franzosen und Italiener, auf Peking zu. Der Tross hatte die Straße entlang des Beihe eingeschlagen und wurde von einer Dschunkenflotte begleitet, die den Nachschub mit sich führte und gut zehn Kilometer lang war.

Die Kolonne bot einen farbenprächtigen Anblick: Es waren rot behoste Zuaven darunter, deutsche Infanteristen mit grauen Mänteln und Pickelhauben, bengalische Lanzenreiter, Kosaken mit Bärenfellmützen, weiß gekleidete italienische Marinesoldaten und kleinwüchsige, im Sold Frankreichs stehende Tonkinesen, deren Uniformen in einem so jämmerlichen Zustand waren, dass ihre Waffengefährten sie leicht für Boxer halten mochten. Niemand konnte sagen, ob dieser Marsch eine Rettungs- oder eine Strafexpedition war, denn Mitte Juni hatte sich die Nachricht verbreitet, dass alle in der Hauptstadt lebenden Weißen massakriert worden waren. Später drangen zwar aus den belagerten Gesandtschaftsgebäuden spärliche Nachrichten nach draußen, doch sie gelangten immer erst mit einigen Tagen Verspätung nach Tianjin, und in der Zwischenzeit konnte sich viel verändert haben. Die Hilfstruppen setzten alles daran, ohne Verzögerungen vorzustoßen. Nachdem sie die Chinesen mehrfach abgewehrt

hatten, standen sie am 12. August vor den östlichen Mauern von Peking. In der Nacht vom 13. auf den 14. konnten die Belagerten, die tags zuvor einen letzten wütenden Angriff der Boxer abgeschlagen hatten, die europäischen Kanonen hören, die eine Bresche in die Bollwerke feuerten. Gegen 14.30 Uhr, nach Stunden der Ungewissheit, rief ein Wachtposten: »Sie kommen!«, und in Dutzenden Sprachen wiederholt, breitete sich die Nachricht wie ein Lauffeuer aus. Es waren von britischen Offizieren befehligte indische Soldaten, verschwitzte Sikhs und Rajputen, die als Erste eintrafen und mit Beifallsstürmen begrüßt wurden, während sie verzweifelt um Wasser baten.

In den Morgenstunden des folgenden Tages verließ der Hof die Verbotene Stadt und floh nach Shanxi, um in der von hohen Bergen umgebenen Festung Taiyuan Schutz zu suchen. Alle hochrangigen Mandarine, die sich für den Krieg gegen die Fremden ausgesprochen hatten, hatten sich das Leben genommen oder waren

untergetaucht. Die Kaiserinwitwe nahm den gefangenen Kaiser und seine junge Frau mit, ein paar Hofdamen und einige wenige Eunuchen, unter denen auch Li Lianying war. Von den beiden Gespielinnen Guangxus konnte sich nur die Strahlende Konkubine retten, die später mit der Hilfe eines Prinzen dem Kaiser nachreiste. Die Perlfarbene Konkubine, die Favoritin, war bei der überstürzten Flucht vergessen worden und nahm sich aus Verzweiflung das Leben, indem sie sich in einen Brunnen stürzte. Einer anderen Version zufolge hatte der Alte Buddha sie in den Brunnen stürzen lassen, weil es eine gute Gelegenheit war, sie loszuwerden.

Inzwischen griffen die Amerikaner unnötigerweise die Kaiserstadt an. Erst die Russen konnten sie überzeugen, dass es besser sei, diese Aktion abzubrechen, um das Ehrgefühl der Chinesen nicht auf unwiederbringliche Weise zu verletzen. Endlich, am 16. August, ging man daran, eine weitere europäische Enklave zu befreien, die der Belagerung unter

weitaus schwierigeren Bedingungen hatte trotzen müssen als das Gesandtschaftsviertel: den Bezirk Beitang rund um die katholische Kathedrale des Nordens. 3400 Männer, Frauen und Kinder hatten sich in den Schutz des französischen Bischofs Favier geflüchtet. Die Verteidiger waren 43 französische und italienische Matrosen, die der bretonische Offizier Paul Henry befehligte, bis er am 30. Juli fiel. Der Widerstand dieser Enklave, die nur über sehr geringe Vorräte an Lebensmitteln und Munition verfügte und über acht Wochen hinweg immer wieder angegriffen und beschossen wurde, verlief wesentlich dramatischer und drohte mehrmals zusammenzubrechen. Es waren die Japaner, die hier als Erste auftauchten.

Peking war völlig verwüstet. Nach den Brandstiftungen und Plünderungen – zuerst durch die Boxer und später durch die kaiserlichen Truppen und einfache Kriminelle – kamen nun die Plünderungen durch die Sieger. Drei Viertel der Bevölkerung hatten die Stadt verlassen, Tausende von Menschen waren umgebracht worden oder hatten, wie viele Frauen, aus Scham über die erlittenen Misshandlungen Selbstmord begangen. Überall lagen Leichen. Die Mehrzahl der Leute, die sich jetzt noch in der Stadt aufhielten, war da, um zu stehlen, was noch zu holen war. Sie wurden ihrerseits von den Fremden Teufeln ausgeraubt, die Peking in mehrere Zonen aufteilten und sich über Monate hinweg alles unter den Nagel rissen, was einigermaßen wertvoll zu sein schien. Sie heuerten Informanten an, die ihnen verrieten, wo die Flüchtlinge ihre Schätze versteckt hatten. An den Plünderungen beteiligten sich selbst die hochrangigsten Offiziere und Diplomaten. Der russische General Liniewitsch etwa kehrte mit zehn Truhen voll Kriegsbeute in seine Heimat zurück. Im Oktober schrieb ein britischer Offizier in einem Brief an seine Familie: »Heute morgen ist Lady Macdonald zusammen mit der kleinen Garnison ausgerückt, die in Peking zurückgelassen worden war, und hat sich mit größter Sorgfalt dem Plündern gewidmet.« Irgendjemand hatte sogar vorgeschlagen, die Kaiserstadt dem Erdboden gleichzumachen, aber zum Glück wussten auch hier die Russen das zu verhindern. Sie konnten sich großzügig zeigen, denn sie hatten ihre Schäfchen bereits ins Trockene gebracht: Die zaristische Armee stand in der Mandschurei, angeblich um die Boxer niederzuringen und ihre in dieser Region ansässigen Landsleute zu schützen. Die Kosaken erwiesen sich, nebenbei bemerkt, als die gründlichsten Plünderer. Doch insgesamt verhielten sich fast alle so, wie Kaiser Wilhelm II. es dem deutschen Expeditionskorps eingeschärft hatte (das dann zu spät kam und an den Gefechten nicht teilnahm): »Wie vor tausend Jahren die Hunnen unter ihrem König Etzel sich einen Namen gemacht ... so möge der Name Deutschland in China auf tausend Jahre durch euch in einer Weise bestätigt werden, dass es niemals wieder ein Chinese wagt, einen Deutschen scheel anzusehen!«

272 und 273
Die europäischen, japanischen und amerikanischen Soldaten, die das Gesandtschaftsviertel verteidigten, waren kaum mehr als 400 an der Zahl. Ihnen standen etwa 100 zivile Freiwillige zur Seite. Unten links sehen wir einige Boxer, die nach Eintreffen der Verstärkung gefangen genommen wurden, rechts die ersten Hinrichtungen.

Unter den europäischen Truppen, die erst nach Ende der Belagerung eintrafen, war der französische Marineoffizier Julien Viaud, der sich unter dem Namen Pierre Loti bereits einen Namen als Autor von Romanen und Reiseberichten gemacht hatte. Seine Tour war die in ein Geisterland, das übersät war von Trümmern und Leichen. Er sah die zerschossenen Ruinen der gewaltigen Festungen am Beihe, die so grau waren wie das umliegende öde Land, und landete an einem von Asche bedeckten Ufer, auf dem Dutzende Kadaver verfaulten. Er bestieg einen Zug, aus dem alle Sitze gerissen worden waren, und fuhr an verkohlten Bahnhöfen vorbei, an den Biwaks sibirischer Füsiliere, an Wagons, deren Eisenrahmen sich im Feuer grotesk verzerrt hatte, an von Kugeln durchsiebten Lokomotiven. Er besuchte ein Tianjin, dessen Häuser keine Dächer und keine Fenster mehr hatten und wie ausgeweidet wirkten; ein Tianjin, das nur noch ein verkohltes Trümmerfeld darstellte, aus dem Zelte der Armeen der halben Welt wie weiße Pilze gesprossen waren. Er requirierte eine Dschunke, weil nördlich der Eisenbahnstadt Tianjin kein einziges Gleis mehr an seinem Platz lag, und fuhr den Beihe hinauf, in dem verstümmelte Leichen von Männern, Frauen und Kindern flussabwärts trieben. Er musste einen Trinkwasservorrat mitnehmen, weil alle Brunnen durch Kadaver vergiftet waren. Er kam nach Tongzhou, einer weiteren Geisterstadt mit rußgeschwärzten Mauern, über denen die Fahnen der alliierten Sieger flatterten und in der die Luft vom entsetzlichen Geruch des Todes erfüllt war. Die Stadt war ein Zentrum des Porzellanhandels gewesen, und nun bedeckte eine dicke Schicht von Scherben ihre Straßen. Es hatte Tage gedauert, all die vielen Statuetten und das ganze Geschirr unter Stiefelsohlen und Gewehrkolben zu zerschlagen und zu Staub zu zermahlen. Hinter den eingerissenen Mauern der Häuser lagen zertrümmerte Möbel, zerrissene Seidenstoffe, schmutzige Lumpen und Gefallene, die von Hunden in Stücke gerissen worden waren.

In Peking erwarteten Loti die gleichen Schrecken. Die endlosen Mauern umschlossen einen Ort, der einem riesigen Friedhof glich, über dem krächzende Rabenschwärme flogen. Die Überlebenden wühlten in den Überresten ihrer Häuser. Vereinzelt liefen Kulis vorbei; wie Tiere die Brandzeichen ihrer Besitzer, so trug jeder von ihnen auf der Jacke das aufgenähte Fähnchen einer siegreichen Macht, denn inzwischen hatte jeder Soldat einen oder zwei Diener requiriert. Die Kosaken aus Transbaikalien hatten davon gehört, dass es einst Brauch gewesen war, in jede Buddhastatue ein Goldstück zu stecken. Also waren sie in alle Tempel eingedrungen, um die Statuen zu zerschlagen. In Peking blieb kein einziger Buddha ganz. Um die einstürzenden Wände der Häuser der Mandarine schlichen zwielichtige Kreaturen, die nach Verstecken suchten, welche die ersten Plünderer womöglich übersehen hatten. In den Straßen wurde die reiche Beute feilgeboten: Kostbare Schätze, die von einer Generation zur nächsten weitergegeben und sorgsam gehütet worden waren, 3000 Jahre alte Bronzen, Gemälde aus der Zeit der Tang-Dynastie,

uralte Handschriften, Lackarbeiten, schwere höfische Kleidung, Pelze aus den Fellen von Hermelinen und Blaufüchsen lagen im Straßenstaub und wurden weit unter Wert verkauft. Nachts waren die Schüsse zu hören, die Wachtposten auf chinesische Plünderer, streunende Hunde und alle anderen Schattengestalten dieser Elendsgesellschaft abfeuerten. Loti kam in einem Palast der Kaiserstadt unter, wo sich die Alliierten einquartiert hatten. In diesem Labyrinth aus Wäldchen und Gebäuden versteckten sich immer noch Mandarine und Eunuchen und angeblich auch einige Konkubinen und Mandschu-Prinzessinnen; vielleicht lagen dort irgendwo auch noch sagenhafte Schätze verborgen. Loti schlief auf einem Ebenholzbett, zwischen Seidenkissen, die mit Gold laminiert waren, und deckte sich mit kunstvoll bestickten kaiserlichen Gewändern zu.

In den nächsten Tagen schweifte er mit einer melancholischen Faszination zwischen der zerstörten Pracht der Verbotenen Stadt umher; die ganze Zeit über folgte ihm eine fette mandschurische Katze. Der von drei Generationen von Dichtern besungene Lotossee war eine mit totem Laub übersäte, faulig stinkende Schlammbrühe. In den langen, verglasten Korridoren der Paläste lagen Splitter von Truhen und aufgebrochenen Kommoden, aus denen Unmengen von Kunst- und Gebrauchsobjekten aus Lack, Elfenbein und Porzellan quollen. Um sich in der kühlen Herbstluft aufzuwärmen, verbrannten französische Marineinfanteristen wahllos Kulissen und Requisiten des kaiserlichen Theaters sowie Ungeheuer, Chimären, Dämonen, Löwen und Elefanten aus Pappe und Bambus. Um sich im Schießen zu üben, zielten Russen auf einen kleinen, reich verzierten Zug, den Deutschland einst der Kaiserinwitwe geschenkt hatte. Die Japaner, die es vorzogen, sich an einem Feuer von bemalten Holzpaneelen zu wärmen, halfen Loti, durch eine Tür zu gehen, die von Eunuchen versperrt wurde, indem sie diese mit Stockhieben vertrieben. Hinter einem Labyrinth von Räumen und jenseits eines düsteren, von einer dreifachen Mauer eingefassten kleinen Hofs und einer schattigen Halle mit versiegelten Fenstern fand Loti ein kleines, nach Tee und vertrockneten Blüten riechendes Zimmer, in dem Kaiser Guangxu die vergangenen beiden Jahre eingesperrt gewesen war.

Einige Tage später erhielt Loti einen wichtigen Hinweis, der ihn zu seinem Anteil an der Pekinger Kriegsbeute führte. Er ging zu einer schattigen Insel inmitten des Lotossees, auf der ein zerbrechlich wirkender Palast stand. Hier hatte die Kaiserinwitwe die letzte Nacht vor ihrer Flucht verbracht. Und dort, im zweiten Zimmer links hinter dem zweiten Hof, fand er unter einem mit Intarsien verzierten Bett die beiden roten, mit Schmetterlingen und Blüten bestickten Seidenschühchen des Alten Buddha.

274 und 275
Die Sieger übten erbarmungslos Vergeltung. Peking wurde zerstört, und die Verbotene Stadt, aus der der Hof nach Norden geflohen war, wurde gründlich geplündert. Auf dem Foto oben sind die Leichen chinesischer Soldaten zu sehen, die auf den Mauern der Verbotenen Stadt liegen geblieben waren. Die Aufnahme rechts entstand beim Einzug der deutschen Kavallerie, die allerdings erst nach dem Ende der Kampfhandlungen eintraf.

DIE WÜSTE DER TATAREN

Am 17. August 1900, zwei Tage nach dem Einmarsch der Alliierten in Peking, ging Wu Yong, Mandarin einer kleinen Provinzstadt an der Straße nach Zhangjiakou (Kalgan), dem Zug der Flüchtlinge entgegen, die ihm wie »erschlagene Schakale« vorkamen. Es regnete in Strömen. Die Kaiserinwitwe, die ein grobes blaues Kleid anhatte, so wie Bäuerinnen es tragen, hatte sich die lackierten Fingernägel abgeschnitten und sich zum ersten Mal in ihrem Leben nach chinesischer Art frisiert. Ihr Gesicht war nass von den Tropfen und den Tränen. Alle froren und alle hatten Hunger und Durst, denn auch in dieser Gegend waren viele Brunnen durch Kadaver vergiftet. Boxer und marodierende Soldaten hatten die Bauerndörfer nach Essbarem durchkämmt. Wu Yong konnte nur ein paar Schalen Hirsesuppe und fünf Eier auftreiben. Er blieb vor dem schäbigen Zimmer sitzen, in dem sich der Hof niedergelassen hatte, und

276 und 277
Die weitläufigen Regionen im Norden Chinas waren bedroht: Russland hatte ein Auge auf die Mandschurei und die Mongolei geworfen und sandte verschiedene Expeditionen in vorgeblich wissenschaftlicher Mission aus. Die beiden Fotografien zeigen die zottigen Kamele, mit denen seinerzeit die Wüste Gobi durchquert wurde.

konnte hören, »wie die Mahlzeit in aller Eile eingenommen und die Suppe in großen Schlucken getrunken wurde, als sei sie eine höchst delikate Speise«. Erfüllt von der Angst, die rachsüchtigen Weißen Teufel könnten hinter ihr her sein, zog die Karawane nach Taiyuan, der Hauptstadt der Provinz Shanxi. Dort rastete der Tross drei Wochen lang, doch der Alte Buddha fühlte sich nicht sicher und wollte weiter ins entfernte Xi'an in Shaanxi.

Die Verhandlungen mit den westlichen Mächten, die auf Reparationszahlungen bestanden, konnten erst nach einem Jahr, am 7. September 1901, zum Abschluss gebracht werden. Zehn Tage später verließen die letzten Kontingente der internationalen Garnison Peking. Die Chinesen, die allmählich wieder in die Stadt zogen und sich an den Wiederaufbau machten, weinten den Weißen keine Träne nach. Am 24. Oktober verließ auch der Hof Xi'an, um in die Verbotene Stadt zurückzukehren. Von einer Abteilung leichter Kavallerie begleitet, verließen 2000 Karren mit 10 000 Fahnen in perfekter Ordnung und völliger Stille die alte Kaiserstadt und schlugen die enge, steile Straße durch die Berge ein. Die letzte Etappe der langen Reise wurde mit der Eisenbahn zurückgelegt. Um das Gepäck zu befördern, waren insgesamt 40 Güterzüge nötig. Die belgische Gesellschaft, die diese Linie in Zhili betrieb, hielt einen luxuriös ausgestatteten Zug bereit, dessen Wagons innen mit gelber Seide tapeziert waren und in dem es zwei Throne gab, einen für den Kaiser und den anderen für seine Tante.

Am 7. Januar 1902 wirbelte ein eisiger Nordwind den gelben Sand auf, mit dem die Straßen zur Feier der kaiserlichen Rückkehr bestreut worden waren. Ganz Peking hatte sich auf den Mauern versammelt und wartete vom Sonnenaufgang bis zum frühen Nachmittag. Ein italienisches Mitglied des diplomatischen Korps berichtete: »Die Ersten, die eintrafen, waren die mandschurischen Fahnenträger auf ihren kleinen, feurigen Pferden. Ihnen folgte eine Gruppe chinesischer Beamter in festlicher Kleidung. Schließlich kamen die kaiserlichen Sänften, die sich mit geradezu unglaublicher Geschwindigkeit zwischen zwei Flügeln kniender Soldaten vorwärts bewegten. Je höher der Rang der Person in der Sänfte, desto schneller liefen die Träger. Die Sänften des Hofes schienen sich ebenso schnell fortzubewegen wie die tatarische Kavallerie. Als sie die Einfriedung zwischen den Mauern und dem äußeren Tor erreicht hatten, blieben sie stehen. Der Kaiser und die Kaiserinwitwe stiegen aus, um die Zeremonie abzuhalten, die vom Buch der Riten für die Rückkehr nach Hause vorgeschrieben wurde und die darin bestand, in dem kleinen Tempel an der Mauer, in dem sich ein den Schutzgöttern der Mandschu geweihter Altar fand, Weihrauch zu verbrennen und zu beten. Als sie der Sänfte entstieg, blickte die Kaiserinwitwe nach oben, und sah auf den rauchgeschwärzten Mauern die Fremden, die hinter den Zinnen standen, um ihrer Ankunft beizuwohnen. Es sah so aus, als wollten die Eunuchen sie zum Weitergehen bewegen, denn es schickte sich nicht, dass sie stehen blieb. Doch

die Kaiserin wollte sich nicht beeilen und verharrte zwischen zwei Damen, die sie stützten – nicht, weil sie diese Hilfe brauchte, sondern weil dies in China Brauch war. Sie raffte sich schließlich auf, weiterzugehen, doch bevor sie den Tempel betrat, in dem die Priester darauf warteten, die Zeremonie in die Wege zu leiten, blieb sie noch einmal stehen, starrte uns an, hob die gefalteten Hände bis unter das Kinn und machte einige kleine Verbeugungen.«

Diese anmutige Geste der Versöhnung wurde von den Weißen Teufeln auf der Mauer, von denen fast alle an der Niederschlagung des Boxeraufstands teilgenommen hatten und die nun glaubten, China fest in ihrer Hand zu halten, mit spontanem Beifall beantwortet. Das Kaiserreich hatte diese furchtbare Krise nur auf Grund von Meinungsverschiedenheiten unter den westlichen Mächten überlebt, die sich nicht auf eine Aufteilung hatten einigen können. Über die Zerstückelung Chinas sprach man in diplomatischen Kreisen schon seit längerem. Auf eine derartige Lösung drängten vor allem die Deutschen, deren kaum verhohlene Gier jedoch alle anderen misstrauisch gemacht hatte. Besonders die Engländer zeigten wenig Neigung, sich die direkte Herrschaft über ein riesiges, äußerst dicht besiedeltes Gebiet aufzuhalsen, und waren überzeugt davon, dass die traditionelle Politik wirtschaftlicher Durchdringung eher Früchte tragen und geringeren Ärger verursachen würde. In der Presse wurden bereits Karten mit den künftigen Kolonialgebieten abgedruckt: Die Insel Hainan mitsamt den an Tongking angrenzenden Provinzen Yunnan

und Guangxi sollten Frankreich zu-
geschlagen werde; die Formosa gegenüberliegende Provinz Fujian den
Japanern; Zhejiang als Trostpflaster
den Italienern; Shandong, Shanxi,
Shaanxi, Hunan und Gansu sollten an Deutschland gehen; das riesige Becken des Jangtsekiang
mit den fruchtbarsten Provinzen zusätzlich zu
Guangdong mit Kanton und Hongkong an
Großbritannien, ebenso wie – zur Sicherung
der Grenzen mit Indien – das gesamte tibetische Hochland. Für Russland war das weitläu-
figste, aber am dünnsten besiedelte Territorium
vorgesehen: die Mandschurei, die Mongolei,
Xinjiang und schließlich Zhili mit Peking. In
diese weitgehend unwirtlichen Landstriche, die
an Sibirien angrenzten, waren zuerst russische
Kaufleute und dann Forschungsexpeditionen
eingedrungen. Ab dem frühen 17. Jahrhundert
hatten sie diese Einöden durchquert, von denen
600 Jahre zuvor die Tataren losgezogen waren,
um die Städte des heiligen Russland zu unter-
jochen. Sie alle waren durch Kjachta gekommen,
der letzten sibirischen Stadt. Diese Ansamm-
lung von Blockhütten grenzte an eine kleine
Lichtung, in deren Mitte ein Mast und ein ge-
langweilter Zöllner mit weißer Tunika, flacher
Mütze und umgehängtem Säbel die Grenze
zwischen dem Reich des Zaren und dem des
Sohnes des Himmels markierten. Nur wenige
Schritte entfernt standen die verwahrlost wirkenden Häuschen von Maimaicheng (Altanbu-
lag), der ersten chinesischen Stadt, in der nur
Männer lebten, weil es Frauen verboten war, in
unmittelbarer Nähe der Grenze zu wohnen.

Diese männliche Kolonie hatte ein weibli-
ches Gegenstück: Das in geringer Entfernung
in der Steppe aus Filzjurten errichtete Ulan
Burgas wurde von mehr oder weniger freizügi-
gen Mongolinnen bewohnt und bekam gelegentlich Besuche aus dem erzwungenermaßen
keuschen Maimaicheng. Eine steinige, Schwindel erregend steile Piste führte über viele Berge
zur Steppenmetropole, dem dreifachen Urga der
Mönche, der Fürsten und der Kaufleute, einer
mongolischen, chinesischen und russischen
Siedlung, zusammengesetzt aus drei getrennten
Städten, die von hohen Palisaden eingefasst waren. Im mongolischen Teil Bogdo Kurèn, dem
Heiligen Bezirk, verbrachten 10 000 Lamas
mit purpurnen Togen und gelben Mützen ihre
Tage damit, eine Gebetskette durch die Finger
laufen zu lassen und Gebetsmühlen zu drehen.
An diesem heiligen lamaistischen Ort, dem
zweitwichtigsten nach Lhasa, lebte ebenfalls
ein verehrter Lebender Buddha. Zwischen Jurten und Hütten, in denen fromme Mönche
wohnten, schlängelten sich schmale Gassen, die
zum Zeichen ihrer Heiligkeit von roten Pflö-
cken eingefasst waren. Hier trieben sich Rudel
wolfsähnlicher Hunde herum, die sich von den
Leichnamen ernährten, die die Mongolen nicht
begruben, sondern einfach im Freien ablegten.
Die Gassen führten zu großen Tempeln, deren
Fassaden mit senkrechten weißen, schwarzen,

roten, blauen und gelben Streifen
bemalt waren, den Farben der fünf
heiligen Elemente Feuer, Wasser,
Metall, Holz und Erde. In ihrem
geheimnisvollen, dunklen Inneren,
in dem es nach Sandelholz und Weihrauch roch,
waren Hundertschaften dickbäuchiger Statuen
versammelt. Zwischen bunten Fahnen, Bildern
und Votivgaben thronten kolossale Buddhafigu-
ren, die mit den hellblauen Schärpen bedeckt
waren, die Mongolen ihren Göttern oder Fürsten darzubringen pflegten, wenn sie ihnen eine
Gnade erwiesen hatten. In einer Ecke wartete
ein vergoldeter und mit außergewöhnlichen
chinesischen Stickereien gepolsterter Thron auf
den Besuch des Lebenden Buddha, der von hier
aus den Vorsitz über die Zeremonien führte.
Dieser Gott auf Erden lebte nicht in der Heiligen Stadt, sondern in einer nahe gelegenen
Villa im europäischen Stil, in der er sich – wie
gottlose Spötter behaupteten – sehr weltlichen
Genüssen hingeben konnte. Er liebte nicht nur
geistige Getränke, sondern auch die Wunder der
Technik und bekam deshalb vom russischen
Konsul das erste Auto geschenkt, das je in der
Mongolei gesehen wurde. Als es noch verpackt
auf einem Kamelwagen eingetroffen war, hatte
der wiedererstandene Buddha es feierlich in
Besitz genommen. Leider hatte der Konsul vergessen, den Chauffeur mitzuliefern. Gutwillige
kahl geschorene Seminaristen schoben das Auto
stundenlang in einem Hof herum und beteten,
dass es von alleine rollen möge. Dann zog ein
Ochse es eine Weile durch die Landschaft, und
schließlich stand es nur noch im Garten der

278
*Die Grenzstadt Maimaicheng – die erste chinesische
Stadt, in die aus Sibirien kommende Reisende gelangten
– war ausschließlich von Männern bewohnt, da Frauen
der Aufenthalt in Grenznähe grundsätzlich verboten war.
Auf dem Foto ist der Tempel von Maimaicheng zu sehen.*

279
*Cixi und der kaiserliche Hofstaat kehrten ein Jahr nach
dem Boxeraufstand in einem festlich geschmückten Zug
in die Hauptstadt Peking zurück (unten). Inzwischen
hatten China und die Siegermächte einen Vertrag unterzeichnet, das so genannte Pekinger Protokoll (oben).*

280
*Im Jahr 1907 wurde die Stille der mongolischen Ein-
öden durch den Motorenlärm jener Autos gestört, die auf
der äußerst anspruchsvollen Rennstrecke Peking–Paris um
die Wette fuhren. Als Sieger ging ein Team hervor, das aus
dem Fürsten Scipione Borghese, dem Mechaniker Ettore
Guizzardi und dem Journalisten Luigi Barzini bestand.*

Villa und setzte Rost an. Wenig außerhalb des
Bezirks von Bogdo Kurèn erhoben sich die
Stufen der Russenstadt, oder besser: der Festung der Russen, die mit Gräben und Gittern
umgeben war und von einer Kosakengarnison
mit etlichen Kanonen bewacht wurde. Einst
hatten die Russen sich hier unter dem Vorwand
niedergelassen, bei der Niederschlagung des
Aufstands von Yakub Beg in Turkestan behilflich zu sein, und waren nie wieder abgezogen.
Daraufhin war auch die Chinesenstadt mit
quadratischen, mit Zinnen und Schießscharten
bewehrten Mauern ausgestattet worden, von
denen aus der Tatarenhauptmann Du Tong die
unerwünschten Gäste argwöhnisch beobachtete.

Jenseits von Urga begann die Wüste Gobi,
die vom Salz einen weißlichen Schimmer hatte.
Entlang der Karawanenwege war sie von den
noch weißlicheren Knochen der bei Sandstür-
men verendeten Maultiere, Kamele, Pferde und
Ochsen übersät. Mit ihren scharfen Konturen
und der beängstigenden Stille wirkte die Landschaft düster und bedrückend. Bevor die Mongolen zur Durchquerung der Wüste aufbrachen
und nachdem sie sie hinter sich gelassen hatten,
nahmen sie einen Stein und legten ihn auf einen primitiven Steinaltar: ein bescheidenes,
aber tief empfundenes Opfer an die Götter.

1907 wurden diese von Ochsen- oder
Pferdeschädeln gekrönten Steinhügel Zeugen
eines bisher noch nie da gewesenen Ereignisses:
An ihnen zogen die Automobile des Rennens
Peking–Paris vorbei und lösten einen Disput
unter den Chinesen und Russen aus: Erstere
behaupteten, dass sich in jeder dieser fahrenden
Kutschen ein Tier verbarg, während Letztere
mit den modernen Errungenschaften vertrau-
ter waren und vermuteten, es handle sich um
Lokomotiven, die ihre Gleise verlassen hatten.

Östlich und westlich der Wüste Gobi lagen
inmitten der weiten Einöde weitere blühende
oder auch versunkene Städte verstreut. Karako-

rum, das einst von den mittelalterlichen Reisenden bestaunt worden war, die als Gesandte
des Papstes zum Großkhan unterwegs waren,
bestand nur noch aus Ruinen, die der Sand
inzwischen halb zugedeckt hatte, und einem
verlassenen Lamakloster. Uljastaj, die verarmte
Hauptstadt der nördlichen Mongolei, schlum-
merte am Ufer eines heiligen Flusses und erwachte lediglich für das Fest von Irlik Khan,
dem obersten Richter über die Toten. Dann
schmückte es sich mit Laternen, Wimpeln und
Papierblumen und veranstaltete mit Trommeln
und Gongs vor dem Heiligtum einen Höllen-
lärm, um die bösen Geister zu vertreiben. Wenn
die Sänfte mit der Statue der Gottheit auf der
Schwelle erschien, wurde es plötzlich ganz still
und alle starrten auf die Vorhänge, um das
Wetter des bevorstehenden Winters abzulesen.
Waren sie zugezogen, bedeutete das strenge
Kälte; waren sie offen, so stand ein milder
Winter bevor; die Lamas irrten sich nie. Die
Prozession ging zum Fluss, um ihm schwim-
mende Laternen in der Form von Pagoden,
Burgen und Häusern anzuvertrauen, die im
Licht des Vollmonds langsam davontorkelten.

Stärker aber als von diesen in ihrer Ruhe
und Einsamkeit fernab gelegenen Siedlungen
waren Reisende von den goldverzierten buddhistischen Tempeln und ausgestorbenen
Klöstern fasziniert, die urplötzlich inmitten
wilder Bergschluchten vor ihnen auftauchten
und die so abgelegen waren, dass es undenkbar
schien, dass hier je Menschen gelebt hatten.
An ebenso rauen und einsamen Orten waren
die Hüter einer wesentlich älteren Religion
anzutreffen, die von den Mongolen von Generation zu Generation weitergetragen wurde:
die Schamanen. Selbst der Lebende Buddha
von Urga versäumte es nicht, seine Lieblings-
schamanin zu konsultieren – manchmal auch
zweimal im Monat. An einer dieser Sitzungen
nahm der französische Ingenieur Emile Bouil-

lane de Lacoste teil. Er wollte wissen, ob es
möglich war, Peking über die Wüste Gobi an
die Transsibirische Eisenbahn anzubinden. In
der »Höhle der Hexe«, die außergewöhnlich
sauber war und angenehm nach dem grünlichen
Pulver roch, das in einem Glutbecken verbrannt
wurde, wurde der Franzose von einer elegant
gekleideten Dame empfangen, die nebenbei
auch noch Prinzessin war. Nach einer feierlichen
Teezeremonie begann sie, das Ritual vorzubereiten. Sie legte ein Diadem aus Eulenfedern an,
eine bunte Tunika, eine lange pflaumenfarbene
Seidenmaske und einen scharlachroten Gürtel,
die alle mit Glocken und Rasseln verziert waren, die leise klingelten und klapperten. Dann
schlug sie ein Tamburin, wiegte sich hin und
her und sang ein von schrillen Schreien durch-
setztes langsames Lied, bis der Geist von ihr
Besitz ergriff. Sie geriet in Trance, warf sich mit
dem Kopf zuerst gegen die Wände, fiel darauf
steif zu Boden und verkündete in einer unver-
ständlichen Sprache, was ihr aus der jenseitigen
Welt mitgeteilt wurde. Eine neben ihr sitzende
Magd übersetzte das Gesagte für die Gäste.
Dann kehrte die Dame aus dem Reich der
Schatten zurück und bot ihren Gästen noch-
mals Tee an, bevor sie sie verabschiedete.

Ein weiterer Franzose und Mitglied des
diplomatischen Korps, der Graf von Lesdain,
drang 1906 auf der Suche nach dem Grab
Dschingis Khans, das sich seines Wissens an
einem Edchen Koro genannten Ort befand, zu
den Sanddünen des Ordosplateaus vor. Seine
mongolischen Führer versuchten, ihn irgendwo
anders hinzubringen, doch der schlaue Edelmann ging geradewegs in die Richtung, in die
ihn niemand führen wollte, und entdeckte an
einem Berghang in der Ferne das Grab. Er war
enttäuscht, denn er hatte eine Art Pyramide erwartet, oder einen Grabhügel, der so gewaltig
war wie die Eroberungen des Verstorbenen, dessen Reich sich vom Gelben bis zum Schwarzen

Das siegreiche Automobil war 50 Tage lang auf der Strecke Peking–Paris unterwegs, die anderen brauchten teilweise sehr viel länger. Das Besondere an dem Rennen war vor allem, dass es kaum Straßen gab. Das Bild zeigt einen Teilnehmer, der, von Einheimischen gezogen, durch eine verschlammte Kleinstadt zu fahren versucht.

Meer erstreckt hatte. Die Beschreibung, die er von dem vorgefundenen Mausoleum lieferte, war so respektlos, das es wenig Fantasie bedarf, seine damaligen Empfindungen zu erahnen: Jener grobe, von zwei kleinen goldenen Kuppeln gekrönte Quader erinnerte ihn an die Pariser Pissoirs. Die Asche jenes Mannes, der über das größte Reich der Geschichte geherrscht hatte, wurde in einem Kästchen mit Griffen aufbewahrt, denn eingedenk der nomadischen Sitten seines Volkes wanderte das Kästchen ab und zu umher und stand dann in einem verschlissenen Filzzelt, das nur unzureichend vor Wind und Regen schützte. Über den berühmten Ahnen wachte der Stamm der Targat, der auf Grund dieses Ehrenamtes keine Steuern zu zahlen brauchte. Die Wächter hielten Dschingis Khan allerdings für eine mythische Gestalt, die vor vielen Tausenden von Jahren gelebt hatte, und hatten nicht mehr die leiseste Vorstellung davon, was ihre Ahnen unter dessen Kommando vollbracht hatten.

Mongolei und Turkestan waren ein Mosaik von Wüsten, die voller Überraschungen steckten. Nach der Entdeckung der Ruinen uralter Städte in der Wüste Takla Makan durch Sven Hedin begann eine regelrechte Jagd auf die archäologischen Schätze der verschwundenen buddhistischen Zivilisation Zentralasiens. Der aufregendste Fund wurde 1907 durch den Briten Aurel Stein gemacht, der in die Höhlen der Tausend Buddhas bei Dunhuang vordrang, deren Innenwände mit wundervollen Fresken bemalt waren und in denen er uralte Handschriften fand. Stein konnte dem eigentlichen Entdecker, einem taoistischen Priester, für eine lächerliche Summe 30 Kisten voller Handschriften abkaufen. Nach ihm kamen französische, amerikanische, japanische und russische Orientalisten, die diese Schatzhöhle gründlich ausräumten und ihre Beute in die großen ausländischen Bibliotheken brachten.

Während es ihnen in der Mongolei und in Xinjiang nur gelungen war, einige von Kosaken bewachte Konsulate einzurichten, fühlten sich die Russen in der Mandschurei als wahre Herren. Lüshun (Port Arthur) war zum größten Marinestützpunkt in Fernost geworden. Die zaristische Kaserne erhob sich über einem nackten Gebirgskamm, auf dem ganze Regimenter von Hilfsarbeitern unzählige Batteriestellungen gruben. Lüshun war eine Stadt in Habachtstellung; zumindest sah sie der italienische Journalist Luigi Barzini so, der sie 1901 besuchte: »Die Rikschafahrer tragen Uniformen, ebenso Gepäckträger, Bahnarbeiter, Wachen, Angestellte, Hoteldiener oder Pagen. Trompeten erklingen, und ständig tönen Militärkommandos. Patrouillen kommen vorbei, Kompanien und Bataillone, und ihre aufgesteckten Bajonette blitzen in der Sonne; dazu Kosakenzüge und endlose Reihen von Transportwagen, sodass man eine halbe Stunde lang gegen eine Hauswand gedrückt dasteht wie eine ausgestopfte Fledermaus. Alles ist äußerst diszipliniert; die Geräusche der Stadt erinnern an eine marschierende Kolonne. Schließlich erliegt man dem militärischen Geist, der über allem schwebt. Man läuft nicht mehr wie zuvor; auf einmal marschierte ich im Gleichschritt durch Port Arthur und zählte dabei: eins, zwei, eins, zwei!«

Die Städte Mukden (Shenyang), Harbin und Qiqihar, die inzwischen eine Bahnlinie mit Wladiwostok und dem sibirischen Tschita verband, waren nicht weniger militarisiert. In der Eile waren die Ingenieure allerdings nachlässig gewesen, und viele Abschnitte der Eisenbahntrasse verliefen über morastige Niederungen, die in der Regenzeit überschwemmt wurden, sodass kein Zugverkehr mehr möglich war. Auf den Flüssen schnauften die Raddampfer der Schifffahrtsgesellschaft der Dsungaren. Bergwerke wurden angelegt, Sägewerke und

Gießereien wurden hochgezogen, und die Untertanen des Zaren, die von der Transsibirischen Eisenbahn in diese Ecke der Welt verschlagen wurden, sahen bald alle Voraussetzungen für eine verheißungsvolle Zukunft erfüllt.

Harbin, das von der russischen Presse als »das neue Moskau des Orients« gefeiert wurde, entstand 1896 aus dem Nichts und war die erste Stadt der Welt, die zur Hauptstadt einer Eisenbahnlinie wurde: der Ostchinesischen Eisenbahn. Der Hof von St. Petersburg hatte zur Grundsteinlegung einen Großherzog geschickt, die russisch-orthodoxe Kirche errichtete prunkvolle Basiliken, die Mönchsorden gründeten Klöster. Sojaölraffinerien, Mühlen, Brauereien, 100 Wodkabrennereien, alljährlich stattfindende Messen für Rohwolle und Pelze machten die Einwanderer schnell reich, und man verprasste die märchenhaften Einnahmen, die man nicht zuletzt den chinesischen Arbeitern verdankte, die für ihre Mühen wiederum so gut wie nichts erhielten. Im Innenstadtbezirk Pristàn, das den auffälligen Luxus der großen sibirischen Provinzstädte zur Schau stellte, gab es immer mehr elegante und wohlausgestattete Geschäfte, deren Besitzer unternehmungslustige russische und polnische Juden waren. In den Cafés tranken die Neureichen und die Garnisonsoffiziere den Champagner kistenweise, in den Hauptstraßen reihten sich Konditoreien aneinander, und in den Schaufenstern der Modistinnen konnte man die neuesten Pariser Kreationen bewundern. 1903, sieben Jahre nach der Gründung, lebten 200 000 Weiße in der Stadt. Die Lokalzeitung *Harbinskij Westnik* schrieb: »Dank eines Bevölkerungszuwachses von 50 000 Einwohnern im Jahr bewegen wir uns unaufhaltsam auf ein Harbin mit einer Million Menschen zu. Die treibende Kraft unserer Heiligen Mutter Russland steht hinter uns. Der Segen unseres Vaters, des Zaren, ruht auf uns.« Doch vor sich hatten sie die Japaner.

LHASA WIRD ENTSCHLEIERT

*282 und 283
Obwohl schon seit dem
17. Jahrhundert immer
wieder Europäer nach
Tibet gekommen waren,
war das Land zu Beginn
des 20. Jahrhunderts
eine der am wenigsten
erforschten Regionen der
Erde. Links eine Darstel-
lung des Potala, die im
Pariser Musée Guimet
aufbewahrt wird; man
erkennt die Residenz des
Dalai Lama, die über
Lhasa emporragt.*

Seit geraumer Zeit war der weiße Mann im Begriff, den Erdkreis zu vermessen

und zu katalogisieren. So waren gegen Ende des 19. Jahrhunderts nur wenige

Geheimnisse übrig geblieben. Die einzigen weißen Flecken auf der Landkarte

stellten nunmehr die eisige Antarktis und das unfruchtbare tibetische Hoch-

land dar. Allerdings waren in das karge Hochplateau in den vorangegangenen

Jahrhunderten immer wieder einzelne europäische Reisende vorgedrungen.

Der erste war wohl der Jesuit Antonio de Andrade, der im Sommer 1624 den

5600 Meter hohen Himalaya-Pass Mana La überquerte, da er davon überzeugt

war, dass auf dem Dach der Welt »viele gute Christen« anzutreffen seien. Sein

Glaube und seine Kondition wurden belohnt: Er konnte in Shigatse eine Mis-

sion gründen. Weitere Jesuiten stießen, aus Peking kommend, 1661 nach Lhasa

vor. Später richteten auch die Kapuziner eine Mission ein, und diese beiden

rivalisierenden Vorposten des Katholizismus konnten sich mit Unterbrechungen bis Mitte des 18. Jahrhunderts in Tibet behaupten. Eine der kühnsten Expeditionen war die des jungen italienischen Missionars Ippolito Desideri, der 1715 Srinagar verließ und dem es gelang, den Meru, den heiligsten Berg Asiens, sowie den heiligen See Manasarovar zu Gesicht zu bekommen. Sein Reisebericht erschien ganze 200 Jahre später: »Bei Sonnenaufgang bauten wir das vereiste Zelt ab und beluden die Packtiere. Dann sattelten wir mit vor Kälte schmerzenden Händen unsere Gäule und die unserer Diener. Anschließend gab es Tee, in dem etwas Butter verrührt war. Ich half allen in den Sattel und sprang als Letzter aufs Pferd. Wir ritten bis zum Abend oder bis in die Nacht hinein, ohne zu rasten. Wenn wir endlich unser Lager an einem Ort aufschlugen, an dem kein oder nur wenig Schnee lag, wurde das Zelt mit großen Steinen gesichert. Wir sattelten die Pferde ab und gaben ihnen zu fressen. Nun mussten wir getrockneten Tierkot als Brennmaterial für das Feuer suchen. Waren die Pferde getränkt, gut zugedeckt und gefüttert, konnten wir essen. Als Bett diente ein auf dem Boden ausgebreitetes Tierfell, als Kissen der Sattel. Die Nächte waren nur eine kurze Unterbrechung der Mühen; die furchtbare Kälte vertrieb zeitig den Schlaf.«

Trotz dieser Strapazen erreichte Desideri Lhasa nach zehnmonatiger Reise am 18. März 1716. Er blieb ganze fünf Jahre dort, um die heiligen buddhistischen Texte zu studieren, bis er 1721 nach Rom zurückbeordert wurde.

Wenige Jahre später gelangte der erste Europäer in die Stadt, der nicht im Auftrag des Glaubens unterwegs war: ein Holländer namens van der Putte, der 13 Jahre in Tibet blieb und nach seiner Rückkehr in die Heimat sämtliche Aufzeichnungen und Karten zerstörte. Er zweifelte an ihrer Exaktheit, und wollte der Nachwelt keine falschen Angaben hinterlassen.

China übte auf Tibet eine vage Form von Oberherrschaft aus, seit sich Lhazang Khan, das Oberhaupt der Qosoti-Mongolen, dessen Großvater 1642 Tibet erobert und sich zum König von Lhasa gekrönt hatte, 1710 zum Vasallen Pekings erklärte. Sieben Jahre später beschlossen die Oirati-Mongolen, der Herrschaft der Qosoti ein Ende zu machen. Sie nahmen Lhasa ein, töteten Lhazang Khan und verbreiteten in ganz Tibet Angst und Schrecken. Kaiser Kangxi schickte daraufhin eine mandschurische Armee, die 1720 in die Hauptstadt einmarschierte und von der Bevölkerung mit Erleichterung empfangen wurde. Fortan regierte ein tibetischer Fürst unter chinesischem Protektorat, doch es kam immer wieder zu Unruhen, bis China dem Dalai Lama, dem spirituellen Oberhaupt über das buddhistische Tibet, 1751 die weltliche Herrschaft über das Land anvertraute. Peking stellte ihm einen Rat von vier *shabpe* genannten Ministern zur Seite, die von zwei kaiserlichen, mit umfangreichen Vollmachten ausgestatteten Kommissaren beaufsichtigt wurden – den *amban*.

Der Dalai Lama galt als Lebender Buddha, der mittels eines komplizierten Verfahrens ausgewählt und sowohl als Reinkarnation seines Vorgängers wie auch des Bodhisattva Avalokiteshvara verehrt wurde. Bis zum Alter von 18 Jahren stand er unter der Vormundschaft eines Regenten, der oft seinen Anspruch auf den Thron zu verlängern versuchte, indem er sein Mündel beiseite schaffte, bevor es volljährig wurde. Die Sterblichkeitsrate jener armen Höchsten Verkörperungen des Buddha war auffällig hoch: Jeder dritte überlebte die Vormundschaft nicht. Vielleicht waren daran auch die *amban* nicht ganz unschuldig, die in Lhasa lieber eine Abfolge kleiner Jungen sahen als einen erwachsenen Dalai Lama im Vollbesitz seiner politischen und vor allem religiösen Macht – denn die theologische Autorität des Dalai Lama war gewaltig.

Es war einer dieser zwielichtigen Regenten, der als erster Kontakt mit den Engländern aufnahm, die gerade im Begriff waren, Indien zu unterwerfen. Im Jahre 1774 schickte er eine kleine Gesandtschaft zu Warren Hastings, dem Gouverneur Bengalens. Sie sollte sich für die Bhutaner, seinerzeit Vasallen Tibets, einsetzen, die in ein Gebiet eingedrungen waren, das die Ostindische Kompanie für sich beanspruchte, und die dafür exemplarisch bestraft worden waren. Die beiden tibetischen Gesandten brachten nicht nur Schriftstücke mit, sondern auch Silber- und Goldgeschenke, die bei der Kompanie den Wunsch erweckten, mit diesem scheinbar sehr reichen Land Handelsbeziehungen einzugehen. Hastings schickte den Hauptmann George Bogle nach Tibet. Er erreichte im Oktober desselben Jahres Shigatse und konnte sogleich den Regenten für sich einnehmen – nicht aber die *amban*, die verhindern wollten, dass dieses Protektorat des Reichs des Himmels unter britischen Einfluss geriet. Hastings' zweiter Abgesandter, Hauptmann Samuel Turner, hatte 1783 auch nicht mehr Erfolg. Zehn Jahre später wurden die ersten zarten Bande durch einen unglücklichen Zufall ernsthaft gefährdet. Eine nepalesische Armee drang in Tibet ein und plünderte Shigatse. Zum gleichen Zeitpunkt hielt sich in Nepals Hauptstadt Katmandu der erste britische Gesandte auf, der diese Stadt je betreten hatte. Tibeter wie Chinesen schlossen aus dieser Anwesenheit auf Komplizenschaft und reagierten mit ebenjener feindseligen Haltung, die bis ins frühe 20. Jahrhundert hinein bestimmend für die wechselseitigen Beziehungen sein sollte.

Ein exzentrischer Engländer versuchte 1811, das Eis zu brechen. Er hieß Thomas Manning und war fasziniert von der Religion und der Kultur des Fernen Ostens. Da er von den britischen Behörden in Indien, die ihn für verrückt hielten, keine Unterstützung bekam, reiste er auf eigene Faust. Seine ganze Eskorte bestand aus einem einzigen chinesischen Diener, den er nicht ausstehen konnte, und seine Ausrüstung aus einem Fächer, einem Opernglas und Roben aus durchsichtiger Gaze, die ihn in einen »perfekten chinesischen Gentleman« verwandeln sollten. Erstaunlicherweise gelang es ihm nicht nur, nach Lhasa vorzudringen, sondern auch, vom neunten Dalai Lama höchstselbst empfangen zu werden. Nachdem er sich dreimal vor ihm zu Boden geworfen hatte, schenkte er ihm »zwei Flaschen original Kölnischwasser der Marke Smith«, die ein Diener sofort verächtlich entsorgte.

Der Lebende Buddha war ein neunjähriger Junge und hatte viel Spaß mit diesem Gast. »Manchmal, besonders aber wenn er mich ansah«, berichtete Manning, »wurde aus seinem sanften Lächeln ein Lachen.« Obwohl der Reisende des Chinesischen einigermaßen mächtig war, zog er es vor, Lateinisch zu sprechen, da er fand, dies sei dem Anlass angemessener. Der Dalai Lama antwortete auf Tibetisch, und ein chinesischer Dolmetscher übersetzte oder tat zumindest so. Nachdem er mit einem Gebetbuch bedacht worden war, kehrte der Engländer nach Kalkutta zurück. Aus Trotz weigerte er sich, den Bericht seiner Reise zu veröffentlichen, und seine Tagebücher erschienen erst viele Jahre nach seinem Tod.

In jener Zeit wurde auch ein weiteres tibetisches Rätsel gelöst, das die neugierigen Europäer lange beschäftigt hatte. Nördlich des Himalaya, ungefähr in der Mitte des von den höchsten Gipfeln der Welt geformten Kreisbogens, erhob sich der pyramidenförmige Berg, den die Tibeter Tise und die Hindu Kailash nennen und der sich von der Gebirgskette des Gangri deutlich absetzt. Wenn Hindus in der Ferne seinen Kamm sehen, der die Form einer eingestürzten Pagode hat, werfen sie sich siebenmal nieder und strecken sieben Male die Arme zum Himmel empor. Dieser Berg gilt als Sitz der Götter, der älteste und stolzeste Olymp, auf dem die Menschen je

ihre Götter ansiedelten. Es ist der Berg Meru der heiligen hinduistischen Texte, der Stempel der Lotosblüte, die die Welt symbolisiert. Wie die indischen Yogis ehren auch die buddhistischen Lamas diesen heiligen Berg, und die mutigsten unter ihnen unternehmen zeitraubende Wallfahrten, auf denen sie ihn über Schnee, Felsen und Geröllfeldern umwandern.

Am Fuße dieses Berges mit den vier Seiten – die erste aus Gold, die zweite aus Silber, die dritte aus Rubin und die vierte aus Lapislazuli – entstand zwei Jahrhunderte vor Beginn des christlichen Zeitalters das erste buddhistische Kloster Tibets. An den Hängen des Kailash liegen den Hindus zufolge auch die geheimnisvollen Höhlen, aus denen die vier göttlichen Tiere Elefant, Löwe, Kuh und Pferd stürzen, die für die vier großen Flüsse Sutlej, Indus, Ganges und Tsangpo (Brahmaputra) stehen. Diese vier gewaltigen Ströme, die in vier verschiedene Richtungen fließen, entspringen tatsächlich an diesem Berg oder in seiner nächsten Umgebung. Die indischen Sagen bezeichnen nicht nur den Berg, sondern auch den an seinem Fuß liegenden See als Ursprung der vier heiligen Wasserläufe: den Manasarovar, der durch den Odem Brahmas entstanden sein soll. Früher schwammen auf ihm Tausende von Schwänen, die wie Gottheiten verehrt wurden. In die Höhen über seinen Ufern schmiegten sich die Hütten der Pilger, die sich trotz der

Gefahren, die Reise und Klima mit sich brachten, monatelang in dieser einsamen Gegend aufhielten. Denjenigen, die unterwegs den Tod fanden, blieb der Trost, dass ihre Leichname in den See geworfen würden – in das heiligste Wasser der Welt.

Im frühen 19. Jahrhundert gehörte es zu den Lieblingsbeschäftigungen der Geografen, die sagenhaften Ursprünge der indischen Ströme zu überprüfen. Als Major James Rennel, »der Vater der indischen Geografie«, seine 1782 veröffentlichte Karte von Hindustan anfertigte, widerlegte er die einheimischen Vorstellungen zwar nicht, interpretierte sie aber auf seine Weise. Er vermutete, dass unter dem Himalaya ein mächtiger Tunnel verlief, aus dem sich der Ganges in die große Ebene ergoss.

Henry und Robert Colebrooke, zwei im Dienst der Ostindischen Kompanie stehende Cousins, machten sich 1807 an die Lösung des Rätsels. Im Auftrag des Gouverneurs brachen sie in den Dschungel der nepalesischen Region Kumaun auf. Begleitet wurden sie von 50 Sepoys unter dem Befehl von Oberleutnant Webb und Hauptmann Hyder Jung Hearsey, einem Söldner, der ein weitläufiges Territorium an der Grenze zu Nepal kontrollierte. Webb und Hearsey wurden auf die Suche nach den Quellen des Ganges geschickt; die Colebrookes sollten in Kumaun auf sie warten. Sie erklärten den Alaknanda und nicht,

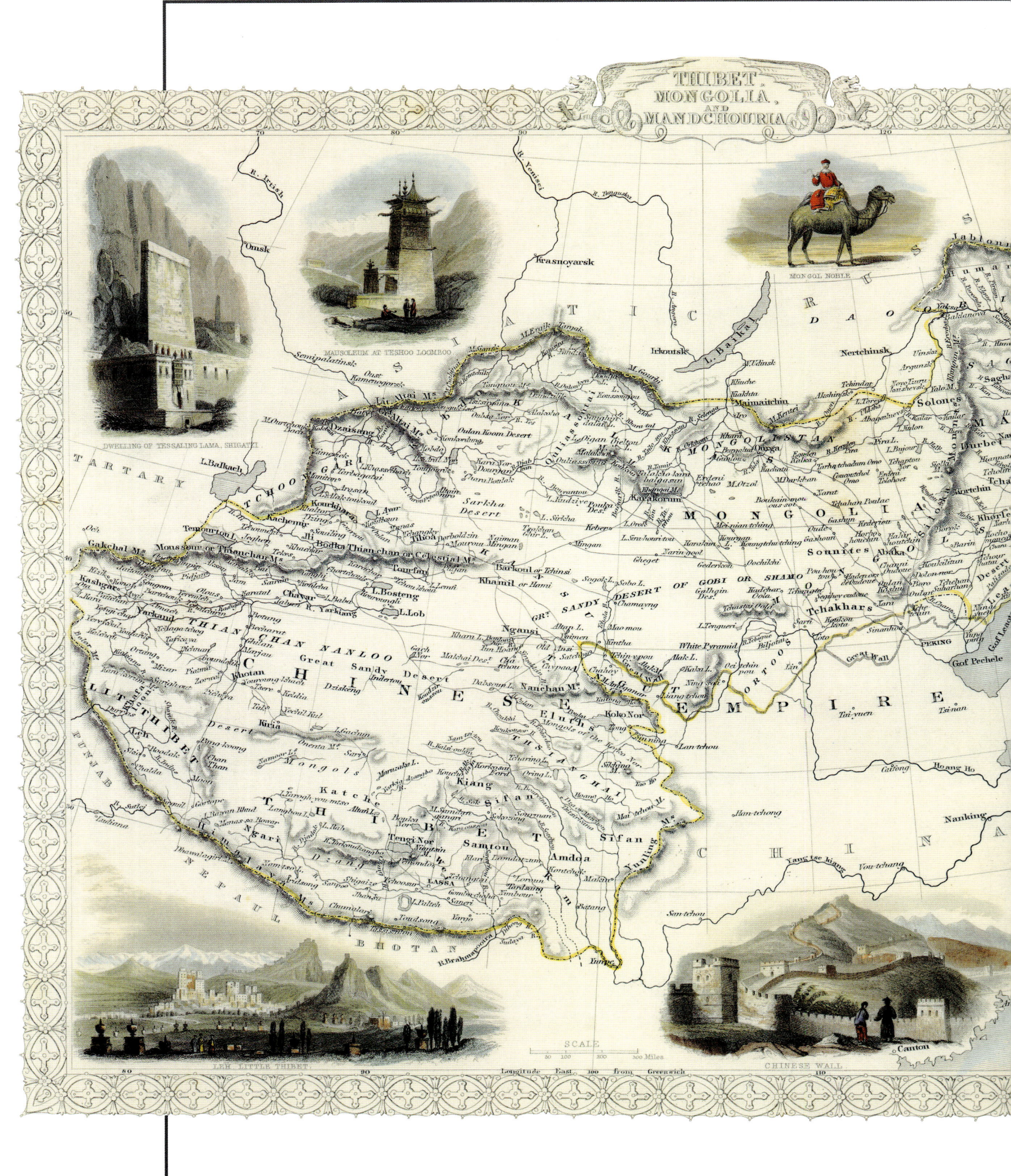

FORTRESS AND PALACE OF DALAI LAMA, LASSA.

wie die alten Überlieferungen, den Bhagirathi zum Hauptarm des Flusses und folgten seinem Lauf bis zum Tempel von Badrinath – ohne zu merken, dass sie dabei die zentrale Gebirgskette des Himalaya überquert hatten. Schließlich kamen sie zu einem Wasserfall, den sie für die Quelle des heiligen Flusses hielten.

Später setzte sich der Bhagirathi wieder als anerkannter Hauptarm durch, dessen Quelle bei Gaumuk zum wahren Ursprung des Ganges erklärt wurde. Zumindest in deren Nähe gelangte im Juni 1815 James Bailie Fraser, der bis zu dem kleinen Heiligtum Gangotri vorstieß. Zwei Jahre später enthüllte sich die Quelle endlich europäischen Augen. Es waren die von John Hodgson und James Herbert, zwei Hauptleuten des Survey of India, die bei der Kartografierung der Region auf jenen Gletscher stießen, aus dem der Bach entspringt, der weiter unten zum Ganges wird.

Doch keiner von ihnen war am sagenumwobenen See Manasarovar gewesen, und der Ursprung der anderen drei großen Flüsse blieb weiter ungeklärt. An diesem Punkt trat wieder Hauptmann Hearsey auf den Plan, der Anfang 1812 kurz davor stand, Nepal in eigenem Namen den Krieg zu erklären. Der Aufhänger war, dass die Nepalesen ständig in sein Territorium eindrangen und es durch ihre Raubzüge zu ruinieren drohten. Als der Gouverneur von Bengalen erfuhr, dass Hearsey Material und Männer zusammenzog, um in das zu Nepal gehörende Dun-Tal einzufallen, erteilte er den Befehl, Hearseys Machtbereich aufzulösen. Die Ostindische Kompanie wollte seinerzeit Konflikte mit Nepal unbedingt vermeiden.

Doch als die Order eintraf, hatte Hearsey seine Meinung geändert und sich längst aus dem Staub gemacht. Er war einige Wochen zuvor zu einem »Ausflug in die Hügel« aufgebrochen, wie er es nannte. Tatsächlich war er zum mythischen See Manasarovar unterwegs, zusammen mit Dr. Moorcroft, einem Tierarzt der Kompanie. Beide Männer waren als Hindupilger verkleidet. Moorcroft nahm an der Expedition deshalb teil, weil er ein paar von den

Ziegen mit nach Hause nehmen wollte, aus deren Wolle die kostbaren Kaschmirschals gefertigt wurden; er hatte eine eigene Zucht im Auge. Die beiden Engländer erklommen steile Berghänge, überquerten tiefe Schluchten auf Hängebrücken oder bloßen Baumstämmen, wurden fast jede Nacht vom furchtbaren Donnern der Erdrutsche geweckt, die ganze Wälder mit ins Tal rissen, und erreichten schließlich im August 1812 den See. Sie bauten am Ufer ihr Zelt auf und tranken das Wasser, wie alle anderen Pilger. Im Oktober, kurz vor dem Einsetzen der Schneefälle, waren sie wieder in Indien. Die zuständigen tibetischen Behörden hatten ihnen keinerlei Schwierigkeiten gemacht, sondern sie im Gegenteil herzlich empfangen. Doch kaum hatten die *amban* in Lhasa davon erfahren, wurden die gastfreundlichen Beamten suspendiert.

1846 reisten zwei französische Missionare des Ordens der Lazaristen namens Gabet und Huc in Begleitung eines frisch bekehrten Tibeters von Peking über die Mongolei und Gansu nach Lhasa. Als Mandarine gekleidet, hielten sich die beiden lange im Kloster von Kunbum auf, um sich mit der tibetischen Sprache vertraut zu machen. In diesem großen Lamakloster, das auch Palast der Zehntausend Bildnisse genannt wird und in dem Tausende Priester in Tempeln mit goldenen Dächern ihre Zeremonien abhielten, erlebten sie das Fest der Blumen, in dessen Verlauf die Lamas aus Butter Skulpturen herstellten, die Landschaften oder Menschen darstellten. Die Franzosen machten mit ihrer Angewohnheit, dreimal täglich in einer geheimnisvollen Sprache zu beten, großen Eindruck auf die Tibeter. Im Gegenzug waren sie sehr angetan von der tibetischen Art, die Frauen zu grüßen, die darin bestand, dass man die Zunge herausstreckte, sich verbeugte und sich am rechten Ohr kratzte – und dies alles zugleich. Die Frauen selbst trugen kleine, spitze Hüte und verließen nur das Haus, wenn sie sich zuvor das Gesicht mit einer schwarzen Paste bestrichen hatten. In Lhasa fiel ihnen die Ähnlichkeit zwischen bestimmten tibetischen

286/287

Diese englische Karte aus dem Jahr 1851 zeigt das chinesische Reich, das sich von Tibet bis zur Mandschurei erstreckte. Die Bilder unten stellen, von links nach rechts, den königlichen Palast von Leh in Ladakh, einen Abschnitt der Großen Mauer und den Potala von Lhasa dar.

und katholischen Riten auf. Das Gleiche galt für die Institutionen Tibets und jenen des päpstlichen Roms. Vielleicht war es auf derlei Gemeinsamkeiten zurückzuführen, dass sich die Weißen in Lhasa offenbar sehr wohl fühlten und die Stadtbewohner sich bei ihrer Abreise entlang der Straße versammelten, um sie unter Tränen zu verabschieden.

In den folgenden 50 Jahren konnte kein Fremder mehr seinen Fuß nach Lhasa setzen, das zu einer verbotenen Stadt geworden war (wenn auch in Kleinschreibung, da die Großschreibung der kaiserlichen Residenz in Peking vorbehalten blieb). So mauserte sich Lhasa zu jenem unerreichbaren und mit diffusen Sehnsüchten besetzten Ziel aller abenteuerhungrigen Reisenden – ähnlich, wie der Mount Everest in den 20er Jahren des 20. Jahrhunderts zum Gipfel der Träume aller Alpinisten wurde.

Nicht, dass nicht der Versuch unternommen wurde, sich in Lhasa einzuschleichen. Abenteurer verschiedenster Nationalität kämpften sich immer wieder in das so gut wie unbesiedelte Niemandsland vor, das im Westen, im Norden und Nordosten eine gewaltige Festung bildete, in der sich die wenigen, gut bewachten Pässe versteckten, über die man ins Hochland gelangen konnte. Andere versuchten, von Süden her die Barriere des Himalaya zu überwinden. Doch keinem gelang es, die tibetische Hauptstadt zu erreichen. Einer von denen, die ihr Glück versuchten, war der Franzose Gabriel Bonvalot. Hingerissen von den Berichten des russischen Forschungsreisenden Przewalski, dessen Vorstoß im Jahre 1879 gescheitert war, verließ Bonvalot 1889 Peking in Begleitung von Henry d'Orléans, Anwärter auf den Thron von Frankreich, der zum Fotografen dieser Expedition wurde. Über Turkestan gelangten sie nach Lop Nor. Hier rieten ihnen die Einheimischen davon ab, ihren Weg fortzusetzen, da die Kamele nicht in der Lage sein würden, die steinigen Schluchten des Altin Tagh zu bewältigen. Dies stimmte, aber die beiden Reisenden wollten nicht aufgeben und zogen es vor, den Kamelen mit Vorschlaghämmern den Weg zu ebnen. Oben angelangt, wollten ihnen die Kalmücken die Straße nach Lhasa nicht zeigen. Endlich fanden sie den Weg, dank alter Mistreste, die Kamele anderer Pilger hinterlassen hatten. Aber als sie sich schon am Ziel wähnten, zwangen sie die tibetischen Behörden, über Sichuan und Tongking zurückzukehren.

Einem anderen Franzosen, Dutreuil de Rhins, erging es noch schlimmer. Nachdem er den Altin Tagh im November 1893 überwunden hatte, wurde er von einer bewaffneten tibetischen Patrouille aufgehalten. Er versuchte, die Männer mit einer Demonstration der Macht seines Mikroskops in Erstaunen zu versetzen, und bat um einen sehr kleinen Gegenstand. Ein Lama holte aus den Falten seiner Robe eine Laus und reichte sie ihm. Doch die Vergrößerung des Insekts hatte keineswegs die gewünschten Folgen, und nach einem Monat schier endloser Diskussionen musste der Abenteurer den Rückweg antreten, auf dem er bei einem Banditenüberfall den Tod fand; sein Gefährte Grenard entkam der Attacke mit knapper Not.

Nicht einmal der mit allen Wassern gewaschene Sven Hedin hatte Erfolg. Er verließ Kashgar 1899 und fuhr ein Stück weit durch das Tarim-Becken, doch die Straße war bereits von Eis blockiert, und er musste ein Winterlager aufschlagen – was ihm Gelegenheit gab, am Ufer des Lop Nor eine vergessene Stadt aufzustöbern. Dann versuchte er, als Burjate verkleidet, auf einer Nebenstrecke nach Lhasa zu gelangen. Doch als er das nur fünf Tagesmärsche von Lhasa entfernte Nagcchu Dsong erreichte, warnte ihn der Gouverneur eindringlich: »Kehr um! Alle, die Lhasa über diese Straße zu erreichen versuchen, werden gehängt.« Und so musste der Schwede, von einer tibetischen Eskorte bewacht, auf dem gleichen Weg zurückkehren wie Dutreuil de Rhins.

Die Russen waren sehr hartnäckig, hatten aber auch nicht mehr Glück. Die Gebrüder Schlagintweit, denen der Zar den Ehrennamen Zakuenlunskij, »Transkunlunjaner«, gegeben hatte, um an ihre Überquerung des Kunlun-Gebirges zu erinnern, bekamen nur den westlichen Rand der Gegend zu sehen. Die russischen Expeditionen waren eher militärischer Art mit Kosakenbegleitung und mit Mongolen, Burjaten und Kalmücken als Führern. Hauptmann Koslow etwa drang im Jahr 1899 an der Spitze einer kleinen Armee, bestehend aus drei Offizieren, 19 Soldaten (Grenadiere aus Moskau und Kosaken aus Transbaikalien) sowie 56 Kamelen, in den Nordosten Tibets vor. Als er sich wieder zurückzog, hatte er drei Gefechte mit den Tibetern hinter sich; beim letzten tötete er 28 von ihnen und verwundete 19.

Das größte Pathos beim Versuch, Lhasa zu betreten, legte der Engländer Henry Savage Landor an den Tag; seine Überheblichkeit wurde von den Tibetern zu Recht bestraft. Dieser junge Gentleman ging im Frühling 1897 in Bombay an Land. Als er verkündete, Tibet erkunden zu wollen, nahm ihn niemand ernst. Dessen ungeachtet begab er sich nach Almora im Kumaun und rekrutierte dort Träger und einen Ex-Polizisten namens Chanden Sing als Diener. Der begann seine Mission, indem er die Stiefel seines Herrn mit seiner Zahnbürste wienerte und ihm Sodawasser ins Gesicht träufelte. Savage Landor misshandelte ihn häufig, um ihn in seine Schranken zu verweisen.

Die Expedition überwand die Pässe des Himalaya. Als er den ersten tibetischen Beamten sah, glaubte Savage Landor, der kein Wort verstand, der Mann spreche mit Umstehenden schlecht über die Engländer. Sofort fiel er über diesen her: »Ich packte ihn am Zopf und ohrfeigte ihn mehrmals. Als ich ihn losließ, warf er sich vor mir auf die Knie und bat um Verzeihung. Ich zwang ihn, meine Stiefel mit seiner Zunge zu säubern.«

Es ist kaum verwunderlich, dass die Tibeter, als sie vom Nahen eines derartigen Besuchers gehört hatten, den Pass von Lipu Lekh besetzten und sogar eine Brücke abbrachen, um sein weiteres Vordringen zu verhindern. Doch Savage Landor ließ sich nicht abschrecken und machte einen großen Umweg über Lampiya La, um von dort aus nach Manasarovar abzusteigen. Hier waren es die Esel, die seinen Zorn erregten. »Tückische Biester, die sich

dem friedlichen Reisenden ohne Vorwarnung nähern, um ihn mit einem Kopfstoß in den Magen zu Boden zu werfen.« Als sich die Expedition dem Lager von Gyanyima näherte, wurde energisch ein Gong geschlagen und alle Tibeter flüchteten sich in eine kleine Festungsanlage in der Mitte des Lagers. Einige Stunden später tauchten die Mutigeren wieder auf, legten Matten auf den Boden und traten in Verhandlungen ein. Die örtlichen Beamten baten Savage Landor inständig, nicht weiterzugehen. Setze er seine Reise fort, würden die Behörden sowohl ihm als auch ihnen selbst die Köpfe abschlagen lassen. Seine Reaktion war typisch: »Mir den Kopf abschlagen?, rief ich aus. Ich sprang auf und lud mein Gewehr. Mir den Kopf abschlagen?, wiederholte ich und zielte auf den Kopf des Beamten.«

Flucht und allgemeines Durcheinander waren die Folgen; wenig später ritten Boten in alle Richtungen davon. Am folgenden Tag – als der Engländer gerade im Begriff war, seine meuternden Träger dadurch zur Vernunft zu bringen, dass er drohte, jedem, der fortlaufe, in den Rücken zu schießen – kam der erste Bezirksbeamte, der *tarjum* von Barka. Der Forschungsreisende fand ihn auf den ersten Blick unsympathisch: »Er sah mir nie ins Gesicht und sprach entsetzlich affektiert.« Also bedrohte er auch ihn mit dem Gewehr und zwang ihn zu der Erklärung, dass er jeden Wunsch des weißen Reisenden erfüllen werde. Nun verlegte Savage Landon sich auf eine List und gab vor, nicht mehr weiterziehen zu wollen; mitsamt seiner ganzen Karawane schlug er den Rückweg zur indischen Grenze ein.

Als ein Schneesturm aufkam, nutzte er die Gelegenheit zur Umkehr und bog wieder auf den Weg nach Lhasa ein, wo sich die noch übrigen neun Träger nacheinander aus dem Staub machten. Dem Engländer blieben nur noch Chanden Sing und ein Leprakranker namens Mansing, der sich ihnen angeschlossen hatte. Doch Savage Landon gab nicht auf und drohte und erzwang auf die bewährte Art, bis es den Tibetern endlich gelang, ihn durch einen Überraschungsangriff gefangen zu nehmen. Er und seine Begleiter wurden in Fesseln dem *pombo*, dem Provinzgouverneur, vorgeführt und ausgepeitscht. Die Männer des Gouverneurs führten eine Scheinexekution durch. Dann blieb es bei Misshandlungen, bis die Fremden schließlich wie Warenballen auf Yaks geladen wurden, um sie auf die andere Seite der Grenze bringen.

288 und 289

Henry Savage Landor (links) war einer der vielen Forschungsreisenden, die in den letzten Jahrzehnten des 19. Jahrhunderts vergeblich versuchten, Lhasa zu erreichen. Er war vielleicht der dümmste von allen, und sicherlich der unverschämteste. Schließlich bestraften ihn die Tibeter für seine Frechheiten, indem sie ihn auspeitschten und, auf den Rücken eines Yaks gebunden, nach Indien zurückschickten. Auf dieser Seite sind drei Illustrationen seines Buchs Auf verbotenen Wegen in Tibet *zu sehen: eine durch den Schnee ziehende Yakkarawane, Gläubige beim Gebet in einem Tempel und ein junger Tibeter, der mit einer Handspindel Wolle spinnt.*

Dort, wo die Europäer gescheitert waren, konnten in ihren Diensten stehende Orientalen Erfolge verzeichnen. In der britischen Kolonie Indien war 1866 ein kleines, aber leistungsfähiges Pandit-Korps gegründet worden. Es handelte sich dabei um einheimische Agenten, die ihre Fähigkeiten sowie ihre Loyalität gegenüber Königin Viktoria unter Beweis gestellt hatten, und die einzeln in das tibetische Hochland eingeschleust wurden, um dort verdeckt Operationen vor allem kartografischer Natur auszuführen. Sie waren durchweg in Verkleidung unterwegs, und wir kennen

sie nur unter ihren Decknamen. Nan Singh, der Erste, maß die Entfernungen mithilfe einer Gebetskette, die 100 Perlen anstatt der sonst üblichen 108 hatte und mit der er seine Schritte zählte. Andere bedienten sich ähnlicher Tricks, indem sie z.B. einen Kompass als Gebetsmühle tarnten. Diese treuen, geduldigen und vor allem kostengünstigen Spione kartografierten auf diese Weise große Teile des tibetischen Territoriums, und mindestens einer von ihnen, Sarat Chandra Das, der später Kipling als Vorbild für seine Figur Kim diente, erreichte zweifelsfrei Lhasa.

mit etwa 5000 Häusern war auf eine Fläche von sechs oder sieben Quadratkilometern verteilt. Die Vororte waren von Gärten mit großen Bäumen umgeben, die Hauptstraßen verliefen schnurgerade und waren — wenn es nicht gerade regnete — sauber; der Stadtrand war abstoßend schmutzig. Die Häuser aus Stein, Ziegeln oder Lehm waren mit Kalk weiß getüncht. In einem Viertel waren sämtliche Gebäude aus den Hörnern von Yaks und Schafen errichtet; sie waren fremdartig und doch reizvoll anzuschauen und erstaunlich stabil. Weil Yakhörner weiß und glatt und die

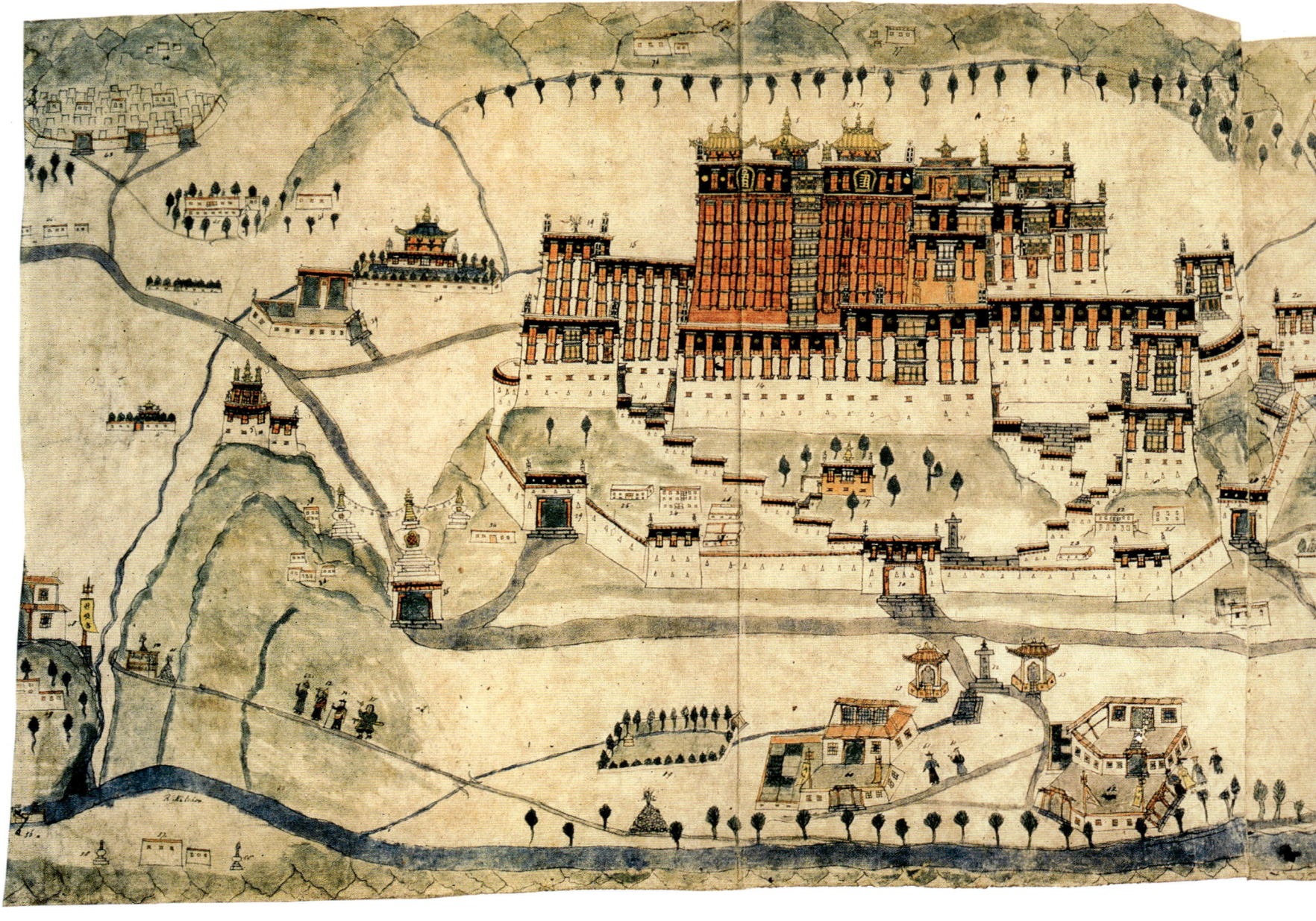

290/291
Mehreren in Diensten der Briten stehenden Hindus war es gelungen, als Pilger verkleidet Lhasa zu erreichen. Den Mittelpunkt dieses im Jahr 1860 entstandenen Gemäldes von Lhasa bildet der majestätische Potala.

In jener Zeit hatte die heilige und verbotene Stadt eigentlich wenig Aufregendes zu bieten. Wie die chinesischen *amban* nur zu gut wussten, die ihre Posten dort als Strafversetzung ansahen, war sie nichts anderes als ein düsteres religiöses Zentrum, ein buddhistisches Lourdes, das von einem engstirnigen Klerus, von einem mörderischen Klima und von fanatischem Fremdenhass beherrscht wurde und von gierigen Souvenirhändlern wimmelte. Diese Stadt

Hörner der einheimischen Schafe schwarz und geriffelt waren, konnte man sie zu vielfältigen Mustern schichten; die Zwischenräume wurden mit Mörtel ausgefüllt. Die bemerkenswertesten Gebäude waren natürlich die Tempel und der Palast des Dalai Lama, der Potala, der den Ruhm, den er genoss, auch wirklich verdiente. Im Westen der Stadt, etwa eine Viertelstunde zu Fuß von ihr entfernt, erhob — und erhebt sich noch immer — inmitten des Tals ein etwa

100 Meter hoher Fels mit einem Umfang von zwei Kilometern, wie eine Insel inmitten eines Sees – der Potala. Auf diesem herrlichen natürlichen Podest errichteten die Verehrer des Lama einen Palast für ihre lebende Gottheit, der aus einem Komplex von Tempeln unterschiedlicher Größe und Ausführung bestand. Der mittlere, der alle anderen überragte, war vier Stockwerke hoch und von fünf vergoldeten Kuppeln gekrönt. Hier stand die 22 Meter hohe Statue des Djamba, eine der Rachegottheiten der Lamaisten. Sie ragte durch zwei Etagen des Tempels und ihr mit Edelsteinen

Wenn der Abend nahte und sich der Umriss des heiligen Berges dunkel gegen den noch hellen Himmel abzeichnete, kam jegliche Tätigkeit zum Erliegen. Die Bewohner der Stadt versammelten sich in Gruppen auf den Terrassen, den Straßen, den Plätzen und warfen sich zu Boden, um ihre Gebete zu singen, und ein dumpfes Gesumme erhob sich zum Potala. Zu diesem führten zwei schöne Alleen, die stets von den Massen der Pilger verstopft waren, die die Perlen ihrer Gebetsketten durch die Finger laufen ließen, und von Lamas aus dem Palast, die Roben in leuchtenden Farben sowie gelbe

waren es, welche die Massen nach Lhasa zogen, und auf den Straßen war folglich immer viel los. Die ansässige Bevölkerung setzte sich nicht nur aus Tibetern zusammen, sondern auch aus Pebun, Katche und Chinesen. Am zahlreichsten waren die Pebun. Sie kamen aus Bhutan und waren die einzigen Handwerker der Stadt. Schreiner, Kesselschmiede, Zinngießer, Klempner, Goldschmiede und sogar Apotheker und Chemiker traf man ausschließlich in ihrem Viertel an. Ihre Werkstätten lagen teilweise unter der Erde, und man musste durch eine niedrige, enge Öffnung ein paar Stufen hinuntergehen, um sie zu betreten. Es gab hier auch Färber, und die leuchtend bunten Stoffe, die sie im Angebot hatten, zerschlissen vielleicht eines Tages, aber sie verblassten nie.

Die Katche stammten aus dem Kaschmir und waren Muslime. Mit ihren Turbanen, den langen Bärten, dem würdevollen Gang, dem lebensklugen und fast majestätischem Ausdruck auf ihren Gesichtern, aber auch durch die saubere, kostbare Kleidung hoben sie sich von den Menschen ab, in deren Mitte sie lebten. Sie hatten einen eigenen Gouverneur, der gleichzeitig ihr religiöses Oberhaupt war. Seit Jahrhunderten in Tibet ansässig, waren sie die wohlhabendsten Kaufleute von Lhasa. Sie handelten mit Stoffen und Luxusartikeln und stellten meist auch die Geldwechsler.

Die in Lhasa lebenden Chinesen waren überwiegend Soldaten oder Beamte. Die dortige Garnison bestand aus 500 Chinesen und 1000 Tibetern, die teilweise mit Vorderladern, sonst mit Pfeil und Bogen bewaffnet waren.

Die Ebene um Lhasa wurde landwirtschaftlich genutzt und war übersät von *gompa*, d. h. Klöstern, die aus Ansammlungen von Häuschen mit engen, gewundenen Gassen bestanden, die auf ein zentrales Gebäude zuliefen, in dem die Altäre und die Bibliothek untergebracht waren. Anlässlich der Neujahrsfeierlichkeiten im Februar kamen die Mönche zu Fuß, hoch zu Ross oder auf den Rücken von Eseln und Yaks mit ihren Gebetbüchern und ihrem Kochgerät in die Stadt. Dann schlugen sie überall ihre Zelte auf – auf den Straßen, Plätzen, Alleen, auf Höfen und Dächern – und man sah nur noch Mönche. Die weltliche Bevölkerung schien wie vom Erdboden verschluckt. Minister und Beamte hatten in dieser Zeit keinerlei Befugnisse mehr. Die Stadt gehörte den Mönchen, und die Macht hatte einen Monat lang ein Lama aus dem Kloster Daibung inne, der den Titel *jalno* trug.

Der *jalno* führte Untersuchungen über das Privatleben der Bürger durch und verhängte

besetztes Haupt aus vergoldetem Ton reichte bis unter die Kuppel, die sich wie ein Baldachin über ihn spannte. Pilger, die den Tempel besuchten, mussten die Statue dreimal umrunden, auf Gängen, die auf der Höhe ihrer Füße, ihrer Hüften und des Kopfes verliefen. In den übrigen Gebäuden, die den Tempel umgaben, wohnte eine große Zahl von Mönchen jeglicher Herkunft, deren Aufgabe es war, dem Lebenden Buddha zu Diensten zu sein.

Mitren trugen und auf mit kostbaren Schabracken behängten Pferden ritten. Rings um den Potala herrschte ein reges Treiben, doch meist wirkten alle ernst und still, wie es sich für Menschen geziemt, die ihren religiösen Pflichten nachkommen. In der Stadt selbst dagegen war die Betriebsamkeit immer von Lärm begleitet: Man schrie, drohte und drängelte, und war fortwährend damit beschäftigt, zu kaufen und zu verkaufen. Handel und Frömmigkeit

hohe, fast immer willkürliche Strafen. Dies
führte dazu, dass die Reichen vor dem Beginn
dieser Periode die Stadt verließen, während die
Armen ihre Häuser neu weißelten, um nicht
der Liederlichkeit bezichtigt zu werden. Die
Festlichkeiten fanden ihren Abschluss in einem
Kampf zwischen dem *jalno* und einem Mann,
der den Geist des Bösen verkörperte. Der Ausgang des Zweikampfs galt als Vorzeichen für
das Jahr. Nachdem sie das Kloster Muru besucht und sich in dessen renommierter Druckerei mit Erbauungsliteratur eingedeckt hatten,
kehrten die Lamas in ihre Klöster zurück und
die Stadt bekam wieder ihr Alltagsgesicht.

In jenen Jahren vor der Jahrhundertwende
fürchtete die Kolonialregierung von Britisch-
Indien, die berechnet hatte, dass das Zarenreich in Asien täglich um 55 Quadratmeilen
wuchs, dass die Kosaken eines Tages an den
Pässen des Himalaya stehen würden. In Wirklichkeit war noch nie ein Russe bis nach Lhasa
gekommen, denn Tibet war von Norden her
genauso unerreichbar wie von Süden. Trotzdem
hielten sich in Delhi hartnäckig Gerüchte, die
nur durch die völlige Unkenntnis dessen, was
in der verbotenen Stadt wirklich geschah, weiter
genährt wurden. Es hieß, russische Militär-
missionen seien heimlich in Lhasa eingetroffen
und ein Botschafter sei akkreditiert worden.
Im Glauben, Russland sei das legendäre Land

Shambala, »die Quelle der Glückseligkeit«,
hätten die Tibeter einen Pakt mit St. Petersburg
geschlossen. Man behauptete, dass ein Ratgeber
des Dalai Lama namens Dorjieff, ein auf rus-
sischem Boden geborener Burjate, als Agent
des Zaren unterwegs sei, und dass sich der
Zar zum Buddhismus bekehrt habe ...

Ob Lord Curzon, der englische Vizekönig,
diese Fantasien nun für wahr hielt oder nicht,
er beschloss jedenfalls zu handeln. 1893 hatten sich britische und chinesische Vertreter
auf die Gründung eines Handelsstützpunkts
in Yatung jenseits der tibetischen Grenze
geeinigt, doch die Tibeter, die nicht gefragt
worden waren, weigerten sich, das Abkommen
anzuerkennen. Unter dem Vorwand, sie Mores
zu lehren, stellte Curzon 1903 eine bewaffnete
Expedition zusammen, deren eigentlicher
Auftrag darin bestand, etwaige russische Ver-
schwörungen aufzudecken. Daneben sollte
eine ständige Verbindung zwischen Indien und
Tibet aufgebaut und den britischen Teepflan-
zern dieser neue Markt erschlossen werden.
Die Operation wurde Francis Younghusband
anvertraut, einem Oberst der King's Dragon
Guards, der sich in seiner Jugend dadurch her-
vorgetan hatte, dass er alleine von China nach
Kaschmir gereist war. Younghusband war einer
jener Vertreter des britischen Empire, die fest
daran glaubten, dass Gott ein Brite sein müsse.

Offiziell handelte es sich um eine friedliche
Mission, doch Younghusband wurde mit einer
Eskorte von über tausend Mann ausgestattet
– einem kleinen Heer, das sich aus Briten,
Gurkhas und Sikhs zusammensetzte. Außerdem
verfügte er über vier Kanonen, zwei Maschinengewehre, ein Feldlazarett, 10 000 Träger
und 20 000 Tiere – Esel, Ochsen, Yaks, Kamele und Ponys, die die *ekka* zogen, die typischen
zweirädrigen Karren der Himalaya-Region.

Der lange Zug setzte sich am 11. Dezember
1903 in Bewegung, erklomm die steilen Pfade
in Sikkim, drang über den unbewachten Pass
Jelap La nach Tibet ein und marschierte vorsichtig weiter. Am 21. sichtete die Vorhut die
Festung Phari. Der Brigadegeneral Macdonald,
militärischer Befehlshaber der Expedition,
beschloss, die Zitadelle zu besetzen, trotz
Younghusbands Einwand, dies könnte ihre
diplomatische Mission gefährden. Macdonald
hingegen argumentierte, nur durch solche
Maßnahmen könne die Sicherheit der Briten
gewährleistet werden. Der tibetische Befehlshaber übergab die Festung kampflos, und
bald flatterte über den Zinnen zwischen den
zahllosen Gebetsfahnen der Union Jack.

Am 4. Januar zog die Kolonne weiter, doch
nur bis in das kleine Dorf Tuna, in dem sie
ihr Winterquartier aufschlug. Der eigentliche
Grund für die dreimonatige Marschpause war

jedoch, dass die britische Regierung noch zögerte, welche Haltung sie einnehmen sollte. Die Tibeter weigerten sich standhaft, in Verhandlungen einzutreten, und beharrten darauf, dass die Eindringlinge zuerst ihr Territorium zu verlassen hatten. Schließlich setzte sich die Strategie durch, eine Gesprächsbereitschaft durch einen Machtbeweis zu erzwingen.

Am 31. März marschierten die Engländer auf Guru zu; dort, so wusste man, erwarteten hinter einer Straßenbarrikade 1500 mit Vorderladern und Schwertern bewaffnete undisziplinierte Tibeter auf die Eindringlinge. Als man auf Sichtweite aneinander gerückt war, gebot der tibetische General den Briten, unverzüglich nach Indien zurückzukehren. Younghusband

indes gab ihm eine Viertelstunde Zeit, die Straße zu räumen. Nach Ablauf der Frist fielen keine Schüsse, doch in der angespannten Stille machten sich die Briten daran, die tibetische Stellung einzukesseln. Fast sah es so aus, als könnte ein Blutvergießen vermieden werden, doch als die Gurkhas und Sikhs begannen, die verwirrt herumstehenden Männer zu entwaffnen, brach die Hölle los. Die kunstvoll ziselierten Schwerter und die alten Büchsen waren das kostbare Privateigentum dieser Männer, die diese Waffen auch für die Jagd benutzten und wild entschlossen waren, sich nicht von ihnen zu trennen. Die Tibeter verteidigten sich mit Fäusten und Schwerthieben, schließlich mit einem ersten Gewehrschuss, dem weitere

293

Die Tibeter versuchten, die britische Kolonne bei Guru aufzuhalten, doch die mit wesentlich effektiveren Feuerwaffen ausgestatteten Eindringlinge machten mit ihnen kurzen Prozess. Für die Fotografie links posierten britische Offiziere bei Chumpi im Schnee. Rechts eine Beratung der tibetischen Geneäle. Unten flattert der Union Jack in 4633 Metern Höhe am Fuß des Chumolmari, der sich dahinter abzeichnet.

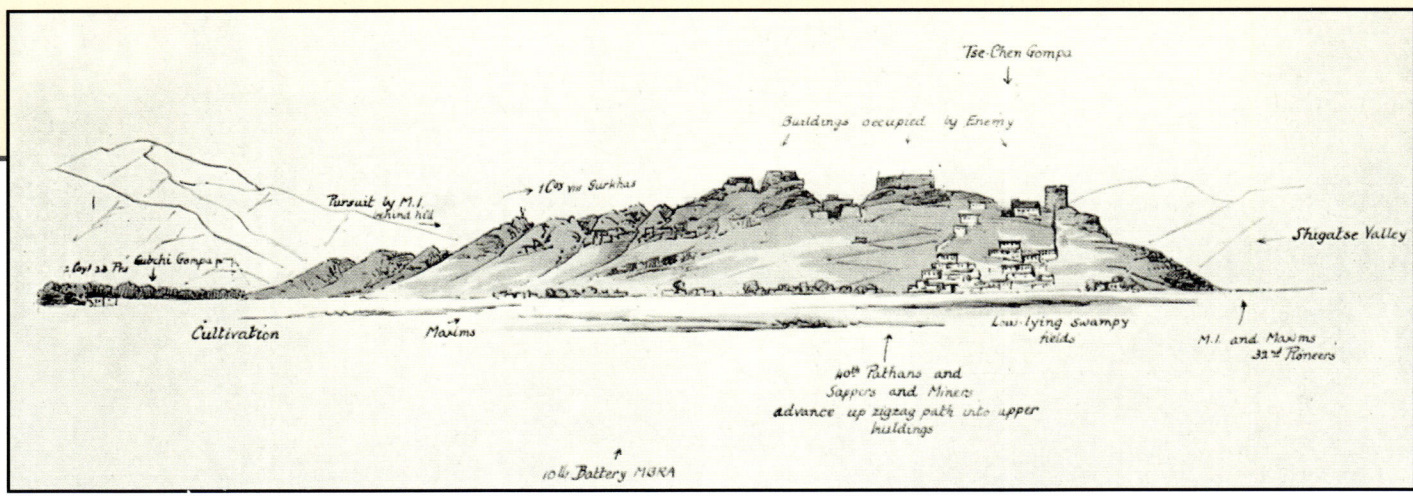

folgten. Sie kannten nicht die Wirkung moderner Waffen und waren sich nicht der tödlichen Falle bewusst, in der sie sich befanden. Dann kam der Befehl zum Einsatz der Kanonen, und nur wenige Minuten später war die Hälfte der Tibeter tot, darunter auch der General.

Das Massaker erschütterte auch die Sieger, die jetzt, ohne auf weiteren Widerstand zu stoßen, in Richtung Gyantse vorrückten, der drittwichtigsten Stadt Tibets. Am 11. April erblickten sie die gewaltige, auf einem Felsvorsprung errichtete Festung – ein Gibraltar der Berge, das so gut wie uneinnehmbar war. Der Befehlshaber erklärte höflich, dass er sich leider nicht ergeben konnte, weil ihn der Dalai Lama dann zum Tode verurteilen würde, dass er sich aber auch nicht verteidigen konnte, weil all seine Leute weggelaufen seien. Aus diesen Gründen ersuchte er die Engländer, die Existenz der Festung einfach zu ignorieren. Dieser Vorschlag hatte einen gewissen Charme, war aber unvereinbar mit dem Denken der weißen Militärs. Am Folgetag durchkämmten die bri-

tischen Soldaten vorsichtig das schier unendliche Steinlabyrinth und fanden anstatt der vermuteten Fallen einige Tonnen Gerste sowie ein Zimmer, das mit den Schädeln von Männern, Frauen und Kindern angefüllt war, die wohl seit Jahrhunderten dieses Beinhaus füllten.

Gyantse war nach den letzten Instruktionen das offizielle Ziel der Expedition. Die Briten ließen sich erst einmal nieder und warteten ab, wie sich die Situation entwickeln würde. Als Quartier wählten sie nicht die Festung, in der es nicht genug Wasser gab, sondern die nahe gelegene Ebene, und schlugen ihre Zelte rund um das Dorf Chang Lo auf. Die Beziehungen zu den Dorfbewohnern waren von Anfang an herzlich: Händler boten den Briten ihre Waren an, Schreiner und andere Handwerker erhielten Aufträge, und abends tauschten sich die Männer des Ortes in den Schankwirtschaften über die wundersamen Dinge aus, die sie in den Zelten der Weißen Teufel gesehen hatten. Der Militärarzt eröffnete ein kleines Lazarett und hatte sofort Unmengen von Patienten.

Ende April hieß es, die Tibeter würden am Pass Karo La, der etwa 50 Meilen östlich von Gyantse auf der Straße nach Lhasa lag, eine weitere Armee aufstellen. Am 3. Mai machte sich Oberst Brander mit zwei Dritteln der Expedition auf, um sich der Gefahr zu stellen. Am Morgen des 5. wurden die wenigen Zurückgebliebenen von den Kriegsschreien von 800 Tibetern geweckt, die sich in der Nacht angeschlichen und Chang Lo eingekreist hatten. Doch die Angreifer hatten die in Tibet üblichen veralteten Waffen, und nach dem ersten Schreck drängten die Briten sie zurück.

Branders Kolonne wiederum sah sich 24 Stunden später einer mächtigen, nach allen Regeln der Kunst erbauten Mauer gegenüber, die den Zugang zur Schlucht von Karo La versperrte; eine Frontaloffensive war undenkbar. Gurkhas und Sikhs wurden so vorübergehend zu Bergsteigern und kletterten seitlich der Mauer die Felsen hinauf, bis sie sich an den Flanken der Tibeter befanden, die bei ihrem Anblick den Mut verloren und flohen.

Brander schickte die berittene Infanterie im Schutz der Nacht zurück nach Chang Lo. In den folgenden Tagen konzentrierten die Tibeter ein beträchtliches Truppenaufgebot auf Gyantse und besetzten sogar die Festung, von der aus sie Chang Lo mit etwa 20 veralteten Kanonen beschossen. Die Eisen-, Stein- und Kupferkugeln waren alle höchstens so groß wie Orangen und richteten wenig Schaden an. Sowenig die Tibeter, obwohl in der zehnfachen Überzahl, in der Lage waren, Chang Lo einzunehmen, so wenig schaffte es das Expeditionskorps, die Tibeter aus der Festung zu vertreiben.

Die nächste Versorgungsstation der Briten war rund 150 Meilen entfernt; berittene Boten hielten immerhin die Verbindung mit dem 32 Meilen entfernten Kangma aufrecht, dem Endpunkt einer Telegrafenlinie, die Pioniere von der indischen Grenze aus verlegt hatten. Die Invasoren konnten von Glück reden, dass die Tibeter nie auf die Idee kamen, den Telegrafenstrang zu kappen; offenbar glaubten sie, es handele sich um so etwas wie einen Faden, den die Feinde gespannt hatten, um im Labyrinth der Berge den Weg nach Hause zu finden. Auch die Konvois mit Nachschub und Verstärkung kamen immer durch. Anfang Juli dann, während sich die inzwischen angelaufenen Gespräche mit Abgesandten aus Lhasa endlos hinzogen, nahm Macdonald im Sturm die trutzige Festung ein, die von jeher als Schwelle zu Tibet galt. Die Straße nach Lhasa war nun frei.

Der Marsch auf die sagenhafte verbotene Stadt begann am 14. Juli 1904. Nachdem der Pass von Karo La überwunden war, an dem ein weiteres Gefecht stattgefunden hatte, konnte man auch den tiefen, reißenden Fluss Tsangpo, ein weitaus ernster zu nehmendes Hindernis, überqueren. Am 2. August hielt die Expedition sieben Meilen vor der Hauptstadt an, an einem Punkt, von dem aus man bereits die goldenen Kuppeln des Potala sehen konnte. Am folgenden Tag betrat Younghusband mit einer kleinen Eskorte die Stadt, die er »so trostlos und schmutzig, dass es jeder Beschreibung spottet« fand. Der Engländer war in Begleitung des chinesischen *amban*, der ihm als guter Verlierer am Vortag entgegengekommen war. Mit von der Partie waren auch die Leibwache des *amban* in graublauen Umhängen, Hellebardiere in roten, bestickten Uniformen und Soldaten mit Äxten, Sicheln und dreispitzigen Lanzen, an denen rote Fahnen hingen. Die Straßen waren fast leer, Frauen spähten durch die Fenster, die Mönche blickten düster. Der Dalai Lama Ngawang Lobzang Thubten Gyamtsho, die 13. Inkarnation des Bodhisattva Avalokiteshvara, war tags zuvor heimlich Richtung Urga zum mongolischen, ihm untergeordneten Lebenden Buddha geflohen. Die weißen Offiziere streiften erfolglos auf der Suche nach Souvenirs durch den Basar. Religiöse Objekte wurden nicht verkauft, und alles andere konnte man in jedem beliebigen indischen Krämerladen zum halben Preis bekommen. Dafür entdeckten sie in dieser Hochburg des klerikalen asiatischen Konservativismus zwei unvermutete Symbole des Fortschritts: ein Fahrrad ohne Reifen sowie eine Wurstmaschine »Made in Birmingham«.

Der weisse Bär und die gelben Affen

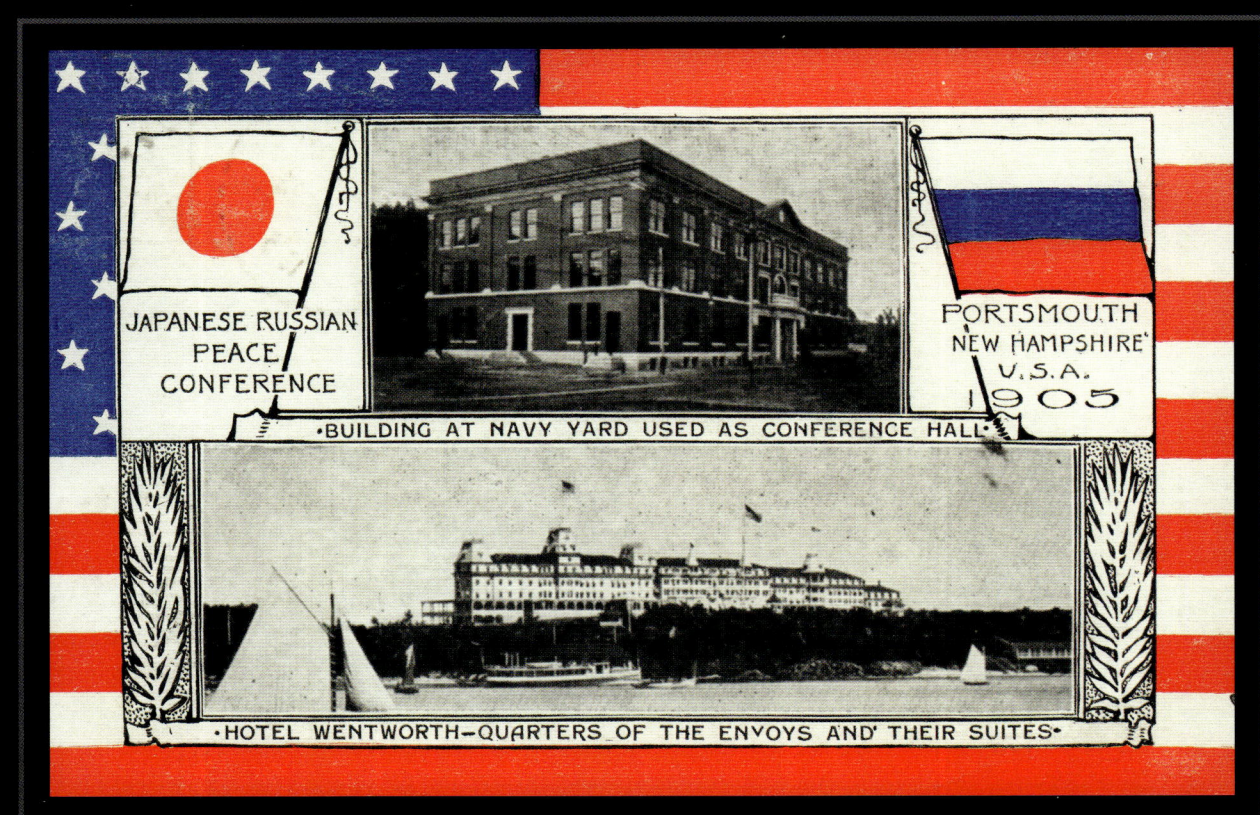

JAPANESE RUSSIAN PEACE CONFERENCE

PORTSMOUTH NEW HAMPSHIRE U.S.A. 1905

·BUILDING AT NAVY YARD USED AS CONFERENCE HALL·

·HOTEL WENTWORTH–QUARTERS OF THE ENVOYS AND THEIR SUITES·

*296 und 297
Nachdem Russland die
Mandschurei besetzt hatte,
nahm es die koreanische
Halbinsel ins Visier. Der
Krieg mit Japan wurde
unvermeidlich. Das Foto
rechts zeigt japanische Soldaten in Erwartung eines
Angriffs der russischen
Kavallerie. Die militäri-
schen Erfolge der Japaner
verblüfften die Welt, denn
alle Experten hatten vor-
hergesagt, das kleine Japan
werde dem russischen
Koloss unterliegen. Die
Postkarte links erinnert an
die Friedensverhandlungen,
die in Portsmouth, New
Hampshire, stattfanden.
Als Vermittler wirkte
US-Präsident Theodore
Roosevelt, der für seine
Bemühungen anschließend
mit dem Friedensnobel-
preis geehrt wurde.*

Als der Admiral Jewgenij Alexejew, Vizekönig und oberster Befehlshaber der

russischen Streitkräfte in Fernost, gegen Mitternacht des 8. Februar 1904 in

seiner über der Militärbasis von Lüshun (Port Arthur) gelegenen Residenz in

einem Sessel saß und ein Buch las, hörte er plötzlich ein Donnern, das von der

Reede herüberkam. Es waren seine Kriegsschiffe, die inmitten der Finsternis

und in völliger Verwirrung auf ein japanisches Geschwader schossen, das sie

überraschend und ohne vorherige Kriegserklärung attackiert hatte. Während

die Lichtbündel der Scheinwerfer noch hektisch auf der Suche nach den An-

greifern umherkreisten, waren bereits mehrere Boote getroffen: Ein Panzer-

schiff und ein Schlachtkreuzer hatten so viel Wasser aufgenommen, dass sie

nicht mehr durch den Kanal fahren konnten, der in den Hafen führte, und liefen auf Untiefen auf; ein zweites Panzerschiff versenkte sich selbst im Kanal, um nicht auf das erste zu prallen. In der Abenddämmerung des-selben Tages hatte ein anderes japanisches Geschwader im koreanischen Hafen Chemulpo (Inchon) Truppen ausgeschifft; damit hatte die Besetzung der Halbinsel begonnen.

Zwei Tage zuvor hatte der Botschafter des Mikado beim Zaren St. Petersburg verlassen und die diplomatischen Beziehungen abgebrochen. Vorausgegangen war das Scheitern monatelanger Verhandlungen. Japan bestand darauf, dass Russland der mit China getroffenen Vereinbarung Folge leistete, bis Oktober 1903 seine Truppen aus der Mandschurei abzuziehen. In Wirklichkeit aber hatten die Russen nie die Absicht gehabt, sich zurückzuziehen, und planten, den gesamten nördlichen Teil der Region zu annektieren. Außerdem hegten sie den kaum verhohlenen Plan, in Korea Handelsbasen zu gründen – was für die Japaner, die dort keine Rivalen wünschten, völlig unakzeptabel war.

Als die Berichte über die ersten Gefechte, auf die am 10. Februar die offizielle Kriegserklärung folgte, die russische Hauptstadt erreichten, erregten sie eher Begeisterung als Entrüstung oder Sorge. In Regierungskreisen kam ein Krieg gerade recht, um die Untertanen Zar Nikolaus' II. vom Auf und Ab der Innenpolitik abzulenken. Darüber hinaus wollte man den »gelben Affen« – wie die Japaner in der russischen Presse genannt wurden – endlich eine Lektion erteilen, indem man nicht nur die Mandschurei, sondern auch Korea eroberte und sich die unangefochtene Oberhoheit über den Norden Chinas sicherte. Wieder einmal, wie schon während des chinesisch-japanischen Konflikts zehn Jahre zuvor, sagten die Experten nahezu einhellig die Niederlage Japans voraus: Der russische Bär werde die asiatischen Zwerge in einem Satz verschlingen.

Auf dem Papier konnten Armee und Flotte des Zaren tatsächlich eine überwältigende Übermacht aufbieten. Das Heer war jedoch größtenteils im europäischen Teil Russlands stationiert, und es würde eine Herausforderung darstellen, die Verstärkung über die 8000 Kilometer der eingleisigen und noch unvollständigen Transsibirischen Eisenbahn heranzukarren. Mit dem Bau der Linie war am 19. Mai 1891 in Wladiwostok begonnen worden. An diesem Tag hatte der damalige Zarewitsch Nikolaus eine Lore voller Erde über den ersten Abschnitt jenes Schotterbetts gekippt, das zum längsten der Welt werden sollte. Förderer und Schutzengel des Unternehmens war der Finanzminister Graf Sergej Witte, dem sein Geschöpf nicht nur als achtes Weltwunder galt, sondern auch als Instrument, das das Antlitz Asiens radikal verändern würde, »indem es nicht nur Russland, sondern auch dem internationalen Handel neue Horizonte erschloss, so dass es zu einer Reihe tief greifender Veränderungen in den zwischenstaatlichen Wirtschaftsbeziehungen kommen wird«, wie er betonte. Um den Bau zu erleichtern und zu beschleunigen sowie um den unterschiedlichen geografischen Gegebenheiten Rechnung zu tragen, wurde die Gesamtstrecke in sechs Abschnitte aufgeteilt, in denen gleichzeitig die Arbeiten begannen. Dafür wurden 100 000 Techniker und Arbeiter beschäftigt, die aus der halben Welt zusammengekommen waren: Türken, Perser, Chinesen, Italiener, Franzosen, Österreicher und Russen. In jedem Bauabschnitt traten andere, aber gleichermaßen schwer wiegende Probleme auf.

Im westlichsten Teil zwischen Tscheljabinsk und dem Ob, der Konstantin Michailowskij, dem höchstrangigen russischen Zivilingenieur, direkt unterstand, waren Sümpfe, Torfmoore und Ebenen zu überwinden, in denen riesige Brennnesselstauden so dicht wuchsen, dass sie einen regelrechten Dschungel bildeten. Die Arbeiter mussten Dämme anlegen, Kanäle graben und im weichen Boden Pfähle setzen, um den Gleisen Halt zu geben. Der Stahl sollte aus dem Ural kommen, der Zement aus St. Petersburg und das Holz für die Schwellen aus Polen, weil das vor Ort vorhandene nicht geeignet war.

Für den mittleren Abschnitt, der die bergige Taiga zwischen dem Ob und Irkutsk durchquerte, wurden die Schienen über die Karasee und den Jenissej aus England gebracht. Die wichtigsten Brücken, über 100 an der Zahl, wurden von eigens dafür eingestellten italienischen Maurern errichtet. Da die Arbeitskräfte aber nicht reichten, wurden Sträflinge beschäftigt, die mit acht Monaten in der Taiga ein Jahr Gefängnis abgelten konnten. Im östlichsten Abschnitt, am Ussuri, starben die Arbeiter wie die Fliegen am Fieber, wenn sie nicht gerade von mandschurischen Banditen ermordet wurden, die trotz der Bewachung durch Kosaken die Lager angriffen. Noch vor der Sektion, die das Amur-Tal durchzog, wurde die Östliche Chinesische Eisenbahn gebaut, die quer durch die Mandschurei verlief.

Als Anfang 1904 der Krieg ausbrach, war die Transsibirische Eisenbahnlinie vollständig – bis auf einen kleinen Abschnitt am Südende des Baikalsees. Es handelte sich um nur wenige, aber sehr problematische Kilometer. Durch lotrecht ins Wasser abfallende Felsen mussten Tunnel gegraben werden; zuvor aber war man

298
Nach Abbruch der diplomatischen Beziehungen mit Russland griffen die Japaner ohne vorangehende Kriegserklärung in der Nacht vom 8. auf den 9. Februar 1904 den großen russischen Militärstützpunkt Port Arthur (Lüshun) am Gelben Meer an und versenkten oder beschädigten mehrere feindliche Schiffe.

gezwungen, den Arbeitern Zugangswege zu schaffen, indem man die Ziegenpfade an den steilen Wänden verbreitete, und aus Baumstämmen Unterstände errichten, damit die Männer nicht von den ständigen Bergrutschen mitgerissen wurden. Während man noch an der Überwindung dieser Hindernisse feilte, brachten gewaltige, in England gecharterte Eisbrecher ganze Züge von einem Ufer zum anderen. Doch der sibirische Winter war stärker als jeder Eisbrecher, und die Schiffe kamen oft nicht durch. Im Januar 1904 war der Baikalsee nicht mehr schiffbar, und in den folgenden Monaten mussten russische Verstärkungskolonnen auf dem Weg nach Osten über das Eis marschieren; alle sechs Kilometer machten sie in geheizten Baracken Rast, um nicht zu erfrieren. Doch dieses Binnenmeer war tückisch: Häufig brachen die schweren Winterstürme das Eis in der Mitte des Sees auf und es entstanden Risse, in welche die schneeblinden Soldaten zusammen mit den mit Nachschub beladenen Pferdeschlitten stürzten. In ihrer Verzweiflung verlegten die Ingenieure über dem Eis einen provisorischen Schienenstrang. Lokomotiven waren zwar zu schwer, aber für die von zahlreichen Pferdegespannen gezogenen Wagons reichte es. So oder so war die Beförderung schwerer Artillerie über den Baikalsee unmöglich, weil ihr Gewicht die Schienen aus minderwertigem Stahl verbog. So kamen die Männer oft erst nach einem fünf- oder sechswöchigen mörderischen Marsch in der Mandschurei an.

Was die Marine betraf, so war die russische Flotte in der Ostsee zu weit entfernt, die im Schwarzen Meer durfte dieses Gewässer auf Grund internationaler Konventionen, die ihr das Passieren der Meerengen untersagten, nicht

verlassen, und die in Fernost operierende Flotte entsprach der japanischen zwar hinsichtlich Qualität und Zahl der Schiffe, die Besatzungen aber waren den Japanern in puncto Ausbildung und Motivation klar unterlegen. Die eigentliche japanische Überlegenheit aber bestand in der Kompetenz der Männer, denen die Flotte anvertraut worden war: Generäle und Admiräle, die – anders als in Russland – auf Grund ihrer Fähigkeiten und nicht auf Grund ihres Dienstalters oder der Gunst des Hofes ausgewählt worden waren. Das schlechte Verhältnis zwischen Admiral Alexejew und Kriegsminister General Kuropatkin, denen der Oberbefehl über die Streitkräfte in der Mandschurei übertragen worden war, trug wesentlich dazu bei, die Unsicherheit im russischen Lager zu verstärken.

Die Japaner hatten dagegen sehr klare Ziele und setzten ihre Pläne wirksam um. Während ihre Truppen im Februar ungestört Korea besetzt hatten und unverzüglich nach Norden, zum Fluss Yalu, weitermarschierten, versuchte die von Admiral Togo befehligte Flotte, das feindliche Geschwader im Hafen von Port Arthur (Lüshun) zu blockieren, indem er im Zugangskanal alte, mit Steinen und Zement beladene Dampfer versenkte. Der erste Versuch misslang, aber Togo verminte die umliegenden Gewässer und richtete bei den Hall-Inseln am Eingang zum Westkoreagolf eine Basis ein, um eventuelle russische Ausfälle zu verhindern.

Am 8. März kam Stepan Ossipowitsch Makarow nach Port Arthur, einer der wenigen zaristischen Admiräle, der über Unternehmungsgeist verfügte. Sein Kommen rüttelte die russischen Marinesoldaten auf. Wiederholt ordnete er ein Auslaufen der Flotte an, wobei in Scharmützeln mit den Japanern einige Erfolge

verbucht wurden. Ein solchermaßen angriffslustiger Gegner, der ihm die Herrschaft über das Meer zu entreißen drohte und damit die wichtige Versorgungsverbindung zwischen Japan und Korea gefährdete, zwang Togo zur Reaktion. Er intensivierte die Verminung und verlegte seine Basis auf die näher bei Port Arthur gelegenen Elliot-Inseln.

Das Glück war Togo hold. Am 13. April lief Makarow mit dem Panzerschiff *Petropawlowsk* aus, um zwei russischen Zerstörern zu Hilfe zu kommen, die von japanischen Schlachtkreuzern angegriffen worden waren. Sein Schiff geriet an eine Mine, die in der Nacht vom Feind ausgebracht worden war. Die Pulverkammer und der Kessel explodierten und das Panzerschiff versank in weniger als zwei Minuten mit nahezu der ganzen Mannschaft; auch der Admiral zählte zu den Opfern. Dieser Verlust besiegelte das Schicksal der russischen Flotte im Pazifik, die sich daraufhin in ihrer Basis verkroch. Ende April überquerte die I. japanische Armee den Yalu, drang in die Mandschurei ein und zwang die Russen zum Rückzug. Am 5. Mai landete die II. Armee auf der Halbinsel Liaodong, an einer etwa 100 Kilometer von Port Arthur entfernten Stelle, was angesichts der felsigen Küste und des starken Seegangs eine Meisterleistung darstellte. Wenige Stunden zuvor hatte Togo die russische Basis durch die beiden im Kanal versenkten Dampfer teilweise blockiert. Fünf Tage später erreichten die Japaner die Spitze der Landzunge; sie unterbrachen den Schienenstrang, der Mukden (Shenyang) mit Port Arthur verband, und isolierten so die befestigte Stadt. Am 1. Juni marschierten sie in Dalian (Dairen) ein. Die Belagerung hatte begonnen.

299

Nach der raschen Besetzung Koreas wandte sich die japanische Armee nach Norden, um in die Mandschurei einzumarschieren. Hier überqueren japanische Truppen auf einer Fähre den Yalu, den Grenzfluss zwischen der koreanischen Halbinsel und dem Reich des Himmels.

Alexejew, der sich vorübergehend in Wladiwostok aufhielt, ermutigte Kuropatkin zur Offensive, um die Stadt zu befreien. Doch der General zog es vor, auf Verstärkung zu warten, und schickte den Japanern allzu schwache Abteilungen entgegen, die stets zurückgedrängt wurden und dabei schwere Verluste erlitten.

Inzwischen war in St. Petersburg eine überraschende Entscheidung gefallen, die alle militärischen Beobachter zunächst für einen Bluff hielten (außer den Japanern, die sie sofort ernst nahmen): Die Ostseeflotte sollte Port Arthur zu Hilfe eilen. Dazu musste sie aber erst mit veralteten oder eben erst ausgerüsteten Schiffen sowie wenig erfahrenen Mannschaften eine Strecke von 20 000 Seemeilen überwinden. Mit dieser ungeheuren Aufgabe wurde Admiral Zinowij Rozestwenskij betraut, der sie eher resigniert übernahm und fest damit rechnete, auf eine Katastrophe zuzusteuern.

In Port Arthur sah sich Makarows Nachfolger Admiral Witthoff, ein pflichtbewusster und fleißiger Mann, der aber nicht über das Temperament verfügte, das eine so schwierige

Aufgabe erleichtern, sofern dieser jemals an sein Ziel gelangen sollte. Doch Witthoff zweifelte stark daran und wollte unnötige Verluste vermeiden. Heldenhafte Opfer würden Port Arthur nicht retten, der Einsatz seiner Männer und Waffen dagegen konnte den Fell der Festung hinauszögern. Deshalb versuchte er um jeden Preis Zeit zu gewinnen, womit er den günstigsten Moment für einen Ausfall verpasste, nämlich denjenigen, in dem die japanische Flotte durch den Verlust von zwei auf russische Minen gefahrenen Panzerschiffen und eines aus Versehen versenkten Schlachtkreuzers eine vorübergehende Krise durchmachte. Als seine zum Teil schon ihrer Geschütze beraubten Schiffe im Hafen von den ersten japanischen Schüssen getroffen wurden, erhielt der Admiral den unwiderruflichen Befehl des Zaren aus St. Petersburg, das Auslaufen zu veranlassen.

Am frühen Morgen des 10. August betonte Witthoff in einem Telegramm an Alexejew die »Unangebrachtheit des Versuchs«. Anschließend ließ er seine Fahrzeuge auslaufen: sechs Panzerschiffe und vier Schlachtkreuzer, denen Dampf-

beschränkte sich aber darauf, die Russen aus der Ferne zu beschießen, um ihnen den Rückweg abzuschneiden. Witthoff gelang es nach einigen Stunden, sie abzuhängen, doch Togo verfolgte ihn und nahm das Gefecht wieder auf. Ein Hagel aus hochexplosiven Granaten ging auf die Russen nieder, zerstörte die Aufbauten und entzündete einige Brände; auch mehrere japanische Schiffe wurden schwer beschädigt. Wieder einmal sprang Togo das Glück zur Seite: Kurz vor Sonnenuntergang landete eines seiner Geschütze einen Volltreffer auf der Brücke der *Cesarewitsch* und tötete Witthoff und fast seinen gesamten Stab. Wenig später traf ein zweites Geschütz das Ruder des Admiralsschiffs, das nun begann, um seine eigene Achse zu rotieren und die russische Schlachtordnung durcheinander zu bringen.

Der Erste, dem bewusst wurde, dass der oberste Befehlshaber tot war, war der Vizeadmiral Uchtomskij. Er ließ an Bord des Panzerschiffs *Pereswjet* das Signal hissen, beizudrehen und ihm zu folgen, um nach Port Arthur zurückzukehren. Doch nur wenige bemerkten

Aufgabe erfordert hätte, einem nervenzehrenden Dilemma gegenüber: Sollte er weiterhin die Schiffe im Hafen halten, die Kanonen abmontieren und in der Festung aufstellen lassen, um zu deren Verteidigung beizutragen, oder sollte er auslaufen und versuchen, die Blockade zu durchbrechen, um sich nach Wladiwostok durchzuschlagen – wie es Alexejew wiederholt telegrafisch von ihm verlangt hatte? Ein Ausfall würde keine Kleinigkeit sein: Togos gesamte Flotte lag auf der Lauer, und Wladiwostok war 1170 Meilen weit weg, hart an der Grenze der Reichweite seiner Schiffe. Bei einer großen Seeschlacht könnte er den Japanern erhebliche Verluste zufügen und dadurch Rozestwenskijs

schaluppen als Minenräumboote vorausfuhren. Torpedoboote und Zerstörer begleiteten den Konvoi; als Letztes folgte das Lazarettschiff *Mongolia*. Der Admiral hisste seine Flagge auf der *Cesarewitsch*, die auf Grund der langen Ruhepause beinahe sofort Probleme mit den Motoren bekam. Und das war nur die erste einer Reihe von Pannen, die bei vielen Schiffen anfielen und das Vorwärtskommen der Flotte in genau jenen Momenten behinderten, wenn Schnelligkeit gefordert gewesen wäre.

Die japanischen Zerstörer entdeckten den Verband gegen elf Uhr in den Gewässern vor der Halbinsel Shandong. Kurz nach Mittag erschien Togo mit dem Gros seiner Schiffe,

die Aufforderung und die russische Formation fiel auseinander. Togo, der in diesem entscheidenden Moment erstaunlich vorsichtig wurde, brach den Kontakt ab. Die russischen Schiffe verstreuten sich: Uchtomskij kehrte mit fünf Panzerschiffen und einem Schlachtkreuzer zur Basis zurück, die nicht mehr steuerbare *Cesarewitsch* ließ sich in den deutschen Stützpunkt Kiautschau (Jiaozhou) einweisen; zwei weitere Schlachtkreuzer flüchteten sich in andere chinesische Häfen, während ein einziges Schiff, die *Nowik*, versuchte, Wladiwostok zu erreichen, und von den Japanern vor Sachalin versenkt wurde. Von den übrigen Fahrzeugen, die nun endgültig in Port Arthur festsaßen, entfernte man die Kanonen und postierte sie zur Verteidigung der belagerten Festung auf den Anhöhen.

Vom 19. bis zum 24. August unternahmen die Japaner einen Vorstoß zu Lande, bei dem sie furchtbare Verluste erlitten: 10 000 Mann, ein Drittel der Armee. Zwei Tage später zogen 150 000 Japaner unter dem Kommando des Feldmarschalls Oyama gegen ebenso viele von Kuropatkin befehligte Russen bei Liaoyang in eine Schlacht, die zehn Tage dauerte und mit dem Rückzug Kuropatkins nach Mukden (Shenyang) endete. Obwohl die japanischen Verluste bedeutender gewesen waren, triumphierte schließlich die japanische Entschlossenheit über die russische Zaghaftigkeit. Vom 19. bis zum 22. September fand ein weiterer heftiger Angriff auf Port Arthur statt, und Anfang Oktober versuchte Kuropatkin, die Belagerung dadurch zu beenden, dass er den südlich von Mukden am Fluss Shahe stehenden Feind attackierte. An der zwölftägigen Schlacht waren 350 000 Soldaten beteiligt. An Zahlen wie diese sollte sich die Welt erst im Ersten Weltkrieg gewöhnen. Die Titanenschlacht

endete unentschieden, aber den Russen gelang es nicht, Port Arthur zu befreien, und Alexejew bat darum, den Oberbefehl niederlegen zu dürfen; Kuropatkin übernahm die Führung. In den Tagen um den 15. Oktober stach Rozestwenskij mit der Ostseeflotte, die nun endlich bereit und in »Zweite Pazifikflotte« umgetauft worden war, von Libau (Liepāja) aus in See. Seine an sich schon nicht leichte Aufgabe, mit dem Konvoi die andere Seite der Erdkugel zu erreichen, wurde zusätzlich von Großbritannien erschwert, das durch eine jüngst unterzeichnete Allianz mit Japan verbunden war. Es kam beinahe zu einem britisch-russischen Krieg, als Rozestwenskijs Wachschiffe im Nebel eine Gruppe geheimnisvoller Objekte ausmachten, die für japanische Torpedoboote gehalten und beschossen wurden; zwei sanken. Es handelte sich um britische Fischerboote, und das Brüllen des britischen Löwen war weithin zu hören.

Die Japaner wollten Port Arthur möglichst noch vor der Ankunft der russischen Verstärkung zu Fall bringen und setzten Ende Oktober die Offensive fort, allerdings ohne Erfolg.

Kaum einen Monat später, am 5. Dezember, gelang es ihnen, eine wichtige Stellung einzunehmen: den Hügel Wysokaja Gora, von dem aus ihre Artillerie die Schiffe am Ankerplatz unter Feuer nehmen konnte. Dabei kamen die mächtigsten je gebauten Granaten zum Einsatz.

Vieles in diesem Krieg war brandneu: die Anzahl der beteiligten Soldaten, die Stärke der Kanonen und die Sprengkraft der Minen, die ganze Festungen in die Luft jagen konnten; die Repetier- und Maschinengewehre ebenso wie die Scheinwerfer, mit denen die Russen ihre Gegner bei nächtlichen Angriffen blendeten. Die Japaner setzten sogar chemische Kampfstoffe ein, indem sie mit Arsen getränkte Lumpen verbrannten, um die Verteidiger der Festung an den giftigen Dämpfen ersticken zu lassen.

Das Schicksal Port Arthurs wurde am 15. Dezember entschieden, als General Kondratenko fiel, der gewissermaßen die Seele der Verteidigung gewesen war. Am 2. Januar 1905 ergab sich Kommandant Stoessel, nachdem er ein Telegramm an Zar Nikolaus II. geschickt hatte, das mit den Worten begann: »Großer

300 und 301
Auf der Landseite belagert und auf der Seeseite blockiert, kapitulierte Port Arthur, nachdem es sieben Monate lang Widerstand geleistet hatte. Nach der Übergabe besetzten japanische Truppen die russische Festungsanlage (links). Alle Versuche der Russen, die Einkesselung durch Angriffe auf die in der Mandschurei aufmarschierten japanischen Truppen zu beenden, waren gescheitert. Allerdings waren die japanischen Verluste so hoch, dass

sich General Nogi, der Sieger von Port Arthur, aus Reue, dass er so viele Männer geopfert hatte, das Leben nahm. Die übrigen Fotos zeigen Momentaufnahmen aus dem Krieg: Ein für ein britisches Militärobservatorium bestimmter Ballon steigt auf (gegenüberliegende Seite rechts); eine japanische Kolonne watet durch einen Fluss (diese Seite links) und Koreaner transportieren Lebensmittel für die Armee des Reichs der Aufgehenden Sonne (rechts).

Monarch, vergib mir!« Die Verteidiger verfügten noch über Lebensmittel und Munition und hätten weiter Widerstand leisten können. Nach dem Krieg wurde Stoessel von einem Militärgericht zum Tode verurteilt, doch der Zar begnadigte ihn nach anderthalb Jahren Kerker. Die Japaner bezahlten teuer für ihren Sieg: Sie hatten 110000 Soldaten verloren, während auf russischer Seite 9500 Soldaten und 7700 Matrosen gefallen waren. Kurz nach der Aufgabe der befestigten Stadt erhielt Kuropatkin eine ansehnliche Verstärkung. Er beschloss eine Offensive, hatte damit aber keinen Erfolg.

Schließlich fand vom 18. Februar bis zum 10. März bei Mukden die größte Schlacht dieses Kriegs statt. Sowohl Oyama als auch Kuropatkin hatten jeweils etwa 350000 Mann zur Verfügung. Die Japaner waren zwar leicht in der Überzahl, doch die Russen hatten mehr Kanonen. Noch nie zuvor waren so viele Menschen auf einem einzigen Schlachtfeld aufeinander getroffen, und beide Oberbefehlshaber begingen bisweilen Fehler beim Lenken dieser gewaltigen Massen. Die Russen verließ einmal mehr der Mut, und nach drei Wochen schwerster Gefechte, bei denen die Kämpfenden auch noch Stürmen von gefrorenem Sand ausgesetzt waren, ordnete Kuropatkin den Rückzug aus Mukden an. Er war zwar nicht auf dem Feld besiegt worden, doch der Verlust der großen Stadt wurde in Russland wie der übrigen Welt als schwere Niederlage gewertet.

In den vorangegangenen Monaten war Mukden zum wichtigsten Markt und Stapelplatz des Kriegs geworden. Die Bahnsteige dieses Zielpunkts der Transsibirischen Eisenbahn wurden nach Ankunft der Züge von einer Flut von Menschen, Waffen, Pferden, Munition und Säcken voller Rubel überschwemmt. Mit diesem Geld bezahlten die Militärbehörden die Lebensmittel, die sie an Ort und Stelle requirierten, weil die Bahn mit den Truppentransporten völlig ausgelastet war und keinen Nachschub mehr befördern konnte. Die vielen Rubel lockten Kaufleute und Abenteurer an, Schmuggler jeglicher Nationalität, Tataren und Chinesen, Juden und Armenier, Griechen und Amerikaner, die aus der Mongolei und Wladiwostok herbeigeströmt waren, aus Tianjin und Shanghai. Mit dem umgehängten Gewehr und einer Pistole im Halfter waren sie jederzeit bereit, ihre Wagen gegen die mandschurischen Banditen zu verteidigen, auf die ihre Karawanen eine unwiderstehliche Anziehung ausübten.

Sie schlugen ihre Waren los und brachen unverzüglich wieder auf, um die nächste Ladung herbeizuschaffen. Die Stadt ertrank geradezu in französischem Champagner zweifelhafter Herkunft für die Offiziere und Wodka für die Soldaten, in Bergen von Zigaretten und Opium. Jeder kleine chinesische Laden war zu einer Schänke geworden, in der Infanteristen und Kosaken ihren letzten Sold verjubelten, bevor sie zum Sterben an die Front zogen; wer nichts mehr hatte, verkaufte sein Pferd oder Gewehr. Die leichter Verletzten waren aus den überfüllten Lazaretten geworfen worden, um Platz zu schaffen, und bettelten zuhauf in den Straßen.

Als der Krieg näher rückte, wurde die Stadt zur Etappe, und man hörte einen Monat lang das Donnern der Artillerie bis ins Zentrum. Dann, am 9. März, brach eine wahre Flut von Truppen auf dem Rückzug in die Stadt herein. Die Chinesen verbarrikadierten sich in ihren Häusern. Kaiserliche mandschurische Wachen in rot-schwarzen Kasacks nahmen Aufstellung um die altehrwürdigen, baufälligen Gebäude der Mandschu-Herrscher vor Plünderern zu schützen. In der Straße der Schilder, an der die teuersten Hotels und Geschäfte lagen, stürmten russische Offiziere den einzigen europäischen Barbierladen. Sie verlangten, perfekt rasiert zu werden, als hätten sie vor, einen abendlichen Ball zu besuchen, und gossen den Inhalt ganzer Parfumflakons in ihre Stiefel, Taschen und Mützen, um duftend und lachend hinauszuschreiten, nachdem sie dem Figaro Zehn- und Zwanzigrubelnoten zugesteckt hatten.

Der Strom von Soldaten, der wie ein über die Ufer tretender Fluss ständig anzuschwellen schien, war unterwegs zum Bahnhof, der zwei Kilometer vor der Stadt lag. An dieser Straße, die von Stapeln von Munitionskisten gesäumt wurde, lagen fünf Feldlazarette, die die Toten im Freien auftürmten, um wieder Platz für die frisch verwundeten Soldaten zu haben. Ein überladener Zug nach dem anderen schnaubte mit letzter Kraft gen Norden. In den Wagons standen die Soldaten dicht an dicht, viele hockten sogar auf den Dächern und sangen ihre Lieder, so froh waren sie, dem Krieg entronnen und unterwegs nach Hause zu sein. Der letzte Zug fuhr um vier Uhr nachmittags ab; unmittelbar danach steckte die Polizei das russische Viertel in Brand. Sie ging methodisch vor: zuerst die Kasernen, die Zelte und die Lager, dann der Bahnhof, die Geschäfte und die Häuser. Von einem heftigen Südwind genährt,

breitete sich das Feuer schnell aus. Im dichten Qualm machten sich versprengte Soldaten ans Plündern und fochten untereinander mit Bajonetten um die Beute. Aus der Chinesenstadt kamen ebenfalls Plünderer herbei, um sich ihren Anteil zu holen, und machten sich über einen buddhistischen Tempel her, der von den Russen in ein Lagerhaus für gefrorenes Fleisch verwandelt worden war und bereits in Flammen stand. Die Ersten versuchten, angesengte Ochsenhälften aus dem Gebäude zu schleifen, doch der Weg nach draußen wurde von der nachdrängenden Masse versperrt; schließlich brach das Dach ein und begrub alle unter sich.

Als die Sonne unterging, waren bereits viele Gebäude eingestürzt, und die Flammen griffen auf zwei Lazarette über. Die Verletzten mussten evakuiert werden, während ringsherum betrunkene marodierende Plünderer grölten und Schüsse abfeuerten. Das verängstigte medizini-

302 und 303

Kurz nach dem Fall Port Arthurs versuchten die Russen, in der Mandschurei zum Angriff überzugehen. In der Umgebung der Stadt Mukden fand eine gewaltige Schlacht statt, die in unterschiedliche Episoden zerfiel und sich 20 Tage lang hinzog. Hunderttausende von Männern waren an ihr beteiligt. Durch die schweren Verluste demoralisiert, zogen sich die Russen, obwohl sie nicht besiegt worden waren, schließlich zurück. Das obere Foto zeigt japanische Offiziere bei der Beobachtung der Schlacht. Auf dem Foto unten links hat das erste russische Garderegiment vor dem Abmarsch an die Front am Hang eines Hügels Aufstellung genommen. Auf dem Bild unten rechts sind russische Schützen zu sehen, die sich in einem Graben inmitten einer Ebene nahe Mukden auf den japanischen Angriff vorbereiten.

sche Personal schickte Boten nach den Japanern aus und bat sie, die Stadt so schnell wie möglich zu besetzen. Um zehn Uhr morgens des folgenden Tages traf die erste Patrouille der Sieger in Mukden ein. Es waren zwölf Männer der leichten Kavallerie, die neugierig durch die immer noch brennende Stadt ritten und in nördlicher Richtung verschwanden. Bis auf die Toten waren die Straßen leer gefegt; alle Übrigen waren geflohen. Das chinesische Viertel war wie durch Zauberhand verwandelt: Es war kein einziges Schild mit kyrillischen Buchstaben mehr zu sehen, und die Häuser und Geschäfte waren mit roten Bändern sowie chinesischen und japanischen Fahnen geschmückt. Die Einwohner feierten mit Begeisterung die einmarschierenden Besatzungstruppen.

Inzwischen war am anderen Ende des riesigen Zarenreichs eine Revolution ausgebrochen. Die große Zahl der Arbeiterstreiks und Bauernaufstände hatte Zar Nikolaus II. gezwungen, der Bildung einer Volksvertretung zuzustimmen. In dieser Krise war nicht daran zu denken, in der Mandschurei eine Revanche zu fordern, die die Entsendung einer großen Zahl Soldaten und eine vollständige Reorganisation der Armeen notwendig gemacht hätte. Trotzdem wartete die russische Regierung noch eine Weile, bevor sie sich auf Friedensverhandlungen einließ. Noch hoffte man, die Ostseeflotte könne ein Wunder herbeiführen oder zumindest die Schmach der Niederlage mildern.

Rozestwenskij war im Januar in der französischen Kolonie Madagaskar angelangt, nachdem er mit seinen stärkeren Schiffen Afrika umfahren und den Rest unter dem Kommando von Admiral Folkersam durch das Mittelmeer und den Suezkanal geschickt hatte. Auf Madagaskar hatte er vom Zusammenbruch Port Arthurs erfahren und den Befehl erhalten, Kurs

auf Wladiwostok zu nehmen. Ihm wurde noch eine Verstärkung nachgeschickt – ein Dutzend veralteter Schiffe, die die Flotte durch ihre Schwerfälligkeit eher aufhielten. Dieser dritte, von Admiral Nebogatow befehligte Verband passierte den Suezkanal und vereinigte sich am 9. Mai 1905 in den Gewässern vor Indochina mit dem zweiten. Zu diesem Zeitpunkt hielten die Japaner Mukden schon seit zwei Monaten besetzt. Zwei Wochen später starb der schwer kranke Admiral Folkersam; da die Schiffsbesatzungen ohnehin schon ziemlich demoralisiert waren, hielt man diese Neuigkeit geheim.

Schließlich trat Rozestwenskij in die schwierigste Phase seiner langen Reise ein und fuhr durch das Gelbe Meer in japanische Gewässer, wo Admiral Togo schon auf ihn wartete. Am 26. Mai befahl Rozestwenskij, alle entbehrlichen Möbel und Ausrüstungsgegenstände über Bord zu werfen und Kohlesäcke vor den Aufbauten zu stapeln, um sie vor Splittern zu schützen. Die Popen segneten die Matrosen und sprenkelten Weihwasser auf die Brücken. Am Morgen des folgenden Tages sichtete ein

Fahrzeug der japanischen Flotte in der noch dunstigen Koreastraße das russische Lazarettschiff *Orel*. Der sofort davon in Kenntnis gesetzte Togo befahl, zu Ehren der Meeresgötter (und zum Schutz vor Infektionen bei Verletzungen) frisch gewaschene Uniformen anzulegen, und fuhr mit seinem gesamten Verband dem Feind entgegen.

Kurz nach 13 Uhr 30 erschienen die gelbschwarzen Rauchfahnen von Rozestwenskijs Flotte am Horizont. Der japanische Admiral ließ beidrehen, um einen Kurs parallel zum Feind einzuschlagen. Durch dieses Manöver setzte er seine Schiffe für einige Zeit den russischen Geschützen aus, doch die Matrosen zielten nicht gut. Die japanischen Artilleristen dagegen konzentrierten ihre Feuerkraft auf die vier wichtigsten russischen Panzerschiffe, die weiß gestrichen und damit wesentlich auffälliger als die grauen japanischen Schiffe waren. Außerdem verfügten die japanischen Geschosse über eine größere Sprengkraft, erzeugten beim Aufschlag eine unerträgliche Hitze und enthielten tödliche Gase. Die Bewohner der Insel Tsushima, nach der diese Schlacht benannt wurde, sahen diesem Titanenkampf auf dem Meer gebannt zu. »Die zahllosen Kugeln regneten über alles nieder«, schrieb ein Augenzeuge, »und ließen im Wasser Hunderte von Fontänen entstehen. Die Kanonen schickten Blitze aus und brüllten mit dem Donnern Tausender Unwetter.«

Nach einer Stunde waren alle vier wichtigen russischen Panzerschiffe getroffen. Kurz nach 15 Uhr sank als erste die *Osljabja*. Wenig später verließ das Admiralsschiff *Suworow*, das Rozestwenskijs Flagge trug. mit blockiertem Ruder die Formation. Der Admiral war durch ein im Kommandoturm explodiertes Geschoss schwer verletzt und wurde auf ein kleineres Boot ge-

304 oben
Die russische Ostseeflotte, die Port Arthur zur Hilfe kommen sollte, erfuhr nach ihrer zeitraubenden Umfahrung Afrikas vom Fall der Festung und nahm unverzüglich Kurs auf Wladiwostok. Die japanischen Flottenverbände unter Admiral Togo schlugen sie vernichtend in der Nähe der Insel Tsushima.

304 unten
Eine Kolonne russischer Kriegsgefangener auf dem Weg in ein japanisches Konzentrationslager.

305
Die jubelnden Bewohner Tokios empfangen Admiral Togo mit einem ihm zu Ehren errichteten Triumphbogen.

304

bracht. In dem allgemeinen Durcheinander verging viel Zeit, bis dem ranghöchsten Offizier Nebogatow zu Bewusstsein drang, dass er nun das Kommando übernehmen musste.

Togo gelang es, den Russen sämtliche potenzielle Fluchtwege abzuschneiden. Gegen Abend havarierten auch die beiden anderen großen Schlachtschiffe, die *Alexandr III* und die *Borodino*. In der Nacht versuchten die noch verbliebenen russischen Schiffe, nach Wladiwostok zu entkommen, doch am nächsten Morgen griffen die Japaner erneut an. Nebogatow war inzwischen überzeugt davon, dass ein weiteres Gefecht nur in ein sinnloses Gemetzel ausarten würde, und ließ die weiße Fahne hissen. Ein Militärgericht sollte ihn später dafür zum Tode verurteilen.

Nur drei Schiffe erreichten Wladiwostok; die übrigen 35 an der Schlacht beteiligten Fahrzeuge wurden versenkt oder fielen den Japanern in die Hände. Auch Admiral Rozestwenskij wurde gefangen genommen. Man brachte ihn sofort in ein Krankenhaus, wo er sorgfältig gepflegt wurde, und Togo versäumte nicht, ihn dort zu besuchen. Die Japaner hatten nur drei Torpedoboote und 117 Männer verloren, die Russen 4800 Männer. In Tokio liefen die Menschen singend und tanzend durch die Straßen, ließen Tausende von Drachen steigen, und entzündeten Feuerwerkskörper. Angesichts dieser letzten Niederlage suchte der Zar endlich um Frieden nach; als Mittler fungierte der amerikanische Präsident Theodore Roosevelt.

Während der Verhandlungen, die am 6. August 1905 in Portsmouth, New Hampshire, begannen, gelang es dem russischen Minister Witte dank seines diplomatischen Geschicks, viel von dem zu retten, was bereits verloren schien. Er erkannte den Vorrang der japanischen Interessen in Korea an (das 1910 von Japan annektiert werden würde) und stimmte dem Verlust von Port Arthur, der Halbinsel Liaodong, der Südlichen Mandschurischen Eisenbahnlinie und der Hälfte der Insel Sachalin zu. Dagegen konnte Russland die Östliche Chinesische Eisenbahnlinie und seinen Einfluss in der nördlichen Mandschurei bewahren. China, in dessen Namen Tokio den Krieg entfesselt hatte, wurde kein einziger Quadratmeter zurückerstattet.

KANONENBOOTE IM DSCHUNGEL

I n dem Jahrzehnt, das zwischen dem Ende des russisch-chinesischen Konflikts

und dem Ausbruch des Ersten Weltkriegs lag, erreichte der voranschreitende

ausländische Einfluss in China seinen Höhepunkt. Von Korea im Norden bis

nach Tongking im Süden lagen entlang der Küstenlinie die Stützpunkte der

Besatzer »wie eine Dornenkrone auf dem Haupt des Reichs des Himmels«,

306
In dem Jahrzehnt vor dem Ersten Weltkrieg erlebten Europäer, Amerikaner und Japaner, die sich überall im Reich der Mitte niedergelassen hatten, ihre beste Zeit in China. Viele Luxusgüter der Belle Époque fanden ihren Weg nach Fernost, und im Wasser des Hafens von Hongkong spiegelte sich eine ganze Zeile eleganter Häuser im Kolonialstil.

307
Auf dem Foto sind Frauen aus dem Volk der Lolo zu sehen. Die Franzosen zeigten Anfang des 20. Jahrhunderts ein ganz besonderes Interesse an den im südlichen China lebenden Lolo.

wie es jemand formulierte. Nachdem die Russen verjagt worden waren, war

Dalny (Dalian), das die Japaner in Dairen umgetauft hatten, zum Verwal-

tungszentrum der Halbinsel Liaodong aufgestiegen. Zahlreiche Einwanderer

aus dem Reich der Aufgehenden Sonne ließen sich in dieser Stadt nieder; ihr

Hafen wurde zu einem der bedeutendsten Umschlagplätze in Fernost, denn

Dairen markierte auch den Endpunkt der Mandschurischen Bahnlinie, durch

die über die Transsibirische Eisenbahn eine Anbindung an Europa bestand.

Port Arthur, das nun Lüshun hieß, blieb ein großer Marinestützpunkt und wurde viel von ehrfürchtigen japanischen Reisegesellschaften besucht, die diesen Schauplatz der militärischen Überlegenheit ihres Landes sehen wollten. In beiden Städten bot jeweils ein nach europäischem Vorbild geführtes Hotel namens Yamato seinen betuchten Gästen Bäder, Billard- und Roulettesäle sowie »elektrische Fächer«, d.h. Ventilatoren, die die erstickende sommerliche Schwüle erträglicher machen sollten.

Auf der Halbinsel Shandong, die sich der Halbinsel Liaodong entgegenstreckte, hatten die Briten Weihaiwai zur Sommerfrische ihrer Asienflotte gemacht. Die Offiziere der Royal Navy besuchten zur Erholung ein Thermalbad, das die Japaner in ihrer kurzen Besatzungszeit erbaut hatten. Doch auch die Engländer zogen es vor – wie übrigens fast alle in China lebenden Europäer –, den Sommer an jenem Ort zu verbringen, der sich wegen der Schönheit seiner Strände zum bedeutendsten Badeort am Gelben Meer gemausert hatte: der deutsche Stützpunkt Qingdao auf der gegenüberliegenden Seite der Halbinsel, der auch als »Ostende des Fernen Ostens« bekannt war. Trotz der Prahlereien Kaiser Wilhelms II. benahmen sich die Deutschen der Belle Époque gar nicht einmal so schlecht gegenüber jenen Menschen, die angeblich die »Gelbe Gefahr« verkörperten. In dem kleinen deutsch beherrschten Gebiet hinterließen die Besatzer einen vergleichsweise guten Eindruck – und natürlich eine auch heute noch gut gehende Brauerei. Die Konzession Qingdao war die lebenslustigste und mondänste von allen, bis der Ort im Ersten Weltkrieg von Japan nach monatelanger Belagerung eingenommen wurde. Die Deutschen hatten die Manie, alles umzubenennen, darunter auch ihre chinesischen Diener, die auf Namen wie Max, Fritz, Moritz und August hörten. Die Straßen von Qingdao, die gotische Türmchen katholischer und evangelischer Kirchen sowie Häuser mit Walmdächern säumten, hießen Kronprinzen-

straße, Hohenzollernstraße oder Hohenloheweg, und die Hügel rings um die Stadt hatten die Namen von Bismarck, Moltke, der Kaiserin Auguste Viktoria und des Prinzen Heinrich erhalten. Polospielen war groß in Mode und das Strandleben »machte Furore«, wie ein junger Garnisonsoffizier in einem Brief an seine Mutter schrieb: »Die Stimmung ist blendend; Ausflüge mit Automobil und zu Pferde, Tennis- und Polopartien füllen meine freie Zeit, und abends finden glänzende Empfänge zu Ehren Terpsichores statt. Unsere herrlichen Badeanstalten werden von englischen Damen und Fräulein in großer Zahl besucht ...«

Die willkommenen weiblichen Gäste nahmen sogar den Weg aus Shanghai, Peking und Tianjin auf sich. Letzteres war dabei, sich zu einem der wichtigsten Industriezentren Chinas zu entwickeln; von Bedeutung waren vor allem die Baumwollspinnereien. Im internationalen Viertel von Tianjin lebten nicht nur Briten, Franzosen, Deutsche, Russen und Japaner, sondern auch Italiener, Österreich-Ungarn und Belgier, deren Länder bei der Aufteilung Chinas zu kurz gekommen waren. Um sich vor einer neu aufflammenden Fremdenfeindlichkeit zu schützen, hatten die Europäer Freiwilligenverbände gebildet, die halb militärischen, halb sportlichen Charakter hatten. In ihren eleganten Uniformen organisierten deren Mitglieder Übungen am Strand – kriegerische Picknicks, bei denen die Herren, um die Damen zu beeindrucken, wie wild auf die Wellen schossen, während die Große Mauer im Licht der Scheinwerfer der im Golf stationierten Flotten ein unheimliches Aussehen annahm.

Im Meer vor der Küste aalte sich die Insel Formosa, »die Schöne«, mit ihren Gipfeln, ihren Wäldern und ihren Stränden. Die Japaner hatten sie zur Perle ihres im Entstehen begriffenen Kolonialreichs in Asien gemacht. Der Hafen Keelung am Nordende war mit Lagerhäusern, mächtigen Kränen und kilometerlangen Kais ausgestattet worden. Entlang der

gesamten Westküste verlief ein Schienenstrang, der nicht nur die Großstädte miteinander verband, von denen jede ein funkelnagelneues japanisches Viertel erhalten hatte, sondern auch forstwirtschaftliche Unternehmen und Bergwerke. Die Hauptstadt Taihoku (Taipeh) war auf dem Reißbrett geplant worden, mit breiten Boulevards, Parks, Tempeln und Schulen. Sie konnte sich eines Regierungsgebäudes rühmen, das in einer Art asiatischem Jugendstil ausgeführt worden war, der an den britischen Kolonialstil anknüpfte. Das gebirgige Herz der Insel war in einer Meereshöhe von

1000 bis 3000 Metern mit dichten Regenwäldern bedeckt, die sich über Hunderte von Hektar erstreckten. Dort lebten wilde Kopfjäger, deren Kultur vom Vordringen des technischen Fortschritts bedroht war. Straßen wurden durch den Urwald geschlagen und Stromkraftwerke entweihten die Seen, an deren Ufern die Waldgötter hausten. Ein Japaner war bereits auf die schlaue Idee gekommen, Eingeborene anzuheuern, die für fünf Yen vor Touristen den Kopfjagdtanz aufführten. Lokomotiven zogen schier endlose Waggonreihen die Hänge des Arisan (Alishan) hinauf, eines Massivs, dessen

höchster Gipfel, der Niitaka (Yushan), knapp 4000 Meter hoch ist und auf dem gigantische Kampferbäume wachsen. Aus diesem üppigen Paradies kehrte der Zug mit Ladungen gewaltiger geschälter Baumstämme zurück, auf denen Einheimische mit ihren pagodenförmigen Hüten hockten. Auf einer Anhöhe, inmitten Ehrfurcht gebietender Baumriesen, umgab eine Umzäunung mit den heiligen Wahrzeichen des Schintoismus den enormen Stamm des »Obersten Baumes«. Sein Umfang betrug 30 Meter, und er genoss als Naturgottheit der Insel höchste Verehrung. Die Japaner, die jeder

Manifestation der Leben spendenden Macht mit Ehrfurcht begegnen, hatten die Eisenbahn einen drei Kilometer langen Umweg machen lassen, um zu dem Riesen zu gelangen. Die Lok grüßte ihn mit einem schrillen Pfiff, und die japanischen Fahrgäste stiegen aus, verbeugten sich vor dem großen Baum und klatschten dreimal in die Hände, wie sie es auch in ihren Tempeln taten. In der Umgebung war nur das Kläffen der wilden Hunde zu hören, die sich ebenso wie die einheimischen Bergbewohner immer weiter nach oben zurückzogen, um den Kontakt mit der neuen Zivilisation zu meiden.

308 und 309
Der deutsche Stützpunkt Qingdao auf der Halbinsel Shandong wurde zum meistbesuchten und elegantesten chinesischen Seebad. Spitze Dächer und gotische Kirchtürme verliehen der Stadt bald ein typisch deutsches

Flair. Auf dem Foto links reitet ein hoher kaiserlicher Offizier durch die Straßen Qingdaos. Die rechte Fotografie zeigt Garnisonsoffiziere bei der Hochzeitsfeier eines deutschen Paares an Bord eines Schiffs.

Die britische Kolonie Hongkong, »die Insel des duftenden Wassers« an der Mündung des Zhujiang (der auch durch Kanton, die größte Stadt Südchinas, floss), war inzwischen zu einem der kosmopolitischsten Orte der Erde geworden. Die Engländer hatten Menschen aus dem gesamten Empire dorthin gebracht oder gelockt, darunter vor allem Inder – etwa bärtige Sikhs mit roten Jacken und Turbanen oder Parsen aus Bombay (die als die ehrlichsten Kaufleute des Orients galten) –, daneben aber auch Malaysier, Birmanen und Polynesier, Mischlinge aus dem benachbarten Macau, Chinesen aus allen Provinzen des Landes und

Amerikaner, Deutsche, Franzosen, Italiener und Spanier. Der große Hafen, der von einer Mauer aus Felsen und Gebäuden umschlossen war und an ein Amphitheater erinnerte, zerfiel in zwei Bereiche. Der chinesische Teil war voller Dschunken und Sampans, die so dicht beieinander lagen, dass sie wie vertäut wirkten, und deren Segel so bunt waren wie die Flügel tropischer Schmetterlinge. Der europäische Teil war von Granitmolen untergliedert und strotzte vor Schornsteinen und Masten, an denen die Flaggen aller Nationen wehten. Hier waren auch die eisernen Rümpfe der Panzerschiffe der Marine zu Hause.

An den schnurgeraden Straßen des Geschäftsviertels erhoben sich die Niederlassungen der Unternehmen, der Schifffahrtsgesellschaften und der Banken sowie das Rathaus, ein massives Gebäude, in dem auch der Haupttempel der wahren Religion Hongkongs untergebracht war, das Allerheiligste des Handels in Fernost: die Effekten- und Warenbörse. Die City, benannt nach Königin Viktoria, war umgeben von vornehmen Wohnvierteln, deren englische Parks und deren Villen mit ihren im chinesischen Stil gehaltenen Veranden und Türmchen sich die Hänge hinaufschoben. Von der Seilbahnstation in der Garden Road konnte

310 und 311
Die älteste und kosmopolitischste europäische Niederlassung an der chinesischen Küste war das portugiesische Macau. Aus einem Handelsposten entwickelte es sich zu einem Paradies der Vergnügungssüchtigen, in dem es Spielsalons,

Bordelle und Opiumhöhlen zuhauf gab. Allabendlich zog es Briten aus dem nahen und allzu strengen Hongkong hierher, daneben reiche Chinesen vom Festland, die den gleichen Freuden wie die Weißen Teufel frönen wollten.

man in einer Viertelstunde auf den Gipfel der Insel fahren und dabei allmählich ihre ganze Schönheit entdecken: das Labyrinth der Buchten, die aus dem Meer ragenden Felsen, die gewundene Küstenlinie des Festlands. Von oben sah man endlose Reihen von Bojen, an denen sich scheinbar wie in einem Spinnennetz die Dampfschiffe aus Japan, Indien, Australien, den Sunda-Inseln und den Philippinen verfangen hatten. In Wirklichkeit waren sie natürlich gekommen, um wertvolle Ladungen aufzunehmen und zu löschen. Der Andrang auf den Hafen war so groß, dass die Schiffe, die ihn verließen, in einer Reihe hintereinander herfuhren.

Jenseits der breiten Mündung des Zhujiang konnte man Macau ausmachen, die älteste europäische Niederlassung auf chinesischem Boden, die inzwischen nur noch von den Brosamen lebte, die vom Reichtum Hongkongs und Kantons abfielen. Von der alten lusitanischen Herrlichkeit war nur noch der pompöse Name übrig: Cidade do Santo Nombre de Deus de Macau. Die bronzene Statue des Dichters Camões, die auf drei mächtigen Felsblöcken thronte, blickte streng auf das chinesische Viertel herab, auf die Menschenmenge, die in den Opiumhöhlen, den Schänken und den Bordellen ein und aus ging. Diese drei Attraktionen waren es, die reiche Festlandschinesen und Europäer aus der britischen Kolonie hierher zogen. Jeden Abend brachten Dampfer Abenteuerhungrige herbei, die von Chinesen und portugiesischen Kreolen mit vielen Verbeugungen und verschwörerischem Flüstern empfangen wurden. Sie verschwanden rasch in den von zahllosen bunten Laternen beleuchteten Gassen, in denen verführerisch die Schaufenster glitzerten. Die Hauptstraße war eine einzige Kette von Cafés und Restaurants, von Juwelierläden und Pfandleihern. Hier warteten Orchester und Drehorgeln auf die Besucher und erfüllten die Abendluft mit alten Walzern, den Takten der ersten Foxtrotts, dem verzweifelten Schluchzen der koreanischen Cellos, dem Lärm der javanischen Blechmusik und Rhythmen, die mit getrockneten Kürbissen geschlagen wurden. Auf beiden Seiten zweigten lange Gassen ab, deren Haustüren mit roten, gelben und blauen Laternen behängt waren. Rot war die Farbe der Liebe, Gelb die Farbe des Vergessens, Blau die Farbe des Glücks.

Etliche Seemeilen weiter westlich, auf dem Ostufer der Halbinsel Leizhou, bereitete Frankreich in aller Ruhe die Inbesitznahme von Zhanjiang vor, das es 1898 auf 99 Jahre zur Pacht erhalten hatte. Es gab dort eine

schöne, monsungeschützte Bucht, an der bald der Marinestützpunkt Fort Bayard entstehen würde. Insgeheim hatten sich die Franzosen ehrgeizigere Ziele gesteckt: die vor der Halbinsel liegende Insel Hainan und die reichen, an seine Kolonie Indochina grenzenden Südprovinzen Guangxi, Yunnan, Guizhou und Sichuan.

Das tropische Hainan, das nur geringfügig kleiner als Formosa ist, war zu Beginn des 20. Jahrhunderts noch wenig erforscht. Die Chinesen, die sich zwei Jahrtausende zuvor auf der Insel niedergelassen hatten, betrachteten sie immer noch als Kolonie und beschrieben sie als ein Gebilde aus drei konzentrischen Ringen. Im innersten lebten auf unzugänglichen Bergen die wilden – oder, wie sie sagten, »rohen« – Eingeborenen. Im mittleren lebten die »gekochten«, d.h. etwas zivilisierteren Stämme. Der äußerste Ring, der die Flusstäler und Küsten umfasste, war von Einwanderern aus dem Reich des Himmels besiedelt. Sie waren Fischer und Seefahrer und fuhren bis nach Singapur und Thailand, um Handel zu treiben. Die wenigen Weißen, die bis in das Herz der Insel vorgedrungen waren – wie der Brite Henry 1886 oder der Franzose Madrolle 1897 –, beschrieben die Ureinwohner als stolze Menschen, die mit großer Würde ein äußerst karges Dasein bewältigten. Die Männer hatten das lange Haar über dem Scheitel zu einem Haarknoten geschlungen und trugen am rechten Arm einen langen, schmalen Korb, in dem sie ihre wertvollsten Besitztümer aufbewahrten: ein Messer und den unentbehrlichen Zunder zum Feuermachen. Die Frauen trugen kurze Jäckchen und enge Röcke, und waren an allen unbedeckten Stellen ihres Körpers mit blauen Streifen tätowiert. Die Leute lebten von der Jagd und vom Fischfang, bauten roten Bergreis an und sammelten wilden Tee und Heilkräuter, die sie bei Chinesen gegen Salz, Trockenfisch und vor allem Opium eintauschten.

Hainan war von Wäldern bedeckt, aus denen sich wertvolle Essenzen gewinnen ließen, verfügte zudem über reiche Vorkommen von Gold, Silber, Kupfer und Eisen und war für die Plantagenwirtschaft geeignet. Folglich galt die Insel als begehrteste Beute der Franzosen. Unter dem Vorwand, den Handelsverkehr zu schützen und wenig erschlossene Gebiete kartografieren zu wollen, fuhren die kleinen Kanonenboote der französischen Marine auf den Flüssen der Insel tief in den Dschungel hinein. Ein weiteres französisches Kanonenboot, die *Orly*, war 1902 den Jangtsekiang hinaufgefahren, um die Fahne des Da Faguo, des »großen Landes Frankreich«, im fernen Sichuan zu hissen. Auch Briten und Deutsche hatten bereits – mit unterschiedlichem Erfolg – versucht, mit ihren Schiffen bis zur Metropole Chongqing zu kommen, doch die gefährlichen Stromschnellen hatten mehr als einen Schiffbruch verursacht. Kapitänleutnant Hourst, der Kommandant der *Orly*, war geschickter, hatte mehr Glück oder er erfreute sich einfach der Gunst der Flussgeister, denen die chinesischen Steuerleute nach jeder schwierigen Passage einen Hahn opferten. Die *Orly* erreichte nicht nur Chongqing, sondern drang mithilfe von Treideltauen und ihrer Dampfkraft ein gutes Stück weiter vor, bis in die Schluchten des Jangtse und des Nebenflusses Min – belächelt von den riesenhaften Buddhas, die in die senkrechten Granitwände gehauen worden waren.

Zwei Jahre später erreichte Graf Jacques de Lesdain, begleitet von seiner jungen Frau, einer schönen und mutigen Zwanzigjährigen, sowie einer Eskorte, die seinem Rang und seinem Wohlstand entsprach, als Erster die Quelle des großen Flusses: einen Gletscher, über dem die erzürnten Götter beim Erscheinen der frevelhaften Weißen ein heftiges Unwetter entfesselten, das sich an allen von der Expedition mitgeführten metallenen Gegenständen mit mächtigen blauen und violetten Blitzen entlud.

Zum Glück beschränkten sich die Götter darauf, den Besuchern der heiligen Quelle eine reinigende Waschung in Gestalt eines stundenlangen Regengusses aufzuerlegen, zumal die Reisenden bereits eine harte Probe bestanden hatten. Drei furchtbare Tage lang waren sie durch eine Treibsandwüste gewatet, die 44 ihrer 50 Maultiere verschlungen hatte.

Ein anderer Franzose nahm ebenfalls seine Frau auf eine Forschungsreise mit, die ihn 1904 von Hanoi nach Yunnan führte. Seine Gattin wurde gastlich in den Frauengemächern der muslimischen Häuser der Hauptstadt Kunming empfangen, die sie in ihrem Tagebuch beschrieb. Diese Harems waren im doppelten Sinne des Wortes exotisch, denn sie gehörten einem Volk, das Jahrhunderte zuvor aus Turkestan eingewandert war. Die Weihestätten der Weiblichkeit waren mit Kunst und Kitsch aus Orient und Okzident dekoriert, mit Pendeluhren im Louis-Philippe-Stil, künstlichen Blumen und leeren Parfumflakons. Ebenso eingesperrt wie viele ihrer muslimischen Glaubensgenossinnen – zwar ohne Schleier, aber wie die Chinesinnen mit eingebundenen Füßen –, verbrachten diese Frauen ihre Tage mit süßem Müßiggang: Sie standen spät auf, spielten diverse Musikinstrumente, lasen, besuchten einander und tauschten den neuesten Klatsch aus. Oder sie ließen Schauspieler und Akrobaten kommen, die im Hof auftraten und von den Frauen durch Löcher im Ölpapier der Fenster beobachtet wurden. Der Besuch einer ausländischen Dame und die Gelegenheit, ihre Kleidung und ihr Make-up kennen zu lernen, waren im Leben dieser mandeläugigen Odalisken eine einzigartige Sensation.

Noch interessanter als die muslimischen Chinesen fanden die Franzosen, die davon träumten, ihr Kolonialreich in Indochina nach Norden hin auszuweiten, die Angehörigen einer anderen Minderheit: die Lolo. Dieses Volk ungeklärter Herkunft lebte zurückgezogen im

»Massiv der Großen Kalten Berge« zwischen Yunnan und Sichuan. »Chinas Wilder Westen« wurde jene Gegend genannt, und die Lolo bezeichnete man als »Rothäute des Orients« – vielleicht weil ihre Situation der der amerikanischen Ureinwohner nicht unähnlich war. Beide waren sie früher Herren ausgedehnter Gebiete gewesen und dann von zahlenmäßig und technologisch überlegenen Eroberern in unwirtlichere Regionen abgedrängt worden. Wie einst manche Indianer verließen auch die Lolo regelmäßig ihr Land, um die Bauernhöfe der Eroberer zu überfallen. Allerdings ging es den Lolo ungleich besser als den amerikanischen Ureinwohnern, die zu diesem Zeitpunkt bereits endgültig besiegt waren, während die Lolo noch über das Bergland im Südwesten Chinas herrschten, in das sich die Armeen der Mandarine nicht hineinwagten. Sie beschränkten sich darauf, die Ausgänge der Täler von Holz- und Bambusforts aus zu bewachen, die die Barbaren auf ihren Kriegszügen regelmäßig in Schutt und Asche legten. Von diesen Raubzügen kehrten die Lolo in der Regel ungestraft und mit reicher Beute heim, die aus Waffen, Sklaven und vor allem Salz bestand. Waren sie eher in Handels- als in Kriegslaune, beschafften sie sich das Salz sowie Baumwollstoffe und Reisbranntwein, indem sie diese Waren bei den Chinesen gegen gewaltige Baumstämme tauschten, die sie in den Wäldern schlugen.

Die erste Begegnung zwischen einem Lolo und einem Weißen war keine sehr glückliche: Auf einem ihrer Raubzüge stieß eine Gruppe Krieger auf einen Missionar namens Fenouil. Sie verschleppten ihn in ihr Bergdorf, nahmen ihm seine Kleidung ab und zwangen ihn, nackt ein Mühlrad zu drehen. 40 Jahre später, also zwischen 1906 und 1909, hielt sich eine französische Expedition unter Leitung des Vicomte d'Ollone im Territorium der Lolo auf, ohne schlechte Erfahrungen mit ihnen zu machen. Im Gegenteil: Die Lolo waren so gastfreund-

312 und 313
Von Tongking aus schickten die Franzosen diverse Expeditionen in die angrenzenden Provinzen Chinas. Die übrigen Mächte hatten dieses Gebiet inzwischen als ausschließlich französische Einflusssphäre anerkannt. Das Interesse der Franzosen galt insbesondere den Lolo, einer Volksgruppe, die diese Region einst beherrscht hatte,

später aber von den Chinesen in die unzugänglichsten Bergregionen abgedrängt worden war. Die Lolo waren zu keiner Zeit vom Reich des Himmels endgültig unterworfen worden. Ihre Beziehungen zu den Han-Chinesen beschränkten sich darauf, abwechselnd deren Dörfer zu überfallen und mit ihnen Handel zu treiben.

lich, dass die Mandarine schon eine Allianz zwischen den Barbaren der Berge und den Barbaren der Meere befürchteten.

In jenen Jahren führte ein gewisser Dr. Legendre, seines Zeichens Arzt der französischen Kolonialarmee, eine weitere Expedition in die Großen Kalten Berge. Auf ihrem Weg mussten sie auf Bambusflößen reißende Bäche hinunterfahren; oder sie erklommen steile Gebirgspfade, auf denen sie langen Trägerkolonnen begegneten. Diese Menschen transportierten Krüge voller Melasse oder Ballen eines »falschen Pfeffers«, der der Gewürznelke ähnelt. Daneben trugen sie Bretter aus einem Holz, das die Chinesen als das kostbarste der Welt ansahen und ausschließlich als Sargdeckel verwendeten – das *in mou*, das von Nadelbäumen stammte, die in grauer Vorzeit durch Erdbeben tief in den Boden versenkt und dadurch hart wie Eisen geworden waren. Man fand es nur dank eines Drachen, der Auserwählten im Traum verriet, wo sie graben mussten. Es hieß, es konserviere die Leichen jahrtausendelang.

Die chinesischen Dörfer entlang der Grenze des unabhängigen Territoriums waren regelrechte Wehrdörfer, in denen verängstigte Kolonisten, zerlumpte Soldaten und Vogelscheuchen zu Hause waren. Letztere bestanden aus Stroh, hielten in ihren künstlichen Armen Schwerter und Lanzen und sollten helfen, die Plünderer fern zu halten. Ningyuanfu, das Verwaltungszentrum der Region, war eine befestigte, aber verfallene Stadt, die von faulen Kriegern, ihren Strohsandalen flechtenden Gattinnen und auf Grund des ungesunden Wassers auch von vielen Schwachsinnigen bewohnt wurde. Von hier aus brachen gelegentlich Strafexpeditionen auf. Sie wurden von dem letzten Mandarin zusammengestellt, den der Kaiser hierher entsandt hatte und der entschlossen war, sich dadurch hervorzutun, dass er die Rebellen endlich befriedete. Mit europäischen Repetiergewehren bewaffnet und von Maultier- und Ochsenkolonnen gefolgt, die den Nachschub beförderten, drangen sie in den Bergwald ein, aus dem sie regelmäßig durch einen Hagel vergifteter Pfeile wieder vertrieben wurden. Wenige Tage später griffen dann siegestrunkene

Lolo auf ihren winzigen Pferden chinesische Hirten an, die unter den Mauern der Stadt ihre Büffel und Rinder weideten, und trieben die Herden im Galopp in die Berge. Die Frechheit der Barbaren bezahlte der jeweilige Mandarin mit seiner Absetzung, und mit der Ankunft seines Nachfolgers begann der Zyklus der unsinnigen Strafmaßnahmen von Neuem.

Der Vicomte d'Ollone, der von Tongking aus nach Kunming gelangt war, zeigte sich von der Stadt überaus fasziniert – oder vielmehr von ihren kunstvollen Jadearbeiten und in noch höherem Maße von ihrem Schinken. Hier besuchte er eine weitere ethnische Minderheit, die Miaozi, mit deren Häuptlingen die Mandarine so etwas wie einen Nichtangriffspakt geschlossen hatten. Dann verließ d'Ollone die Riege der kleinen chinesischen Festungen und wandte sich nach Norden. Hier kam er in eine Landschaft, die von zahlreichen Schluchten durchzogen war und wo Bergbäche in den 1000 Meter tiefer gelegenen Jangtsekiang stürzten. Bei der Feldarbeit hingen alte Zündschlossgewehre um die Schultern der Bauern oder sie hatten einen Säbel am Gürtel. Dies war ein untrügliches Zeichen dafür, dass

man sich dem Land des unbezwungenen Bergvolks näherte. Am Eingang eines Tals stand ein makabrer Grenzpfahl: Ein an den Pfosten genagelter toter Hund warnte davor, uneingeladen das Territorium der Lolo zu betreten. Unter den Begleitern des Vicomte waren jedoch ein Missionar, Pater de Guebriant, der sich vor langer Zeit die Sympathie der Lolo erworben hatte, sowie einige Mitglieder eines mächtigen Stamms, die für die Bleichgesichter – wie sie sie nannten – bürgten. Offenbar war auch der Himmel auf der Seite der Fremden: Kaum hatten sie das verbotene Land betreten, als die Wolkendecke aufriss und den Blick auf den pyramidenförmigen Longtoushan freigab, den 5000 Meter hohen Berg des Drachenkopfs, der als Sitz der Götter galt. Die freie Sicht auf den meist wolkenverhangenen Gipfel galt als verheißungsvolles Omen. Tatsächlich wurde die Expedition auch überaus freundlich empfangen. Sie begegneten adeligen Lolo, die auf kleinen Gäulen mit roten Schabracken ritten und von Sklaven begleitet wurden, die das Gepäck trugen. Diener hielten Dreizack, Pfeil und Bogen sowie ungeheure, 10 Meter lange Lanzen bereit. Sie alle waren in weite dunkelblaue Filzmäntel gehüllt, die sie vor Kälte, Regen und Schnee schützten und des Nachts als Bettzeug dienten. Die Dörfer waren von Palisaden umgeben und zusätzlich durch in den Boden getriebene Pflöcke mit vergifteten Spitzen geschützt. Hier wurden die Fremden mit der Zeremonie des »Ehrenweins« willkommen geheißen, den ihnen ein kniender Diener darbot. Sie erhielten eine karge Mahlzeit aus rohem Hafermehl, das mit Bachwasser angerührt worden war, und mussten schnell lernen, dass die hier lebenden Großtrappen als heilige und Glück bringende Vögel galten. Weiter galt es bei den Lolo zwischen »Schwarzen Knochen«, das waren die Adeligen, und »Weißen Knochen«, den Vasallen, zu unterscheiden. Die Sklaven als solche zu erkennen war nicht schwer, denn es waren allesamt Chinesen.

Als die Expedition das Land der Lolo von einem Ende zum anderen durchquert hatte und wieder am Ufer des Jangtse angelangt war, konnte d'Ollone stolz die kostbarste Trophäe

314

Vicomte Henry d'Ollone leitete die wichtigste Forschungsexpedition zu den Lolo der Großen Kalten Berge. Von 1906 bis 1909 unterwegs, wurde sie von diesem Volk freundlich aufgenommen, von den Chinesen, die eine französische Expansion fürchteten, aber misstrauisch beäugt.

seiner Reise an die Brust drücken: das erste Lolo-Buch, das je ein Mensch aus dem Westen sein Eigen nennen konnte – die Handschrift der Genealogie eines Häuptlings.

Der Vicomte setzte seine Reise fort und drang in das so genannte sinotibetische Grenzland vor, ein weitläufiges Übergangsgebiet zwischen China und Tibet, in dem eine Unmenge kleinerer Reiche und Fürstentümer lag, deren Herrscher zwar tibetischer Abstammung waren, die aber den Sohn des Himmels als obersten Souverän anerkannten. Berge und Täler waren mit zinnenbewehrten Burgen übersät, die die Franzosen an das Zeitalter der Ritter erinnerten. Dazwischen schmiegten sich Klöster der autochthonen tibetischen Bön-Religion, die später von dem aus Indien kommenden Buddhismus verdrängt worden war bzw. sich teilweise mit ihm vermischt hatte. Die Bön machten alles andersherum als die Buddhisten. Sie drehten ihre Gebetsmühlen, hielten ihre Gebetsschnüre und umschritten ihre Heiligtümer von links nach rechts anstatt wie die Buddhisten von rechts nach links, und ließen ihre Haare wachsen, ohne sie je zu schneiden, während die buddhistischen Mönche sich regelmäßig rasierten. Auch die Bön-Klöster beherbergten Reinkarnationen verehrter Heiliger aus vergangenen Zeiten. Es gab sogar so etwas wie einen Markt für Reinkarnationen: Hatte eine Frau ein Kind zur Welt gebracht, das auf Grund bestimmter Omen ein ins Diesseits zurückgekehrter Heiliger zu sein schien, bot seine Familie es Klöstern an, die gerade keinen lebenden Heiligen hatten. War die zum Ausgleich geforderte Summe jedoch zu hoch, so konnte es dem wieder Geborenen passieren, dass er sein Leben als gewöhnlicher Sterblicher verbringen musste, weil ihn keiner haben wollte.

Die Expedition zog weiter und konnte sich wiederholt dank der Schnelligkeit ihrer Pferde vor den furchtbaren Wachhunden der Nomadenlager in Sicherheit bringen. Sie gewann das Wohlwollen der tibetischen Damen, indem sie sie mit glänzenden Uniformknöpfen beschenkte, die in dieser Gegend sehr geschätzt wurden. Endlich erreichte der Tross den Gelben Fluss. Hier traf er auf eine Karawane aus Kukunorien

(Qinghai), die Tibet den gesamten Jahresbedarf an Tee lieferte und im Austausch dafür mit Pelzen zurückkehrte. Dann überwand sie den Berg Anyei Machi, den letzten Zufluchtsort einer schrecklichen Gottheit, die von Buddha einst aus dem Land gejagt worden war. Vor dem mit Waffen geschmückten Bild dieses Kriegsgottes, der Tausende von Geistersoldaten befehligte, verbrannte man in Yakbutter getauchte Kiefernzweige. Jenseits der Stadt Labrang, deren Lamakloster eines der bedeutendsten ganz Tibets war, überquerten die Franzosen eine Brücke über den Gelben Fluss, die nicht nur zwei Ufer, sondern auch zwei Welten verband: das Reich des Himmels und die endlosen Weiten der Mongolei, Tibets und Turkestans. In der Stadt Lanzhou, dem Ausgangspunkt der Seidenstraße, trafen sie ihre Landsleute der Expedition Pelliot, die gerade von den mongolischen Wüsten zurückkehrte.

Auf dem Weg nach Peking wurde d'Ollone auf dem Berg Wutai, einem der heiligsten Orte der Erde, vom Dalai Lama empfangen, der ebenfalls auf dem Weg in die Hauptstadt war, um der Kaiserinwitwe seine Aufwartung zu machen. In Galauniform und geschmückt mit

all seinen Medaillen, schenkte der Vicomte im Rang eines Majors dem Lebenden Buddha nach tibetischem Brauch einen weißen Schal und erhielt im Gegenzug ebenfalls einen solchen überreicht, der für den »König von Frankreich« bestimmt war. Zwar beherrschte der Dalai Lama, wie es hieß, alle Sprachen der Welt, doch wollte der Lebende Buddha nicht die drei anwesenden Dolmetscher beschämen, und so wurde das Gespräch vom Französischen ins Chinesische, vom Chinesischen ins Mongolische und vom Mongolischen ins Tibetische übersetzt. D'Ollone verzichtete unter diesen Umständen lieber darauf, dem Dalai Lama das Wesen der Republik zu erklären. Er wurde mit den besten Wünschen entlassen und wohnte am folgenden Morgen noch der Abreise des Dalai Lama in die Hauptstadt bei.

Die ganze Nacht lang stiegen Tausende von Mongolen geführte und mit Gepäck beladene Kamele den heiligen Berg hinunter und schlugen den Weg nach Osten ein. Um acht Uhr morgens ertönte ein Kanonenschuss, und aus dem Tor des höchstgelegenen Klosters schritten rot gewandete Mönche in doppelter Reihe und stellten sich entlang der monumentalen Marmortreppe auf, die vom Gipfel bis zum Fuß des Berges reichte. Schließlich trat unter lautem Beifall der Lebende Buddha persönlich aus einer durch die Roben der Würdenträger gebildeten goldenen Wolke hervor. Von zwei jungen Mönchen gestützt, stieg er langsam die Treppe hinunter, und alle roten Mönche schritten im gleichen Tempo mit, sodass es aussah, als würde sich die Treppe selbst talwärts bewegen. Als der Dalai Lama unten angelangt war, wo ihn der chinesische Gouverneur, Präfekten, Generäle und Kavallerieabteilungen erwartet hatten, nahm er in einer mit goldener Seide ausgeschlagenen Sänfte Platz. Die Träger marschierten zum Klang von Trompeten los, doch nach einer kurzen Strecke ließ sie der Dalai Lama anhalten und bestieg ein Pferd. Mit seinem goldlackierten Hut zwischen den Lanzen tragenden Kriegern sah er eher wie ein Richelieu auf einem Eroberungsfeldzug aus als wie der unbewegliche Götze, dem d'Ollone am Vortag seine Ehrerbietung erwiesen hatte.

315
Paul Pelliot wurde wegen seines Einsatzes bei der Verteidigung des Pekinger Gesandtschaftsviertels in die Ehrenlegion aufgenommen. Von 1906 bis 1909 leitete er eine wissenschaftliche Expedition in das chinesische Turkestan und brachte Tausende wertvoller alter Handschriften mit.

DÄMMERUNG ÜBER DER VERBOTENEN STADT

Paradoxerweise hatte die britische Expedition des Jahres 1904 nach Lhasa Tibet

noch stärker in die Isolation getrieben. Nun waren es aber nicht mehr nur die

Chinesen und Tibeter, die sich jede Einmischung verbaten, sondern auch die

Briten, die das Eindringen von Abgesandten feindlicher Mächte in ein Gebiet

fürchteten, das sie als Bollwerk zum Schutz ihrer Besitzungen in Indien vor

den Russen betrachteten. Der erste Leidtragende dieser Entwicklung war der

schwedische Forschungsreisende Sven Hedin, der nach Tibet reisen wollte, um

endlich die verbliebenen weißen Flecken aus seiner persönlichen Landkarte zu

tilgen, aber keine Erlaubnis dazu erhielt. Er verlegte sich auf eine List und tat,

als sei er nach Xinjiang unterwegs. Im Juni 1906 überschritt er die Grenze.

Nach seinem Aufbruch in Leh im nordindischen Ladakh verschwand er mit-

samt seiner ganzen, aus 30 Männern – fast alles Ladakher –, 36 Maultieren

316 und 317
Nach dem Tod Kaiser
Guangxus im Jahre
1908, der bösen Stim-
men zufolge durch Gift
herbeigeführt wurde,
wählte die Regentin Cixi,
die sich selbst dem Tod
nahe fühlte, als Nachfolger
den dreijährigen Puyi aus,
den Sohn des Bruders von
Guangxu. Das Foto links
wurde aufgenommen, als
Puyi, der letzte Kaiser
Chinas, 17 Jahre alt war
und kurz davor stand, sich
mit der schönen Wanrong
(rechts) zu vermählen.

und 58 Pferden bestehenden Karawane im Gebirgsmassiv des Karakorum, aus dem er 81 Tage später wieder auftauchte. Auf seiner Tour über Schneefelder und Gletscher, durch Orkane und Schneestürme, war er lange keiner Menschenseele begegnet. Erst in der Nähe des Sees Gomo traf er auf zwei Nomaden vom Volk der Tchangpa (»Bewohner des Nordens«). Sie hatten zotteliges Haar, trugen lange, veraltete Gewehre und am Gürtel Säbel und Messer. Sie ritten dicke, struppige kleine Pferde und lebten von ihren Ziegenherden sowie der Jagd auf Yaks und Antilopen. Die denkwürdige Begegnung mit ihrem ersten Weißen feierten sie mit einem Mahl, das keinen Höhepunkt der tibetischen Kochkunst ausließ: zwei Tassen Ziegenmilch mit dicker gelber Sahne, in Fett gebräunte Yaknieren, auf offenem Feuer geröstetes Yakknochenmark, auf kleiner Flamme gegrillte Scheibchen aus dem Antilopenrücken; dann einen Antilopenkopf, gegart in Fell und Haut (und so lange über dem Feuer belassen, bis er schwarz war). Dazu gab es ziegelfarbenen chinesischen Tee mit ranziger Butter.

Anfang Februar, nachdem sie einige mehr als 5000 Meter hohe Pässe überwunden hatte, erreichte die Expedition das gewaltige Tal des Tsangpo, der in Indien Brahmaputra heißt. Hier, in der am dichtesten besiedelten Region Tibets, sahen sie Gerstenfelder, Pappelwälder und Dörfer mit weißen Häusern, über deren Dächern blaue Bänder und Wimpel flatterten. Hedin trank von dem klaren Wasser des heiligen Flusses und fuhr ihn mit einem Floß hinab, das aus mit Seilen zusammengebundenen Brettern bestand, die mit fest miteinander vernähten Yakhäuten überzogen waren. Auf dem Tsangpo, der Hauptverkehrsader Tibets, waren in jenen Tagen unzählige ähnliche Flöße unterwegs zur Stadt Shigatse, um den dort stattfindenden Festlichkeiten zum buddhistischen Neujahr beizuwohnen. Viele Flöße waren paarweise zusammengebunden, damit sie nicht so leicht kenterten, und mit Stangen ausgerüstet, an denen kleine Futterale mit Reliquien hingen, die die Pilger des himmlischen Schutzes versichern sollten. An Bord befanden sich Greise, Kinder, Mönche in scharlachroten Roben und Frauen in ihren besten Festtagskleidern. Letztere trugen Ketten aus Silber und Glassteinen sowie große, mit roter Wolle überzogene und mit Türkisen und Korallen besetzte Reife um den Hals. Entlang der beiden Ufer waren

nicht abreißen wollende Reihen von Fußgängern in die gleiche Richtung unterwegs.

Als es Abend wurde, stieg der Schwede noch vor Shigatse aus. Hier warteten seine Begleiter, die ihm mit den Tieren vorausgeritten waren, und wenige Stunden später erreichte der Trupp die zweitgrößte Stadt Tibets. Shigatse schlief. In der Mitte der Siedlung ragten die vergoldeten Dächer des Tashi Lhunpo empor, des Palastes und Klosters des Panchen Lama, der als zweit-

La regione delle sorgenti
**DEL BRAHMAPUTRA, DEL SATLEDSCH
E DELL'INDO**

DI

SVEN HEDIN.

Sulla base di rilievi originali e con l'uso
di altri vecchi materiali specialmente di
Ryder, composta e delineata dal tenente
C. J. Otto Kjellström.
1909.

319 oben
Sven Hedin, hier in tibetischer Tracht und zusammen
mit seinen Führern aufgenommen, war durch seine
Expeditionen nach Zentralasien berühmt geworden.

319 unten
Dieses Foto zeigt Hedin an einem improvisierten
Schreibtisch an Bord des Floßes, mit dem er den Fluss
Tarim in der Provinz Xinjiang hinabfuhr, bevor er
die gewaltige Wüste Takla Makan durchquerte.

318/319
Der schwedische Forschungsreisende Sven Hedin, der
bereits einmal erfolglos versucht hatte, nach Lhasa zu
gelangen, organisierte 1906 eine weitere Expedition,
die die westlichen Regionen des tibetischen Hochlands
erkunden sollte. Auf dieser von ihm selbst gezeichneten
Karte ist seine Route durch das abgelegene Bergland
eingezeichnet, das er Transhimalaya nannte.

320

*Mit einem Floß gelangte Hedin nach Shigatse, der
zweitwichtigsten Stadt Tibets und Residenz des Panchen
Lama. Da der Dalai Lama damals in die Mongolei
geflohen war, stand der Panchen Lama in der religiösen
Hierarchie an oberster Stelle. Er lud Hedin ein, dem
Neujahrsfest beizuwohnen. Hedin fertigte auf seinen
Reisen mehrere Aquarelle an. Auf dieser Seite, von oben
nach unten: das Grab des fünften Großen Lama im
Tashi Lhunpo, der Residenz des Panchen Lama, eine
ebenfalls im Tashi Lhunpo gesehene Buddhastatue
und der kunstvolle Kopfputz einer Tibeterin.*

des Landes galt. Zu jener Zeit hatte er sogar
die höchste moralische Autorität inne, da der
Dalai Lama kurz vor dem britischen Einmarsch
aus Tibet geflohen und noch nicht zurückgekehrt
war. Wenige Tage später lud der Panchen
Lama den Forschungsreisenden zum größten
Fest im buddhistischen Jahr ein: dem Losar,
das den Sieg des Buddha über die Irrlehre,
den Triumph der wahren Religion über die
Ungläubigkeit, feierte.

In einem Frack und in Lackschuhen, die
er vorsichtshalber mitgenommen hatte, ritt
Hedin mit fünf seiner Männer die von großen
Gebetsmühlen gesäumte Straße entlang, die
zum Tashi Lhunpo führte. Zu ihren beiden
Seiten zogen Ströme von Pilgern, Bettlern,
Gebäckverkäuferinnen, Chinesen, Kindern und
Hunden vorbei. Sie strebten alle dem Eingang
zum großen Palast zu, der eigentlich eine
Klosterstadt war, und betraten ein Labyrinth
von mit Steinplatten gepflasterten Gassen,
die sich zwischen geheimnisvollen Mauern
hindurchschlängelten; dazwischen massive Tore
und dunkle Korridore, in denen man zahllosen
Mönchen in roten Roben, mit nackten Armen
und kahl geschorenen Köpfen begegnete, und
endlose Treppen. Schließlich gelangte Sven
Hedin auf einen Balkon über einem Innenhof,
auf dem man eigens für ihn einen europäischen
Sessel aufgestellt hatte. Auf den Terrassen, den
Dächern, allen Mauervorsprüngen und Balko-
nen, auf den Kuppeln der Grabmale verstorbener
Panchen Lamas – überall saßen Männer
und Frauen, die Tee tranken, kleine Pfeifen
rauchten, ihre Kinder lausten und auf den
Beginn der Festlichkeiten warteten. Plötzlich
erklangen über den Dächern lang gezogene
Hörnerklänge, und man sah zwei Mönche in
seltsam geformte Muscheln blasen. Die Berge
warfen das Echo zurück. Unsichtbare Sänger
stimmten einen mystischen Choral an. Ein lei-
ses Raunen ging durch die Menge, und alle

Zuschauer standen auf, beugten den Rücken
und legten die Hände auf die Knie, um den
Panchen Lama zu begrüßen, der zusammen
mit Ministern und Würdenträgern auf seinem
Balkon Platz nahm. Er übergab seine Mitra an
einen Diener. Dies war das Zeichen, mit dem
Fest zu beginnen. Nun führten im Hof zwei
Tänzer mit unheimlichen Masken einen lang-
samen Tanz auf, während elf Standartenträger
an seiner Heiligkeit vorbeizogen und sich
verbeugten. Dann kam das heilige Orchester:
mehr als drei Meter lange Trompeten, deren
Enden von Novizen in die Höhe gehalten

wurden, Flöten, Trommeln, Zimbeln und
Glöckchen. Zu ihrer Musik tanzten weitere
Furcht erregende maskierte Gestalten, deren
Aufgabe es war, die allgegenwärtigen bösen
Geister zu beruhigen und zu verscheuchen.
Viele Zuschauer sprangen auf, warfen sich unter dem Balkon des Panchen Lama zu Bodem
und verstreuten Reis- und Gerstenkörner als
fromme Gaben an die Spatzen und Tauben
des Tempels. Die Menge geriet in Bewegung,
lief auseinander und machte Anstalten, in den
für die Tänzer reservierten Teil des Hofes einzudringen. Also stürzten sich mit Peitschen
bewehrte Mönche auf die Unvorsichtigen und
trieben sie mit Schlägen zurück. Gleich darauf
brachten Reihen von Novizen gewaltige Tee-
kessel aus Kupfer und gossen mit Butter ver-
mischten Tee in Holzbecher, die sie an die Umstehenden verteilten. Schließlich entzündete
man auf der mit Peitschen geräumten Fläche
ein großes Feuer. Zwei Mönche traten vor; sie
hielten ein langes Stück Papier über das Feuer,
auf dem alle Leiden und Sünden des verstri-
chenen Jahres sowie all die Übel, von denen
man im kommenden Jahr befreit sein wollte,
aufgelistet waren. Ein dritter Mönch goss den
Inhalt eines Kelchs in den Brandherd und re-
zitierte Beschwörungsformeln. Die Flammen
loderten hoch, erfassten das Papier und äscher-

320/321 und 321 oben
*Die anderen beiden Aquarelle aus Sven Hedins Hand
zeigen einen See im Transhimalaya, an dessen Ufer die
Expedition ihre Zelte aufgeschlagen hatte, und eine Szene
im Verlauf des Neujahrsfestes, zu dem Hedin in den
Tashi Lhunpo eingeladen worden war.*

ten mit ihm das vergangene und zukünftige Böse ein. Daraufhin erhob sich der Panchen Lama und verließ in Begleitung seines Gefolges den Balkon. Nach ihm entfernten sich auch die Pilger, und die träge Masse schlenderte zufrieden die Gassen nach Shigatse hinunter.

Einige Tage später wurde Sven Hedin vom Panchen Lama empfangen, einem herzlichen und zuvorkommenden Mann von kleiner Statur, der sich mit ihm über Gott und die Kälte unterhielt, während schweigende Mönche auf Zehenspitzen Tee und Früchte reichten. Trotz des Wohlwollens des heiligen Mannes erhielt Hedin keine Erlaubnis, die Gebirgskette des Transhimalaya zu erkunden, und musste sich damit abfinden, nach Indien zurückzukehren. Doch er bat, den Weg über Ladakh nehmen zu dürfen, und konnte so auf der langen Wanderung von Shigatse nach Leh verschiedene Abstecher in den Transhimalaya unternehmen, die von den Tibetern übersehen oder geduldet wurden. Am 13. Juli 1907 bekam er als erster Europäer die Quelle des Tsangpo/Brahmaputra zu Gesicht und trieb zwei Wochen später mit einem Faltboot, das eines seiner Maultiere die ganze lange Strecke mitgeschleppt hatte, auf den heiligen Wassern des Sees Manasarovar. Seine Führer hatten versucht, ihn von dieser gotteslästerlichen Überfahrt abzubringen,

indem sie ihm erklärten, die Oberfläche sei in der Mitte nicht eben wie in Ufernähe, sondern senke sich glockenförmig ab; keinem Boot sei es jemals gelungen, aus diesem Hohlraum wieder herauszukommen. Hedin brach allen Widerständen zum Trotz bei Einbruch der Dämmerung mit seinem Boot auf, begleitet von zwei muslimischen Ruderern, die durchaus dazu neigten, auch die Dämonen der anderen Religionen ernst zu nehmen. Doch nichts passierte, und als er bei einer weiteren Überfahrt dann noch unbeschadet einen Orkan überstand, überzeugte er sogar die skeptischen Mönche von Gossul davon, dass die Götter gut auf ihn zu sprechen waren, und durfte vom Dach ihres Klosters aus ein Aquarell des Sees anfertigen.

An den nächsten Tagen trat der Schwede in die Fußstapfen zahlloser Pilgergenerationen und umwanderte einmal den Berg Kailash, den Nabel der Welt. Auf halber Strecke sah er in der Nähe des Jochs des Drölma-La einen gewaltigen Felsbrocken, bei dem alle Wanderer ein Opfer hinterließen: Sie bestrichen ihn mit etwas Butter, um eine eigene Haarsträhne an den Fels zu kleben und so etwas aus ihrem Besitz und etwas von sich selbst darzubringen. So war der Felsen mit menschlichen Haaren bedeckt, und in seinen Ritzen steckten Zähne, die ebenfalls den Geistern des Passes geweiht worden waren.

Nachdem er zwischen diesen Gipfeln in 5165 Metern Höhe die wahre Indusquelle erreicht hatte, schlug der Forschungsreisende endgültig den Rückweg nach Ladakh ein. Anfang November brach er zu einer weiteren Expedition in den Transhimalaya auf, doch dieses Mal wurde er bald entdeckt und musste umkehren.

In jenen Jahren tobte in einem anderen Grenzgebiet Tibets ein Krieg. Die englische Expedition nach Lhasa hatte in Peking große Besorgnis erregt, denn sie hatte bewiesen, dass ein aus Indien kommendes Eroberungsheer leicht über das unverteidigte Dach der Welt in das Herz des Reichs des Himmels eindringen konnte. Während sie noch mit den Briten verhandelte, um sie zum Abzug ihrer Truppen zu bewegen, beschloss die kaiserliche Regierung, die direkte Kontrolle über das Grenzgebiet zu übernehmen, anstatt sie weiterhin den Vasallen zu überlassen. Als die chinesischen Soldaten allerdings in diese kleinen Reiche einmarschierten, leisteten die Einheimischen Widerstand. Die Ermordung des kaiserlichen Gesandten in Batang, der Hauptstadt eines Fürstentums, führte zu einem allgemeinen Aufstand. Die Tibeter eroberten das unzureichend verteidigte Atentze, einen chinesischen Vorposten am Mekong, und setzten es in Brand. Die dort ansässigen chinesischen Christen wurden eben-

Nachdem er zwischen diesen Gipfeln in 5165 Metern Höhe die wahre Indusquelle erreicht hatte, schlug der Forschungsreisende endgültig den Rückweg nach Ladakh ein. Anfang November brach er zu einer weiteren Expedition in den Transhimalaya auf, doch dieses Mal wurde er bald entdeckt und musste umkehren.

In jenen Jahren tobte in einem anderen Grenzgebiet Tibets ein Krieg. Die englische Expedition nach Lhasa hatte in Peking große Besorgnis erregt, denn sie hatte bewiesen, dass ein aus Indien kommendes Eroberungsheer leicht über das unverteidigte Dach der Welt in das Herz des Reichs des Himmels eindringen konnte. Während sie noch mit den Briten verhandelte, um sie zum Abzug ihrer Truppen zu bewegen, beschloss die kaiserliche Regierung, die direkte Kontrolle über das Grenzgebiet zu übernehmen, anstatt sie weiterhin den Vasallen zu überlassen. Als die chinesischen Soldaten allerdings in diese kleinen Reiche einmarschierten, leisteten die Einheimischen Widerstand. Die Ermordung des kaiserlichen Gesandten in Batang, der Hauptstadt eines Fürstentums, führte zu einem allgemeinen Aufstand. Die Tibeter eroberten das unzureichend verteidigte Atentze, einen chinesischen Vorposten am Mekong, und setzten es in Brand. Die dort ansässigen chinesischen Christen wurden ebenso getötet wie vier französische Missionare. Peking schickte daraufhin eine Armee unter dem Befehl des Generals Zhao Erfeng los, einem fähigen, unerbittlichen Mandarin, der sich nicht in einer Sänfte tragen ließ, sondern mit seinen Männern ritt und die gleiche Kampfmontur trug. Er aß das Gleiche wie seine Soldaten, und als er eines Tages Mäusekot im Reis fand, ließ er den Koch enthaupten.

Die kaiserliche Armee fand sich in einem unbekannten, geheimnisvollen Gebiet wieder, das vom chinesischen Kernland durch himmelhohe Granitwände getrennt war und das von Unwettern von dämonischer Heftigkeit heimgesucht wurde. Sie fühlten sich verloren in diesem Labyrinth aus vereisten Felsgraten, dunklen Bergwäldern und tiefen Schluchten, die mächtige tibetische Zauberer geschaffen haben mussten, um alle Feinde spurlos darin verschwinden zu lassen. Aus den chinesischen Grenzprovinzen erhielt Zhao Erfeng keinerlei Nachschub und keine Verstärkung mehr und konnte seine Soldaten nur mit dem ernähren, was er in dem besetzten Land beschlagnahmen ließ. Häufig kamen im unwegsamen Gelände nicht einmal die Boten durch, und der General konnte über lange Zeiträume weder Nachrichten übermitteln noch erhalten. Vier Jahre lang, von 1905 bis 1908, belagerten die Chinesen viele Monate hindurch Klöster, die so groß wie Städte waren, Zitadellen mit Schwindel erregend hohen Mauern, die von kriegerischen Mönchen verteidigt wurden. Fielen die Festungen am Ende doch, überlebte in der Regel kein Tibeter die anschließenden Massaker.

Nachdem Atentze und Batang zurückerobert und Chontain und Conkaling eingenommen worden waren, konzentrierten sich die Kämpfe auf das Kloster Sampeling, das von einer achteckigen Mauer umschlossen wurde; an jeder Ecke stand ein Turm, der mit den anderen durch Wehrgänge verbunden war. Das Wasser kam durch unterirdische Leitungen aus dem über dem Kloster liegenden Berg, die Getreidespeicher waren voll, und so waren die 5000 Bewohner des Klosters, Mönche und Bauern aus der Umgebung, die hier Schutz gesucht hatten, auf Jahre hinaus versorgt. Das Land ringsum hatte sich in eine Wüstenei verwandelt: Männer, Frauen, Kinder, Herden und Ernten waren im Kloster versammelt.

Zhao besaß eine Kanone, aber keine Munition. Er setzte die Kanone als Attrappe ein und erzeugte mit ihr Lärm und Rauch, um die Verteidiger in Angst und Schrecken zu versetzen. Er konnte keine Bresche sprengen und die hohen Mauern nicht stürmen. Also ließ er die Wasserleitungen suchen, kappte sie und wartete ab. Es vergingen Monate. Dann befahl er, in der Mitte des Lagers mit dem Bau eines Gangs zu beginnen, der unter den Mauern hindurchführen sollte. Eines Nachts, als es ringsherum totenstill war, vernahmen die Tibeter plötzlich die Schläge einer Hacke unter dem Boden. Sie begannen sofort ihrerseits mit dem Graben eines Tunnels, drangen in den Schacht der anderen ein und erwürgten ihre Feinde im Dunkeln. Schließlich entdeckten die Chinesen die letzten heil gebliebenen Wasserleitungen, und das Kloster wurde vollständig von der Versorgung abgeschnitten. Doch während die Belagerten am Verdursten waren, mussten die Angreifer hungern. Die Tibeter verfielen durch den Flüssigkeitsmangel ins Delirium; die Chinesen aßen jammernd ihre Strohsandalen auf. Zhao verhinderte ein Desaster, indem er Grausamkeit walten ließ. Er verfügte, Deserteure in Stücke zu hauen, und ließ jeden töten, der auch nur murrte oder am Rücken verwundet worden war.

Der Vorsteher des Klosters, ein überaus intelligenter und abgrundtief hässlicher Mann, erhängte sich schließlich aus Verzweiflung. Man beschloss, einen letzten Versuch zu wagen und einen Boten mit der dringenden Bitte um Hilfe nach Chontain zu schicken, ohne zu wissen, dass die Stadt bereits gefallen war. Der Bote wurde abgefangen, und Zhao beschloss, sich die Hoffnung der Belagerten zunutze zu machen und eigene Leute zu schicken, die als Retter verkleidet waren. Eines Nachts schlichen einige hundert verkleidete Chinesen zur Mauer. Sie pfiffen auf eine für die Tibeter typische Art und erhielten Antwort aus dem Kloster. Dann öffnete sich langsam das große Tor, und die Verteidiger versammelten sich auf dem großen Platz, um die Neuankömmlinge zu begrüßen. Hinter den falschen Tibetern wartete schon die chinesische Armee. Die Mönche waren ohne Waffen herbeigekommen und verteidigten sich nun mit Fäusten und Zähnen. Am Tor war das Gedränge so dicht, dass die Toten nicht umfielen. Die ganze Nacht hindurch schnitten die Sieger den Besiegten im Schein der Flammen die Kehlen durch. Am folgenden Tag entdeckten die plündernden Soldaten in einem Geheimgang noch 80 lebende Mönche. Sie trieben sie heraus und trennten einem nach dem anderen den Kopf ab.

Tausende Tibeter ergriffen vor diesem blutigen Krieg die Flucht, und unter den Flüchtlingen breiteten sich fantastische Geschichten über verheißene Länder aus. Schon lange ging die Sage um, zwischen Lhasa und der chinesischen Grenze liege ein geheimes Reich, Poyul oder Pomi genannt, in dem sich 200 Jahre zuvor Soldaten aus dem Reich des Himmels niedergelassen haben sollten, die ursprünglich zum Kämpfen nach Tibet gekommen waren. Ihre Nachfahren sollten Banditen und Pferdezüchter geworden sein. Poyul sollte über und über von einem Urwald bedeckt sein, in dem Löwen, wilde Stiere und Einhörner lebten; die Priester galten als Zauberer, die sich unsichtbar machen konnten, und die Männer des Reichs trugen Schwerter, die länger als sie selbst waren; die Häuser, sagte man, bestehen aus Yakkot.

Als sich Zhao Erfengs Armee in Osttibet niedergelassen hatten, besangen die fahrenden Gaukler zum Klang ihrer Geigen und Glocken ein weiteres märchenhaftes Land: Nepemako, das jenseits von Poyul, zum Himalaya hin, liegen sollte. Es hieß, es sei in diesem Land so warm wie in Indien, es sei von Blumen bedeckt und so fruchtbar, dass man dort den Boden nicht zu bebauen bräuchte: Es genüge, die Früchte einfach zu ernten. Die Mönche wussten seit Jahrhunderten aus Büchern von diesem Land, denn der buddhistische indische Weise Padma Sambhava hatte es im 8. Jahrhundert besucht und verkündet, dass nach einem jahrtausendelangen Zyklus, wenn der Buddhismus seiner Vollendung zustrebe, die Mönche mit ihren heiligen Schriften dorthin ziehen würden, um die Lehre im Geheimen bis in alle Ewigkeit fortleben zu lassen. Tibet werde erobert: »die Männer werden Kleider tragen, die vorne kurz und hinten lang ist, die Söhne werden nicht mehr auf die Väter hören und ein Mann würde im Schatten hinter einem Haufen Pferdeäpfel stehen«. Dann, nach einem weiteren jahrtausendelangen Zyklus, würden die Mönche, die auf wunderbare Weise am Leben geblieben seien, von Nepemako aus in die Welt hinausziehen, um den erneuerten Buddhismus zu verbreiten.

Man erzählte sich, dass wenige Jahre zuvor ein großer Lama namens Sangye Thogme, »Der, dem nichts widersteht«, Lhasa verlassen hatte, um mithilfe der Angaben des Buchs das verheißene Land zu finden. Begleitet von den Mönchen seines Dorfes, hatte er fünf Jahre damit verbracht, sich durch das Gebirge und dichte Bambuswälder einen Weg zu bahnen. Tatsächlich hatte er dann ein weites Land erreicht, das anders war als alles, was er kannte, ein Land voller Blätter und Blüten. Er hatte

sich dort niedergelassen und ein Kloster gebaut. Nun hieß es, seit dem Beginn des Kriegs hätten sich viele Familien dorthin geflüchtet, wobei viele am Fieber, an der ungewohnten Hitze und an Schlangenbissen gestorben seien; ebenso viele seien zurückgekehrt und hätten erzählt, dass dort am Ende eines geschlossenen Tals eine Höhle lag, in der ein Gott mit dem Körper eines Menschen und dem Kopf eines Stiers lebte – und jeder, der ihn ansah, fiel wie vom Blitz getroffen tot um. Andere wiederum behaupteten, dass Nepemako, das von einem heiligen Fluss (dem Brahmaputra) umgeben und von Löwen verteidigt wurde, noch nie erreicht wurde; vielmehr würden sich am dafür ausersehenen Tag die Wipfel der Bäume zu beiden Seiten des Flussufers vereinigen, um für den erwählten Mönch eine Brücke zu formen.

Diesem Märchen schenkte auch der Franzose Jacques Bacot Glauben, der in jenen traurigen Jahren durch Osttibet zog, und er machte sich auf die Suche nach dem irdischen Paradies. Begleitet wurde er von tibetischen Führern und einer Eskorte verängstigter chinesischer Soldaten, die ihm ein kaiserlicher Mandarin zugeteilt hatte und die Bacot eher lästig als hilfreich war. Auch er begegnete einem Lebenden Buddha, dem Trakar Lama von Tchangou, der sich in den höchstgelegenen Zimmern seines hoch aufragenden, mit Kalk geweißten Klosters verschanzt hatte. Er wurde von 300 Mönchen in weißen Roben bedient und besaß 30 schneeweiße Pferde. Bacot besuchte auch den ausgeplünderten Palast eines geflohenen eingeborenen Fürsten, ein luftiges, über einem 20 Meter hohen Erdwall errichtetes Gebäude, das wie ein Schiff inmitten eines Meers aus Gras wirkte und auf dessen flachen Erddächern Ziegen und Hunde das Licht der Welt erblickten und dort lebten, ohne jemals herabzusteigen. Der Franzose erhielt Pillen, die aus Kampfer, vermischt dem Fleisch eines Seeungeheuers und dem Gesicht eines Kindes, hergestellt worden sein sollten, aber bei ihm, dem Ungläubigen, keinerlei Wirkung zeigten. Er sah Bergwiesen und Zedernwälder, in denen Erdbeeren und Himbeeren wuchsen, wilde Kirschen und Pfirsiche; in denen riesige Blumen blühten und weiße Fasane lebten, wie in den Zauberwäldern

gotischer Wandteppiche. Er schlief unter den starren Blicken der Statuen im großen Kloster von Litang, dessen Druckerei ganz Tibet mit sakralen Büchern belieferte, so die 108 Bände des *Kandschur* und die 200 des *Tandschur*, die heiligen Schriften des Lamaismus, für deren Transport 80 Yaks notwendig waren – oder 160, wenn die Bücher gebunden waren. Gedruckt wurde mit roter Farbe, und dieses Rot leuchtete im gesamten Gebäude, so als wäre ständig Sonnenuntergang: die Tintenwannen, die Stempel, die 50 000 Holztafeln mit den eingravierten Texten, die zum Trocknen aufgehängten Seiten, die Arme der Mönche – alles war rot. Bacot erlebte die Jagd auf Geier mit, bei der man die Vögel mit Aas anlockte, ein Netz über sie warf und sie mit Stöcken totschlug. Die Federn wurden an Chinesen verkauft, die damit ihre Pfeile stabilisierten, das Fleisch aßen die Jäger, die es köstlich fanden.

Der französische Reisende nahm auch an Festen des Stammes der Lisu teil und war von den Tönen ihres einzigen Instruments begeistert – einer winzigen Harfe, die man in der hohlen Hand hielt und die von Hunderten, im Kreis aufgestellter Männer gleichzeitig gespielt wurde. Das Ergebnis klang wie ein gewaltiges Raunen – unendlich traurig und sanft. Er gelangte zu den Mosuo, die längliche Köpfe und wimpernlose Augen hatten, und in einem Tal lebten, in das Zauberer aus dem ganzen Land pilgerten, um eine Blüte in das Wasser einer heiligen Quelle zu werfen. Er fand, ohne sie gesucht zu haben, die Quellen des Irawadi, des wichtigsten Flusses von Myanmar (Birma).

Was Bacot jedoch nicht fand, war das sagenhafte Nepemako, und eines Tages musste er umkehren, weil man drohte, ihn zu töten. Von allen Abendländern, die ungebeten in China eindrangen, war der bescheidene und großzügige Bacot der erste und einzige, der etwas Mitgefühl zeigte. Nachdem er wiederholt seine tibetischen und chinesischen Begleiter aus Erschöpfung oder Hunger hatte weinen sehen oder ihre Angst gespürt hatte, wenn sie sich an einem Seil über eine Schlucht hangelten, die er unbedingt überqueren wollte; nachdem er erlebt hatte, wie die Dorfältesten vor der Wahl standen, von ihm erschossen zu werden,

raschungsmoment auf seiner Seite hatte. Also tat er, als ziehe er sich zurück, schickte aber eine Kolonne zu seinem Untergebenen Zhong Ying und ließ das Gerücht verbreiten, er hätte 20 000 Männer – obwohl es in Wirklichkeit nicht mehr als 2000 waren –, damit die Angst ihm den Weg ebnete. Er überließ die weitläufigen Gebiete Nyarong und Tsarong den Rebellen – den mächtigen Lamas von Sacha Gumba und von Luzon, die sich in ihren Festungen verschanzt hatten, dem wilden Volk der Sagnen-ba in ihrem bergigen Territorium am Oberlauf des Jangtse – und ritt mit allen Pferden, über die er verfügte, langsam auf die Hauptstadt zu.

Auf die Nachricht des chinesischen Vormarsches hin erhob sich Lhasa; die Menge setzte die Residenz des *amban* und die Magazine in Brand. Die Stadt wollte sich wehren und hätte sicher auch einem Angriff standhalten können. Die Mönche bereiteten sich auf eine Belagerung vor und riefen zum Massaker an den Chinesen auf. Doch die großen, außerhalb der Stadtmauern liegenden Klöster waren extrem gefährdet; sie trafen gegensätzliche Entscheidungen. Ein Kloster etwa bewaffnete seine Mönche und schickte sie nach Lhasa, damit sie die chinesische Bevölkerung beschützten und sich auf diese Weise die Gunst der Sieger erwerben sollte. Nach langem Hin und Her marschierten die Mönche der anderen Klöster, als Chinesen verkleidet und mit falschen Zöpfen angetan, der kaiserlichen Armee entgegen und wurden geschlagen. Zhong Ying tötete 500 von ihnen und schickte seinem General mit falschen Zöpfen bepackte Maultiere. Die Verletzten flüchteten sich zum Sterben in die Wälder.

Das eingeschüchterte Lhasa entsandte Unterhändler, doch anstatt mit ihnen zu sprechen, ermordeten die Chinesen sie. Daraufhin brach Panik aus: Der erst vor kurzem in den Potala zurückgekehrte Dalai Lama floh erneut, dieses Mal nach Indien, und eine Horde verängstigter Mönche folgte ihm. Die städtische Bevölkerung suchte Schutz auf dem Land, und die Chinesen ritten im Galopp in die verlassene Stadt ein. Zhong schickte dem Dalai Lama und seinen Mönchen 800 Verfolger hinterher. Die chinesische Kavallerie erreichte den Tross der Flüchtigen, als die letzten Nachzügler gerade mit

einer Fähre über den Tsangpo übersetzen wollten. Die Chinesen wandten eine List an und feuerten auf das Floß, um eine Reaktion der Tibeter zu provozieren. Als jene zurückschossen, taten die Chinesen, als seien sie getroffen, und ließen sich zu Boden fallen. Jubelnd kehrten die Flüchtlinge über den Fluss zurück, um die vermeintlichen Leichen auszurauben. Diese standen wieder auf, richteten ein Gemetzel an und bemächtigten sich der Fähre. Die Verfolgung des Lebenden Buddhas setzten sich bis zur indischen Grenze fort, doch der rettete

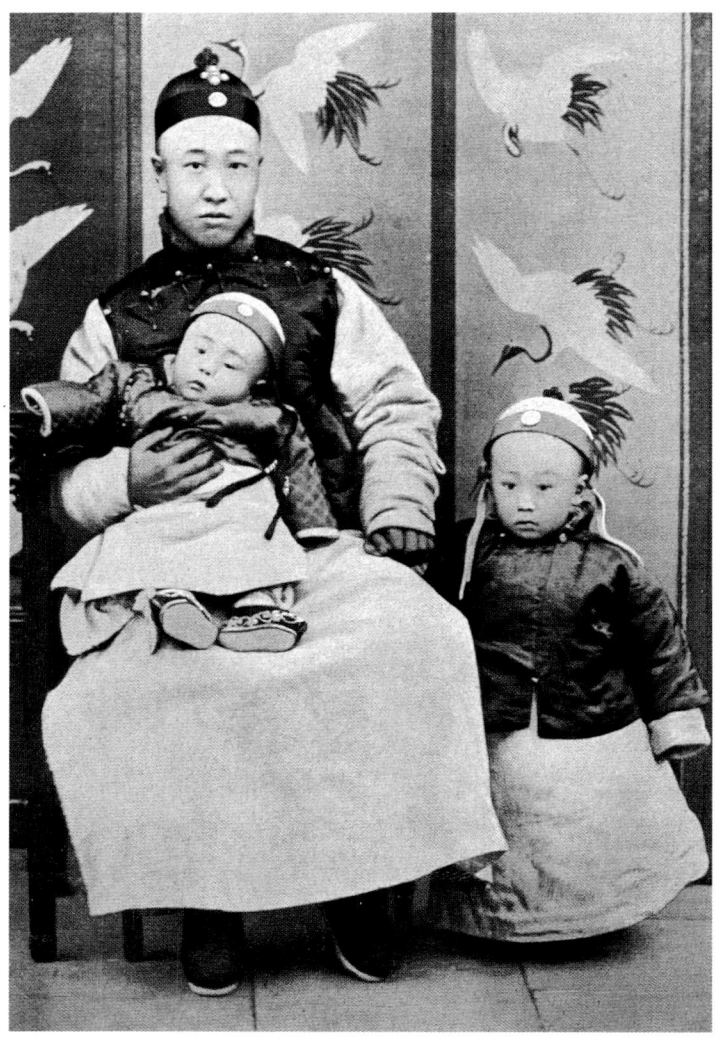

sich schließlich über den Himalaya und erreichte 1910 Darjeeling, in Begleitung zahlloser Gläubiger, die sich ihm angeschlossen hatten, als er durch Bhutan und Sikkim kam.

Die Rückeroberung Tibets war der Schwanengesang der Mandschu-Dynastie. Der Ausgang des russisch-japanischen Krieges und der Sieg der »Inselzwerge« über eine der stärksten Mächte Europas hatte selbst Cixi von der Notwendigkeit von Reformen überzeugt: Die Japaner hatten die Weißen Teufel nur besiegen können, weil sie sie nachahmten. So setzte die Kaiserinwitwe trotz vieler Gegenstimmen eine sehr vorsichtige Politik der Erneuerung der kaiserlichen Institutionen in Gang, die im

Sommer 1908 in dem Versprechen gipfelte, dem Land eine Verfassung zu geben. Diese würde jedoch weitgehend autokratisch sein und erst 1917 in Kraft treten.

In der Zwischenzeit sollte sich das Volk an die Demokratie und an gewählte Volksvertreter gewöhnen, indem es Provinzräte bestimmte. Das war zu wenig, und es geschah zu spät. Jene Kräfte, die der Dynastie lange feindselig gegenübergestanden hatten, lehnten sie inzwischen kompromisslos ab: Zum einen, weil sie das Regime für unfähig hielten, zum anderen, weil es keine chinesische Dynastie war. Die Alternative war eine konstitutionelle Monarchie mit einem König chinesischer Abstammung oder aber eine Republik.

Genau in diesem kritischen Moment verlor das Reich seine energische Herrscherin. Im November 1908 feierte Cixi ihren 73. Geburtstag. Sogar der Dalai Lama wollte gratulieren, der von Urga nach Peking gekommen war, bevor er nach Lhasa zurückkehrte, aus dem er zwei Jahre später erneut würde fliehen müssen. Die Kaiserinwitwe fühlte sich ausgezeichnet und versicherte kokett, dass sie länger leben würde als Königin Viktoria von England. In den letzten beiden Jahren hatte der Alte Buddha die Erlasse, die China auf den Weg in die Moderne bringen sollten, sorgfältig dosiert: Anbau, Verkauf und Konsum von Opium sollten innerhalb von 10 Jahren eingestellt werden (tatsächlich war das Heer schon gesäubert worden, Offiziere und Soldaten, die weiterhin der Droge zusprachen, hatte man enthauptet). Bei der Verteilung von Ämtern wurde jegliche Unterscheidung zwischen Mandschuren und Chinesen aufgehoben, und Mischehen wurden erlaubt. Von nun an durften sich Chinesen auch in der Mandschurei niederlassen; auf diese Weise hoffte man die Einwanderung von Russen und Japanern zu konterkarieren. Neue technische Institute wurden gegründet, Frauen wurden ermutigt, das Einbinden der Füße zu unterlassen. Cixi war überzeugt, im Herbst ihrer Regierungszeit die Saat ausgebracht zu haben, die einen neuen Frühling ihrer Dynastie hervorbringen würde. Dann wurde sie plötzlich sehr krank, und als sie genesen war, war deutlich geworden, dass sie sich um die Thronfolge kümmern musste.

In der Nacht des 13. November verließ ein Abgesandter des Hofes, begleitet von einer kleinen Eskorte von Eunuchen, die Verbotene Stadt, um das Haus des Prinzen Chun aufzusuchen, des Bruders von Kaiser Guangxu. Der Kurier überbrachte eine Botschaft, die mit roter Tinte auf eine gelbe Papierrolle geschrieben war: Der dreijährige Puyi, Sohn des Prinzen Chun und der Tochter Ronglus, des einstigen Liebhabers der Kaiserinwitwe, wurde in den Palast bestellt. Der unerwartete Besuch des Boten verursachte große Aufregung. Während

die Diener den Gästen Ingwertee servierten, fiel die Großmutter des Kindes in Ohnmacht, der Vater irrte verstört durch das Haus und der Kleine »widersetzte sich dem Erlass«, wie der Hofchronist mit unfreiwilliger Ironie schrieb: Das mitten in der Nacht aufgeweckte Kind weinte fürchterlich und wehrte sich dagegen, von der Amme angezogen zu werden. Diesen ebenso unbewussten wie sinnlosen Widerstand setzte der Junge selbst dann noch fort, als er der Kaiserinwitwe vorgeführt wurde. Er schrie so laut er konnte und schleuderte die Süßigkeit

fort, mit der ein Eunuch versucht hatte, ihn zu besänftigen. »Was für ein böses Kind!«, befand der Alte Buddha. »Bringt ihn raus zum Spielen.« Dann teilte sie Chun mit, dass sie seinen Sohn zum Nachfolger von Guangxu bestimmt habe; der Kaiser sei schwer krank — so krank, dass er in den frühen Morgenstunden des folgenden Tages verschied. Cixi setzte sofort höchstpersönlich die Erlasse auf, die Puyi zum Kaiser und Prinz Chun zum Regenten ernannten. Noch am Abend überfiel sie ein Unwohlsein und Cixi ahnte, dass auch

Die Regierungszeit des jungen Puyi, der hier neben seinem Vater, dem zum Regenten ernannten Prinzen Chun, steht (links), war von sehr kurzer Dauer: 1912 wurde die Republik China ausgerufen. Allerdings durfte der letzte Kaiser noch lange Jahre, von 3000 Hofeunuchen

bedient, in der Verbotenen Stadt residieren. Mit ihm blieben auch die vier noch lebenden Kaiserinwitwen in Peking. Die rechte Fotografie zeigt Longyu, die Witwe von Kaiser Guangxu (vierte von rechts), zusammen mit dem Kindkaiser Puyi und einigen Hofdamen.

ihre Stunde geschlagen hatte. Also rief sie die Eunuchen, ließ sich von ihnen die Zeremonialkleidung anlegen, die ein Herrscher im Augenblick seines Todes tragen muss, wandte sich gen Süden, wie die Riten es vorschreiben, und erwartete ruhig ihr Ende. Es hieß, ihr letzter Rat an Chun sei gewesen, er solle verhindern, dass jemals wieder eine Frau die Macht im Staate an sich reißen würde.

So jedenfalls lautete die offizielle Abfolge der Ereignisse, die natürlich augenblicklich in Zweifel gezogen wurde. Vor allem der Tod Guangxus schien nur allzu gut in das zeitliche Schema gepasst zu haben, und man munkelte, er sei vergiftet worden. Allerdings kursierten über den Tod der Kaiserinwitwe ähnliche Gerüchte: Nachdem sie den Kaiser eliminiert hatte, soll sie angeblich ihrerseits von ihren Feinden – zornige Reaktionäre, die weitere Reformen verhindern wollten – eliminiert worden sein.

Die Thronfolge ging jedenfalls so vonstatten, wie es der Alte Buddha beschlossen hatte, doch es zeigte sich, dass sie keine gute Wahl getroffen hatte. Vielleicht folgte die Geschichtsschreibung bei ihrer Darstellung Prinz Chuns nur ihrer eigenen alten Tradition, der zufolge der Herrscher über ein untergehendes Reich nur schwach und unentschlossen gewesen sein kann.

Gleich zu Beginn seiner Amtszeit entschloss sich Chun zu einem Schritt, der sich später rächen sollte. Im Januar 1909 setzte er Yuan Shikai ab – den Mann, der 1898 seinen Bruder Guangxu verraten und als Befehlshaber der erfahrenen und ihm treu ergebenen Truppen Zhilis eine ungeheure Macht auf sich vereinigt hatte. Auf diese Weise erschuf er sich einen tödlichen Feind, der sich bei erster sich bietender Gelegenheit gegen ihn wenden würde.

Von den Reformisten einerseits und den Konservativen andererseits unter Druck gesetzt, suchte Chun einen schwierigen Mittelweg einzuschlagen, indem er 1913 die Einberufung eines Parlaments vorzog, die nach dem Plan des Alten Buddhas erst 1917 hätte stattfinden sollten. Um die Konservativen zu beruhigen, verkündete er gleichzeitig, dass vor 1913 keine weiteren Reformschritte eingeleitet würden. Das Ergebnis war, dass beide Seiten unzufrieden waren. Die alte Mandschu-Aristokratie fürchtete den Verlust jeglicher Macht, während die Progressiven, die das Herrscherhaus nur noch loswerden wollten, glaubten, er wolle sich retten, indem er China in eine parlamentarische Monarchie verwandelte. In dieser Situation ereigneten sich zwei Katastrophen, deren Auswirkungen zur Stärkung der Progressiven beitrugen: 1910 breitete sich in der Mandschurei eine Lungenpest-Epidemie aus, und der gewaltige Jangtsekiang trat über die Ufer, überflutete

große Gebiete, und es kam zu einer Reisknappheit. In den Schänken und Teehäusern wurde inzwischen ganz offen darüber geredet, dass die Dynastie der Gunst des Himmels verlustig gegangen sei. Der Thron des Drachen galt seit Urzeiten als verantwortlich für das allgemeine Wohlergehen, Naturereignisse eingeschlossen.

Das zaristische Russland nutzte die Gelegenheit, um sich wieder in der Mandschurei festzusetzen. Es entsandte Truppen, angeblich aus »humanitären Gründen«: Sie sollten chinesische Flüchtlinge aus den von der Epidemie betroffenen Regionen daran hindern, die Grenze nach Sibirien zu überschreiten und die Pest

dorthin zu bringen. Kriegsminister Yinchang schlug vor, dem russischen Ultimatum mit entschlossenem Widerstand zu begegnen. Als der Große Rat diese Forderung ablehnte, beging er Selbstmord. Das zaristische Kabinett, das nach der Demütigung durch die Japaner von einer schnellen Revanche träumte, wurde von den anderen westlichen Mächten gezwungen, einen friedlicheren Kurs einzuschlagen.

Im Frühjahr zog der Halley-Komet über den Himmel; das chinesische Volk verstand das Ereignis als Ankündigung tief greifender Veränderungen, die dann im Herbst des folgenden Jahres tatsächlich stattfanden. Auslöser war die Absicht der Pekinger Regierung, die Eisenbahnlinien zu verstaatlichen. Die Finanzierung sollte über Auslandsanleihen erfolgen, was als weiterer Verzicht auf die nationale Souveränität gedeutet werden konnte. Aus Protestkundgebungen wurden Unruhen, die in Sichuan in massive Gewalt umschlugen. Als die Soldaten der Garnison von Wuchang Order erhielten, den Aufstand zu ersticken, rebellierten sie unter Führung ihrer jüngeren Offiziere, die in Japan Militärschulen besucht und dort eine der Dynastie feindliche Einstellung entwickelt hatten.

Der Gouverneur floh, und die aufständischen Militärs überschritten den Jangtse. Sie besetzten Hanyang und Hankou und riefen in der Provinz Hebei eine von Peking unabhängige »Militärregierung« aus. Zu deren Oberhaupt wurde der General Li Yuanhong ernannt, der einwilligte, sich an dem Abenteuer zu beteiligen. Die Nachricht von diesem Aufstand trat eine Kettenreaktion los. Ende November hatten sich 13 der 18 Provinzen Chinas auf die Seite der Rebellen gestellt, die sich ihrerseits – nachdem sie kurzfristig von einem jahrtausendealten Volksmythos eines »Gelben Reichs« unter einem legendären Kaiser beflügelt waren – für ein *Minguo* entschieden, ein »Reich des Volkes«: also die Republik.

326

Der 1909 vom Regenten Chun abgesetzte Yuan Shikai, Befehlshaber der rund um die Hauptstadt stationierten Truppen, erlebte sein Comeback 1911, als allerorten Aufstände gegen die Dynastie losbrachen, die zum Ethnozid an Mandschuren und schließlich zur Ausrufung der Republik mit Yuan Shikai als Präsident führten.

327

Ein Soldat der Revolutionstruppen schneidet einem jungen Mann den Zopf ab, das augenfälligste Symbol der Unterwerfung der Chinesen unter die Mandschuren (oben). Nach dem Aufstand in der Hauptstadt Peking führt eine Abteilung Soldaten einen Verurteilten im Februar 1912 zum Exekutionsplatz (unten).

Die rund um Peking stationierte Nordarmee war wesentlich größer als alle Einheiten der Rebellen. Doch ihre Männer waren dem abgesetzten Yuan Shikai treu und hätten in dieser kritischen Lage niemals irgendeinen anderen Befehlshaber akzeptiert. Um die Dynastie zu retten, bat ihn Prinz Chun schließlich schweren Herzens, in sein Amt zurückzukehren. Vielleicht um abzuwarten, wie sich die Situation weiter entwickeln würde, hielt Yuan den Prinzen hin und erhöhte seinen Preis: Er forderte das Amt des Premierministers. Während Chun und der General noch verhandelten, erreichten erschreckende Nachrichten die Hauptstadt. In ganz China hatte ein Massaker an den verhassten Mandschuren begonnen. »Es ist ein Rassenkrieg der schlimmsten Art«, so ein Augenzeuge, der Amerikaner Keyete. Tausende von Männern, Frauen und Kindern wurden in ihren Häusern oder auf der Flucht überfallen und ermordet; zahllose andere töteten sich selbst, um Folterungen zu entgehen. »Sie wurden an ihrer Art, sich zu kleiden, erkannt, an ihrer Physiognomie, an ihrer Art, zu sprechen, an ihrer Vorliebe für die Farben Rot und Gelb, an der Angewohnheit, an der Kleidung weiße Besätze zu tragen, hohe Kragen und enge Ärmel, an ihren reich verzierten Gürteln und ihren Schuhen. Das fatale Merkmal der Frauen waren ihre Füße, die nicht eingebunden waren. Sie konnten ihre Kleidung und ihre Frisuren verändern, aber nicht ihre normal großen Füße verstecken.« Wer konnte, floh mit den Seinen aus Peking in die nahe Mandschurei, und weil viele Ämter mit Mandschuren besetzt waren, erwiesen sich die Behörden bald als handlungsunfähig.

Am 15. November ließ sich Yuan Shikai endlich die zivile und militärische Macht übertragen und fuhr mit dem Zug nach Peking. Er übernahm den Oberbefehl

über die Armee des Nordens, entsandte zwei große Kontingente gegen die Rebellen und eroberte mühelos Hanyang und Hankou. Doch anstatt die Offensive fortzusetzen, traten zwei Bevollmächtigte in seinem Namen in Verhandlungen mit den Aufständischen ein, die versuchten, Yuan auf ihre Seite zu ziehen, indem sie ihm das Amt des Präsidenten der Republik anboten. Währenddessen fielen auch Nanking und Shanghai in die Hände der Rebellen.

Sun Yatsen, das bekannteste Führungsmitglied der antidynastischen Bewegung, erreichte am 2. Dezember Shanghai und wurde wenige Tage später zum provisorischen Präsidenten der Republik gewählt. Das Zünglein an der Waage war Yuan Shikai, der seine Aufmerksamkeit nun dem Thron selbst zuwandte. Er ersetzte die

Palastwache durch Männer, die ihm treu ergeben waren. Dann riet er zur Abdankung des Kaisers, erinnerte an das Schicksal König Ludwigs XVI. und versprach, persönlich für großzügige Konditionen einzustehen. Der kleine Kaiser sollte weiterhin in der Verbotenen Stadt residieren und eine angemessene Apanage erhalten; die Mandschuren würden nicht weiter verfolgt und ihr Besitz würde nicht angerührt.

Der Große Rat trat zu einer Notsitzung zusammen. Viele sprachen sich dafür aus, Widerstand zu leisten und sich notfalls in die nördlich der Großen Mauer gelegene Mandschurei zurückzuziehen. Doch es setzte sich die Ansicht der Kaiserin Longyu durch, der Witwe Guangxus. Sie trat dafür ein, dass der Kaiser zu ebenjenen Bedingungen zurücktrat, wie sie der so genannte »Pakt der höflichen Behandlung« garantierte. Am 13. Februar 1913 formulierte Longyu den letzten kaiserlichen Erlass: »Nachdem ich mir über die derzeitige Lage und die Volksmeinung klar geworden bin, rate ich dem Kaiser dringend, dem Volk die höchste Macht anzuvertrauen, damit diese einer konstitutionellen republikanischen Regierung übergeben wird. So werden die Herzen des Volkes, die unter den Unruhen leiden und sich nach einer ordentlichen Regierung sehnen, Frieden finden ... Der Kaiser und ich werden uns für Monate und Jahre zurückziehen, um in Frieden zu leben und uns in die Betrachtung des Wirkens einer weisen Regierung zu versenken. Dies wird wahrhaftig das Allerbeste sein!«

Yuan Shikai wurde ohne Verzug zum Präsidenten ernannt, während der provisorische Präsident Sun Yatsen höflich auf das Amt verzichtete. Im Verlauf der folgenden vier Jahre versuchte der General, sich zum Kaiser ausrufen zu lassen, stieß aber auf derart

Der junge Puyi (links) konnte — unbehelligt und verehrt — bis 1924 in der Verbotenen Stadt bleiben. Dann aber wurde Peking von den Truppen General Feng Yuxiangs besetzt, der als überzeugter Republikaner befand, dass die Republik keinen Kaiser brauchte. Puyi, der auf seinen Titel verzichten musste, konnte sich in die japanische

Botschaft flüchten. Die Japaner machten ihn dann zum Marionettenkaiser von Mandschukuo, wie sie die 1913 von ihnen besetzte Mandschurei nannten. Rechts sitzt Puyi, zu Besuch in Tokio, in der Kutsche neben Kaiser Hirohito. Das Foto unten zeigt amerikanische Soldaten, die 1922 durch die Straßen von Peking defilieren.

massiven Widerstand, dass er auf das ehrgeizige Ziel verzichten musste. Er starb im Juni 1916 an einem Schlaganfall. Puyi, der kleine abgesetzte Kaiser, lebte weiter in der Verbotenen Stadt, wo er von 3000 Eunuchen bedient und von vier Lehrern unterrichtet wurde, die direkt den vier »erhabenen Müttern« unterstanden — den Witwen der verstorbenen Kaiser, die weiterhin im heiligen Bezirk lebten. Seine leibliche Mutter besuchte ihn selten und beging einige Jahre später Selbstmord. Sein Vater, Prinz Chun, der die drei Jahre als Regent als die leidvollsten seines Lebens ansah, kam alle zwei Monate vorbei, um sich mit steifer Förmlichkeit von den schulischen Fortschritten zu überzeugen.

Von der anderen Seite der für Puyi unüberwindlichen Mauer drangen die Geräusche der Außenwelt zu ihm, jenes Pekings, das die Eunuchen »die Stadt der Klänge« nannten, und in die die kaiserlichen Prinzen und die mandschurischen Würdenträger in immer größerer Zahl zurückkehrten. Das Chaos, in das die Republik zu stürzen schien, machte ihnen Mut, und sie hofften inständig, dass die Herrschaft des Kaisers bald wiederhergestellt sein würde. Diese Erwartung schien sich zu erfüllen, als Peking von den Soldaten des Generals Zhang Xun besetzt wurde, die zum Zeichen ihrer Treue zur Dynastie Zöpfe trugen. Als die Stadt am 1. Juli 1917 erwachte, war sie mit gelben Fahnen geschmückt, auf denen der fünfbeinige Drache prangte. Die Zeitungen druckten ein vom elfjährigen Puyi unterzeichnetes Edikt, in dem er verkündete, wieder den Thron bestiegen zu haben. Es kam zu begeisterten Reaktionen: Die Geschäfte für gebrauchte Kleidung wurden von jenen gestürmt, die Hofkostüme zurückhaben wollten, und die Barbiere verdienten ein Vermögen mit falschen Zöpfen aus Pferdehaar.

Die Euphorie währte nur wenige Tage. Alsbald hatten die Republikaner ihre Differenzen beigelegt und sich angesichts der drohenden Gefahr zusammengeschlossen. Eine ihrer Armeen erreichte am 12. Juli Peking und marschierte durch Straßen, die mit einem Teppich aus falschen und echten Zöpfen bedeckt waren, deren sich die besiegten Soldaten Zhang Xuns in aller Eile entledigt hatten. Zhang Xun selbst

fand in der niederländischen Gesandtschaft Zuflucht. Auf die Verbotene Stadt fielen drei Bomben, die von der einzigen »höllischen Flugmaschine« der chinesischen Luftwaffe abgeworfen worden waren. In Anbetracht seines zarten Alters galt der junge Kaiser als unschuldig, und der »Pakt der höflichen Behandlung« wurde aufs Neue bekräftigt.

Puyi blieb als Gefangener in seinem Palast, bis Peking im November 1924 von der Armee des »christlichen Generals« Feng Yuxiang besetzt wurde, eines verwegenen Republikaners, der davon überzeugt war, Marx und das Evangelium miteinander vereinbaren zu können, und seine Männer abteilungsweise taufte, indem er sie in Reih und Glied in Flüsse eintauchen ließ. Dieser General mit der konfusen Ideologie war ein entschiedener Gegner der Mandschu und glaubte, die Anwesenheit eines legitimen Kaisers in der Hauptstadt, der kürzlich volljährig geworden war und soeben geheiratet hatte, stelle für die instabile Republik eine tödliche Gefahr dar. Von einer alten Amme gewarnt, dass die Soldaten sich anschickten, in den Violetten Bereich einzudringen, um ihn gefangen zu nehmen, verließ der letzte Mandschu-Kaiser zusammen mit seiner jungen Frau in aller Eile den Palast. Doch die Flucht misslang, die Verbotene Stadt war umstellt. Einer von Fengs Offizieren übergab Puyi ein Ultimatum: Er sollte auf den Titel des Kaisers verzichten und die Residenz noch vor Mittag verlassen. Der Sohn des Himmels packte einen Koffer voll mit Edelsteinen, steckte das schicksalhafte Kaiserliche Siegel ein und bestieg ein Auto, das ihn zum Haus seines Vaters brachte.

Wenige Tage später flüchtete er in die japanische Gesandtschaft und begab sich von dort nach Tianjin. Er stand unter dem Schutz der »Inselzwerge«, die ihn jetzt zum Kaiser über Mandschukuo machen wollten, der von China abgetrennten und de facto von Japan beherrschten Mandschurei. Erst 1959 sollte er, nach 14-jähriger Gefangenschaft und »Umerziehung« durch das kommunistische Regime, in die Verbotene Stadt zurückkehren — als einfacher Besucher des inzwischen in ein Museum umgewandelten Palasts.

Index

Bibliografie und Bildnachweis

Bibliografie
Allgemeine Werke
Nigel Cameron, *Barbarians and Mandarins. Thirteen Centuries of Western Travellers in China*, New York und Tokio 1970.
Ninette Boothroyd und Muriel Détrie, *Le Voyage en Chine*, Paris 1992.
Michel Jan, *Le Voyage en Asie Centrale et au Tibet*, Paris 1992.

EINFÜHRUNG
Bildnachweis
Seite 1 Archivio White Star
Seite 3–6 Martin Gregory Collection
Seite 7, 9, 10/11 Archivio White Star

KAPITEL 1
Bibliografie
Herodot, *Historien*, 5. Jahrhundert v. Chr.
Plinius d. Ältere, *Naturkunde*, 1. Jahrhundert n. Chr.
Strabo, *Geographie*, 1. Jahrhundert n. Chr.
Claudio Tolomeo, *Geographia*, 2. Jahrhundert n. Chr.
Plutarch, *Ethikà*, 2. Jahrhundert n. Chr.
Pomponius Mela, *De Situ Orbis*, 1. Jahrhundert n. Chr.
Ammianus Marcellinus, *Rerum Gestarum Libri XXXI*, 4.. Jahrhundert n. Chr.
André Berthelot, *L'Asie ancienne centrale et sud-orientale d'après Ptolémée*, Paris 1930.

Bildnachweis
Seite 12 mit freundl. Genehmigung von Eskenazi Ltd, London
Seite 13 The Bridgeman Art Library
Seite 14 Bibliothèque Nationale de France, Paris
Seite 14 rechts und 15 The Art Archive
Seite 16 Erich Lessing/Contrasto
Seite 17 oben Fototeca Storica Nazionale
Seite 17 unten Erich Lessing/Contrasto

KAPITEL 2
Bibliografie
Cosma Indicopleuste, *Kristianiké Topographìa*, ca. 535-547.
Gabriele Foccardi, *Viaggiatori del Regno di Mezzo*, Turin 1992.
Angelo Arioli, *Le Isole Mirabili. Periplo arabo medievale*, Turin 1989.
A. t'Serstevens, *Les précurseurs de Marco Polo*, Paris 1959.
Benjamin von Tudela, *Buch der Reisen*, 12. Jahrhundert.

Bildnachweis
Seite 18 Réunion des Musées Nationaux, Paris
Seite 19 AISA
Seite 20 Borstein Collection/Corbis/Contrasto
Seite 21, 22 Réunion des Musées Nationaux, Paris
Seite 23 Archivio White Star

KAPITEL 3
Bibliografie
Gabriele Foccardi, *Viaggiatori del Regno di Mezzo*, Turin 1992.

Bildnachweis
Seite 24 Bibliothèque Nationale de France, Paris
Seite 25 Photos 12
Seite 26 Jean Loup Charmet
Seite 27 The Art Archive
Seite 28 Freer Gallery of Art, Smithsonian Institution, Washington, D.C.: Geschenk v. Charles Lang Freer, F1914.53
Seite 29 Copyright The British Museum

KAPITEL 4
Bibliografie
A. t'Serstevens, *Les précurseurs de Marco Polo*, Paris 1959.
Giovanni da Pian del Carpine, *Historia Mongalorum*, Mailand 1929.

Bildnachweis
Seite 30 Photos 12
Seite 31 Copyright The British Museum
Seite 32 oben Photos 12
Seite 32 unten Fototeca Storica Nazionale
Seite 33 The Bridgeman Art Library
Seite 34, 35 The Art Archive
Seite 36 G. Dagli Orti
Seite 37 oben Jean Loup Charmet
Seite 37 unten Photos 12
Seite 38, 39 Mitte Bibliothèque Nationale de France, Paris
Seite 39 unten Jean Loup Charmet
Seite 40 Fototeca Storica Nazionale
Seite 41 Bibliothèque Nationale de France, Paris

KAPITEL 5
Bibliografie
Marco Polo, *Il Milione*, Zürich 1994.
Alvise Zorzi, *Marco Polo*, Düsseldorf 1983.

Bildnachweis
Seite 42 Fototeca Storica Nazionale
Seite 43 Antonio Attini/Archivio White Star
Seite 44 links, 44 rechts, 45, 46, 47 oben Bibliothèque Nationale de France, Paris
Seite 47 unten, 48 oben Photos 12
Seite 48 unten Fototeca Storica Nazionale
Seite 49 G. Dagli Orti
Seite 50 Archivio White Star
Seite 51 AISA
Seite 52/53, 54, 55, 56 oben, 56 unten Bibliothèque Nationale de France, Paris
Seite 56/57 Photos 12
Seite 57 unten links, 57 unten rechts, 58 oben, 58/59, 59, 60/61 Bibliothèque Nationale de France, Paris

KAPITEL 6
Bibliografie
The travels of Friar Odoric, Grand Rapids 2002

Bildnachweis
Seite 62 AISA
Seite 63 Bibliothèque Nationale de France, Paris
Seite 64 oben Archivio Scala
Seite 64 unten Photos 12
Seite 65 Bibliothèque Nationale de France, Paris
Seite 66 Photos 12
Seite 67 The Bridgeman Art Library
Seite 68 Summerfield/Index
Seite 69 AISA

KAPITEL 7
Bibliografie
Ibn Battuta, *Reisen ans Ende der Welt*, Darmstadt 1985.

Bildnachweis
Seite 70 Bibliothèque Nationale de France, Paris
Seite 71 Archivio White Star
Seite 72, 73 oben Photos 12
Seite 73 unten Bibliothèque Nationale de France, Paris
Seite 74/75 G. Dagli Orti

KAPITEL 8
Bibliografie
Gabriele Foccardi, *The Chinese travelers of the Ming period*, Wiesbaden 1986.

Bildnachweis
Seite 76 Philadelphia Museum of Art: Gift of John T. Dorrance (Tu, Shen - The Tribute Giraffe with Attendant - 1977-42-1)
Seite 77 Royal Geographical Society
Seite 78/79 Photos 12
Seite 80 National Palace Museum, Taipei, Taiwan, Republik China
Seite 81 G. Dagli Orti
Seite 82 Archivio White Star
Seite 83 National Palace Museum, Taipei, Taiwan, Republik China

KAPITEL 9
Bibliografie
Charles Ralph Boxer, *The Portuguese Seaborne Empire 1415-1825*, London 1969.
Francesco Carletti, *Reise um die Welt 1594. Erlebnisse eines Florentiner Kaufmanns*, Tübingen 1966.
Fernão Mendes Pinto, *Merkwürdige Reisen im fernsten Asien*, Stuttgart 1987.

Bildnachweis
Seite 84-85 G. Dagli Orti
Seite 86 Jean Loup Charmet
Seite 87 Photos 12
Seite 88 AISA
Seite 89 Copyright The British Museum
Seite 90, 92/93 Werner Forman Archive/Index
Seite 95 AISA

KAPITEL 10
Bibliografie
Daniello Bartoli, *Dell'istoria della Compagnia di Gesù. L'Asia*, Roma 1653.
Nicolas Trigault, *Historia von Einführung der christlichen Religion in das große Königreich China durch die Societet Jesu*, Augsburg 1617.
Matteo Ricci, *Auss der Chinesischen Relation*, Augsburg 1611.

Bildnachweis
Seite 96 Archivio White Star
Seite 97 Archivio White Star
Seite 98, 99 G. Dagli Orti
Seite 100/101, 102 Archivio White Star

Seite 102/103 Biblioteca Vaticana
Seite 104/105, 106, 107 Archivio White Star

KAPITEL 11
Bibliografie
Johan Nieuhoff, *Ambassade des Hollandais à la Chine ou Voyage des ambassadeurs de la Compagnie hollandaise des Indes Orientales vers le Grand Chan de Tartarie, maintenant Empereur de la Chine*, Paris 1666.

Bildnachweis
Seite 108, 109 Archivio White Star
Seite 110/111 G. Dagli Orti
Seite 112, 113, 114, 115, 116, 117 Archivio White Star
Seite 118, 119, 120, 121, 122, 123, 124, 125 Archivio White Star

KAPITEL 12
Bibliografie
Charles Ralph Boxer, *The Dutch Seaborne Empire 1600-1800*, London 1965.
The Second and Third Embassie to the Empire of Taysing or China, London 1672.

Bildnachweis
Seite 126, 127, 128, 129 Archivio White Star
Seite 131 National Taiwan Museum, Taipei, Taiwan, Rep. China
Seite 132/133, 134, 135, 136, 137 Archivio White Star

KAPITEL 13
Bibliografie
Juri Semjonow, *Die Eroberung Sibiriens*, Berlin 1942.
Benson Bobrick, *Land der Schmerzen, Land der Hoffnung. Die Geschichte Sibiriens*, München 1993.
John Bell, *Voyages depuis Saint-Pétersbourg en Russie, dans diverses contrées de l'Asie, à Peking, à la suite de l'Ambassade envoyée par le czar Pierre I à Kanhi, empereur de la Chine*, Paris 1766.

Bildnachweis
Seite 138 The Bridgeman Art Library
Seite 139 Réunion des Musées Nationaux, Paris
Seite 140 Pierre Colombel/Corbis/Contrasto
Seite 141 The Bridgeman Art Library
Seite 142, 143 The Bridgeman Art Library
Seite 144, 145 Historical Picture Archive/Corbis/Contrasto
Seite 146 Archivio White Star
Seite 147 The Art Archive
Seite 148/149 Réunion des Musées Nationaux, Paris

KAPITEL 14
Bibliografie
Lettres édifiantes et curieuses, Paris 1702-1776.
Hugh Honour, *Chinoiserie. The Vision of Cathay*, London 1961.

Bildnachweis
Seite 150 Réunion des Musées Nationaux, Paris
Seite 151 Erich Lessing/Contrasto
Seite 152/153, 154/155 Archivio White Star
Seite 156 oben The Bridgeman Art Library
Seite 156 unten, 157 Archivio Scala
Seite 158, 159 Réunion des Musées Nationaux, Paris
Seite 160 oben Christie's Images
Seite 160 unten G. Dagli Orti
Seite 161 Réunion des Musées Nationaux, Paris

KAPITEL 15
Bibliografie
Lettres édifiantes et curieuses, Paris 1702-1776.
Lord Macartney, *An Embassy to China. Being the Journal Kept by Lord Macartney during His Embassy to the Emperor Ch'ien-lung 1793-1794*, J.L. Cranmer-Byng (Hrsg.), London 1962.
Jan Potocki, *Voyage dans les steppes d'Astrakhan et du Caucase. Expédition en Chine*, Paris 1980.
Henry Ellis, *Journal of the Proceedings of the late embassy to China*, London 1817.

Bildnachweis
Seite 162 National Palace Museum, Taipei, Taiwan, Republik China
Seite 163 Archivio White Star
Seite 164-165 Kaiserpalastmuseum, Peking
Seite 166, 167, 168, 169, 170, 171, 172, 173, 174, 175, 176, 177, 178, 179, 180, 181 Archivio White Star
Seite 182 The Bridgeman Art Library
Seite 183 links AISA
Seite 183 rechts The Bridgeman Art Library

KAPITEL 16
Bibliografie
Jack Beeching, *The Chinese Opium Wars*, London 1975.
A. Waley, *The Opium War through Chinese Eyes*, London 1958.

Bildnachweis
Seite 184 The Art Archive/G. Dagli Orti
Seite 185, 186, 187 Martin Gregory Collection
Seite 188/189 The Bridgeman Art Library
Seite 190, 191 oben Archivio White Star
Seite 191 unten Mary Evans Picture Library
Seite 192, 193, 194, 195 Archivio White Star
Seite 195 oben Mary Evans Picture Library
Seite 195 unten Hulton-Deutsch Collection/Corbis/
 Contrasto

KAPITEL 17
Bibliografie
Flavia Anderson, *The Rebel Emperor*, London 1958.
A.F. Lindley, *Ti-ping Tien-kwoh: the History of the Ti-ping Revolution*,
 London 1866.
Ssu-yü Teng, *The Taiping Rebellion and the Western Powers*,
 Oxford 1971.

Bildnachweis
Seite 196 The Bridgeman Art Library
Seite 197 Archivio White Star
Seite 198, 199 The Bridgeman Art Library
Seite 200/201 The Art Archive
Seite 202 Archivio White Star

KAPITEL 18
Bibliografie
Juri Semjonow, *Die Eroberung Sibiriens*, Berlin 1942.

Bildnachweis
Seite 204 Library of Congress, Washington, D.C.
Seite 205 Hervé Lewandowski/Réunion des Musées
 Nationaux, Paris
Seite 206 Hulton Archive/Laura Ronchi
Seite 207, 208 The National Library of Russia, St. Petersburg
Seite 209 oben Novosti
Seite 209 unten The National Library of Russia, St. Petersburg

KAPITEL 19
Bibliografie
Jack Beeching, *The Chinese Opium Wars*, London 1975.
Comte d'Escayrac de Lauture, *Mémoires sur la Chine*, Paris 1864.
Armand Lucy, *Lettres intimes sur la campagne de Chine en 1860*,
 Marseille 1861.

Bildnachweis
Seite 210, 211, 212, 213, 214, 215 Archivio White Star
Seite 216 Privatbesitz
Seite 217, 218, 219 Archivio White Star

KAPITEL 20
Bibliografie
Jean Edmond Jurien de La Gravière, *Voyage en Chine et dans les mers
 et archipels de cet empire*, Paris 1854.
Achille Poussielgue, *Voyage en Chine et en Mongolie de M. de
 Bourboulon, ministre de France, et de Mme de Bourbolon (1860-61)*,
 Paris 1866.
Alexandre de Hübner, *Ein Spaziergang um die Welt*, Leipzig, 1889.
Edmond Cotteau, *Un touriste dans l'Extrême-Orient*, Paris 1889.

Bildnachweis
Seite 220, 221, 222, 223 The Bridgeman Art Library
Seite 224/225 Archivio White Star
Seite 225 The Art Archive
Seite 226/227 The Bridgeman Art Library

KAPITEL 21
Bibliografie
Henri Doré S.J., *Recherches sur les superstitions en Chine*,
 Shanghai 1911-1914.
Maria Rita Masci, *L'oceano in un guscio d'ostrica. Viaggiatori cinesi alla
 scoperta dell'Europa*, Rom und Neapel 1989.

Bildnachweis
Seite 228 Privatbesitz
Seite 229 Bettmann/Corbis/Contrasto
Seite 230 links The J. Paul Getty Museum, Los Angeles
Seite 230 rechts Archivio White Star
Seite 231 Corbis/Contrasto
Seite 233 Archivio White Star

KAPITEL 22
Bibliografie
Jurgen Osterhammel, *China und die Weltgesellschaft*,
 München 1989.

Bildnachweis
Seite 234 Corbis/Contrasto
Seite 236/237 Hulton Archive/Laura Ronchi
Seite 237 unten Photos 12
Seite 239 Archivio White Star
Seite 240 oben, 240 unten Corbis/Contrasto
Seite 241 Il Dagherrotipo

KAPITEL 23
Bibliografie
Carlo Dragoni, *La meravigliosa vita di Tzu-Hsi imperatrice della Cina*,
 Mailand 1943.
Pearl S. Buck. *Das Mädchen Orchidee*, München 1958.
Daniele Varè, *Yehonala*, Florenz 1933.
J.O.P. Bland und E. Backhouse, *China under the Empress Dowager*,
 London 1910.
E. Backhouse und J.O.P. Bland, *Annals and Memoirs of the Court of
 Peking*, London 1914.
M. Bollet de l'Isle, *Au Tonkin et dans les Mers de Chine*, Paris 1886.
Amedeo Alberti, *La guerra Cino-Giapponese 1894-95*, Neapel 1904.

Bildnachweis
Seite 242 Civica Raccolta delle Stampe »Achille Bertarelli«,
 Mailand
Seite 243 Civica Raccolta delle Stampe »Achille Bertarelli«,
 Mailand
Seite 244 The Bridgeman Art Library
Seite 245 Archivio White Star
Seite 246 oben Kaiserpalastmuseum, Peking
Seite 246 unten Hulton Archive/Laura Ronchi
Seite 247 Kaiserpalastmuseum, Peking
Seite 248 unten Bettmann/Corbis/Contrasto
Seite 248, 249 The Bridgeman Art Library
Seite 250, 251 Arnaudet/Réunion des Musées Nationaux,
 Paris

KAPITEL 24
Bibliografie
Alphonse Hubrecht, *Grandeur et suprématie de Péking*, Peking 1928.
Juliet Bredon, *Peking*, Shanghai 1931.
Victor Segalen, *René Leys*, Frankfurt am Main 1982.
Archibald Little, *Gleanings from Fifty Years in China*, London 1910.
Thomas Thornville Cooper, *Travels of a Pioneer of Commerce in
 Pigtail and Petticoats; or an Overland Journey from China towards India*,
 London 1871.
Francis Garnier, *De Paris au Tibet*, Paris 1882.
Thomas Stevens, *20000 Meilen mit dem Hochrad um die Welt*,
 Stuttgart 1984.
Isabella Bird, *The Yangtze Valley and Beyond. An Account of Journeys in
 China*, London 1899.

Bildnachweis
Seite 252, 253 Archivio White Star
Seite 254 Hulton Archive/Laura Ronchi
Seite 255 oben Corbis/Contrasto
Seite 255 Mitte Photos 12
Seite 255 unten Michael Maslan Historic Photographs/
 Corbis/Contrasto
Seite 256 unten Archivio White Star
Seite 256/257 FormAsia, Hongkong
Seite 258/259 Hulton-Deutsch Collection/Corbis/Contrasto
Seite 259 unten Corbis/Contrasto
Seite 260 links Stapleton Collection/Corbis/Contrasto
Seite 260 rechts Arnaudet/Réunion des Musées Nationaux,
 Paris
Seite 261 Corbis/Contrasto

KAPITEL 25
Bibliografie
Peter Fleming, *Die Belagerung zu Peking*, Stuttgart 1961.
Pierre Loti, *Die letzten Tage von Peking* , Dresden 1930.
F. Laur, *Siège de Pékin: Récits Authentiques des Assiégés*, Paris 1904.
B.L. Putnam Weale, *Indiscreet Letters From Peking*, London 1906.

Bildnachweis
Seite 262 FormAsia, Hongkong
Seite 264 Hulton-Deutsch Collection/Corbis/Contrasto
Seite 265, 266/267 FormAsia, Hongkong
Seite 267 oben China Photographic Publishing House
Seite 267 unten Archivio White Star
Seite 268 Harlingue/Roger Viollet/Alinari
Seite 269 Photos 12
Seite 270 Harlingue/Roger Viollet/Alinari
Seite 271 Photos 12
Seite 272, 273 links, 273 rechts, 274 Corbis/Contrasto
Seite 275 Hulton Archive/Laura Ronchi

KAPITEL 26
Bibliografie
Wu Yung, *The Flight of an Empress*, London 1937.
Emile Bouillane de Lacoste, *Au pays sacré des anciens Turcs et des
 Mongols*, Paris 1911.
Comte de Lesdain, *Voyage au Thibet par la Mongolie. De Pékin aux
 Indes*, Paris 1908.
Sir Aurel Stein, *Sand-Buried Ruins of Khotan*, Oxford 1907.
Sir Aurel Stein, *Ruins of Desert Cathay*, London 1912.
Luigi Barzini, *Dall'impero del Mikado all'impero dello Zar*, Mailand 1904.

Bildnachweis
Seite 276 Hulton Archive/Laura Ronchi
Seite 277, 278 Library of Congress, Washington, D.C.
Seite 279 oben Photos 12

Seite 279 unten China Photographic Publishing House
Seite 280 L'Illustration/Corbis-Sygma
Seite 281 Hulton-Deutsch Collection/Corbis/Contrasto

KAPITEL 27
Bibliografie
Ippolito Desideri, *Relazione inedita del viaggio al Tibet*,
 Florenz 1876-1877.
Clemens Markham, *Narratives of the Mission of George Bogle to Tibet
 and of the Journey of Thomas manning to Lhasa*, London 1879.
Peter Hopkirk, *Der Griff nach Lhasa*, München 1989.
Charles Allen, *A Mountain in Tibet*, London 1982.
Régis-Evariste Huc, *Reise durch die Mongolei nach Tibet und China*,
 Frankfurt am Main 1986.
Henry Savage Landor, *Auf verbotenen Wegen*, Leipzig 1898.
Peter Fleming, *Bayonets to Lhasa*, London 1961.
Edmund Candler, *The Unveiling of Lhasa*, London 1905.
Perceval Landon, *Lhasa*, London 1905.

Bildnachweis
Seite 282 Réunion des Musées Nationaux, Paris
Seite 283 Archivio White Star
Seite 284 Roger Viollet/Alinari
Seite 285, 286/287 Archivio White Star
Seite 288, 289 Mary Evans Picture Library
Seite 290/291 The British Library
Seite 292, 293, 294, 295 Archivio White Star

KAPITEL 28
Bibliografie
W.G. Beasley, *Japanese Imperialism 1894-1945*, Oxford 1987.
The War in the Far East 1904-1905 by the Military Correspondent
 of »The Times«, London 1905.
Luigi Barzini, *Mukden*, Leipzig 1906.
Frank Thiess, *Tsushima*, Wien und Hamburg 1936.

Bildnachweis
Seite 296 Rykoff Collection/Corbis/Contrasto
Seite 297 Corbis/Contrasto
Seite 298 Roger Viollet/Alinari
Seite 299 Harlingue/Roger Viollet/Alinari
Seite 300 links Olycom
Seite 300 rechts Harlingue/Roger Viollet/Alinari
Seite 301 links Roger Viollet/Alinari
Seite 301 rechts Harlingue/Roger Viollet/Alinari
Seite 302/303 Corbis/Contrasto
Seite 303 unten links Harlingue/Roger Viollet/Alinari
Seite 303 unten rechts Roger Viollet/Alinari
Seite 304 oben Corbis/Contrasto
Seite 304 unten Hulton-Deutsch
 Collection/Corbis/Contrasto
Seite 305 Corbis/Contrasto

KAPITEL 29
Bibliografie
Joachim Schultz-Naumann, *Unter Kaisers Flagge*, München 1985.
Owen Rutter, *Through Formosa. An Account of Japan's Island Colony*,
 London 1923.
Jan Morris, *Hongkong*, Bergisch Gladbach 1991.
Jules Gervais Courtellemont, *Voyage au Yunnan*, Paris 1904.
Henri d'Ollone, *Les Derniers Barbares. Chine-Tibet-Mongolie*,
 Paris 1911.

Bildnachweis
Seite 306 FormAsia, Hongkong
Seite 307 Roger Viollet/Alinari
Seite 308-309 Beate Ambros, München
Seite 310, 311 FormAsia, Hongkong
Seite 312, 313 Roger Viollet/Alinari
Seite 314 Privatbesitz
Seite 315 Harlingue/Roger Viollet/Alinari

KAPITEL 30
Bibliografie
Sven Hedin, *Transhimalaja. Entdeckungen und Abenteuer in Tibet*,
 Wiesbaden 1985.
A.F. Legendre, *Le Far-West Chinois. Kientchang et Lolotie*, Paris 1910.
Jean Dessirier, *A travers les Marches révolteés*, Paris 1923.
Jacques Bacot, *Dans les Marches thibétaines*, Paris 1909.
Jacques Bacot, *Le Thibet révolté*, Paris 1912.
C.T. Liang, *The Chinese Revolution of 1911*, Jamaica-New York 1962.
Reginald Fleming Johnston, *Twilight in the Forbidden City*, London
 1934.

Bildnachweis
Seite 316, 317 Kaiserpalastmuseum, Peking
Seite 318, 319, 320, 321 Archivio White Star
Seite 324 Il Dagherrotipo
Seite 325 Kaiserpalastmuseum, Peking
Seite 326 Bettmann/Corbis/Contrasto
Seite 327 oben Harlingue/Roger Viollet/Alinari
Seite 327 unten Photos 12
Seite 328 links Kaiserpalastmuseum, Peking
Seite 328/329, 329 Bettmann/Corbis/Contrasto